U0789586

中华传世藏书 【图文珍藏版】

吕氏春秋

[战国] 吕不韦⊙原著

王艳军⊙主编

第三册

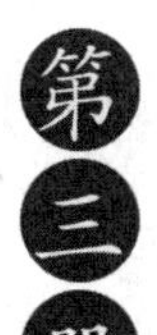

线装书局

四、《吕氏春秋》的军事思想

不管是万乘的大国，还是百户的小邑，人民都有自己喜悦的东西。得到人民所喜悦的，那么民心就被你得到了。人民所喜悦的，难道会有很多吗？

《吕氏春秋》是怎样一本书？如果简单的回答，可以说：它是吕不韦统一天下和治理天下的方略。所谓"备天地万物古今之事"，都围绕着这一主题和中心。

统一天下的方略是"义兵"说，亦即主张用义兵统一天下。治理天下的方略，主要有君主"无为"、任用贤臣、重视民众等。统一天下同治理天下的方略又是统一的、密切不可分割的。

（一）用义兵统一天下

《吕氏春秋》产生的时代，面临的最大的问题是统一。经过春秋战国的长期战乱，有识之士都认识到这种局面不能再继续下去，只有统一才能结束战乱。《吕氏春秋》对此做了多方面的论述。《振乱》篇说：

当今之世，浊甚矣，黔首之苦，不可以加矣。天子既绝，贤者废伏，世主恣行，与民相离，黔首无所告愬。

这是说，社会已经极端混浊，没有天子，贤人不当政，昏乱的国君任意胡为，老百姓连投诉的地方也没有。

《先己》篇说：

当今之世，巧谋并行，诈术递用，攻战不休，亡国辱主愈众，所事者末也。

这是从统治者的地位出发，指出战争不断进行，亡国的君主也越来越多，战乱甚至对他们也不利。

《谨听》篇说：

乱莫大于无天子，无天子则强者胜弱，众者暴寡，以兵相残，不得休息，今之世当之矣。

这里指出，战乱的原因、社会不良现象产生的原因，在于没有天子，亦即没有人统一天下。

《功名》篇更说：

今之世，至寒矣，至热矣，而民无走者，取则行钧也。欲为天子，所以示民，不可不异也。

这是说，当时的世道水深火热，老百姓不趋向谁，是因为到处都一样坏。要想统一天下，当天子，就应当在行动上不同于那些统治者。

义兵说，就是既要以兵力统一天下，又要示民以义，以争取百姓。

1. 效果不彰的弭兵会

义兵说主张用兵统一天下，所以它反对"偃兵""非攻"等主张，这是文字上明白讲出的。义兵说主张统一天下时用兵以义，所以它不同意纯恃武力征服天下的主张，这是它明确但含蓄表达的。

偃兵，也称弭兵，意即止息战争。春秋时期，强国争霸，战乱不已，因而有弭兵之说出现。据《春秋》记载，弭兵之说，倡始于宋国的华元、向戌。公元前579年，宋国的华元成了当时争霸的两强：晋国与楚国，订立弭兵的盟约，不久即被楚国破坏。到公元前546年，宋国的向戌，再次提出弭兵，得到各诸侯国统治者的赞成，开了一次"弭兵"大会，有晋、楚、齐、秦、宋、鲁、郑、卫、曹、许、陈、蔡等国参加，可以说是古代的和平大会。然而，弭兵会虽然召开，而且众多的与会者盟誓表示决心和信守，但会议之后，战争仍未止息，以后还越打越烈。

弭兵会为什么不成功？《左传》的记载提供了答案。它说：

宋向戌……欲弭诸侯之兵以为名，如晋告赵孟，赵孟谋于诸大夫，韩宣子曰："兵，民之残也，财用之蠹，小国之灾也。或将弭之，虽曰不可，必将许之。弗许，则楚王许之，以召诸侯，则我失为盟主矣。"晋人许之。如楚，楚亦许之。如齐，齐人难之。陈文子曰：“晋楚许之，我焉得已。且人弭兵而我弗许，则固携吾民矣，将焉用之。”齐人许之。告于秦，秦亦许之。皆告于小国，为会于宋。

这是一段含义丰富的记载。当时的形势是晋、楚两强争霸，而相对弱小的宋国，地处晋楚之间，左右为难。两强打起仗来，宋国无论跟着哪一国都会招致损失，弄不好还会亡国。两次弭兵会都由宋国提出，不是偶然。对大国来说则是另一回事。韩宣子说，战争残害百姓，是财政上的蠹虫，小国的灾难。讲得不错。但大国主要目标是争霸，一切问题都围绕这一目标来考虑。所以韩宣子说，弭兵虽然不可能实现，但必须同意，因为晋国不同意，楚王会同意，以此号召诸侯，晋国不能当盟主、称霸了。

朝秦暮楚

可见，晋国、楚国是为了争霸而同意开弭兵会的。齐、秦也是强国，但当时不是争霸的主要国家，它们的统治者同意参加弭兵大会，是为了向老百姓表示爱好和平，以此加强团结。弭兵大会召开之前，各诸侯国就是各有利害关系，各有打算，都是用弭兵作政治上的幌子。这样的会议，当然不可能取得弭兵的效果。

2. 各种反战论调

战争是广大民众所反对的。特别是春秋战国时期的兼并战争，所谓“春秋无义战”，都是为了国君们一己之私，更为人们所痛恨。所以，弭兵大会之后，虽然战争继续打个不停，而反对战争的主张也从未停止，更为许多思想家所倡导。

墨子提出的“非攻”，即反对发动战争的一方，支持被攻击的一方，企图以此止息战争。墨子和他的徒众身体力行，历史记载他们曾取得一些成果。当然，这并不能改变战争频仍的整个形势。

其后，宋钘、尹文提出"偃兵"。他们的学说没有传下来，《庄子·天下》篇说他们"禁攻寝兵，救世之战，……上说下教，虽天下不取，强聒而不舍"。可见，他们的主张同墨子相近，首先反对攻击者。他们大力宣传这一主张，虽然统治者不听，仍然坚持地说个不停，精神也近于墨子。

《老子》一书也是反对战争的，它说："夫佳兵者不祥之器"，"师之所处荆棘生焉；大军之后，必有凶年"，主张"天下有道，却走马以粪"。认为战争会带来种种灾祸，应该把战马用于耕作，即废止战争。此外，还有公孙龙主张"偃兵"的记载。

思想家们提出的种种偃兵的学说和方案，都被历史所否定。历史的进程告诉我们，在当时的条件下，永久的弭兵只能是空想，甚至一个时期的和平也不可能。只有全国统一，才能结束各诸侯国不断进行的兼并战争。

孟子已经看到这一点，他说："天下乌乎定？定于一。"他主张实行仁政，认为那样老百姓就会纷纷来归，达到统一天下的目的。这种用王道统一天下的主张，有积极的一面，但过于迂阔，自然行不通。法家也主张统一天下。他们提倡耕战，主张纯用武力，甚至以首级计功。

《吕氏春秋》的义兵说，就是在上述历史背景和思想家们公布了种种学说、方案的情况下产生的。它不同于以上各种学说，主张以义兵统一天下。

3. 有义兵而无偃兵

义兵说首先强烈地反对偃兵的主张。在谈义兵问题的第一篇文章《荡兵》篇中，第一句话就是："古圣王有义兵而无偃兵。"

《吕氏春秋》全书，大都正面提出和论述自己的论点，对于未加吸取的不同意的思想或论点，绝少直接批评。《荡兵》等篇尖锐地批评偃兵和非攻，是个例外。这表明，《吕氏春秋》对统一天下的问题，十分重视，有意鲜明地把自己的观点表述出来。

《荡兵》篇对"有义兵而无偃兵"的命题，作了种种论证。

《荡兵》篇为了论证偃兵行不通，把"兵"归之于"天性"。《吕氏春秋》

中的"天"指自然，"天性"即自然之性。它认为，战争是源于人类的自然之性，是无法改变的。它说：人们说蚩尤"作兵"，制造兵器，开始有战争，其实蚩尤制造兵器，不过是使兵器更锋利而已，在这之前，人们已经砍下林木作武器打仗了。它进一步指出：天子、君、长的产生，都是由于人群的战争。原始人群的战争，"胜者为长"，"长"相当于我们现在说的部落首领。首领还不能治理好天下，于是产生君主；只有君主仍不能治理好天下，所以产生天子。天子、君、长的产生，根源都是由于人们有争斗。因此，古代的圣王从来主张正义的战争，不说废止战争。

《吕氏春秋》的上述看法，自然是不确切的。原始的人群之间的械斗与人类文明社会的战争不同，人与人之间的争斗更不是战争。但是，它无意中接触到一个历史的真实，即天子、国君的产生，的确是与战争分不开的。它包含着一定的真理性：存在不同的统治者的利益集团，就存在战争的因素。

为了论证"兵"不可"偃"，《荡兵》篇进一步把人与人之间各种形式的争斗，都说成是"兵"。它说：

在心而未发，兵也；疾视，兵也；作色，兵也；傲言，兵也；援推，兵也；连反，兵也；侈斗，兵也；三军攻战，兵也。此八者皆兵也，微巨之争也。

这里，不仅把打架、斗殴说成战争，而且把言辞傲慢，怒目相视，甚至只是心里嫉恨，与"三军攻战"一样看成战争，认为它们的差别只是大小不同。这显然是荒谬地混淆了事情的质的差别，以此论证"圣王有义兵而无偃兵"是无力的。

论证虽然并不成功，但这个命题的合理性和进步性不容忽视。

偃兵，即废止战争，是善良人们的共同愿望。几千年来思想家对此提出过许许多多论述和主张。然而，直到现在，世界还只存在着均势下的和平，核恐怖下的和平，小战争不断，谁也不敢说战争能够永远废止。而在战国末期，这种美好的愿望更是不能实现的。偃兵论者，往往只讲应否偃兵，而没有论证能否偃兵，可以说，它一开始就脱离了历史的实际。"有义兵而无偃兵"的主张

则不然，它把问题从要不要偃兵，转到现实社会能不能偃兵。这表明《吕氏春秋》充分重视历史的经验教训，从而更为理智地探讨这一问题，提出可行的主张。

"有义兵而无偃兵"的命题，显然与孟子的思想有着继承关系。孟子认为"仁者无敌"，提过"仁义之师"，很赞成周武王伐纣的义举等等。但孟子的主张比较迂阔，他始终幻想实行王道，着重通过政治影响统一天下。义兵说虽然也注意政治影响，但认为义兵是"天下之良药"，用以"诛暴君而振苦民"，是必需的，非用不可的。可以说，它比孟子的学说更现实，更具有可行性。

"有义兵而无偃兵"的主要锋芒是对准偃兵论的。但同时，它也反对法家纯靠武力统一天下的主张。与法家急功近利的主张相比，义兵说更着眼于统一后的长治久安。

（二）　攻无道和伐不义

义兵说批评的第二个论点是非攻和救守。

非攻、救守是墨家的论点。非攻即反对攻伐，救守即救援防守的一方。《墨子》一书有《非攻》篇阐发他这方面的主张；《公输》《鲁问》等篇，记载了墨子救守的言行；《备城门》以下诸篇，则专讲守备的方法。

1. 非攻和救守

非攻的理论基础是"兼爱"。墨子主张人们"兼相爱""交相利"，反对人们"相恶相贼"。他认为攻伐和盗窃一样，都是由于人们"不相爱"，而攻伐对人们伤害最深，因此是最大的不义。他针对当时只反对盗窃而不反对攻伐，甚至赞扬攻伐的现象，质问道："今至大为攻国，则弗知非，从而誉之，谓之义，此可谓知义与不义之别乎？"这个议论，揭露了社会的不合理现象。

庄子也揭露过这种不合理现象，说："窃钩者诛，窃国者为诸侯。"偷窃腰带钩这类小东西的被诛杀，而偷窃国家的反而成诸侯。墨家不像庄子那样，对于不合理现象，一味地消极退缩，而是积极地起来反对。墨子及其徒属，不仅宣传非攻、救守的理论，而且身体力行。

《墨子·公输》篇记载墨子"止楚攻宋"的著名故事，充分表现了墨子不辞辛苦、不怕危险，"摩顶放踵"以利天下的精神。墨子的徒属也继承这种精神，帮助弱小，以身赴义。《吕氏春秋·上德》篇，记载了墨家的孟胜及其徒众为阳城君守城，一百八十余人死难的故事。这类事情必定不止一件。《墨子·备城门》等十一篇，详细记载了许多守备的方法，没有丰富的实际经验，这样的篇章是写不出来的。

墨家的非攻、救守，反映了当时人们要和平的正义愿望，揭露和谴责了兼并战争的不义，并且用行动来抵抗它。墨家为实现其理想不惜牺牲生命，精神可佩，也收到一些实际效果。他们的理论和行动，包含着以战止战合理的因素。这些，比之于偃兵论者把希望完全寄托在当权者发善心，把成败之柄完全交给各诸侯国的统治者，无疑是前进了一步。

但是，非攻、救守，同它的理论基础兼爱一样，在当时是一种不能实现的幻想，它并不能止息兼并战争。它虽然反映了广大民众的善良愿望，但又把这一愿望引导到维持各诸侯国割据争霸局面的框子里。如果说，在墨子生活的春秋时期，周天子还有残存的威信，因而提出非攻、救守，维持已有的局面以反对战争，还存在一点薄弱的根据；那么，到战国以后，周天子从不起作用到不存在，这点薄弱的根据也已经不存在了。维持已有局面，客观上只能阻碍全国统一，从而使兼并战争长期继续下去。《吕氏春秋》正是在这样的历史条件下对它进行抨击的。

2. 以铲除暴虐为目的

《吕氏春秋》认为，当时是"黔首之苦不可以加"的"浊世"，老百姓苦到不能再苦了。只有兴义兵，除掉暴虐之主，才能拯百姓于水火。如果只讲非攻、救守，就不能消除暴虐，惩罚不义，这对老百姓为害极大。

《禁塞》篇说：

取攻伐者不可，非攻伐不可；取救守不可，非救守不可；取惟义兵为可。

兵苟义，攻伐亦可，救守亦可。兵不义，攻伐不可，救守不可。

这是说，主张攻伐或反对攻伐，主张救守或反对救守，都不对。只有主张义兵才对。如果是义兵，攻伐对，救守也对，如果不是义兵，攻伐不对，救守也不对。

可见，《吕氏春秋》抨击非攻和救守，并非完全否定，只是反对把它们放在第一位。它认为，"攻无道而伐不义"，对老百姓是极大的好事，如果一味主张非攻、救守，实际上是反对义，保护不义，所以，它在《振乱》篇中指斥非攻、救守是"乱天下、害黔首"的理论。这样，问题从是否攻伐转到是否兴义兵，从理论上说是深了一层。同时，也反映了战国时期统一的条件成熟，就会有一种新的、有利于统一的理论出现。《吕氏春秋》正是根据当时的社会历史条件，对非攻和救守的主张层层批驳。

《吕氏春秋·振乱》指出，墨家的非攻和救守，是为了反对不义，为了有利于百姓。但是，春秋战国许多暴虐之君，"残杀无罪之民"，尸骨堆起来像山丘一样，在这种情况下还主张非攻、救守，岂不同原来的意愿相反吗？本来要利于百姓，使百姓平安，结果是对百姓不利，使百姓危险。所以这种主张对百姓为害最深。

《吕氏春秋》还指出，非攻、救守达不到避免战争、创立和平的目的。因为，坚持这种主张，不外两种办法，首先用言词，如果无济于事，只好用兵，而用兵就必定杀人。在墨子那里，"杀一人谓之不义"，而非攻、救守用兵会杀许多人，岂不是为了义陷入不义，要避免战争而打仗吗？这是抓住非攻、救守实行中的困难而加以揭露。

《吕氏春秋》懂得"兵凶战危"的道理，《论威》篇说："兵，天下之凶器也；勇，天下之凶德也。"但它并不因此而完全反对用兵。它认为，"举凶器，行凶德，犹不得已也"。为什么不得已？因为这样才能"慑敌""生民"。当时广大百姓处于死亡边缘，只有兴义兵，慑服凶残的敌人，才能使垂死的百姓得到活命，所以《吕氏春秋》的《怀宠》篇说："义兵之生人亦多矣。"而这，正是它必须坚决反对非攻、救守的原因。

现在看来，非攻反对首先发动进攻，亦即反对侵略，用以维持国与国之间的和平，不失为一种正确的主张。但是，在全国亟须统一的条件下，在反对暴虐的统治以解救百姓的情况下，非攻的确只会有利于残暴的统治者，阻碍统一，起着不良的作用。在这种条件下，义兵说无疑具有更多的合理性。所以，非攻说与义兵说，在不同条件下都具有其合理性与进步性。

（三）义兵必胜

战国末期，秦国的兵强是世所公认的。《荀子·议兵》篇曾说："齐之技击不可遇魏之武卒，魏之武卒不可遇秦之锐士。"技击、武卒、锐士，都是经过训练的武士的不同名称，比较起来秦国最强。

《吕氏春秋》站在秦国的立场，主张统一天下，反对偃兵和非攻。但它所着重的，不是军队的强大和士卒的精锐，而是义。《论威》篇说："义也者，……治乱安危过胜之所在也。"义不仅关系到战争的胜败，而且关系到治乱安危，亦即关系到战争胜利之后国家社会是否稳定、发展。这种不仅从胜败的角度来审视战争，而是联系到长远的政治、经济问题来考虑战争，思想是深刻的、卓越的。

1. 义为兵之本

《吕氏春秋》从各个角度论证义兵必胜。

《吕氏春秋》认为，战争胜败的关键在自己这一方。我方是义兵，就能使三军一心，就可以无敌。从敌方来说，我方是义兵，敌方不义，就必定"孤独"，致使其内部不能团结一致，甚至发生内乱。这样，还没有交锋，可以说胜败之势已定。"先胜于此则必胜于彼矣"，"才民未合，而威已谕矣，敌已服矣，岂必用枹鼓干戈哉！"《孙子兵法》说："不战而屈人之兵，善之善者也。"《吕氏春秋》继承了这一观点，而且有具体的阐发。把战争的胜败，最后归结为人心的向背，更是合理的、进步的。

《吕氏春秋》懂得，战争的胜败，要靠智和勇。但是，它不孤立地看待智、勇，而是把智、勇摆在适当的地位。它说："夫兵有本干，必义，必智，必勇。"根本的因素是义，智和勇是枝干，是义派生的。它议论说：勇必定战胜怯，但勇和怯又不是固定不变的，"民无常勇，亦无常怯"。变化的原因在于"有气"或"无气"。"有气则实，实则勇；无气则虚，虚则怯。"而有气与否，又在于是否义。义兵就气壮，气壮就勇，大河大山之险也拦不住。相反，不义之兵是虚怯的，即使有险要的山川也守不住，有锋利的武器也用不了。这些议论，可以用来说明历史上许多战争为什么以弱胜强，以少胜众。历史上许多貌似强大的军队，正是由于不义而迅速失败。

《吕氏春秋》虽然强调义是本，但不轻视其他因素，这是它比孟子高明之处。孟子认为仁义之师必胜，但他过分轻视物质条件，认为施行仁义，"不使制梃以挞秦楚之坚甲利兵"，即用临时制造的木棒，也可以战胜具有坚实铠甲和锐利刀枪的秦楚军队。《吕氏春秋·简选》不点名地批评说：有人以为，驱使百姓可以战胜受过训练的士兵，老弱的普通人可以战胜精练的武士，没有纪律的囚徒可以战胜列阵严整的军队，锄头木棒可以战胜长矛利刃。这些，都是不懂打仗的人的言论。

它认为，用兵打仗，要懂得利用地形，讲究兵器，训练士卒，精选将校。它把这四个方面称为"义兵之助"。它举例说，商汤伐夏桀，周武伐殷纣，都是举义兵，同时也有精良的战车，武勇的甲士，所以取得战争的胜利，被百姓举为天子。可见，《吕氏春秋》的义兵，虽然吸取孟子的思想，但避免了孟子的偏颇和迂阔。它吸取了《孙子兵法》等兵家思想，如部队的训练，地形的利用等，以纠正孟子的偏颇。同时，又把这些作为义兵之助，放在恰当的地位。

2. 兴义兵能争取民心

在《吕氏春秋》看来，义兵的重要性，不仅在于它能够克敌制胜，更在于它关系到"治乱安危"。

义兵是统一天下必经之路，而统一和治理天下才是长远目标。也可以说，义兵是统一天下、治理天下不可分割的一部分。因此，义兵说的目光，并不专注于战争的胜败，目的也不仅仅是统一天下，而是同时注视着治理天下的问题。换言之，义兵说讲的用兵打仗，已经考虑到对于打仗胜利之后治理天下的影响。所以，《吕氏春秋》主张的义兵，在战争之前和战争之中，都有种种考虑和措施。

《吕氏春秋·顺民》说："凡举事，必先审民心而后可举。"这是说，在准备举兵征伐不义时，也要先考察民心，然后做出决定。考察民心，决定征伐之后，还要继续做争取民心的工作："先发声出号曰，兵之来也，以救民之死。……将以诛不当为君者也，以除民之仇而顺天之道也"，声明出兵是为了救百姓，诛暴君。

打入敌境之后，义兵不危害五谷、掠夺六畜，不砍树木，不烧房舍，不挖坟墓，而且要释放俘房，以此争取民众。义兵只对准敌方的统治者，不是对着老百姓的，"克其国，不及其民"，只杀少数应当杀的人。战胜之后，还要采取种种措施来镇抚百姓，比如，尊显贤良，敬重老人，赈恤孤寡，救济穷困。这样的义兵，人人欢迎，《怀宠》篇形容说：

故义兵至，则邻国之民归之若流水，诛国之民望之若父母，行地滋远，得民滋众，兵不接刃而民服若化。

这里的"行地滋远，得民滋众"，暗含着统一天下之意，而"民服若化"则包含统一之后安宁、稳固的意思。

上面这些对于义兵的论述，当然是理想化了的，也是不可能完全做到的。但是，这些论述决不因为难以完全实现而失去意义。如果说，义兵说的反对偃兵、非攻，是解决要不要统一的问题；那么，上述义兵的界说与规定，则解决的是用什么政策来统一的问题。它的锋芒所指，是反对秦国传统的纯用武力的政策。

3. 动兵时就要想到长治久安

秦国的传统政策，在战国末期已经大见成效，有统一天下之势。然而，一

味使用严酷的耕战、刑赏政策，统治是否能够巩固？有识之士已经做了深入的议论。

荀子在《议兵》篇中指出：秦国奉行法家政策，兵力最强，"四世有胜"，不是偶然的。但是，这是"末世之兵，未有本统"，即没有稳固的根本。他还指出，兼并容易，"坚凝"困难。比如燕国战胜和兼并了齐国，但不能坚凝，所以田单能够迅速恢复齐国。他主张兴"仁义之兵"，"凝士之礼，凝民以政"，这样才能像商汤、周武那样真正统一天下。这暗示秦国不能像商、周一样，统一天下并长治久安。

《吕氏春秋》的义兵说，显然是顺着荀子的思路来的。由于吕不韦是秦国的当权者，更加强烈地谋划统一天下，所以对于偃兵、非攻大力抨击。然而，他更重视统一后的坚凝问题。可以认为，整个义兵说关注的中心就是坚凝问题。《吕氏春秋》虽然没有明白提出坚凝二字，没有明白指出"凝士以礼，凝民以政"之类的话，但它强调义兵是"顺天之道"的，是为了"救民之死""除民之仇"，以及前述贯串用兵前后的种种措施，无一不是为了坚凝的。很明显，这是不指名地批评了秦国的传统，并希冀改变这一传统，以便统一天下和长治久安。

历史的进程，没有按《吕氏春秋》的义兵统一天下，而是秦始皇按秦国的传统以严酷的武力统一天下。但确如荀子所预言的，兼并易，坚凝难，二世而亡。这固然与统一后的政策措施不当有关，追溯上去，兼并战争中用兵的残暴已经种下祸根。

秦以首级计功，坑降卒、屠城等事，史不绝书。《史记·项羽本纪》记载有"楚虽三户，亡秦必楚"之类的誓词，反映了六国被兼并过程中苦难深重。因此，陈胜一呼，天下响应，貌似强大的秦帝国，迅速土崩瓦解。其后，项羽兵力最强，以西楚霸王的名义宰割天下。他虽战无不胜，攻无不取，但同秦兵一样残暴，坑降卒、屠城，大失民心，最后也归于失败。相反，刘邦虽然兵力较弱，但他的用兵，与义兵说颇多暗合之处。所以在楚汉之争中，能够屡败屡

起，最后战胜项羽。历史证明，义兵说富于远见卓识，是符合历史潮流的进步
理论。

战争是困扰人类的怪物。几千年来，人们向往和平，却无法摆脱战争。一
般说来，要求和平，反对战争，无疑是正确的。但是，在战争不可避免的条件
下，站在正义的一方，无疑也是正确的。义兵说的积极意义正在于此。

狭义地说，战争是政治的延续；广义言之，战争也是政治。为了什么而战
以及如何进行战争，每一个环节都是政治。义兵说没有明确提出战争与政治的
关系问题，然而，它十分重视战争的政治问题，或者说，它是从政治的角度来
审视战争的各个方面和环节的。这就是它的特别卓越之处。

五、《吕氏春秋》的天文历法思想

天文历法与社会生产和社会生活有着密切的关系。而社会生产是否发达，
社会生活是否正常，对国家政治又有着密切的影响。正是从这一角度出发，《吕
氏春秋》才特别重视天文、历法。

在我国古代，天文和历法往往混而为一，天文包括历法。但我们为了方便
起见，还是把它们分开叙述。

（一）天文思想

战国时期，传统的神学天道观已被摧垮，蒙在大自然上面的神秘外衣也被
剥去。大自然露出了真相。一向为神秘外衣蒙蔽的人们，突然看到大自然的真
相，一时感到惶惑起来。《列子·天瑞》所记的"杞人忧天"的故事，便是这
种心态的反映。思想深沉的学者也提出了一连串的疑问。屈原在其《天问》中
一口气问了 188 个问题，其中问天地的有 56 个，而单单问天的就有 22 个。如
"天何所沓，十二焉分？""日月安属，列星安陈？""自明及晦，所行几里？"

"夜光何德，死则又育？"等等。庄子学派也对大自然发出了许多疑问。如"天之苍苍，其正色耶？其远而无所至极耶？""天其运乎？地其处乎？日月其争于所乎？"等等。他们并试图以猜测的形式做出回答："意者其有机缄而不得已耶？意者其运转而不能自止耶？"这些疑问和试答，反映了人们试图解开大自然之谜的迫切心情。而科学家们则在那里黾勉从事，孜孜不倦地观测，寻求科学答案。齐人（一说楚人）甘德和魏人石申（一作石申夫）便是其中两个杰出的代表。甘德著有《天文星占》八卷，石申著有《天文》和《浑天图》二书。据《开元占经》所记，石氏共测得二十八宿及其他星官的距星共 120 个（一说 121 个）星的赤道坐标。这张恒星表早于欧洲第一张恒星表约 200 年。

《吕氏春秋》从政治、社会需要的角度出发，有选择地利用了前人的成果，并做出了自己的解释。

宇宙的本原是什么？又是怎样演化出来的？《吕氏春秋》说：

黄帝曰："芒芒昧昧，因天之威，与元同气。"

宇宙广大无垠，靠着自然威力的作用，一切都是从"气"产生的。这就是说，宇宙的本原是气。

太一出两仪，两仪出阴阳，阴阳变化，一上一下，合而成章。浑浑沌沌，离则复合，合则复离，是谓天常。

气形成太一，太一分成两体，两体产生阴阳，阴阳发生变化，通过一上一下的运动、结合而生成各种新的物体。在浑浑沌沌的状态中，阴阳二气一会儿分离，一会儿相合。就在这上下离合的过程中，不断地产生天地、日月、星辰、万物，这是宇宙演化的方式。

那么，天地是怎样形成的呢？又是怎样化生万物的呢？《吕氏春秋》说：

天地有始。天微以成，地塞以形。天地和合，生之大经也。

天地车轮，终则复始，极则复反，莫不咸当。日月星辰，或疾或徐，日月不同，以尽其行。四时代兴，或暑或寒，或短或长，或柔或刚。万物所出，造于太一，化于阴阳。萌芽始震，凝滇以形。

天地阴阳不革，而成万物不同。

天和地都有其开端。天是由细微物质弥漫而成的，地是由重浊物质凝滞而成的。天地形成之后，就像车轮一样，不停地循环往复地运转。在运转和合时，便产生了一切。首先是日月星辰产生了。日月星辰运行速度不一，时间长短不同，于是出现了四时、寒暑、昼夜的变化。这种变化便造成了万物殊形、殊能、异质的结果。而万物也是通过离合方式生成的。"夫物合而成，离而生。知合知成，知离知生，则天地平矣。"这就是宇宙、天地、万物演化的过程。

关于宇宙结构，《吕氏春秋》说：

天道圆，地道方，圣王法之，所以立上下。何以说天道之圆也？精气一上一下，圆周复杂（匝），无所稽留，故曰天道圆。何以说地道之方也？万物殊类殊形，皆有分职，不能相为，故曰地道方。

这是根据天圆地方说发挥的。天圆地方说是盖天说的早期形态，大约起于殷、周之际。这一学说的基本内容是："天圆如张盖，地方如棋局。"时至战国，盖天说又有了新的发展，人称"新盖天说"。这种盖天说认为："天象盖笠，地法覆盘。"两说对比，新说显然优于旧说。由于"天圆地方"不能解答天地吻合的问题，所以早在春秋末年就遭到了人们的怀疑。据说，孔子为了弥缝其说，便加了一个"道"字，叫作"天道曰圆，地道曰方"。硬把科学问题变成了哲学问题。目的在于论证尊卑贵贱的封建等级秩序的合理性和永恒性。即所谓"天尊地卑，乾坤定矣；卑高以陈，贵贱位矣"。《吕氏春秋》承袭了这一说法。但除了这层用意外，还有自己的意图，那就是论证君臣分工的合理性和必要性，为张大臣权制造理论根据。即所谓"主执圆，臣处方，方圆不易，其国乃昌"。并且对违反这一原理的君主提出了批评："今世之人主，皆欲世勿失矣，而与其子孙，立官不能使之方，以私欲乱之也。何哉？其所欲者之远，而所知者之近也。"这又与"公天下"的思想联系起来了。由此可见，自然科学也会受到政治观点的影响和制约。

事实上，《吕氏春秋》之所以重视天文，一则出于生产需要，因为天文与历法关系密切，而历法却是指导农业生产进程的；再则出于政治需要，因为用自然秩序论证社会秩序最为简便，而利用天象变化制约君主的行为也能收到一定的效果。

"极星与天俱游，而天极不移。""极星"和"天极"实际上都是指北辰而言的。"极星与天俱游"说的是北辰与众星一体，不可分割，所以随着众星一起打转（地球自转和公转造成的视运动）。"而天极不移"说的是北辰本身却不移动（当时天文学家还没有发现岁差原理）。《吕氏春秋》说："天地万物，一人之身也，此之谓大同。"又说："天斟万物，圣人览焉，以观其类。"根据这种思想，《吕氏春秋》是可以把"极星"或"天极"比附为君主的，而把日月众星比附为臣民。如果这个理解不错，那么，所谓"极星与天俱游"就是君主与臣民同为一体，君主不能脱离臣民。"而天极不移"则是强调君主的独尊地位，又寄寓着"君道无为"的思想。这与《吕氏春秋》的政治思想完全一致。

《吕氏春秋》还谈到分野：

天有九野，地有九州。

何谓九野？中央曰钧天，其星角、亢、氐。东方曰苍天，其星房、心、尾。东北曰变天，其星箕、斗、牵牛。北方曰玄天，其星婺女、虚、危、营室。西北曰幽天，其星东壁、奎、娄。西方曰颢天，其星胃、昴、毕。西南曰朱天，其星觜嶲、参、东井。南方曰炎天，其星舆鬼、柳、七星。东南曰阳天，其星张、翼、轸。

这是把星空划分为九个区域，配以二十八宿，目的是为了好与地上的九州对应。这是《吕氏春秋》的独创，开后世"九天"之说。

何谓九州？河、汉之间为豫州，周也。两河之间为冀州，晋也。河、济之间为兖州，卫也。东方为青州，齐也。泗上为徐州，鲁也。东南为扬州，越也。南方为荆州，楚也。西方为雍州，秦也。北方为幽州，燕也。

这是受了《禹贡》的影响，而配以当时列国之名，目的是为了与九野相应。

分野说在天文学上毫无意义。《吕氏春秋》之所以这样做，是为了便于贯彻天人感应的思想。这是出于政治上的考虑。

《吕氏春秋》对太阳运行的轨道（视运动）也有记述：

冬至日行远道，周行四极，命曰玄明。夏至日行近道，乃参于上。当枢之下无昼夜。白民之南，建木之下，日中无影，呼而无响，盖天地之中也。

冬至，太阳运行于南回归线，自北半球视之，是为远道。此时，阳光斜射于北半球，略显暗淡，故曰"玄明"。玄者黑也。玄明即略带暗色的光明。夏至，太阳运行于北回归线，自北半球视之，是为近道。此时，阳光直射于北半球，故曰"乃参于上"。南北两极，各以半年为昼夜，故曰"当枢（极）之下无昼夜"。所谓"无昼夜"实指不以 12 辰为昼夜，非真无昼夜之谓。以上都是战国天文学家们长期观测、研究的成果，很能解释四季的形成。后面几句话是根据《山海经》而来的。"白民之国"，见《海外西经》。值得注意的是最后一句话——"盖天地之中也"。传统的说法是"洛阳居天下之中"，现在《吕氏春秋》把"天地之中"移到西方，这是否暗示：周朝已亡，政统中心将西移于秦呢？不敢自必，姑记于此。

《吕氏春秋》对异常天象的记录也是很丰富的：

其云状：有若犬、若马、若白鹄、若众车；有其状若人，苍衣赤首，不动，其名曰天衡；有其状若悬釜而赤，其名曰云旐；有其状若众马以斗，其名曰滑马；有其状若众植华以长，黄上白下，其名［曰］蚩尤之旗。

其日：有斗蚀，有倍僪，有晕珥，有不光，有不及（反）景（影），有众日并出，有昼盲（冥），有霄见。

其月：有薄蚀，有晖珥，有偏盲（冥），有四月并出，有二月并见，有小月承大月，有大月承小月，有月蚀星，有出而无光。

其星：有荧惑，有彗星，有天棓，有天欃，有天竹，有天英，有天干，有贼星，有斗星，有宾星。

其气，有上不属天，下不属地，有丰上杀下，有若水之波，有若山之楫（聚），春则黄，夏则黑，秋则苍，冬则赤。

以上所举云、日、月、星、气的种种异象，有的可能是传闻异辞、牵强附会，有的则可能是真实记录。可惜《吕氏春秋》援引这些记录，不是为了科学研究，而是证明天人感应的存在，这样，科学的幼芽就被扼死在迷信之中了。不过，这些记录对现代天文学家仍不失为一份珍贵的资料。

《吕氏春秋》天文思想的最大特点便是利用天文现象为政治服务。

日夜一周，圜道也。月躔二十八宿，轸与角属，圜道也。……令出于主口，官职受而行之，日夜不休，宣通下究，瀸于民心，遂于四方，还周复归，至于主所，圜道也。令圜则可不可善不善无所壅矣。无所壅者，主道通也。

这是利用"日夜一周""月躔二十八宿"这些自然现象论证号令畅行、君民通达的合理性。因为在《吕氏春秋》看来，一个国家如果"主德不通，民欲不达"，那就会"百恶并起，而万灾丛至"了！所以它要从各个角度阐明政治必须通达这一观点。

天为高矣，而日月星辰云气雨露未尝休矣；地为大矣，而水泉草木毛羽裸鳞未尝息也。凡居于天地之间、六合之内者，其务为相安利也。夫为相害危者，不可胜数。

天生阴阳寒暑燥湿，四时之化，万物之变，莫不为利，莫不为害。圣人察阴阳之宜，辨万物之利以便生，故精神安乎形，而年寿得长焉。

大自然的秩序是那样的和谐美满，天地万物配合得那样均衡默契。各守职责，自强不息，生生不已，相安无事。但是，大自然对于人类来说，既有惠利的一面，也有危害的一面。圣人的任务，就是要"察阴阳之宜，辨万物之利"，以方便人类自身的生活。进而言之，更可以效法自然，安排人类社会的秩序，使各色人等，各尽其责，互相配合，互为安利，制止互相为害。这是《吕氏春秋》利用天文现象论证社会秩序和生活规律的正常性。而这种秩序和规律正是《吕氏春秋》的一贯理想和最大目标。

《吕氏春秋》也利用自然界变异现象来警示君主。

昔者汤克夏而正天下，天大旱，五年不收，汤乃以身祷于桑林，曰："余一人有罪，无及万夫。万夫有罪，在余一人。无以一人之不敏，使上帝鬼神伤民之命。"于是剪其发，酈其手，以身为牺牲，用祈福于上帝，民乃甚悦，雨乃大至。则汤达乎鬼神之化，人事之传也。

商汤接受了上帝的警告，作了沉痛的自责，这才解除了灾难。《制乐》所记的周文王"改行"而止"地动"，宋景公以"三德言"移去"荧惑"，皆属此类。《吕氏春秋》中的这类杂质成为后来董仲舒"天人感应"论的张本。

本节所述，大概就是《序意》中所谓"上揆之天"的主要内容。

（二）历法思想

历法是根据日月星辰的运行历程编制时间单位的方法。

历法是以天文为基础的，而天文是以观测推算为依据的。"夫审天者，察列星而知四时，因也。推历者，视月行而知晦朔，因也。"考察列星运行的规律就可以知道四季的变化，推算月球运动的进程就可以知道晦朔的时间。可见历法离不开天象观测和推算。

《吕氏春秋》的确非常重视天象观测和推算工作。

孟春之月……乃命太史守典奉法，司天日月星辰之行，宿离不忒，无失经纪，以初为常。

所谓"宿离不忒"是指日月五星所经宿度的时间不能发生误差。所谓"以初为常"是指星辰宿度以冬至起于牵牛初度为常。就是说，职掌天象观测和历法推算的太史，必须恪守其责，谨慎从事，以免造成差错。

《吕氏春秋》为什么要重视历法呢？主要是因为历法与生产、生活、政治都有密切关系。

春气至则草木产，秋气至则草木落。

四时寒暑日月星辰之行当，则诸生有血气之类皆为得其处而安其产。

雪霜雨露时，则万物育矣，人民修矣，疾病妖厉去矣。

这几段话说明，只有掌握了自然规律，才能进行有效的生产和健康的生活。

而要掌握自然规律，最好的办法是通过历法。历法可以直接指导生产程序和生活节奏。

　　大桡作甲子，黔如作虏首（蔀首），容成作历，羲和作占日，尚仪作占月，后益作占岁。

这里所说的"甲子"是指干支，所说的"蔀首"是指闰法，所说的"占日""占月""占岁"，实际上是指观测太阳、月亮、岁星的运行规律。意思是说，以观测为依据，以置闰为调剂，以干支为符号，制订历法。这里说的是传说时代的事，不可全信。但自夏、商以后，历朝统治者都未曾间断过观测、置闰、订历的工作，却是事实。而且愈后愈精，到了战国已达到了第一个高峰。

　　当时，观测工具已大大改进，主要是用较为精致的圭表测量日影，还可能使用简易浑仪观测天象。石申测绘了世界第一张恒星表。当时的历法精度也有很大提高，已知比较精确的十九年七闰法了。历法是因地制宜的。据《汉书·律历志》和《艺文志》的记载，战国时期的历法共有六种，即"黄帝、颛顼、夏、殷、周及鲁历"，"黄帝五家历三十三卷，颛顼历二十一卷，夏、殷、周、鲁历十四卷"。这就是所谓"古六历"。古六历都是四分历，即一回归年的长度等于 $365\frac{1}{4}$ 日，只是由于测定时间的不同，测量精度的不同而略显差异。古六历大都以冬至为一岁之始（秦国采用的颛顼历以立春为一岁之始）；合朔（日月在同一经线上）为一月之始；夜半为一日之始。后汉正式采用干支纪年法推得颛顼历以乙卯为历元，己巳朔旦立春。历元确定了，推算此后各年的冬至（或立春）和合朔时刻就很方便了。而求得冬至（或立春）和合朔后，一年中其他节气和弦、望时刻也都不难算出。这样，一年的历谱就可以安排出来了。可见当时的历法已很进步。

　　《吕氏春秋》的历法思想集中体现在《十二纪》首篇之中。

　　第一，《吕氏春秋》把历法建立在"日在""昏旦中星""物候"三重验证基础之上："日在某某"是通过太阳和月亮运行的相对位置推算出来的；昏旦中星是由观测获得的；物候是早期自然历法的依据。把三者结合起来互相参验，就可以保证推算季节转移的准确性。为了简明起见，列表如下：

季节参验表

季月	日在	昏旦中星	节气	物候
孟春	日在营室	昏参中，旦尾中	立春	蛰虫始振。鱼上冰。獭祭鱼。候雁北
仲春	日在奎	昏弧中，旦建星中	日夜分，始雨水	桃李华。苍庚鸣。鹰化为鸠。玄鸟至
季春	日在胃	昏七星中，旦牵牛中	时雨将降	桐始华。虹始见，萍始生。鸣鸠拂其羽。戴任降于桑
孟夏	日在毕	昏翼中，旦婺女中	立夏	蝼蝈鸣。丘蚓出。玉菩生。苦莱秀。靡草死
仲夏	日在东井	昏亢中，旦危中	日长至，小暑至	螳螂生。鵙始鸣。反舌无声。鹿角解。蝉始鸣。半夏生。木堇荣
季夏	日在柳	昏心中，旦奎中	土润溽暑	蟋蟀居宇。鹰乃学习。腐草化为蚈
孟秋	日在翼	昏斗中，旦毕中	立秋，白露降	寒蝉鸣。鹰乃祭鸟
仲秋	日在角	昏牵牛中，旦觜巂中	日夜分	候鸟来。玄鸟归。蛰虫俯户
季秋	日在房	昏虚中，旦柳中	霜始降	爵入大水为蛤。菊有黄华。豺则祭兽戮禽。草木黄落
孟冬	日在尾	昏危中，旦七星中	立冬，水始冰	雉入大水为蜃。虹藏不见
仲冬	日在斗	昏东壁中，旦轸中	日短至	鹖鴠不鸣。虎始交。芸始生。荔挺出。蚯蚓结。麋角解
季冬	日在婺女	昏娄中，旦氐中	星回于天，岁将更始	雁北乡。鹊始巢。雉雊鸡乳

注：①獭祭鱼：高诱注："獭猵，水禽也，取鲤鱼至水边，四面陈之，世谓之祭鱼，为时候者。"

②弧、建星：陈奇猷案："弧九星在赤道南30度前后，均属天舟座。建六

星均属人马座。"

③苍庚：陈奇猷案："即今之黄雀。"

④鹰化为鸠：高诱注："喙正直，不鸷击也。鸠，盖布谷鸟。"

⑤王菩：即王葍，植物名。

⑥䴗：鹍之本字，亦作䴏，音抉，伯劳鸟，夏至来，冬至去。

⑦反舌：伯舌（一作百舌），能变易其声，效百鸟之鸣。

⑧蚈：荧之借字，萤火虫。

⑨鹰乃祭鸟：高诱注："是月鹰挚杀鸟于大泽之中，四面陈之，世谓之祭鸟。"

⑩爵：雀之借字，候鸟从北漠来南方彭蠡。

⑪豺则祭兽戮禽：高诱注："豺，兽也，于是月杀兽，四围陈之，世所谓祭兽。戮者，杀也。"

⑫蜃：蛤也。《传》曰："雉入于淮为蜃。"

⑬鶡鴠：亦作曷旦，山鸟。

⑭雉雊鸡乳：《说文》："雊，雄雉鸣也。"乳，卵也，雌雉产卵。

从上表中可以看出：a. 日在和昏旦中星都以二十八宿为标志。b. 节气安排虽然不甚完备，但已粗具规模，为《淮南子》二十四节气的建立奠定了基础。c. 日在、昏旦中星、物候三者互相参验，为掌握节气变化的规律提供了比较可靠的依据。这些都充分体现出了《吕氏春秋》的科学思想。

第二，《吕氏春秋》把国家政令与历法紧密结合起来。举凡施惠、庆赏、行刑、举兵、朝会以及文化、教育活动，都要按时节进行，不得紊乱。今列表如下：

季月政令安排一览表

季月	政　令
孟春	赏公卿诸侯大夫于朝。命相布德和令，行庆施惠，下及兆民。命乐正入学习舞。无聚大众，无置城郭。不可以称兵。

季月	政　　令
仲春	养幼少，存诸孤。命有司省囹圄，去桎梏，无肆掠，止狱讼。命乐正入舞舍采，又命乐正入学习乐
季春	布德行惠，发仓窌，赐贫穷，振乏绝，开府库，出币帛，周天下，勉诸侯，聘名士，礼贤者。择吉日，大合乐
孟夏	乃行赏，封侯庆赐。乃命乐师习合礼乐。命太尉赞杰俊，遂贤良，举长大。行爵出禄。断薄刑，决小罪，出轻系
仲夏	命乐师修鞀鞞鼓，均琴瑟管箫，执干戚戈羽，调竽笙埙篪，饬钟磬柷敔
季夏	命妇官染采，黼黻文章，黑黄苍赤，勿敢伪诈，以给郊庙祭祀之服，以为旗章，以别贵贱等级之度。不可以起兵动众
孟秋	乃赏军率。选士厉兵，简练杰俊。命有司修法制，缮囹圄，具桎梏，禁止奸，慎罪邪，务搏执。命理瞻伤察创，决狱讼，戮有罪，严断刑
仲秋	养衰老，授几杖，行糜粥饮食。命有司申严百刑，斩杀必当。可以筑城郭，建都邑
季秋	申严号令。入学习吹。合诸侯，制百县，为来岁受朔日，与诸侯所税于民轻重之法。乃趣狱刑，无留有罪。收禄秩之不当者，供养之不宜者
孟冬	乃赏死事，恤孤寡。附城郭，戒门闾，修楗闭，慎关钥，固封玺，备边境，完要塞，谨关梁，塞蹊径
仲冬	命有司曰："土事无作，无发盖藏，无起大众，以固而闭。"命阉尹申宫令，审门闾，谨房室，必重闭。可以罢官之无事者。筑囹圄。
季冬	命乐师大合吹而罢。天子乃与卿大夫饬国典，论时令，以待来岁之宜

　　此表说明了两个问题：a. 把一切政令乃至文化教育活动纳入季月之中，使政令布施完全符合自然节律，这是自然主义思想在政令教化中的体现，也是《序意》中所谓"中审之人"的一项主要内容。b. 把布德行惠、赐贫振乏、行爵出禄等活动安排在春、夏两季，而把刑狱、斩杀、筑城、备边等活动安排在秋、冬两季，这是完全符合统治者利益的。因为春、夏是生产繁忙季节，必须保证足够的劳动人手和生产积极性，才能搜刮到较多的劳动果实，所以需要加以救济和鼓励。秋、冬是收获季节，劳动果实已剥削到手，这时，稳定统治，

保证安全，就成为要务了，所以需要严刑斩杀和兴师动众。这体现了历法为政治服务的思想。

第三，《吕氏春秋》把历法与生产活动结合起来。历法的任务主要就是指导生产活动。这一点，《吕氏春秋》也没有忽视。所以，举凡农业生产、手工业生产、副业生产，乃至商业活动都安排在季月之中，以期各项生产都能得到合理、协调的发展。今列表如下：

季月生产活动一览表

季月	生产活动
孟春	天子亲载耒耜，率三公九卿诸侯大夫躬耕帝籍田。王布农事：命田［畯］舍东郊，皆修封疆，审端径术（沟），善相丘陵阪险原隰土地所宜，五谷所殖
仲春	耕者少舍，无作大事，以妨农功。无竭川泽，无漉陂池，无焚山林。同度量，钧衡石，角斗桶，正权概
季春	修利提防，导达沟渎，以妨道路。审五库之量，金铁、皮革、筋、角、齿、羽箭干、脂胶丹漆，无或不良。百工咸理，监工日号，无悖于时。省妇使，劝蚕事。合累牛腾马游牝于牧
孟夏	命野虞出行田原，劳农功民，无或失时。命司徒循行县鄙，命农勉作，无伏于都。农乃升麦。驱兽，无害五谷。聚蓄百药。蚕事既毕，后妃献茧。乃收茧税，以桑为均。
仲夏	农乃登黍。令民无刈蓝以染，无烧炭，无暴布。门闾无闭，关市无索。游牝别其群，则絷腾驹，班马正
季夏	乃命虞人入山行木，无或斩伐。无发令而干时，以妨神农之事。水潦盛昌，命神农将巡功。大雨时行，烧薙行水，利以杀草，如以热汤，可以粪田畴，可以美土疆
孟秋	农乃升谷。命百官始收敛，完堤防，谨壅塞，以备水潦
仲秋	穿窦窌，修囷仓。乃命有司趣民收敛，务蓄菜，多积聚。乃劝种麦，无或失时。易关市，来商旅，入货贿，以便民事

季月	生产活动
季秋	命冢宰：农事备收，举五种之要藏帝籍之收于神仓。天子乃教于田猎，以习五戎。搜（择）马。草木黄落，乃伐薪为炭
孟冬	命司徒循行积聚，无有不敛。工师效功，陈祭器，按度程，无或作为淫巧，必功致为上。物勒工名，以考其诚。劳农夫以休息之。命水虞渔师收水泉池泽之赋
仲冬	乃命大酋：秫稻必齐，曲蘖必时，湛喜必洁，水泉必香，陶器必良，火齐必得。农有不收藏积聚者，牛马畜兽有放佚者，取之不诘。山林薮泽，有能取疏食田猎禽兽者，野虞教导之
季冬	命渔师始渔，天子亲往。冰方盛，水泽复（覆），命取冰。令告民出五种。命司农计耦耕事，修末耜，具田器。专于农民，无有所使

　　表中反映了《吕氏春秋》的两种思想：a. 从生产比重看，农业最大，其次是手工业，再次是副业和商业。反映了以农业为主，以手工业为辅、兼顾其他的综合经济思想。这种思想是符合战国后期社会经济发展状况的，比起法家单纯的重农抑商思想，合理得多，进步得多。b. 从生产安排看，春、夏两季重点保证农业生产的正常进行；秋、冬两季主要是进行手工业生产；商业安排在夏、秋两季；其他副业则穿插在四季之中。这种安排是符合自然节律的，反映了《吕氏春秋》力图把生产活动纳入科学程序之中。这大概就是《序意》中所说的"下验之地"吧。

　　第四，《吕氏春秋》把历法与阴阳、五行思想结合起来。战国后期，阴阳、五行思想盛极一时。这派学者企图以阴阳、五行学说囊括一切，解释一切，包括宇宙、万物、社会、历史、人生，乃至伦理、道德，等等。《吕氏春秋》深受此派学说的影响，集中表现在《十二纪》首篇中。今列表于下：

吕氏春秋

季月与阴阳、五行配合表

季月	孟春	仲春	季春	孟夏	仲夏	季夏	中央	孟秋	仲秋	季秋	孟冬	仲冬	季冬
阴阳消长	天气下降，地气上腾	雷乃发声，始电	生产方盛，阳气发泄	阳气继长增高	阴阳争，死生分	凉风始至		凉风至，白露降。天地始肃	杀气浸盛，阳气日衰	霜始降，寒气总至	天气上腾，地气下降，天地不通	阴阳争，诸生荡	数将几终，岁将更始
五行	木	木	木	火	火	火	土	金	金	金	水	水	水
五方	东	东	东	南	南	南	中央	西	西	西	北	北	北
五日	甲乙	甲乙	甲乙	丙丁	丙丁	丙丁	戊己	庚辛	庚辛	庚辛	壬癸	壬癸	壬癸
五帝	太皞	太皞	太皞	炎帝	炎帝	炎帝	黄帝	少皞	少皞	少皞	颛顼	颛顼	颛顼
五神	句芒	句芒	句芒	祝融	祝融	祝融	后土	蓐收	蓐收	蓐收	玄冥	玄冥	玄冥
五数	八	八	八	七	七	七	五	九	九	九	六	六	六
五味	酸	酸	酸	苦	苦	苦	甘	辛	辛	辛	咸	咸	咸
五臭	膻	膻	膻	焦	焦	焦	香	腥	腥	腥	朽	朽	朽
五色	青	青	青	赤	赤	赤	黄	白	白	白	黑	黑	黑
五音	角	角	角	徵	徵	徵	宫	商	商	商	羽	羽	羽
五虫	鳞	鳞	鳞	羽	羽	羽	倮	毛	毛	毛	介	介	介
五祀	户	户	户	灶	灶	灶	中霤	门	门	门	行	行	行
五祭	脾	脾	脾	肺	肺	肺	心	肝	肝	肝	肾	肾	肾
五居	青阳左个	青阳太庙	青阳右个	明堂左个	明堂太庙	明堂右个	太庙太室	总章左个	总章太庙	总章右个	玄堂左个	玄堂太庙	玄堂右个
五旗	青旗	青旗	青旗	赤旗	赤旗	赤旗	黄旗	白旗	白旗	白旗	黑旗	黑旗	黑旗

　　此表略去了几项内容：十二律略去了，准备放到后面乐律中去谈。天子的马车（包括马的品种和车的颜色）、服饰（包括衣服的颜色和玉饰的颜色）、食物（包括植物和动物）、器皿（包括种类和形制）也略去了，只以车旗的颜色为代表。

　　从表中可以看出，一切都纳在阴阳、五行的框架之中。阴阳作为事物发展变化的内在动力，有其合理的一面。比如季节气候的推移和变化，就很符合辩证原则。可是，这种推移和变化始终是循环的，却又陷入形而上学了。五行作为事物内部相互联系的模式，也有其合理性。比如金、木、水、火、土之间就存在着相互联系、相互对立、相互制约、相互转化等关系。他如五方、五味、

五色、五音也莫不如此。但是，把这种模式无限推广，推广到五日、五帝、五神、五祀等等，就陷入神秘主义的泥坑了。

因此，我们认为阴阳、五行思想对中国科学观念的发展，既有有利的一面，也有有害的一面，要具体分析。笼统的肯定，捧之过高，或者笼统的否定，贬之过低，都是错误的。

第五，《吕氏春秋》把历法与宗教礼仪活动结合起来。宗教礼仪活动是统治者树立自己权威、桎梏人民思想的一种手段，是神道设教的具体形式。《吕氏春秋》把这种形式与自然节律结合起来，更可以提高它的严肃性和神圣性。《十二纪》中所列的宗教礼仪活动大都是商周以来的传统形式。这种形式到战国已经衰落了，《吕氏春秋》保留了它，说明旧传统的影响是很难清除的。今列表如下：

季月宗教礼仪活动安排表

季月	生产活动
孟春	先立春三日，太史谒之天子曰："某日立春，盛德在木。"天子乃斋。立春之日，天子亲率三公九卿诸侯大夫以迎春于东郊。乃择元辰，躬耕亲籍田。命祀山林川泽，牺牲无用牝
仲春	择元日，命民〔祀〕社。玄鸟至，以太牢祀于高谋。天子乃献羔开冰，先荐寝庙。上丁命乐正入舞舍采，天子乃率三公九卿诸侯亲往视之。祀不用牺牲，更（续）皮币
季春	天子乃荐鞠衣于先帝。荐鲔于寝庙，乃为麦祈实。择吉日，大合乐，天子乃率三公九卿诸侯大夫亲往视之。国人傩，九门磔禳，以毕春气
孟夏	先立夏三日，太史谒之天子曰："某日立夏，盛德在火。"天子乃斋。立夏之日，天子亲率三公九卿大夫以迎夏于南郊。天子乃以彘尝麦，先荐寝庙。天子饮酎，用礼乐
仲夏	命有司为民祈祀山川百原，大雩帝，用盛乐。乃命百县雩祭，祀百辟卿士有益于民者，以祈谷实。天子以雏尝黍，羞以含桃，先荐寝庙
季夏	令民无不咸出其力，以供皇天上帝、名山、大川、四方之神，以祀宗庙、社稷之灵，为民祈福
孟秋	先立秋三日，大史谒之天子曰："某日立秋，盛德在金。"天子乃斋。立秋之日，天子亲率三公九卿诸侯大夫以迎秋于西郊。农乃升谷。天子尝新，先荐寝庙
仲秋	乃命宰祝巡行牺牲：视全具，案刍豢，瞻肥瘠，察物色，必比类，量小大，视长短，皆中度。五者备当，上帝其享。天子乃傩，御佐疾，以通秋气。以犬尝麻，先祭寝庙

季月	生产活动
季秋	大享帝，尝牺牲，告备于天子。天子乃厉服厉饬，执弓操矢以射。命主祠，祭禽于四方。天子乃以犬尝稻，先荐寝庙
孟冬	先立冬三日，太史谒之天子曰："某日立冬，盛德在水。"天子斋。立冬之日，天子亲率三公九卿大夫以迎冬于北郊。大饮蒸，天子乃祈来年于天宗。大割，祠于公社及门闾，享先祖、五祀
仲冬	天子乃命有司祈祀四海、大川、名原、渊泽、井泉
季冬	命有司大傩，旁磔，出土牛，以送寒气。乃毕行山川之祀，及帝之大臣、天地之神祇。乃尝鱼，先荐寝庙

从表中可以看出，宗教礼仪活动，主要是三类：a. 迎四立——迎春于东郊，迎夏于南郊，迎秋于西郊，迎冬于北郊。这类活动规模最大，典礼最隆。目的是祈求四季的转移和变化能够正常进行。一年中如果风调雨顺，就会给生产带来丰收，给人们带来健康。天子之所以郑重其事地举行郊迎活动，无非是想说明只有他才有资格祈求神灵保佑。这样，人们便把生产丰收，身体健康，系之于天子一人，从而对天子产生一种敬畏和感激的心情。于是，天子的权威便大大提高了。b. 祭宗庙，祀上帝。祭宗庙，表明他是皇统的继承人；祀上帝，表明他的统治是受命于天的。这样，就无异于向全体臣民宣布：他是合法的天子。这当然也是树立他的权威。有了这种权威，就可以"名正言顺"地镇压叛乱了。c. 其他如耕籍田，祀高禖，祈民福，荐新谷等等，都是为了生产丰收、人口繁衍、消灾除病而设的。人丁兴旺，产品增多，对统治者和人民都是有利的。《吕氏春秋》之所以沿袭这套宗教礼仪传统，是因为这些传统也是它所需要的。

第六，《吕氏春秋》把历法与天人感应思想结合起来。感应现象，本是自然界常见的，如"月晕而风""础润而雨""气同则合，声比则应"等等，但《吕氏春秋》把这种现象推演到社会人事领域，那便成为荒谬的东西了。尽管如此，我们还是把它列出来，以便全面把握《吕氏春秋》的思想内容。表如下：

季月行令感应表

季月	行令感应
孟春	行夏令，则风雨不时，草木早槁，国乃有恐。行秋令，则民大疫，疾风暴雨数至，藜莠蓬蒿并兴。行冬令，则水潦为败，霜雪大挚，首种不入
仲春	行秋令，则其国大水，寒气总至，寇戎来征。行冬令，则阳气不胜，麦乃不熟，民多相掠。行夏令，则国乃大旱，暖气早来，虫螟为害
季春	行之是令，甘雨至三旬。行冬令则寒气时发，草木皆肃，国有大恐。行夏令，则民多疾疫，时雨不降，山陵不收。行秋令则天多沉阴，淫雨早降，兵革并起
孟夏	行之是令，甘雨至三旬。行秋令，则苦雨数来，五谷不滋，四鄙人保。行冬令，则草木早枯，后乃大水，败其城郭。行春令，则虫蝗为败，暴风来格，秀草不实
仲夏	行冬令，则雹霰伤谷，道路不通，暴兵来至。行春令，则五谷晚熟，百螣时起，其国乃饥。行秋令，则草木零落，果实早成，民殃于疫
季夏	行之是令，甘雨三至，三旬二日。行春令，则谷实解落，国多风咳，人乃迁徙。行秋令，则丘隰水潦，禾稼不熟，乃多女灾。行冬令，则寒气不时，鹰隼早鸷，四鄙人保
孟秋	行之是令，凉风至三旬。行冬令，则阴气大胜，介虫败谷，戎兵乃来。行春令，则其国乃旱，阳气复还，五谷不实。行夏令，则多火灾，寒热不节，民多疟疾
仲秋	行之是令，白露降三旬。行春令，则秋雨不降，草木生荣，国乃有大恐。行夏令，则其国旱，蛰虫不藏，五谷复生。行冬令则风灾数起，收雷先行，草木早死
季秋	行夏令，则其国大水，冬藏殃败，民多鼽窒。行冬令，则国多盗贼，边境不宁，土地分裂。行春令，则暖风来至，民气解堕，师旅必兴
孟冬	行春令，则冻闭不密，地气发泄，民多流亡。行夏令，则国多暴风，方冬不寒，蛰虫复出。行秋令，则雪霜不时，小兵时起，土地侵削
仲冬	行夏令，则其国乃旱，气雾冥冥，雷乃发声。行秋令，则天时雨汁，瓜瓠不成，国有大兵。行春令，则虫螟为败，水泉减竭，民多疾疠
季冬	行之是令，此谓一终。行秋令，则白露早降，介虫如妖，四鄙人保。行春令，则胎夭多伤，国多疾，命之曰逆。行夏令则水潦败国，时雪不降，冰冻消释

单从表面看，不消说，全是荒唐言。可是，透过这些荒唐言，至少可以看出三点：a. 警示人们必须按照自然法则办事，否则就会造成灾难。这就是《仲秋纪》中所说的"凡举事无逆天数，必顺其时"。b. 警告君主必须依据"月令"条律办事，如果倒行逆施，就会造成国家危乱。这就是《孟春纪》中所说

的"无变天之道，无绝地之理，无乱人之纪"。c. 力图沟通天、地、人三者之间的关系。《序意》中说："上揆之天，下验之地，中审之人，若此，则是非可不可无所遁矣。"此表所列内容，便是这三者相通的验证。如此看来，天人感应思想虽无可取，但自其精神实质而言，却也未可全非，至少是用心良苦。

综观上述六点，大体可以说，《吕氏春秋》的历法思想，既有科学的、合理的成分，也有唯心的、神秘的性质。不能一概而论。

六、《吕氏春秋》的哲学思想

（一）《吕氏春秋》的宇宙观和天人关系说

《吕氏春秋》在天地生成、万物由来的问题上，不承认有造物主。它认为天地万物生于"太一"，"万物所出，造于太一，化于阴阳"（《大乐》），"太一出两仪，两仪出阴阳，阴阳变化，一上一下，合而成章"（《大乐》）。这个"太一"不是汉以后的"太一"神，而是"道"，或"一"。"道也者，视之不见，听之不闻，不可为状"，"道也者，至精也，不可为形，不可为名，强为之（名），谓之'太一'"。（《大乐》）"太一"或"道"指天地形成前的宇宙原始状态，它是无始无终普遍存在的，所以不可称道形容。以其混沌不分，故强称为"一"；以其原始悠远，故强称为"太"。"太一出两仪"，高诱注说："两仪，天地也"。由混沌未分、无边无涯的"太一"中，逐步分化出天与地，有了天地则形成阴与阳这两种最基本的对立的力量，阴与阳的相互作用生成万物。所以《知分》说："凡人、物者，阴阳之化也。"万物的生成有"合"有"离"，"夫物合而成，离而生"（《有始览》）。合者，天地阴阳之合和；离者，一物脱胎他物而自立。如婴儿成于父母的结合，生于同母体的分离。万物之生需多种条件的集合，"凡生非一气之化也，长非一物之任也，成非一形之功也"（《明理》），因此物品众多纷繁。从其联系讲，万物皆出自"太一"，化于阴阳，故"天地万物，一人之身也，此之谓大同"（《有始览》）；从其差别讲，"众耳目鼻口也，众五谷寒暑也，此之谓众异"（《有始览》）。《吕氏春秋》采用了惠施的观点，认为客观世界是个具有多样性的统一的世界。

阴阳是什么？既指自然界两种对立的势力，也指这两种对立势力的承担者，即"气"。《大乐》说："阴阳变化，一上一下，合而成章。"《圆道》又说："精气一上一下，圆周复杂，无所稽留，故曰天道圆。"可知阴阳是指精气。但是《吕氏春秋》对于"精气"的概念阐发得不够精确，"精气"有时专指气中的精华成分，这种观点最初见于《管子·内业》。《尽数》说：

精气之集也，必有入也。集于羽鸟与为飞扬；集于走兽与为流行；集于珠玉与为精朗；集于树木与为茂长；集于圣人与为复明。

精气使动植物具有活力，使珠玉发放光辉，使圣人充满智慧。人体内精气不断流动，才能保持人的旺盛生命力，《尽数》说"精不流则气郁"，各种疾病由此而生。人要善于摄养精气，使"精气日新，邪气尽去，及其天年，此之为真人"（《先已》）。

自然界的运动遵循着一条基本规律，即阴阳等对立力量相互作用形成的转化运动，这是天道的常规。《大乐》说：

阴阳变化，一上一下，合而成章。浑浑沌沌，离则复合，合则复离，是谓天常。

这条基本规律使事物的变化发展呈现出两大特点：一是发展的起伏性："天固有衰嗛废伏，有盛盈蚡息；人亦有困穷屈匮，有充实达遂"（《知分》）；二是发展的循环性："天道圆"，"天地车轮，终则复始，极则復反，莫不咸当"（《大乐》），如日夜交替，星宿推移，四时往复，物之生成衰杀等。

"道"既是宇宙原初状态，也是宇宙间万物运动的总规律，人若能认识和掌握它，便得到了最高真理。《圆道》说：

一也齐（者）至贵，莫知其原，莫知其端，莫知其始，莫知其终，而万物以为宗。圣王法之，以令其性，以定其正，以出号令。

《论人》说：

凡彼万形，得一后成。故知一，则应物变化，阔大渊深，不可测也；德行昭美，比于日月，不可息也；豪士时之，远方来宾，不可塞也；意气宣通，无所束缚，不可收也。故知知一则复归于朴……故知知一则若天地然，则何事之不胜，何物之不应。

"一"即"道"，作为万物变化的普遍规律，不能为感觉所把握，也不能为人力所改变，万物的生成、发展都离不开它。了解了它，就等于了解了自然界本身（"知一则若天地然"），遵循这个总规律去行动，无往而不成功。

"道"还指各类事物的特殊规律。"天道圆，地道方"（《圆道》），'道'指天象与地理的规律；"富贵而不知道，适足以为患"（《本生》），"道"指养生的规律；"桀纣以去之之道致之也"（《功名》），"道"指社会治乱的规律；"知其所以知，之谓知道"（《侈乐》），"道"指认识的规律；"无为之道曰胜天"（《先已》），"主道约，君守近"（《论人》），"道"指正确的治国方法。

《吕氏春秋》认为，天地万物的性质及其运动的规律具有客观必然性，人不能任意支配它。"性者万物之本也，不可长，不可短，因其固然而然之，此天地之数也"（《贵当》），"天下时，地生财，不与民谋"（《任地》），"以狸致鼠，以冰致蝇，虽工不能"（《功名》），事物的伸缩起伏"此皆天之容、物之理也，而不得不然之数也，（《知分》）。

以上可知，《吕氏春秋》在宇宙发生论和万物运动规律的问题上，吸收了老庄的天道观与《易传》阴阳化生的观点，提出"太一"这一新概念，并将"道"推广开去，应用于探索各种具体规律。它强调天地自然生成、自己运动，排除了上帝和鬼神的权威，基本上是素朴唯物的宇宙观。

《吕氏春秋》是在承认"天"的自然属性的前提下来说明天人关系的。将"天"神秘化是先秦长期存在的传统的有神论观念。殷周统治者都宣扬君权天授，"天"成为周以后至上神的代称。《论语》认为"死生有命，富贵在天"，将"意志之天"抽象化为"命运之天"。墨子认为天有意志，能赏善罚恶。他的天意实际上是民意，但仍保留着神的外衣。荀子则把"天"解释为自然界，完全消除了天的神秘性。《吕氏春秋》直接继承了荀子的唯物主义自然观，认为天是自然之天。《当赏》说：

> 民无道知天，民以四时、寒暑、日月、星辰之行知天。四时、寒暑、日月、星辰之行当，则诸生有血气之类，皆为得其处而安其产（生）。

《贵因》中又说："审天者，察列星而知四时。"这里说得十分明白，"天"就是指天体、季节、气象之类事物，认识了这些自然事物及其变化，就等于认识了天，此外别无另一超自然的主宰。《吕氏春秋》从重视农业的角度出发，以地配天，将天与地作为自然界的两大基本要素，再加上"人"即社会这个要素，这天地人三者，就是人们生活在其中的客观环境。

根据当时天文和地理的知识，《吕氏春秋·有始览》认为"天有九野，地有九州，土有九山，山有九塞，泽有九薮，风有八等，水有六川"，将天空分为九个星域，将二十八星宿分属九天，"凡四极之内，东西五亿有九万七千里，南北亦五亿有九万七千里。众星与天俱遂，而极星不移"。所谓"四极"，是当时所能观察到的宇宙的范围，虽有五亿多里之限，但视野仍然是十分开阔的。"凡四海之内，东西二万八千里，南北二万六千里"，所谓"四海"，大约是指当时人们所想象的大陆的范围，其估测之数大于现在的亚洲大陆，眼界也很广大。"白民之南，建木之下，日中无影，呼而无响，盖天地之中也"，这是对于赤道的猜测。九州、九山、九塞、九薮、六川等，描绘出当时中国地理的概貌。当然，要凑齐九、六、八等整数，难免有削足之弊，所谓"八风"也是一种烦琐的划分。但是《有始览》的描述能够证明，《吕氏春秋》的天地观，讲的确确实实是苍天和大地，是生育万物的大自然，是日月星辰、山川泽谷、田野五谷、风雨寒暑，而不是超自然的力量。

在天人关系问题上，《吕氏春秋》提出两个响亮的崭新的口号："法天地"和"因则无敌"。所谓"法天地"，就是人要效仿天地的榜样去行事，人的活动要与天地的性质相适应。《序意》记载吕不韦论十二纪的宗旨，"古之清世，是法天地。凡十二纪者，所以纪治乱存亡也，所以知寿夭吉凶也"，也就是寻找社会斗争的规律性。人要得到正确的认识必须"上揆之天，下验之地，中审之人"。只有合乎天、地、人三方面的实际情况，才是真理，才能正确指导人们的行动。人的正确行动要"行（其）数，循其理，平其私"。事物发展的必然趋势称为"数"，事物发展的规律性叫作"理"，以自我满足为目的称为"私"。人应该按照事物客观发展趋势和规律去做事情，排除个人私欲的干扰，这样事业才能成功。很显然，《吕氏春秋》在哲学基本问题上坚持了唯物主义的立场。

《序意》讲"无为而行"，这里的"无为"与老子的"无为"大不相同。老子提倡"绝圣去智"，"绝学无忧"，其"无为"具有消极避世的含义。《吕氏春秋》虽然有时也讲"至智弃智"，"耳目心智之不足恃也"（《任数》），那也只是老子思想的痕迹，"无为"的基本含义已经发生了变化。《适音》说："无为之道曰胜天。"王念孙注："胜犹任也"，无为的要求就是按客观规律办事，或如《审应》所说的"因性任物"，不得违犯事物各自的本性。天道圆，地道方，君道约，臣道劳，养生之道在适欲；各在其位，各行其道，即是无为，无为不是无所作为的意思。

为了深化法天地的思想和"无为"的概念，《吕氏春秋》大力阐发了"因"这一概念，把它作为天人关系理论的基本范畴。"因"作为一个概念早已存在，例如《论语·为政》有"殷因于夏礼"，《管子·心术上》有"因也者，舍己而以物为法者也"，《庄子·齐物论》有"因是已""因是因非"等语，慎到著《因循》篇，"因"有"仿效""凭借"等含义，但它还不是一个独立的哲学概念。《吕氏春秋》把"因"提到重要地位，首次对它进行系统论述，赋予它深刻的哲学含义。书中专辟《贵因》一篇，论"因"的内涵和作用：

三代所宝莫如因，因则无敌。禹通三江五湖，决伊阙，沟回陆，注之东海，因水之力也。舜一徙成邑，再徙成都，三徙成国，而尧授之禅位，因人之心也。汤武以千乘制夏商，因民之欲也。如秦者立而至，有车也，适越者坐而至，有舟也；秦越远涂也，竫立安坐而至者，因其械也。

夫审天者，察列星而知四时，因也。推历者，视月行而知晦朔，因也。禹之裸国，裸入衣出，因也。墨子见荆王，锦衣吹笙，因也。孔子道弥子瑕见厘夫人，因也。汤武遭乱世，临苦民，扬其义，成其功，因也。故因则功，专则拙，因者无敌。

上述关于"因"的含义，可以归纳为如下几种：一是认识和掌握自然现象的规律性，如"察列星而知四时"，"视月行而知晦朔"；二是利用自然，改造山河，为人造福，如大禹治水，"因水之力也"，舟车之利，"因其械也"；三是顺应民心而兴邦建国，如尧舜"因人之心"，汤武"因民之欲"；四是随顺异域风俗，如"禹之裸国"，"墨子见荆王"；五是因事制宜，灵活行事，如"孔子道弥子瑕见厘夫人"。

除《贵因》外，"因"的概念在全书得到广泛应用，凡涉及主客观关系的地方，大都以"因"作为人的行为原则。如《知度》：

有道之主，因而不为，责而不诏，去想去意，静虚以待，不伐［代］之言，不夺之事，督名审实，官使自司。

这是讲为君之道在任贤使能而不自劳。《任数》亦述此意：

古之王者，其所为少，其所因多。因者君术也，为者臣道也。为则扰矣，因则静矣。因冬为寒，因夏为暑，君奚事哉。

《顺说》以"因"论游说之术：

善说者若巧士，因人之力以自为力，因其来而与来，因其往而与往。

游说者要机敏权变、循循善诱，才能打动对方，这也是一种"因"。《决胜》以"因"论军事：

凡兵贵其因也。因也者，因敌之险，以为己固；因敌之谋，以为己事。能审因而加，胜则不可穷矣。

用兵之道，要善于使敌方种种条件以资我用，这种军事策略也是建立在"因"的基础之上。

综上所述，"因"的内涵首先是人应该认识、尊重、服从外界变化的规律，顺应事物发展的必然趋势；同时"因"也强调人应发挥主观能动性，利用客观事物的性质、规律，因势利导，争取事业的成功，即《执一》所概括的那样：

"因性任物，而莫不宜当。"可知，"因"不是消极无所作为和因循守旧的代名词，而是既重视"天"的客观性又重视"人"的主观能动性的具有朴素唯物辩证法的较为深刻的哲学概念。从"因"这一概念的外延来看，它包括人与自然的互动，人与社会的互动。在与社会互动中，它涉及为君之道，立国之道，用兵之道，因地从宜，因事权变等各种重大社会行为，具有极丰富的多样性。"因"这一概念的深刻化和它被广泛应用，是《吕氏春秋》对于先秦唯物主义哲学史所做出的独特贡献。其所以能够如此，一方面在于以吕不韦为首的士人集团，具有新兴地主阶级朝气蓬勃的精神和较为清醒、理智的头脑，敢于正视现实又有进取心；另一方面也在于他们善于改造和熔冶诸子的思想，从老庄哲学中，取其顺应客观的观点，舍其消极自卑的成分；从儒家注重人事、墨家勇于实行的作风中，吸取了奋发有为的精神。从而避免了老庄蔽于天而不知人、儒家尽心知天、墨子以主观经验为真实的错误，使"因"的概念具备了相当多的科学性和全面性，同时也使《吕氏春秋》在处理天人关系的问题上，达到较高的理论水平。在这里没有创造性的思考，是无法做到这一点的。

在肯定《吕氏春秋》的宇宙观是唯物主义的同时，也不能忽略它的有神论的成分。本来，科学与迷信，无神论与有神论是两种本质上互不相容的思想体系，但它们的具体表现形态却相当复杂。受社会历史和科学发展的局限，两种思想的斗争呈现出曲折迂回的状态，两者往往共处于一个思想家的头脑里或一部著作中。无神论思想在冲开宗教迷信的束缚时，不免带着有神论的残痕。有时在内容上是唯物的，却采用了唯心的或宗教的形式；有时在某些问题上是清醒的，而在另一些问题上又陷于迷惘。《吕氏春秋》一书，在天与天人关系问题上就存在着科学与迷信相互纠缠的情况。

《吕氏春秋》根据人法天地的思想，为自然变化和社会活动编制了一个统一的无所不包的体系，它的这种努力最明显的表现是《十二纪》纪首。按照《十二纪》的表述，可以列成一个十分完整的体系。这个体系可以列表如下（见下页图表）：

季月	孟春	仲春	季春	孟夏	仲夏	季夏	中央（土）
阴阳气数	天气下降地气上腾	日夜分，雷乃发，声始电	生气方盛，阳气发泄	阴阳气继长增高	日长至，阴阳争，死生分	凉风始	其气圜以掩
天象	日在营室，昏参中，旦尾中	日在奎，昏弧中，旦建星中	日在胃，昏七星中，旦牵牛中	日在毕，昏翼中，旦婺女中	日在东井，昏亢中，旦危中	日在柳，昏心中，旦奎中	
日	甲乙	甲乙	甲乙	丙丁	丙丁	丙丁	戊己
帝	太皞	太皞	太皞	炎帝	炎帝	炎帝	黄帝
神	句芒	句芒	句芒	祝融	祝融	祝融	后土
虫	鳞	鳞	鳞	羽	羽	羽	倮
音	角	角	角	徵	徵	徵	宫
律	太簇	夹钟	姑洗	仲吕	蕤宾	林钟	黄钟之宫
味	酸	酸	酸	苦	苦	苦	甘
臭	膻	膻	膻	焦	焦	焦	香
数	八	八	八	七	七	七	五
祀	户	户	户	灶	灶	灶	中霤
祭先	脾	脾	脾	肺	肺	肺	心
色	青	青	青	赤	赤	赤	黄
五行	木	木	木	火	火	火	土
五方	东	东	东	南	南	南	中央
政令、人事	王布农事，禁止伐木，杀兽鸟胎卵，无兴土木，不称兵。祈谷于上帝，祀山林川泽，牺牲无用牝	命有司省囹圄，去桎梏，同度量，钧衡石，角斗桶，正权概，无作大事以妨农工	发仓窌，赐贫穷，修堤防，导沟渎，开道路，百工咸理，大合乐，荐鞠衣于上帝	习合礼乐，赞桀俊，遂贤良，无起土功，无发大众，无伐大树，劳农，劝民无或失时，收茧种	祀山川百原，大雩帝，用盛乐，无烧炭，门闾无闭，关市无索，挺重囚，益其食，游牝别其群	令渔师伐蛟取鼋，命虞人入材苇，无发令而干时，以妨神农之事，令民养牺牲以祭皇天上帝名山大川四方之神，宗庙社稷之灵	
物候	蛰虫始振，候雁北	桃李华，蚕虫始出	桐始华，虹始见，萍始生	王菩生，苦菜秀，蝼蝈鸣，丘蚓出	螳螂生，鵙始鸣，半夏生，木堇荣	蟋蟀居宇，鹰乃学习，树木方盛	

季月	阴阳气数	天象	日	帝	神	虫	音	律	味	臭	数	祀	祭先	色	五行	五方	政令·人事	物候
孟秋	凉风至,白露降,天地始肃	日在翼,昏斗中,旦毕中	庚辛	少皞	蓐收	毛	商	夷则	辛	腥	九	门	肝	白	金	西	选士历兵,以征不义,决狱讼,严断刑,始收敛,完堤防,修宫室,补城郭	寒蝉鸣,鹰乃祭鸟
仲秋	日夜分,雷乃始收声,杀气浸盛,阳气日衰	日在角,昏牵牛中,旦觜嶲中	庚辛	少皞	蓐收	毛	商	南吕	辛	腥	九	门	肝	白	金	西	申严百刑,斩杀必当,筑城郭,修囷仓,趣民收敛,劝种麦,易关市,来商旅,入货贿,以便民事	候雁来,玄鸟归
季秋	霜始降,寒气总至	日在房,昏虚中,旦柳中	庚辛	少皞	蓐收	毛	商	无射	辛	腥	九	门	肝	白	金	西	命百官贵贱无不务人,衣事备收,举五种之要,藏帝籍之收于神仓,大飨帝,尝牺牲,告备于天子,趣狱刑,无留有罪	菊有黄华,豺则祭兽,草木黄落
孟冬	天气上腾,地气下降,天地不通,闭而成冬	日在尾,昏危中,旦七星中	壬癸	颛顼	玄冥	介	羽	应钟	咸	朽	六	行	肾	黑	水	北	赏死事,恤孤寡,备边境完要塞,饬丧纪,辨衣裳。天子祈来年于天宗,犬飨先祖五祀	雉入大水为蜃,虹藏不见
仲冬	日短至,阴阳争,诸生荡	日在斗,昏东壁中,旦轸中	壬癸	颛顼	玄冥	介	羽	黄钟	咸	朽	六	行	肾	黑	水	北	土事无作,无发盖藏,祈祀四海大川名原渊泽井泉。去声色,禁嗜欲,安形性,伐林木,取竹箭	鹖旦不鸣,虎始交
季冬	数将几终,岁将更始	日在婺女,昏娄中,旦氐中,日穷于纪,月穷于天,星迥于天	壬癸	颛顼	玄冥	介	羽	大吕	咸	朽	六	行	肾	黑	水	北	命渔师始渔,告民出五种,命司农计耦耕事,修耒耜,具田器,饬国典,论时令	雁北乡,鹊始巢

表中涉及天、地、人等十多项事物，彼此相互关联、相互配合，皆依阴阳的消长、季节的转换而相应地发生变化，其中主要是以四时配五行、五方、五色、五音、五帝、五神、五祀、五数。春季配以木、东、青、角、太皞、句芒、户、八；夏季配以火、南、赤、徵、炎帝、祝融、灶、七；秋季配以金、西、白、商、少皞、蓐收、门、九；冬季配以水、北、黑、羽、颛顼、玄冥、行、六。但是季节只有四时，而五行、五方等却有五项，配四时尚余其一，《吕氏春秋》便在季夏之末安排了五行中的土，其位中央，其色黄，其音宫，其帝黄帝，其神后土，其祀中雷，其数五。土与其相应的各项虽不占有一个整季，却处在五行、五方、五色、五音、五帝、五神、五祀、五数的中心地位。

这是一个在形式上较为严整，在内容上科学与神学相交织的世界图式，既有合理的联系，又有牵强的拼凑，需要对它作具体的剖析。从积极方面说，它以阴阳二气的交错起伏来说明四季气候的变化，又根据季节的特点，描述天象的运行，大地的色调和动植物的生长过程，体现了当时所能达到的科学知识水平。它以二十八星宿为坐标，观察太阳的运行，又记录了不同月份星宿的变化；它明确提出立春、立夏、夏至、立秋、立冬、冬至六个节气的名称，仲春、仲秋皆“日夜分”，仲夏“日长至”，仲冬“日短至”，即春分、秋分时昼夜长短相等，夏至白天最长，冬至白天最短。这些都反映了先秦在天文、历法上所取得的成就。它更与农业生产密切相关，在一定的意义上，十二纪纪首是古代农业生产经验在理论上的升华，是农事活动的法典。春季万物复苏，耕作渐忙，在政令上，“王布农事”，“耕者少舍”，“修利堤防，导达沟渎”，“省妇使劝茧事”，这正是时令要求做的事情；同时“禁止伐木，无覆巢，无杀孩虫胎夭飞鸟，无麛无卵”，“不可以称兵”，“无竭川泽，无漉陂地，无焚山林”，“罗网喂兽之药无出九门”。“不称兵”是怕妨农功，其余数项都是为了保护动植物的繁育生长，避免在幼小未成材未成用之时被滥加捕伐。这表明我们祖先很早就懂得保护自然环境的重要性。夏季是万物繁茂、五谷旺盛的时候，农事更加繁忙，不误农时、保护庄稼是当务之急。于是政令上便规定“无起土功，无发大众”，

"命野虞出行田原，劳农劝民，无或失时"，"驱兽无害五谷，无大田猎"。林木长而未成，故"无烧炭"，牛马驴羊等受孕育胎，故"游牝别其群"。季夏之月还记载了积肥的经验："是月也，土润溽暑，大雨时行，烧薙行水，利以杀草，如以热汤，可以粪畴，可以美土疆。"即烧除野草，灌以高温雨水，使其发酵，用以肥田。秋季是收获的时节，同时还要秋种和预备过冬，于是在政令上便规定了"修宫室，坏墙垣，补城郭"，"穿窦窌，修囷仓"，"乃劝种麦"，"伐薪为炭"等项事务。冬季处于岁末，严寒笼罩，在政令上，规定除渔业及林业尚有活动外，在农业方面，"劳农夫以休息之"，同时"令告民出五种，命司农计耦耕事，修末耜，具田器"，以备来年春耕。以上与月令相配合的一系列政令，不就是作为一个农业国家在农事活动上的时间顺序表吗？一年为一周期，周而复始，循环不已。长期的生产经验，凝聚为这样一种大致固定的格式。这里并没有丝毫的神秘意味，而是实实在在的社会生产实践活动。

十二纪以四季配五行搭起一个庞大的框架，将音乐、色调、方位、祭祀等组入其中，在中国思想史有文字可查的资料中，这还是第一次。就四季、五行、五方、五音的相互配合而言，其间不无合理的成分，例如春季草木繁生披绿，故以木为春之德，木色青故色尚青，东方为阳升之处故方位尚东，等等，夏、秋、冬依此类推。但十二纪纪首基本上是一个次第固定的呆板的体系，有许多项目仅仅是为了凑数而添加上去的，有些联系只抓住某些表面上的相似，勉强拼凑在一起，夹杂了若干神秘主义的因素。例如中央土极为重要而仅配以季夏之末就不伦不类；五行在四季的作用都不可忽略而偏将其割裂分配，于理未当；至于五色、五方、五数等与四时、五行的相配，更无内在的联系。先立框架，后填内容，不是从客观存在出发，而是从理论的需要出发，必然要发生削足适履、以想象代替实际的错误。在这种情况下，理论体系愈加完整圆满，其纰缪浅陋就愈多。十二纪纪首的神秘性和宗教色彩表现为：第一，它主张祭祀天帝百神先祖。不同的季节有不同的祭祀方式，祈求上帝众神降福免灾，这是保存了传统宗教的影响；第二，它认为政令与时令之间有神秘的感应关系，政令合于时令则风调雨顺，政令不合时令则引起自然灾害，如"孟春行夏令，则风雨不时"，"仲春行秋令则其国大水"，"季春行冬令则寒气时发，草木皆肃"等。这种说法对于君主违反时令的活动虽有限制作用，但它的政令人事可以直接影响气候、使季节混乱的观点，却是一种非科学的神秘的观点，它对于人们真正认识自然规律并无益处，反而模糊和歪曲了社会与自然之间的真正联系。

人法天地的思想，肯定天地的自然属性和自然规律的客观性，强调人类活动必遵循自然规律，无疑是科学的。但是，《吕氏春秋》在天和天人关系上还存在着唯心论和神学的错误，就是把事物的联系和天人关系神秘化。《吕氏春秋》认为自然和社会事物的相互关系中，有一种规律性，《应同》篇称为"类固相召，气同则合，声比则应"。从所举事例看，一类是实有的，一类则是虚构的。如"鼓宫而宫动，鼓角而角动"，这是声音共鸣的道理；"平地注水，水流湿；均薪施火，火就燥"，这是水流火燃的规律；"师之所处，必生棘楚"，战争造成田园荒芜，其间有因果关系；"尧为善而众善至，桀为非而众非来"，指出了物以类聚，人以群分。《精通》篇所举"慈（磁）石召铁，或引之也；树相近而靡，或轓之也"，都揭示了某些事物间实有的统一性。可是在另外一些场合，《吕氏春秋》把同气相应、同类相感的规律随意加以套用，达到了荒谬的地步。《应同》篇说"覆巢毁卵，则凤凰不至，刳兽食胎，则麒麟不来"，既然世上并无凤凰、麒麟，"不至""不来"也就落了空。《精通》篇认为远方亲人死亡时，精神可以遥感："身在乎秦，所亲爱在于齐，死而志气不安，精或往来也。"这是一种古老而又时髦的迷信，虽然在近代它穿上了科学的外衣，骨子里仍然还是迷信，因为它是幻想的统一性，没有事实作根据。《吕氏春秋》书中所列相感相应的事物中，最重要的是天与人的相互感应，在全书中以这一部分宗教色彩最浓。书中关于天人感应的思想可以分为以下几种：第一，祥瑞说。《应同》说："凡帝王者之将兴也，天必见祥乎下民。"如黄帝时出现大螾大蝼，是为土德的标帜；禹之时草木秋冬不杀，是为木德的象征；汤之时金刃生于水，是为金德的征兆；文王时火赤鸟衔丹书集于周社，是为火德的预示；代火者必

将水。这是五德终始说的运用。君权来自天授，祥瑞就是天命的体现。第二，灾异说。《明理》篇认为国家昏乱，自然界就出现怪异现象，如风雨不适，四时易节，日月星云有异态，动物多奇特，"国有此物，其主不知惊惶亟革，上帝降祸，凶灾必亟"。天帝以灾异预告世人，乱国必将灭亡。与祥瑞说不同，天通过自然变异给予人的不是喜讯，而是凶兆。第三，人事影响天时天命说。十二纪中政令不适引起灾害是人事改变天时的例子。《制乐》说："见祥而为不善，则福不至"，"见妖而为善则祸不至"，它把祥瑞与灾异结合起来，又给予人以回天的机会。祥瑞本来是天赐的吉兆，妖孽本来是天罚的警告，但是天往往不立即施以赏罚，还要考察人们对于天的预示持何种态度，再做最后的审判。有了得福的吉兆而作恶，上天不再赐福；见到临祸的凶兆而修善积德，上天会停止降祸。赏罚之柄虽在天，人却可以改恶从善以感动天。《制乐》举例说，文王立国八年卧病，国郊又发生地震，祸在人主，由于文王能亟修善政，终于化凶为吉。宋景公时"荧惑在心"，当宋之分野，祸应于君，景公不忍移祸于臣民和岁收，于是感动上天，荧惑徙离，景公延寿。《顺民》载汤时大旱五年，汤以身祷于桑林，雨乃大至。以上天人感应的学说，就其社会意义来说，是为社会的治乱兴衰，人事的吉凶祸福，寻找宗教神学上的理论根据；就其认识上的根源而言，乃是古代人们对于种种自然和社会现象缺乏科学认识的表现。例如，由于对地震的恐惧和无知，便到人事上寻找原因；"荧惑在心"即火星居于心宿，是正常的天象运动，古人不了解天体运行的规律，由怪异而产生迷信。又如《明理》所谓乱世云气，乃是常见的自然气象。它说：

> 其云状有若犬，若马，若白鹄，若众车；有其状若人，苍衣赤首不动，其名曰天衡；有其状若悬旍而赤，其名曰云旍；有其状若众马以斗，其名曰滑马；有其状若众植华以长，黄上白下，其名蚩尤之旗。

云气飘忽不定，云状变幻莫测，成千姿百态，所谓"白衣苍狗"。上述记载表明我国古代人们对云气有极细致的观察。云气的运行与变化同气象是有关联的，其中的规律性不易掌握，所以它被附会为乱世的表征。《明理》所记"马有生角，雄鸡五足”等，可能是实有的生物变态，可是“众日并出”，“四月并出”
“马牛乃言”，“人自天降”等则是虚言谬传。

（二）《吕氏春秋》论认识及思维经验教训

一本有价值的哲学著作，不仅提供给人们关于自然、社会和思维一般规律
的科学知识，而且还能告诉人们如何锻炼和提高认识的能力，去获得哲学的真
理。在这方面，《吕氏春秋》的思想极为丰富，新意迭出，启人智慧。

《吕氏春秋》认为人生而有耳、目、口、心，具有获得外界知识的能力，
但知识不会自天而降，而要通过后天的学习，才能充分发挥主观的认识能力，
成为有学问的人。《尊师》说：

> 且天生人也，而使其耳可以闻，不学，其闻不若聋；使其目可以见，不学，
> 其见不若盲；使其口可以言，不学，其言不若爽；使其心可以知，不学，其知
> 不若狂。故凡学非能益也，达天性也。

认识器官不加使用不如其无有，学问之事并非使人增加额外的负担，它只
是把人本来就具有的才性表现得完美而已。天下无不可教之人，天下无不需学
之人。盗、驵、暴、狡之恶人，通过学，可以变成名士显人；帝王国君也要尊
师疾学，“古之圣王，未有不尊师者也”（《劝学》）；孔墨是学者之师，也先就
学于人（参见《当染》），也需要“日夜学之”（《博志》）。《博志》说：

> 盖闻孔丘墨翟，昼日讽诵习业，夜亲见文王周公旦而问焉。

> 用志如此其精也，何事而不达？何为而不成？故日精而熟之，鬼将告之，
> 非鬼告之也，精而熟之也。

“夜见文王周公”是指梦中向文王周公请教。孔墨皆由勤奋好学成为大学问家，
是学习中精思熟虑的结果。《吕氏春秋》不承认生而知之，强调后天学习的重
要性，所以它十分重视教育问题，提出了尊师爱生的思想。《尊师》认为学生
不尊师是“背叛之人”；《诬徒》又指出为师者要“视徒如己，反己以教”，做
到“师徒同体”。这种理论是积极的合理的，它激励人们虚心好学，努力掌握

知识，成为有真才实学的人。

《吕氏春秋》认为事物有因果联系，事物的变化发展有一定的规律性。认识不能满足于了解表面现象，认识的真正任务在于求因知化，发挥其预测的能力，从已知推断未知。《审己》说：

凡物之然也，必有故，而不知其故，虽当与不知同，其卒必困。先王名士达师之所以过俗者，以其知也。水出于山而走于海，水非恶山而欲海也，高下使之然也。稼生于野而藏于仓，稼非有欲也，人皆以之也。

《知化》也说：

凡智之贵，贵知化也。人主之惑者则不然，化未至则不知，化已至，虽知之与勿知一实也。

知其然而不知其所以然不算真知，知已然而不知未然亦不算真知。人的思维应当根据已知事物，运用推理，洞察规律性，获得新的知识。《察今》说：

有道之士，贵以近知远，以今知古，以（益）所见，知所不见。故审堂下之阴，而知日月之行、阴阳之变。见瓶水之冰，而知天下之寒、鱼鳖之藏也。尝一脔肉，而知一镬之味、一鼎之调。

从已知到未知，从个别到一般，这正是理性认识高于感性认识的地方。《吕氏春秋》重视理性的洞察和预见能力，因为它能指导人们的行动。书中处处教导人们如何求知、察物、审人、原事，都是想从历史的和现实的经验中，揭示事物发展的规律性，以便规划今后的正确行动，避免或少犯错误。应当说，《吕氏春秋》的理性主义色彩很浓厚。不过，它在强调理性认识重要性的同时，总是把感性认识作为必要的前提。《观表》说，人们认为圣人有过人的先知，其实先知不能离开观察，单凭主观臆测，"先知必审征表，无征表而欲先知，尧舜与众人同等"。"征表"指事物的征候和外部状态。有些事物其真相微妙难察，智慧高超的人能够透过某些看起来平常、实际上重要的现象，洞察事物的本质及其发展趋势，因而有先见之明。一般人没有这种能力，"无道至则以为神，以为幸，非神非幸，其数不得不然"（《观表》）。圣人的准确预断并非有鬼神暗中相助，也不靠侥幸而言中，乃是由于掌握了事物发展的必然性。《吕氏春秋》在这里批判了神秘的预知论；揭示了有神论的认识论根源之一，即崇拜偶然性，对事物的变化规律愚昧无知；阐述了从个别有代表性的事例和现象中窥知事物一般规律的科学思维方法。书中也有过分夸大理性预见作用的地方，如说"圣人上知千岁，下知千岁"（《观表》），这是受了圣贤崇拜的思想影响。《精论》篇述齐桓公与管仲谋伐卫，卫姬察而知之，桓公因卫姬之请而止伐卫，管仲察而知之。二人之察非凭空而来，"管子乃以容貌音声，夫人乃以行步气志"，察言观色而知对方心志。这种不用言语而能意会的事，是实有的，那是建立在彼此了解并有征表可察的基础之上。但该篇过于贬低语言器官的作用，宣扬"至言去言""以精相告"，甚至动物也能察知人意，这就说得过头了。

在肯定事物有规律，规律可知的基础上，《吕氏春秋》建立起自己唯物主义的真理观和名实观。它认为首先要确定是非标准，然后再进行争辩，"故凡斗争者，是非已定之用也"（《安死》）。是非绝不能颠倒，"是其所谓非，非其所谓是，此之谓大惑"（《重己》）。言论必须当理方为是，"辨而不当理则伪，知而不当理则诈"，所以"理也者，是非之宗也"（《离谓》）。如何做到是非分明、言辞当理呢？《察传》指出：

是非之经，不可不分，此圣人之所慎也。然则何以慎？缘物之情及人之情，以为所闻，则得之矣。

判断是非，要根据"物之情及人之情"，符合实际的则为是则当理，否则即是伪诈。这也就是《序意》所指出的，人的思想要"上揆之天，下验之地，中审之人。若此则是非可不可无所遁矣"。自然与社会的客观实际是第一性的，人的认识是第二性的，认识要符合客观实际才是正确的。这是《吕氏春秋》唯物主义认识论的基本出发点。

《吕氏春秋》还把唯物主义的认识路线，贯彻到名实与辨察的问题上。《先识览》中的《正名》，《审应览》中的《离谓》《淫辞》《不屈》数篇，集中探讨了语辞、概念、事实之间的关系。辞即语言不可无，"言者以谕意也"（《离谓》），"非辞无以相期"（《淫辞》）。语言既然是表达心意、交流思想的工具，那么前者就要同后者保持一致，"辞者意之表也，鉴其表而弃其意，悖"，"听言者以言观意也，听言而意不可知，其与桥言无择"。（《离谓》）它反对"言心相离"，主张"言不欺心"。再进一步说，心意要与事实相一致，所以从根本上说，言辞必须达理明实。《正名》说：

名正则治，名丧则乱。使名丧者，淫说也。说淫则可不可，而然不然，是不是，而非不非。故君子之说也，足以言贤者之实，不肖者之充而已矣，足以喻治之所悖，乱之所由起而已矣，足以知物之情，人之所获以生而已矣。凡乱者，刑（形）名不当也。

言辞、学说必须能够察别贤与不肖，能够说明治乱的原因，能够反映物与人的本性，老老实实说话，该可则可，不得以是为非，以非为是。名应该与实相当，如《审分》所说"按其实而审其名"，此处所谓名与实，虽多指等级名分，但已经包含概念与对象相互关系的一般理论意义。

《吕氏春秋》不反对辩察之学，重视语言与逻辑的运用。但是，它反对不顾事实单纯玩弄名词概念，为谬误进行巧言辩解。它批判"淫辞"，列举若干事例，论述逻辑思维的运用问题。例如：子产讼狱，"以非为是，以是为非，是非无度，而可不可日变"（《离谓》）。这违犯了思维同一律的要求，即思想要确定。郑国富人请赎溺死者于某人，"其人求金甚多，以告邓析，邓析曰：'安之，人必无买此者'。得死者患之，以告邓析，邓析又答之曰：'安之，此必无所更买矣。'"（《离谓》）邓析从同一事实出发提出两个相互矛盾的判断，造成思想混乱。事实上这两个判断分别都不能成立，因为现实生活中的交易，其成功的要素不仅仅是需求程度，还有支付能力，双方通过讨价还价取得某种妥协从而成交，不可能只照顾一方的要求。齐有事人者，所事有难而不赴死，他的老朋友问他："子尚可以见人乎？"他答曰："子以死为顾（反）可以见人乎？"（《离谓》）他的朋友责他不蹈死以成义，应无颜见人，他为了自我掩饰，故意把"见人"的道德含义改成"看得见人"的知觉含义，这是偷换概念的手法。《淫辞》篇举秦赵之约："秦之所欲为，赵助之；赵之所欲为，秦助之。"后来秦兴兵攻魏，赵欲救之。秦国责备赵国背约，赵国逻辑家公孙龙反过来责备秦国背约。因为如果说赵不助秦攻魏是背约的话，那么秦不助赵救魏亦是背约。关键在于秦赵之约，没有具体规定相助的条件，论据过宽，对双方有同等效力，致使论辩双方都能援引此约为论据以要求对方。该篇还记载了公孙龙与孔穿关于"藏三牙"的辩论，清谢墉认为"藏三牙"即"羊三耳"之误。公孙龙认为羊有二耳，又有"羊耳"的概念，故耳数为三。他看到了概念与事物的差别，但又将二者加以割裂，错误地认为概念可以脱离事物而存在。该篇还有一个澄子追衣的故事。宋国人澄子丢了件缁衣，在道上见一妇人穿着缁衣，便要索取，妇人辩白说这件缁衣是自己的，澄子则说："子不如速与我衣，昔吾所亡者纺缁也；今子之衣禅缁也。以禅缁当纺缁，子岂不得哉？"本来妇人所著乃禅缁衣非纺缁衣这一事实，足以说明澄子所失纺缁并非妇人所窃，但澄子反以禅缁不如纺缁为理由，认为自己失纺缁而夺妇人的禅衣，是便宜了对方。这是把妇人窃己衣这个正需要证明的论断，作为推理的前提，强加给对方，从而不仅违背了事实，还使自己从亡衣的受害者转化为夺衣的害人者。以上部分事例，可以看出《吕氏春秋》重视思维的确定性、不矛盾性和连贯性，这是认识真理的必要条件。当然，它所批判的若干逻辑错误，并不都是不值一提的狡辩，例如邓析、公孙龙的有些命题，包含有某种深刻的思想，对于逻辑思维的发展，有推动作用。《吕氏春秋》也很重视类比推理的正确运用，它继承了后期墨家《小取》篇中"辞之侔也，有所止而正"的观点，并有所发挥。《不屈》记匡章在魏王面前诋毁惠施，以蝗螟害稼为比喻，攻击惠施及其随从不耕而食，"其害稼亦甚矣"。惠施反驳说，筑城时有人运土有人指挥，这是分工不同；社会上有出力者亦需有治人者，"圣人化而为农夫，不能治农夫。施而（乃）治农夫者也，公何事比施于螣螟乎"。劳心者治人劳力者治于人，有其历史的必然性，但不是永恒的，惠施以治人者自居乃是其阶级的局限。但是他合理的地方是：社会上不能所有的人都直接从事耕稼，不事耕稼者与蝗螟乃完全不同类的事物，

匡章强行类比推论，是犯了不知类的错误。《吕氏春秋》肯定了惠施这一合乎逻辑的驳斥。《别类》篇指出，事物的性质会发生转化，事物的分类十分复杂，没有一个固定不变的公式，所以在理论上进行类比推理时，绝不能简单从事，要随时用事实加以矫正，否则会推论出荒唐的结论。例如莘草与藟草，"独食之则杀人，合而食之则益寿"。漆与水都有湿性，合之则呈干性。"类固不必可推知也"，若以个体之性推断合体之性，就要犯错误。鲁国有个公孙绰吹嘘能起死回生，他的根据是能治半身不遂，若加倍用药，则能治全身僵化的死人。《吕氏春秋》认为公孙绰犯了以偏推全的错误，"物固有可以为小，不可以为大；可以为半，不可以为全者也"（《别类》）。"治偏枯"与"起死人"看起来是量的增加，实际上有质的不同，因而不能同类相推。小与大对人的作用也不尽相同：小福与大福对人皆有好处；小祸与大祸对人皆有坏处；射箭射中的预定目标越小越好，打猎射中的野兽越大越好，所以小与大的作用不能仅靠推论来说明。高阳应用新木盖房，木匠告诫他说，新木干燥后会发生变形，使油漆剥落、支架不牢。高阳应反驳说："木益枯则劲，涂益干则轻，以益劲任益轻则不败"（《别类》）。说得头头是道，结果房屋因新木的枯干而受到破坏。《别类》认为，"高阳应好小察，而不通乎大理"，只知其一，不知其二，只知木"枯则劲"、漆"干则轻"，不知新木枯干后会引起变形的严重后果。总之，《吕氏春秋》认为推理是必要的，但是逻辑思维的过程及结果必须符合客观实际。这就要求人们细察事物之理，掌握它的变化规律，以极其慎重的态度进行推论。

要获得正确的认识必须排除偏见、情感、利欲的干扰。荀子著有《解蔽》篇，《吕氏春秋》则有《去尤》《别宥》两篇。"尤"同"宥"，即"囿"，指认识的片面性和局限性，这些东西如不加以清除，则头脑不能虚静，看问题时不能客观进行观察，必然歪曲事实真相。《去尤》说：

> 所以尤者多故，其要必因人所喜与因人所恶。东面望者不见西墙；南乡视者不睹北方，意有所在也。

《去尤》把喜恶所引起的主观成见作为产生"尤"的主要原因。它讲了一个故事，有人丢失一把斧子，主观猜测窃斧者是邻人之子，于是看其走路像偷斧子的人，观其脸色像偷斧子的人，听其说话也像偷斧子的人，总之，其一切行为表现，皆像偷斧子的人。后来他从自己家里坑中掘出了斧子，于是再看到邻人之子时，其动作态度都不再像偷斧子的样子。他观察的对象没有变化，而他自己的认识前后却不一样，就是由于当初的认识有所"尤"，后来去其"尤"才获得了正确的结果。《去宥》篇中也有个生动的故事，说齐国有个财迷，白天到卖黄金的市场上，见有人手持黄金，便上前夺取，被官吏捉拿住，问他：在众目睽睽之下，你怎么敢抢别人的金子？他说："殊不见人，徒见金耳。"

上述两个故事看起来可笑，但在社会实际生活中猜疑成癖、利令智昏的人却是所在多有的。《去宥》总结说：

夫人有所宥者，固以昼为昏，以白为黑，以尧为桀。宥之为败亦大矣。亡国之主，其皆甚有所宥邪。故凡人必别宥然后知。别宥则能全其天矣。

这个结论是很郑重严肃的。人的认识若被主观好恶所左右，可以闹到混淆是非、颠倒黑白的地步。一般人有所宥则败其身，若掌权者有所宥则会亡其国，其后果是严重的。所以人要想正确认识事物本来面貌，必须去尤、别宥，主观性、片面性乃是真理的大敌。

《吕氏春秋》的认识论特别提倡"察"，"察"指观察、了解、分析、鉴别，它要求透过一些复杂的现象，得到事物的真情。全书以"察"为题目的有《察今》《察微》《察传》《察贤》四篇，至于"察"作为认识方法的运用，则全书比比皆是。书中总结了人类认识真理的曲折性，指出在认识过程中有若干环节容易被人忽略导致错误，这就是"传言""疑似""微始""不疑"，遇到这几种情况，要格外留心，不少人每每在这些地方陷于谬误。

其一是传言必察。"听言不可不察，不察则善不善不分"（《听言》）。社会传闻未经证实不可轻信，除了有人故意造谣外，仅由于相传失误，数传之后，也往往会改变事情的原貌。《察传》说：

夫得［传］言不可以不察，数传而白为黑，黑为白。故狗似玃，玃似母

猴，母猴似人。人之与狗则远矣。此愚者之所以大过也。

所以凡传言，必予以审察，"闻而不审，不若无闻"，"闻而审则为福矣"（《察传》）。如何审察？"凡闻言必熟论，其于人必验之以理"（《察传》），既要用心思索，反复研究，看其是否合乎人情物理，则其真伪可辨。该篇举例说，鲁哀公听传言，认为舜的乐正夔只有一足，孔子向他解释说，舜赞扬夔的音乐造诣，认为管理音乐，只需夔一人即足够，"故白夔一足，非一足也"。还有宋国丁姓某人，告人曰"吾穿井得一人"，这一奇闻直达宋君之耳，宋君使人问之，才弄明白，原来丁氏由于打井，"得一人之使，非得一人于井中也"。人们往往喜欢闻怪猎奇，耸人听闻的故事得以不胫而走，而这种社会流言传语常常是迷信思想传播的重要媒介。《吕氏春秋》所提出的传言不可不察的真理，直至今日仍有其现实意义。

其二是疑似必察。事物之间，实异形亦异者，不难辨别；而实异形似者，最易使人迷惘。《疑似》说：

使人大迷惑者，必物之相似也。玉人之所患，患石之似玉者。相剑者之所患，患剑之似吴干者。贤主之所患，患人之博闻辩言而似通者。亡国之主似智，亡国之臣似忠。相似之物，此愚者之所大惑，而圣人之所加虑也。

该篇讲了一个寓言故事，黎丘丈人醉而返，有鬼装扮其子模样于途中捉弄他，回家后丈人责问其子，知奇鬼所为。第二天又醉而返，其真子迎于途中，丈人误认为鬼，拔剑而杀之。以此说明，若真伪不辨，会人妖不分，铸成大错。若在治国上忠奸不辨，则有亡国之患。因此"疑似之迹，不可不察"。只要在这些地方肯下功夫"加虑"，即细心审察，同时虚心下问，"入于泽而问牧童，入于水而问渔师"，真伪是可以弄清楚的。孪生之子相似，外人初见甚难辨认，而其母就分得清楚，因为对他（她）们的情况很熟悉。《似顺论》又指出："事多似倒而顺，多似顺而倒。有知顺之为倒，倒之为顺者，则可与言化矣。"这里主要不是讲的人与物，而是某些社会活动，其现象与本质不仅不同，而且恰好相反。如荆庄王欲伐陈，探知陈国"城郭高，沟洫深，蓄积多"，看起来对荆的出征很不利。可是楚臣宁国却说："夫陈小国也，而蓄积多，赋敛重也，则民怨上矣；城郭高，沟洫深，则民力罢矣。兴兵伐之，陈可取也。"（《似顺论》）宁国从同一现象出发，得出相反的结论，并且后来被证明是对的，就是由于他能透过似顺的现象，看出与现象相反的本质。

其三是微始难察。事物的发展变化，开始之时，征兆甚微，其趋向极不易把握。人的认识于此时易于忽略，难于细察，差之毫厘，则将来失之千里，这就需要具备察微的功夫。在社会治乱存亡的问题上，尤其是如此。《察微》说：

> 使治乱存亡若高山之与深溪，若白垩之与黑漆，则无所用智，虽愚犹可矣。且治乱存亡则不然，如可知，如不可知，如可见，如不可见。故智士贤者相与积心愁虑以求之，犹尚有管叔蔡叔之事与东夷八国不听之谋。故治乱存亡其始若秋毫，察其秋毫，则大物不过矣。

该书认识到社会规律十分复杂，社会事件初发时微茫难察，像周武王、周公旦那样的明主贤相，处心积虑以治国，仍不免发生管蔡作乱、东夷叛逆的动乱事件。若能察始知终、观化知远，虽有小失，但可以避免犯大错误。"凡持国，太上知始，其次知终，其次知中。三者不能，国必危，身必穷"。（《察微》）该篇所举史例，虽不尽当，但所提出的察微观化以增强预见性的认识方法，却是值得我们借鉴的。《慎小》篇指出，事物是可以转化的，对于小事不可不慎，它说："巨防容蝼，而漂邑杀人；突泄一熛，而焚宫烧积……人之情，不蹶于山而蹶于垤。"小事不慎，可以酿成大祸，所以要防微杜渐，以免后患。

其四是不疑再察。在一般情况下，如《有度》所说的，"人之知不暗乎其所已知，而暗乎其所未知"，但人的认识又往往在看起来不成问题的地方发生闪失，这也是需要注意的。因为凡疑难之处，人能小心翼翼对待，而在自己认为有把握的事情上则易疏忽大意。《谨听》说：

> 人主之性，莫过乎所疑，而过于其所不疑；不过乎所不知，而过于其所以知。故虽不疑，虽已知，必察之以法，揆之以量，验之以数。若此，则是非无所失，而举措无所过矣。

这是一条重要的经验。为了保持正确的认识以使举措得当，要对不疑已知之处再三验察，看其是否合于法制、适于度量、符于术数，以免发生意料之外的过错。也就是说，认识一个真理，不能满足于一次过程，要反复认识，多次验证，才能获得比较可靠的知识。《吕氏春秋》并没有把这一思想表述得如此清楚，可是它具有这一思想的雏形，能给人以这样的启发。

以上四条，是《吕氏春秋》精心总结出来的重要的思维经验教训，它能帮助人们在认识真理的长途中少犯错误多做贡献。

在认识世界的诸多领域中，如何正确探测人心、鉴别人才是一大难题。《吕氏春秋》指出"知非难"而"知人难"（《任数》），人心比事物难测，要对其行为表现详察细审，才能判断准确。《观表》说："人之心隐匿难见，渊深难测，故圣人于观事志焉"；"凡论人心，观事传亡［迹］，不可不熟，不可不深"。不过知人虽难，却并非不可知，《论人》篇根据《庄子·列御寇》的观人"九征"，提出"八观六验""六戚四隐"，主张从多方面去考察人物，以免为巧言辩词所误。"八观"分别为："通则观其所礼"，通达时看其礼敬何人；"贵则观其所进"，高贵时看其引荐人才如何；"富则观其所养"，富有时看其能否养士招贤；"听则观其所行"，听取良言看其能否实行；"止则观其所好"，家居看其爱好是否正当；"习则观其所言"，受业诵习时看其言谈是否得其要领；"穷则观其所不受"，贫困时看其能否拒绝不义之财；"贱则观其所不为"，卑微时看其能否不为非。"六验"分别为："喜之以验其守"，用喜悦的事情考察他的操守；"乐之以验其僻"，用声色享乐考察他的邪念；"怒之以验其节"，激怒他，看其有否涵养节度；"惧之以验其特"，临以恐惧，看其能否独持不畏，"哀之以验其人［仁］"，临以哀怜，看其有否仁爱之心；"苦之以验其志"，临以困苦，看其志念是否坚定。"六戚"——"父母、兄弟、妻子"，能否正确处理与亲人的关系。"四隐"——"交友、故旧、邑里、门郭"，能否正确处理与熟人、故旧、同乡、同宗的关系。《论人》认为，"内则用六戚四隐，外则用八观六验，人之情伪贪鄙美恶，无所失矣"，"此先圣王之所以知人也"。这些方法在当时主要用于国君揽贤选才上，但它具有认识论的价值，它告诉我们：第一，不能用一时一事看人，要看其在顺境中与在逆境中思想表现有无变化；第二，要从不同角度全面考察，对待事业、他人、生活的态度是否一致，在一般场合和特殊场合下操守是否不变；第三，在公事上能保持原则的人，未必能在家庭和熟人的关系上不失其格，所以既要外观，还要内察。这些都具有真理性的因素。

《吕氏春秋》的认识论是从大量现实生活经验教训中提炼出来的，不仅坚持了唯物论的方向，而且在许多方面都能用辩证的观点分析认识过程，所以丰富而多彩。精彩的评说与生动的事例相结合，使人回味无穷。

（三）《吕氏春秋》的人生论

人生观是哲学的重要课题，中国古代哲人曾花费不少心血来探讨人生的真谛，留下许多宝贵的哲理和格言。人生观所涉内容十分广泛，《吕氏春秋》着重讨论的是人的本性及养生送死问题，在这些问题上它有着不同寻常的见解。

战国中期以后，影响较大的人性论主要有五派：一是孟子的性善说，认为仁、义、礼、智等道德品质的善端，与生俱来，后天要加以发扬光大，勿使丧失。这种性善说，后来成为封建社会正统的人性论。二是告子提出的性无善无不善说及"食、色，性也"的观点，否定人有天赋道德观念。三是荀子的性恶论，认为人生来便有自私、好利、恶劳和声色之欲，道德观念是后天教育的结果。四是先秦道家自然人性论，老庄认为人的本性朴实无华，无知无欲，随着社会的发展，人性堕落了。人应当清心寡欲，返璞归真，与自然浑然一体。五是世硕的人性论，据《论衡·本性篇》载，"周人世硕，以为人性有善有恶"，作《养书》，属于这一派的还有宓子贱、漆雕开、公孙尼子之徒。《吕氏春秋》的人性论，是在吸收并改造告、荀思想某些成分和批判孟子性善说的基础上形成的，与老庄也不同，是独具特色的第六派人性理论。

吕书同告、荀一样，认为情感欲恶乃是天生的普遍的人性。无论圣凡智愚

在生性上都是一样的。《情欲》说：

> 天生人而使有贪有欲……故耳之欲五声，目之欲五色，口之欲五味，情也。
> 此三者，贵贱愚智贤不肖，欲之若一，虽神农黄帝，其与桀纣同。

《适音》说：

> 人之情，欲寿而恶夭，欲安而恶危，欲荣而恶辱，欲逸而恶劳。

人有欲求，想使自己生活过得更好一些，这是正常的合理的人性，圣贤也有这种欲求。圣贤与一般人的差别只在于欲求适度、方法得当，"圣人之所以异者，得其情也"（《情欲》），"贤不肖之所欲与人同，尧桀幽厉皆然，所以为之异"（《贵当》），而欲求本身并不是坏东西。在这一点上吕书与荀子便分道扬镳了。荀子认为上述欲求是恶的，不符合封建道德的要求；若顺性而为，人必为恶，国必生乱，所以他主张"化性起伪"，用道德教化改造人性。孟子更认为上述欲求是恶的，正是这些欲求使人丧失为善的本性，把人性降低为动物性。荀孟两家在贬低人的情感欲望上是一致的。《吕氏春秋》则肯定人的欲求的正当性，它认为道德与人性并不相矛盾，道德只是对人性的适当限制和提高，在这一点上吕、孟之间对立的深刻程度，要超过荀、孟之间的对立。如何使人性臻于完美？第一，从养生的需要出发，使人的欲求适度得当，"所谓全生者，六欲皆得其宜也"（《贵生》），"圣人之于声色滋味也，利于性则取之，害于性则舍之，此全性之道也"（《本生》）。第二，由合理的利己可推及利他；反之，不近人情者亦不会有真正利他的品质。《知接》讲述管仲与齐桓公议论易牙、竖刀、常之巫、卫公子启方四个谀臣品质的故事，齐桓公以为易牙烹子以悦其口，竖刀自宫以侍其身，卫公子启方弃父以事齐国，皆是忠臣无疑。管仲以为不然，说："人之情，非不爱其子也，其子之忍，又将何有于君"；"人之情非不爱其身也，其身之忍，又将何有于君"；"人之情，非不爱其父也，其父之忍，又将何有于君"。违反人性者可能是伪君子，合乎人性的行为才有可能是合乎道德的，人的行为应当是既合情又合理的。第三，人的欲求不仅表现在物质生活方面，还表现在精神生活方面。欲声色滋味是人性，"欲荣而恶辱"亦是人性。

人在不受辱的前提下，以全生（六欲皆得其宜）为上，但受辱而迫生，则不如死，"死次之，迫生为下"（《贵生》），"辱莫大于不义"（《贵生》）。欲与义并不对立，有人看重物质利益，有人看重对正义的追求，伯夷叔齐弃生以从其义，也是人之情，不可强求一致。

以上可以看出，《吕氏春秋》虽然肯定人的情欲，但它既不同于老庄的清心寡欲，也不同于杨朱的利己主义，主张一种合理的情感欲望。它的人性论最有价值的地方，就是要把普通人的感情支配下的基本生存需求与理智支配下的道德品质统一起来。

吕书认为人性如同万物之性一样，是不可改变的客观必然性。《大乐》说：

天使人有欲，人弗得不求；天使人有恶，人弗得不辟。欲与恶受于天也，人不得与焉，不可变，不可易。

既然欲恶是正当的人性，又是不可改变的人性，那么统治者治国施教，就不能违背人性的要求。治国之道在于顺人性，从民欲，这乃是人法天地的体现。《适威》指责"乱国之使其民，不论人之性，不反（返）人之情，烦为教而过（责）不识"，是逆天之理，必导致国家丧乱。一般的封建思想家，总认为民欲与君令有矛盾，是治国的障碍，主张对它采取压制或教化的方法。可是《吕氏春秋》不仅反对禁民之欲，反而认为民欲不可无，主张顺民适欲，并以此作为治国施政的出发点。《为欲》指出，设民无欲，则赏罚不起作用，"人之欲多者，其可得用亦多"。《贵当》说；

治物者，不于物于人，治人者不于事［人］于君，治君者不于君于天子，治天子者不于天子于欲，治欲者不于欲于性。

治理国家先要了解万物之性，其次要了解人性（即欲），天子、君、人都要懂得"性者万物之本"，"因其固然而然之"的道理，以顺人性通民情为本务，然后社会事业方可成功。《吕氏春秋》将民欲、人情提到这样的高度加以肯定是颇不多见的。尽管它说的因民之欲是为了用民治民，并且对于人的欲恶不做具体分析，不是科学的人性论，可是它重视普通人的基本生活需求，肯定一般人

情的正当性，主张在利民的前提下用民，反对离开实际利益去进行空洞的道德说教，或专恃威力强迫人民服从自己。这种人性理论的人民性成分较多，从其社会历史作用上看，它是先秦几家人性论中最进步的一种。后来的地主阶级思想家在人性问题上，不仅再没有超出这个水平，而且越来越贬低一般人的欲望和情感。人欲成为一种罪恶，而道德则更加虚伪。

当时在生死问题上有神论是占上风的。除了儒家关于死生、寿夭决定于天命的说法外，社会上流传着人死为鬼的迷信观点，以及用巫术治病的落后习俗，一些江湖方士则宣扬长生之术和不死之药。《吕氏春秋》的生死观则能超脱习俗的偏见，表现出一种健康的科学的态度。《本生》说："始生之者，天也，养成之者，人也。"人来于自然，成长于社会。《节丧》说："凡生于天地之间，其必有死，所不免也。"人的出生和死亡由自然规律所支配，人力是无法改变的。不过人虽不能长生，但可以养生，使其长寿。"长也者，非短而续之也，毕其数也。"（《尽数》）"数"指客观必然性，"毕其数"指穷尽生命机体在正常情况下所能够延续的期限。"人之寿久之不过百"（《安死》），养生可以使人有百岁之寿。《吕氏春秋》既反对长生不死的幻想，也反对无所作为、任其自流的消极态度，主张以理性的积极态度对待生命。在送死的问题上，它吸收了墨子"节葬"主张，而弃其有神论的杂质。墨子主张薄葬，却又相信鬼神，被王充讥为"术用乖错"。《吕氏春秋》则把节葬之说建立在无神论之上。它认为送死要有仪节，并不是由于人死后有知，而是出于活着的亲人们对死者的感情上的需要。《节丧》说：

孝子之重其亲也，慈亲之爱其子也，痛于肌骨，性也。所重所爱，死而弃之沟壑，人之情不忍为也，故有葬死之义。

死者亲属的心理，总希望死者长眠于安静之处所，不受移动，不遭发掘。为此除了掩埋的深浅要适度以外，随葬物必须俭朴，若侈靡厚葬，则难免被人盗坟掘墓，扰乱死者，这会违背慈亲孝子的初衷。《节丧》批评了当时上层社会流行的厚葬风气，说"国弥大，家弥富，葬弥厚"，为什么要厚葬呢？它说：

今世俗大乱之主，愈侈其葬，则心非为乎死者虑也，生者以相矜尚也。侈靡者以为荣，俭节者以为陋，不以便死为故，而徒以生者之诽誉为务，此非慈亲孝子之心也。

对于富贵人家，厚葬可以显示其社会地位，炫耀财富，增大家声，与其说是为了死者，不如说是为了生者，这是厚葬之风不能止的现实原因。对于死者，厚葬有害而无益，因为厚葬之墓向来难以保持长久。《安死》指出："自古及今，未有不亡之国也，无不亡之国者，是无不扣之墓也。"这一批判，除了有否定厚葬的意义外，还可以透露出吕书作者对于社会历史的清醒头脑。它从历史经验中懂得，一国政权，不会万世永存。这与秦始皇欲使帝位传之万世的幻想相比，不知要高出多少倍。

儒家认为死生由命，人活着所应注重的是修养道德之性，以成为思想境界高超的君子。《吕氏春秋》认为，始生与终死是不可抗拒的自然规律，人活着既要注意涵养德性，又要养生健身，以求长寿。因此书中有较丰富的卫生理论和方法，与当时医学理论相一致，讲了许多科学的道理。它反对有病求于巫医巫术。《尽数》：

今世上卜筮祷祠，故疾病愈来，譬之若射者，射而不中，反修于招，何益于中。夫以汤止沸，沸愈不止，去其火则止矣。故巫医毒药，逐除治之，故古之人贱之也，为其末也。

"招"是箭靶，生病不去求医而去求神，好比射术不精不去练射只顾修靶，完全无济于事；求神问卜是小术末技，不足称道。

健身之道在于养护，在于运动。具体地说，有以下主要之点：

第一，节劳。人要"啬其大宝"（《先己》），"知早啬，则精不竭"，"尊酌者众则速尽"（《情欲》）。《侈乐》认为，"寒温、劳逸、饥饱此六者"，"能以久处其适则生长矣"。这一条讲劳逸适度，从健身角度看有可取处，伹它反对"功成乎外而生亏乎内"（《情欲》），将养身看得比事业还重要，这就是利己主义了。

第二，适欲。感官有欲求乃人的天性，但是不能任其泛滥，"欲有情，情有节"（《情欲》）。《贵生》指出，耳、目、鼻、口等感官是为生命服务的，"不得擅行，必有所制"，这样才有利于健康。人的生活需要有一定的物质条件，但是"物也者，所以养性也，非所以性养也"（《本性》），人不能放纵物欲，以损害健康作为享乐的代价。在物质享受上人应当有所选择和节制，"圣人之于声色滋味也，利于性则取之，害于性则舍之，此全性之道也"（《本生》）。也就是说，要外物为人生服务，而不要使自身成为外物的奴隶。《本生》篇中有一段深刻的格言：

出则以车，入则以辇，务以自佚，命之曰招蹶之机；肥肉厚酒，务以自强，命之曰烂肠之食；靡曼皓齿，郑卫之音，务以自乐，命之曰伐性之斧。

骄奢淫逸的生活，不仅是道德上的堕落，也是健康的大敌，是害生之道。《审为》提出"虽富贵，不以养伤身"，"虽贫贱，不以利累形"的养生原则，表现出重生轻物的思想。

第三，去甚。《老子》已讲到要去甚、去泰、去奢。《吕氏春秋》认为在饮食、精神和环境上，要调节得当，轻重适度。饮食要定时定量，"食能以时，身必无灾；凡食之道，无饥无饱，是之谓五脏之葆"（《尽数》）；还要去烈性厚味，不食"大甘、大酸、大苦、大辛、大醎"（《尽数》）。精神上要保持平静、安详，避免过分的刺激，不受"大喜、大怒、大忧、大恐、大哀"（《尽数》）的扰乱。居住环境要冷暖、干湿适宜，防止"大寒、大热、大燥、大湿、大风、大霖、大雾"（《尽数》）的侵袭。《尽数》指出，人的生活环境总有利害两面，"天生阴阳寒暑燥湿，四时之化，万物之变，莫不为利，莫不为害。圣人察阴阳之宜，辨万物之利以便生"，人要用其利、去其害，才能为健康创造必要的客观条件。

第四，运动。《吕氏春秋》认为，精气是人体的精华，生命力的基础，人要不断集聚精气并使之在体内不停地运行。疾病之生，皆由于精气郁滞所引起的。

七、《吕氏春秋》的经济思想

战国时代，农业与商业是国家经济的主要构成部分。《吕氏春秋》对这两个部分都给予了充分的重视。其农业思想主要体现为重视农业生产，强调农业对社会稳定的巨大作用，主张对农民推行"尽地力之教"，使农民安心于从事农业生产并取得较好的收成；其工商业观则表现为"不废工商"，即虽然十分强调农业的作用，但并不主张抑制工商业的发展，而是要使三业协调，共同实现社会经济的繁荣。

（一）农业思想

战国时期，有一个农家学派，创始人名叫许行。这派学者自食其力，主张君民"并耕而食，饔飧而治"。这是农村公社经济思想的反映。《吕氏春秋》未予理睬，既不吸收，也不批判。可是，对法家和儒家的农业思想则采取分析的态度。吸取了一部分，摒弃了一部分，把它们的长处纳入自己的思想体系之中。

择要说来，《吕氏春秋》的农业思想体系含有五点内容：

1. 寓教于农。《吕氏春秋》之所以重农，固然是为了发展农业，提高产量，但更重要的还在于养志，服从政治与军事的需要。

民农非徒为地利也，贵其志也。民农则朴，朴则易用，易用则边境安，主位尊。民农则重，重则少私义，少私义则公法立，力专一。民农则其产复，其产复则重徙，重徙则死处而无二虑。舍本而事末则不令，不令则不可以守，不可以战。民舍本而事末则其产约，其产约则轻迁徙，轻迁徙，则国家有患，皆有远志，无有居心。民舍本而事末则好智，好智则多诈，多诈则巧法令，以是为非，以非为是。

这是通过农业生产本身，把农民培养成政治上的驯服奴隶，军事上的作战工具。

所以《吕氏春秋》假托后稷的话说："所以务耕织者，以为本教也。"这是把政治教化暗熔于农业生产之中，一举而数得。

2. 重本而不抑末。商鞅变法，严厉推行重本抑末的政策。他的"末"不单指商贾、技艺，还包括游说之士，乃至《诗》《书》《礼》《乐》等文化，仁、善、廉、慧等道德在内。而《吕氏春秋》则相反，在重农的同时，并不压抑工、商。

凡民自七尺以上，属诸三官：农攻粟，工攻器，贾攻货。时事不供，是谓大凶。

易关市，来商旅，入货贿，以便民事。

显然，《吕氏春秋》不但没有压抑工、商，而且把工、商纳入社会经济整体之中，不可或缺。工、商业不但不与农业相对立，反而可以互相调济，互相促进，有利于农业的发展。

对于游士，《吕氏春秋》不但不排斥，相反，却采取招揽的政策。吕不韦门下的三千宾客，以及《吕氏春秋》的作者，便是最好的例证。

至于《诗》《书》《礼》《乐》等文化典籍和仁、善、廉、慧等道德修养，《吕氏春秋》不但不禁止，反而大力宣扬和倍加推重。这类例子在吕书中俯拾皆是，不烦枚举。商鞅主张家有二男（指成年男子）以上者必各立户口，以致儿子借给父亲农具，认为是恩惠，婆母不得擅自挪用儿媳的扫帚、簸箕。而《吕氏春秋》则十分强调孝道，把孝道视为"万事之纪"。可见《吕氏春秋》的重农思想与商鞅的重农思想是大相径庭的。

3. 劝强兼施。农业生产中的决定因素是生产者。如何调动生产者的积极性，而且使这种积极性历久不衰，这是每个重农主义者所不能回避的问题。法家主张以严刑峻法压出积极性，以土地私有激出积极性。儒家主张以礼乐教化诱发积极性，用"制民恒产"（实际是正在崩溃中的井田制）保持积极性。前者可以奏效一时而不能持久，后者流于迂阔而不切实际。《吕氏春秋》采用了前者的土地私有和后者的礼乐教化，抛弃了前者的严刑峻法和后者的制民恒产。

从而既能激发农民的积极性，又能保持这种积极性。

知贫富利器，皆时至而作，渴（竭）时而止。是以老弱之力可尽起，其用日半，其功可使倍。

"知贫富利器"是以土地私有为前提的。也就是说，"时至而作"，"老弱之力可尽起"，都是土地私有带来的积极性。

在具体措施上，《吕氏春秋》则采用劝勉与强制兼施并举的办法。

立春之日……命相布德和令，行庆施惠，下及兆民。

乃择元辰，天子亲载耒耜，措之参于保介之御间，率三公九卿诸侯大夫躬耕帝籍田，天子三推，三公五推，卿诸侯大夫九推。

季春之月……后妃斋戒，亲东乡躬桑……劝蚕事。蚕事既登，分茧称丝效功，以共郊庙之服。

所谓布德惠施、天子亲耕、后妃躬桑等庆赏礼仪，都是一些劝勉措施，意在感动农民，使他们"敬爱时日，非老不休，非疾不息，非死不舍"，把毕生的精力都用在农业生产上。

与此同时，《吕氏春秋》也制定一些生产指标，颁布一些禁令，以保证生产的正常进行，强制农民完成生产任务。

上田，夫食九人。下田，夫食五人。可以益，不可以损。一人治之，十人食之，六畜皆在其中矣。此大任地之道也。

一人生产，供给十人食粮，只能增加，不能减少。这就是每个农民的生产指标。为了保证有足够的劳力和充裕的时间，在农忙季节又颁布一系列禁令。例如：政府不得兴师动众，庶人不能举行冠礼，不能娶妻、嫁女，不能举行祭祀和宴会，因为这些活动都会妨害农时。没有爵位的人不得雇用农工，如果不是因为本乡本邑都是同姓（同姓不婚），男农就不能出赘，女农就不能外嫁，以保证足够的劳动人手。还有"野禁""四时之禁"，旨在防止劳力分散，违误农时。总之，"无或失时，行罪无疑"。这些都是带有强制性的。当然，这些强制远不及法家那样严厉。

4. 天、地、人三者合一。进行农业生产必须具备三大主要因素，这就是天时、地利、人为。三者缺一不可。天时、地利属于客观的自然条件，人为属于主观的能动条件。三者结合才能实现有效的农业生产。"夫稼，为之者人也，生之者地也，养之者天也。"这是说，凡种庄稼，人为、地生、天养，三者缺一不可。

譬之若良农，辩土地之宜，谨耕耨之事，未必收也。然而收者，必此人也。始，在于遇时雨。遇时雨，天地也，非良农所能为也。
再好的农民，再大的努力，如果遇不到时雨，也未必能够取得好的收成。这似乎是在强调自然条件的重要性。

春气至则草木产，秋气至则草木落。产与落，或使之，非自然也。故使之者至，物无不为，使之者不至，物无可为。古之人审其所以使，故物莫不为用。草木为什么生长？因为春气到了。草木为什么枯落？因为秋气到了。所以，草木的生长与枯落是春气与秋气使然的，并非草木本身自行那样的。把这个道理运用于农业，也就可以说，庄稼的好坏，在于人为。庄稼生长得好，是掌握了自然规律的人、勤于耕作的人、拥有高度技术的人使然的。庄稼生长得坏，是不按自然规律办事的人、偷闲懒惰的人、技术低下的人使然的，并非庄稼本身能够自好或自坏。只要懂得这个道理，那么，万物就莫不为人所用了。这里，似乎又在强调人为因素的重要性。

看来，农业生产中的三大主要因素，究竟谁主谁次，《吕氏春秋》的态度并不明确。可能这是"天人合一"思想的运用。天、地都属自然，统言之，天也可以代表地。那么，所谓天、地、人三者合一，实际上也就是天人合一。天人合一只强调和谐，而不强调对立，所以难分主次。大概就是因为这个缘故，《吕氏春秋》才没有把天、地、人分为主次吧。

5. 对立统一思想。《吕氏春秋》含有丰富的辩证法思想。这种思想也体现在农业生产中，《任地》篇中的一段话，最为典型。

凡耕之大方：力者欲柔，柔者欲力。息者欲劳，劳者欲息。棘者欲肥，肥者欲棘。急者欲缓，缓者欲急。湿者欲燥，燥者欲湿。

这是关于土地利用和土壤改良的辩证法。力与柔，息与劳，棘与肥，急与缓，湿与燥，都是矛盾体的对立面，看来水火不相容，但是，通过人工创造一定的条件，却可以使之互相转化。土壤结构黏重板结的，可使其适当疏松；过于疏松的，又可以使其适当板结。土地休闲久了，就要种植；种植久了，又要休闲。地力硗薄的要增施肥料；过于肥沃，又要降低肥分。土壤质地致密了，要使其适当粗散；过于粗散了，又要使其适当致密。土地积水太多了，要使其适当干燥；过于干燥了，又要使其适当潮润。总之，通过人的能动作用，使这些矛盾达到调和、均衡的状态，使其利于耕作，利于种植，利于作物的生长、成熟，以达到稳产、丰收的目的。可见辩证思想用于生产，就可以给人们创造巨大的物质财富。

（二）农业技术理论

《吕氏春秋》的农业技术理论，集中地记载于《任地》《辩土》《审时》三篇农学论文中。这三篇论文反映了战国时期部分农业技术理论上的成就。这些技术理论是为了解决农业生产中十大问题而提出的。这十大问题是：

后稷曰："子能以洼为突乎？子能藏其恶而揖之以阴乎？子能使吾土靖而甽浴土乎？子能使保湿安地而处乎？子能使雈夷毋淫乎？子能使子之野尽为冷风乎？子能使稿数节而茎坚乎？子能使穗大而坚、均乎？子能使粟圆而薄糠乎？子能使米多沃而食之强乎？"

十大问题可以分为三类：1～3 的问题是：你能把低洼地变为高爽地吗？你能把干燥地变为潮润地吗？你能使土地平整而沟中浸水吗？这是属于土地利用方面的。4～5 的问题是：你能使土地经常保持适当的水分吗？你能使杂草（雈夷）不会蔓延吗？这是属于保墒灭草方面的。6～10 的问题是：你能使地里的庄稼都能通风透气吗？你能使禾苗发棵分杈而茎秆坚韧吗？你能使穗大而健壮均匀吗？你能使籽粒肥硕而皮壳很薄吗？你能使米粒多脂而有咬劲吗？这是属于匀苗、

施肥、中耕等田间管理方面的。这十大问题，从土地利用开始，直到产出高品质的米为止，都提得非常具体。这就标志着人类单纯依赖自然、靠天吃饭的时代已经结束，而是挺起身来，与天、地相参了。不过，在天人合一思想的指导下，人并不与自然对立，而是采取友好的态度。既向自然索取，也对自然养护，既与自然斗争，又与自然配合，处于均衡协调状态。《吕氏春秋》就是按照这个原则解决上述十大问题的。

要解决这十大问题，需要一系列的理论和技术。诸如精耕细作、土地利用、土壤改良、栽培技术，等等。下面逐次讨论。

1. 精耕细作。为了提高单位面积的产量，为了改善作物的品质，主要手段就是精耕细作。精耕细作是人为因素的最好体现。在《吕氏春秋》以前，人们已认识到精耕细作的重要性了。《庄子·则阳》载：

长梧封人问（谓）子牢曰："……昔余为禾，耕而卤莽之，则其实亦卤莽而报予，芸而灭裂之，其实亦灭裂而报予。予来年变齐，深其根而熟耰之，其禾蘩以滋，予终年厌飧。"

长梧封人曾以草率的态度对待庄稼，结果收获甚微。后来改变了态度，精心耕作，结果获得丰收，粮食吃不完。这个故事生动地说明了精耕细作对于产量的重要性。《荀子·富国》也说："今是土之生五谷也，人善治之，则亩益数盆，一岁而再获之。"善治与不善治，收获量相差一倍多。可见精耕细作的重要性。

《吕氏春秋》中精耕细作的理论，就是在这些农业生产实践中总结出来的。

凡耕之道：必始于垆（黑地），为其寡泽而后枯；必厚其靯（白地），为其唯厚而及（宜）；镵（饱）者莛菲之，坚者耕之，泽（释）其靯而后之；上田则被其处，下田则尽其污。无与三盗任地：夫四序参发，大畎小亩，为青鱼胠，苗若直猎，地窃之也；既种而无行，耕而不长，则苗相窃也；弗除则芜，除之则虚，则草窃之也。故去此三盗者，而后粟可多也。

这段记载文字生僻，语意晦涩，不能尽通。参合各家疏解，仅可略知大意：耕地的规律：先耕黑土地，因为它含水既不太多也不易干枯；白土地需要加厚其松土层，因为只有厚厚的松土层才能含住适宜的水分；含水量多的土地，须加疏理，坚硬的土地要深翻，白土地暂时放下，迟点耕；高旱田易干，耕后需加耰摩覆被以保墒，低湿田需要散尽积水。庄稼要排除"三盗"：沟大垄小，便会形成"青鱼胅"，稼苗稀疏，这叫"地窃"；下种疏密不均，耕地深度不够，便会造成苗与苗之间互遮阳光，互夺养分，这叫"苗窃"；行列不整，杂草难除，不除就要荒芜，除则易伤苗根，形成空虚，这叫"草窃"。只有去掉这"三盗"，才能取得丰收。这段记载告诉我们：耕地要根据土质、地势而定其先后，还要根据土性而定其深浅，整地则要求畎亩相称，播种则要求行列整齐，除草既要务尽，又要不伤害苗根。只有这样，才能免除"三盗"而获得丰收。可是精耕细作对理论、技术的要求很高，很严格。

五耕五耨，必审以尽。其深殖之度，阴土必得，大草不生，又无螟蜮。……是以六尺之耜，所以成亩也；其博八寸，所以成畎也；耨柄尺，此其度也；其耨六寸，所以间稼也。地可使肥，又（不）可使棘。人肥必以泽，使苗坚而地隙；人耨必以旱；使地肥而土缓。

这是对精耕细作的技术要求。所谓"五耕五耨"，不一定是确数，无非是要多耕勤锄而已，耕一遍，锄一遍，尽量做到细致周到。就是说，通过多耕勤锄，使全部耕作层的土壤疏松细碎，使作物根须易于伸展，使水分养分易于发挥作用，使杂草虫子翻上土表，易于消灭，使害虫蛹卵暴露出来，为天敌杀尽，使雨水不易蒸发，充分保墒。实现了这些要求，耕耨的目的也就达到了。"深殖之度"也有具体的规定和要求。就是必须深到下层水墒的部位，以达到大草不能生长，螟虫不能为害的要求。"六尺之耜"云云，是对整地的具体规定，目的是为了便于除草施肥。人工施肥必在土地润湿之后进行，因为当时肥料主要是草灰，草灰与湿土粘结，既不容易为风吹失，还能加固苗根。锄草则要在干燥时进行。这时锄出的草很快枯死，遇水腐烂，就是肥料，而且腐草掺入泥土，还可使土壤松缓。

自《吕氏春秋》以后，精耕细作便成为我国古代农业发展的一个方向，形成了我国古代农业生产中的一大特点。

2. 土地利用。土地是农业生产的前提条件，是作物生长的立足点，因此，如何有效地利用土地，尽量发挥土地的效能，乃是农业生产中的首要问题。但是，土地利用是与生产力发展、技术水平提高同步前进的。在原始社会，生产力、技术水平都很低下，因而只能采取抛荒制。后来，生产力、技术水平稍有提高，便采取休耕制。战国时期，由于铁器和牛耕的采用，以及其他有关方面的相应提高，已经开始实行复种制了。所谓复种制，即在秋收结束后，跟着就是秋种；夏收结束后，跟着就是夏种。后来逐渐发展为两年三熟，三年四熟，乃至一年两熟。这样，土地利用的次数便大大增加了。

《吕氏春秋·任地》所说的"今兹美禾，来兹美麦"便是复种制的明证。这句话的意思是说：今年收割了好禾，接着种麦，来年又收割了好麦。（还可能在麦收之后，再种上一熟夏种秋收的豆黍之类）这与《十二纪》中所记的"孟秋登谷"，"孟夏升麦"恰相吻合。

复种制的兴起，使地力和人力都能得到更充分的发挥，使土壤肥分得到了合理的调节，因而为后世指出了增产途径，启示了轮作方法，意义十分重大。

田间设计布局，也是土地利用方式之一。《吕氏春秋·任地》所说的"凡耕之大方……上田弃亩，下田弃畎"便是一种田间布局。所谓"亩"就是垄，现在叫作高畦；所谓"畎"就是沟，现在叫作低畦。《吕氏春秋》对于垄、沟的规格也做了理论上的要求：垄宽一尺，沟宽也是一尺，垄、沟的长度随地而尽。这样，不管在垄上播种，还是在沟间播种，播种面积都占耕地总面积的一半。《辩土》篇说"茎生于地者，五分之以地"，植株所占的面积不少于十分之五。

亩畎法的意义在于：不同地势的土地，都能得到合理的利用。地势高亢，雨量又少，土壤常感水分不足，就把种子播在畎中，使种子接近水分，易于发芽生长，这就叫作"上田弃亩"。地势低洼，雨量较多，土壤过分潮湿，就把种子播在垄上，远离积水，也能发芽生长，这就叫作"下田弃亩"。

亩畎法的技术要求是相当严格的。《辩土》篇说："故亩欲广以平，畎欲小以深；下得阴，上得阳，然后咸生。"从理论上说，亩、畎的宽度、深度都有一般规定，但也要根据地形不同、雨量不等而加以灵活运用。但有一条原则是必须遵守的，这就是"下得阴，上得阳"，为作物生长创造一个良好的环境。

亩畎法对汉代赵过的代田法和《氾胜之书》的区种法，都有很大的启发作用。

土地利用还包括土壤改造。《任地》篇所说的"力者欲柔，柔者欲力"等五项原则，就是土壤改造思想的反映。前文已经引过，这里不再重复了。

3. 适时操作。农业生产离不开气候。气候的转换变化，直接影响到作物的生长、发育、成熟、收获。所以《吕氏春秋》对天时的探讨也十分着力。《审时》篇一开头就说：

凡农之道，厚（候）之（时）为宝：斩（薪，扎束）木（禾）不时，不（必）折必〔其〕穗；稼就（熟）而不获，必遇天灾。

就是说，时令对于农业生产来说，最可宝贵。违时而作，必遭损失，乃至酿成灾害。

草諯（让，枯萎）大月（孟冬）。冬至后五旬七日，菖始生。菖者百草之先生者也，于是始耕。孟夏之昔（时），杀三叶而获大麦。日至，苦菜死而资（薋）生，而（则）树麻与菽。此告民地宝尽死（矣）。凡（芃）草生藏而日（艺）中（屮，草）出，猹首生而麦无叶，而（则）从事于蓄藏。此告民究也。五时见生而树生，见死而获死，天下（降）时，地生财，不与民谋。

这段文字是把农业生产过程与物候密切对应起来，以便广大农民确切掌握时令。所谓"天下时，地生财，不与民谋"，是提醒农民：仔细观察各种物候，密切注意天时变化，不可延误时机。

《吕氏春秋》为了进一步阐明天时与农业操作过程的密切关系，还不厌其烦地列举了6种主要农作物——禾、黍、稻、麻、菽、麦——得时和失时的利弊。今举一种以见其余：

> 得时之稻，大本而茎葆（分蘖多），长桐（总花梗）疏機（总穗分枝），穗如马尾，大粒无芒，抟（团）而薄糠，春之易而食之香：如此者不益（嗌、噎）。先时者，本大而茎叶格对（茂盛），短桐（总花梗）短穗，多秕厚糠，薄米多芒。后时者，纤茎而不滋（蕃），厚糠多秕，庣（徒）［得］辟（半）米，不［得］恃（待）定熟，印（仰）天而死。

该篇最后结论说：

> 是故得时之稼兴，失时之稼约。茎相若，称之，得时者重，粟之（亦）多。量粟相若而春之，得时者多米。量米相若而食之，得时者忍饥。是故得时之稼，其臭香，其味甘，其气章（盛）。百日食之，耳目聪明，心意睿智，四卫（四肢）变强，殃（邪）气不入，身无苛殃。黄帝曰："四时之不正也，正五谷而已矣。"

得时失时对于农作物的影响，对比如此之精细，没有长期的观察、分析、比较和研究是不可能的。通过这样的比较，令人信服地论证了"凡农之道，候时为宝"这一科学结论，使这一结论成为农业生产中的不二法门。

4. 栽培技术。一般说，作物栽培应该根据土地的条件而定，这是对自然的被动适应。但是，当土地条件不适合作物的栽培，则要发挥人的主观创造性，突破自然条件的限制。这是栽培技术所要解决的主要问题。《吕氏春秋·适威》说："若五谷之于地也，必应其类蕃息于百倍。"意思是说，栽培作物，必须根据各种土地条件进行栽培，才能获得高产。例如：高田旱地适合于栽培旱作物，那就栽培旱作物；低田湿地适合于栽培耐水作物，那就栽培耐水作物。再细一点说，还要看土壤性质以及其他条件最适合于栽培何种旱作物或耐水作物，才决定栽培那种旱作物或耐水作物。这是对自然的适应。

如果地形不适合于作物生长的要求和人们的需要，那就要改变土地利用方式，创造条件，使之适合于作物生长，满足人们的需要。"上田则被（陂）其处，下田则尽其污。"上田是高旱田，下田是低湿田。这两种田都不适合于作物生长。因此，要在上田那里开陂蓄水，以使田土湿润；要在下田那里开沟作渠，排散积水。这样，上田、下田都可以适合栽培了。这是对自然限制的突破。

此外，作物栽培还有一系列原则要求。

所谓今之耕也，营而无获者：其早者先时，晚者不及时。寒暑不节，稼乃多灾。

这是说，栽培不及时，违反自然节律，就会给庄稼带来灾害。

稼欲生于尘，而殖于坚者。

这是说，播种的土壤，必须上松下紧。上松既可便于幼苗出土，又可抑制水分蒸发。下紧既利于保存水分，又利于作物扎根。

慎其种，勿使数，亦无使疏。于其施土，无使不足，亦无使有余。

这是说，播下的种子，不可太密，也不可太稀。播种后的覆土，不可太薄，也不可太厚。薄了水分不够，种子难以发芽，厚了压力太大，幼芽难以出土。

熟有（其）稷也，必务其培，其稷也植（稙），植（稙）者其生也必先。其施土也均，均者其生也必坚。

这是说，禾苗长出之后，要经常稷摩，碎土培紧。碎土培紧，作物生长必快。培土均匀，禾秆生长必坚。

茎生有行，故速长；弱不相害，故速大。横行必得，纵行必术（直）。正其行，通其风，夬心中央，帅为泠风。

这是说，苗生之后，必须匀苗，使纵横行列分明，使苗间通风透气而不相害，这样才能迅速长大。

苗，其弱也欲孤，其长也欲相与居，其熟也欲相扶：是故三以为族，乃多粟。

这是说，匀苗时必须单株相间，以便发棵分蘖，这样，长大后就能比肩相扶，生长茂盛，获得丰收。

凡禾之患，不俱生而俱死。是以先生者美米，后生者为秕。是故其耨也，长其兄而去其弟。

这是说，栽培谷物，最怕出苗不一，成熟不齐。所以在耘草时必须保其壮苗而去其弱苗，以求成熟一致。

树肥无使扶疏，树硗不欲专生而族居。肥而扶疏则多秕，硗而专居则多死。这是说，稼苗生长在肥地上，要删除其过多的枝叶；生长在薄地上，不要任其密集。肥而茂盛则形成徒长，籽粒多秕；薄而密集则肥分不足，导致萎死。

以上8项原则——栽培要适时；土壤要上松下紧；播种要疏密适宜；培土要细碎均匀；纵横要成行列；幼苗要相间，成禾要相扶；养壮苗而去弱苗；肥地防徒长，薄地防密集——没有一项不符合科学原理，至今仍有其实践意义。

在本节最后，还要附带谈一个问题。不少学者认为，《上农》等4篇农业论文是吕不韦门客抄袭别人的成果。这是没有根据的。抄袭谁的成果呢？他们不能确指。不错，《汉书·艺文志》是记有两本战国时期的农书。一本叫《神农》，班固自注云："六国时，诸子疾时念［怠］于农业，道耕农事，托之神农。"颜师古又加了一条注，说："刘向《别录》云：'疑李悝及商君所说。'"似乎吕书的4篇论文是抄袭他们的。但这种推测是不能成立的。其一，在吕书4篇论文中只提到过"后稷曰"和"黄帝曰"，却无"神农曰"的字样。如果是抄袭《神农》的，为什么要张冠李戴呢？而所谓"后稷曰""黄帝曰"也不过是托古自重而已。这是当时的风尚。其二，我们在《史记·商君列传》和《汉书·食货志》中也找不出商鞅和李悝作农书的踪影，这难道是司马迁和班固的疏忽吗？还有一本叫《野老》，班固自注，说："年老居田野，相民耕种，故号野老。"这更是游移妄测之辞，更与吕书4篇论文牵不上瓜葛。既然找不到抄袭的根据，我们只好承认那4篇论文是吕氏门客所作，算在《吕氏春秋》的名下。要知道，战国时期的门客并不都是鸡鸣狗盗之徒。我们怎能断定，吕不韦门下就没有博闻饱学之士呢?!

（三）不废工商

在突出了农业的重要性之后，《吕氏春秋》也提到了其他社会分工之必不可少。《上农》篇提出："凡民自七尺以上属三官，农民攻粟，工攻器，贾攻货，时事不共，是谓大凶。"这是说凡百姓成年以后，都分别归属于三种社会分工：农、工、商。农民的职责是生产粮食，工匠的职责是制作器物，商人的职责是经营货物。要让农、工、商三业全面发展，以增加社会财富。这三种分工是符合社会经济发展需要的。从必要的社会分工来考虑，已可看出，作为"属诸三官"之一的商业，在《吕氏春秋》中自有其应占的地位，大不同于商鞅对商业的抑制以至于摈斥的态度。究其原因，是因为吕不韦当政在商鞅变法后一百多年，他是代表商人利益的朝廷新贵，所以在《吕氏春秋》中反映的商业观，明显地对秦国一贯的抑商思想有所改变。

《吕氏春秋》重农而不抑商，其所不抑的商是什么含义呢？由于中国自古以农业为本，所以，即使注意到了分工的必要性，但《上农》篇仍强调"农不敢行贾，不敢为异事，为害于时也"，即农民不得经商，不得去于其他事，因为这会妨害农时。从这个论述可以看出，《吕氏春秋》并不主张大力发展商业，"农不敢行贾"，则新的商人就无从产生，而原有的商人要负责承担整个社会的商品交换需要，这样不断发展的结果，必然是形成一些大商贾。所以《吕氏春秋》的商业政策其实是只对大商人有利，它所不加否定、不加抑制的商，应该是富商大贾了，即抑小不抑大，所要扶植、纵容的是包括了周游列国之间的大贩运商和在国内经营盐、铁、酒等大行业的大商人，尤其是后者。如果说商鞅时代抑商矛头主要是指向弃农经商的中小商人，而非国内"富商大贾"，当时这部分人数量还不多，力量也还不大，那么在商鞅死后的一段时间，随着秦国经济的发展，国内大商人极力谋求发展的机会，与抑商政策的矛盾就日益加深了。代表大商人势力的吕不韦正是不满意由商鞅始作俑的、秦国对发展中的大商人在政策上的抑制，谋求放松限制，使他们能得到自由的发展，从而在《吕氏春秋》一书中，自然流露出自己对这部分人的同情支持的观点。

《吕氏春秋》的《月令》对人们从事商业多有规定，如仲秋纪提出："是月也，易关市，来商旅；入货贿，以便民事，四方来杂，远乡皆至，则财物不匮，上无乏用，百事乃遂。"仲秋八月是农业收获季节，官府在敦促百姓收获、储藏的同时，要免除关市的税收，招徕商贾，带来财货，使其能以所有易所无，给人民带来方便。由于关市免税，"四方"商旅皆来进行贸易，产品的流通便由此实现。类似的规定在其他时节亦有，如仲夏记提出"仲夏之月，门间无闭，关市无索"，仲冬纪提出"山林薮泽，有能取疏食田猎禽兽者，野虞教导之"，无论关市、山泽，都允许自由往来，自由捕猎，自由采摘，自由贸易，不禁止，不征税。这足以证明《吕氏春秋》对国内商人也极力主张实行轻税政策，正和商鞅的"不农之征必多，市利之租必重"的重征商税政策以及国家独占山林之利、实行盐铁专卖制度等大唱反调。

由于历史发展的原因，《吕氏春秋》对于商贾不加抑制的政策仅仅停留在了理想中，在《吕氏春秋》成书后不久，吕不韦即被已亲政的秦王政贬斥至死，而商鞅的抑商政策、经济干涉主义思想在秦国更变本加厉地推行下去，辛勤著书的吕不韦并未能达到发展商业的目的。但在客观上，商业在统一国家的良好经商条件下，必然得到相当的发展。

此外，在财税政策上，《吕氏春秋》也有一些值得注意的思想。如在税收政策上，孟夏纪提出"蚕事既毕，后妃献茧，乃收茧税，以桑为均，贵贱少长如一，以给郊庙之祭服"，这是说在桑蚕之事结束后，后妃要向天子献上蚕茧，于是向养蚕的人收取茧税，税按照桑树的多少来均分，贵贱长幼一视同仁，用这些税收来供给祭天祭祖时所用的祭服。这里虽然存在着明显的剥削，但至少在民间是提出了"贵贱少长如一"这样的公平赋税思想，这在历史上并不多见。此处还体现了专项收入用于专项事务的思想，如"以给郊庙之祭服"说的是蚕税是专门用于制作皇室祭祖、祭天的祭服的。这些虽只是只言片语，但其中所蕴含的积极思想是不容忽视的。

综上所述，《吕氏春秋》的经济思想主要体现在重农方面，它将保持农业的稳定视为保持国家政权稳定的重要因素；同时它也看到了适当发展工商业的必须性和重要性，所以采取了扶持一些手工业者、不抑制富商大贾的政策。这样的政策是对以往社会发展经验的总结，有较强的实际意义，对保证社会正常运转起到了一定的积极作用。

八、《吕氏春秋》的历史思想

《吕氏春秋》一书为秦相吕不韦集其门客所作，自从《汉书·艺文志》将其著录于诸子以来，一直被视为一部杂家类著作，然而就其本旨及内容而言，它与"史"有密切的联系。其书《序意》篇述其编纂意图为"凡十二纪者，所以纪治乱存亡也"。"纪治乱存亡"是先秦史书如《春秋》《左传》等的重要内容，对后世史学有深远的影响。冯友兰《吕氏春秋集释·序》说："然此书不名曰《吕子》，而名曰《吕氏春秋》，盖文信侯本自以其书为史也。"可见，无论是在编纂意图及内容上，还是在后代学人眼中，《吕氏春秋》都接近于一部历史著作。司马迁称其"上观尚古，删拾春秋"，正揭示出其书明确的历史意识。总体看来，《吕氏春秋》不仅广泛涉及史事，而且对之提出许多看法，具有丰富的历史思想。

（一） 对历史进程的初步认识

先秦时期，人们对于历史进程的认识在很大程度上长期被浓厚的天命观念所笼罩。至战国末年，科学技术的发展开阔了人们的眼界，揭示出许多自然现象发生的真实原因，进一步破除了人们对"天命""神意"的迷信。在这种时代氛围下，思想领域分外活跃，人们力图从天命的包裹中剥离出来，将现实社会的政治和人生作为关注的中心。受此影响，《吕氏春秋》在天人关系上认为天和人是相辅相成的，它谈及"天"时，常常是天人并举。如《本生》篇云："始生之者，天也；养成之者，人也。"《情欲》篇云："人与天地也同，万物之形虽异，其情一体也。"《大乐》篇云："始生人者天也，人无事焉。"《荡兵》

吕氏春秋

《吕氏春秋》思想综述

篇云：“性者所受于天也，非人力所能为也。”《有始》篇云：“天地万物，一人之身也，此之谓大同。”《慎人》篇云：“功名大立，天也；为是故，因不慎其人不可。”

在它看来，“天”已从无所不能的主宰者的位置上跌落下来，变成了与“人”齐平的影响历史进程的因素，它已失去了神秘的外衣，而几乎完全成为“自然”的代名词。与之相对，“人”的地位大大提高，人与天的关系由单向的“受命于天”变为“天人相成”。这与《荀子·天论》中“天行有常，不为尧存，不为桀亡，应之以治则吉，应之以乱则凶”的结论有相通之处。

基于这种观念，《吕氏春秋》对历史进程的认识也具有了朴素的唯物色彩。历史是人类社会发展的记录，有了人，历史才应运而生。那么人及人类社会如何产生、历史如何开始呢？《吕氏春秋》的回答是“始生人者，天也”，即人是大自然的产物。人产生后，“凡人之性，爪牙不足以自卫，肌肤不足以捍寒暑，筋骨不足以从利避害，勇敢不足以却猛禁悍，然且犹裁万物，制禽兽，服狡虫，寒暑燥湿弗能害，不唯先有其备，而以群聚也。群之可聚也，相与利之也”。凶恶势力的侵害和自然环境的威胁迫使人以群聚，群聚便形成社会。所以，社会的出现，不是上帝的安排，而是人类生存的必需。

就社会本身来说，它是不断发展变化的。《察今》篇说：“昔太古尝无君矣，其民聚生群处，知母不知父，无亲戚、兄弟、夫妻、男女之别，无上下、长幼之道，无进退揖让之礼，无衣服、履带、宫室、畜积之便，无器械、舟车、城郭、险阻之备，此无君之患。”这段描述显然认为古代社会不如当代，“太古”的人民不懂礼义，衣食无依，不会利用外物来给自己造成便利，而当代却不存在这些问题，正说明社会是不断发展的。

既然社会有“太古”和今世的区别，那么古与今的关系如何呢？《长见》篇认为：“今之于古也，犹古之于后世也。今之于后世，亦犹今之于古也。故审知今则可知古，知古则可知后，古今前后一也。”这表明它已认识到社会历史是由古、今和后世（将来）三个彼此联系的部分构成的。审察当代，可以知道历史，知道历史则可以推知后世。这种认识体现了明确的、完整的历史意识。与吕不韦同时代的韩非，一般被公认为是战国时期历史思想的最高代表，如《韩非子·五蠹》篇，将历史划分为上古、中世（中古、近古）与当今这几个阶段。换言之，韩非对历史的认识只在于已经和正在发生的阶段，而《吕氏春秋》连即将发生的阶段也纳入考虑之中，这无疑是一个进步。就此而言，《吕氏春秋》确实不仅吸取了诸子之长，而且对其有所发展。

认识到古今前后之间可以相互推知后，《吕氏春秋》表现出明确的历史借鉴意识。《序意》篇述其编纂意图为："凡十二纪者，所以纪治乱存亡也，所以知寿夭吉凶也。"借"纪治乱存亡"以"知寿夭吉凶"，不正是一种明确的历史借鉴思想吗？观其行文，"尝试观于上志""尝试观上古记"之类说法绝非仅见，正是对其意图的贯彻。

因为注重借鉴历史，《吕氏春秋》把治乱兴衰定为历史的主要内容。它立足现实，追溯逝去之史实，古为今用，融历史与现实为一体。《观世》篇论道："主贤世治，则贤者在上；主不肖世乱，则贤者在下。今周室既灭，天子既废。乱莫大于无天子，无天子则强者胜弱，众者胜寡，以兵相铲，不得休息，而佞进，今之世当之矣。"这是从周灭亡后的历史事实说明：结束战国时代，建立大一统的政权，已经是长利天下的迫切要求。这可以看作是《吕氏春秋》对历史的预见。

《吕氏春秋》既重视历史经验，又反对盲目照搬先王成法，它认为历史是不断变化发展的。《察今》篇说："凡先王之法，有要于时也，时不与法俱至。"先王之"时"与当今之"时"已大不相同，所以它提出了"世易时移，变法宜矣"的主张，宣称"因时变法者，贤主也。是故天下七十一圣，其法皆不同，非务相反也，时势异也"。它还反诘道："时已徙矣，而法不徙，以此为治，岂不难哉？"由此可见，《吕氏春秋》总结过去，更多的是着眼于规划未来，这是其历史思想的一个重要内容。

（二）对历史发展动因的认识

社会历史是不断发展的，那么其动力何在？对此，《吕氏春秋》也有一番见解。《荡兵》篇讲：

兵所自来者久矣，黄、炎用水火矣，共工氏固次作难矣，五帝固相与征矣。递兴废，胜者用事。人曰"蚩尤作兵"，蚩尤非作兵也，利其械矣。未有蚩尤之时，民固剥林木以战矣，胜者为长。长则犹不足治之，故立君。君又不足以治之，故立天子。天子之立也出于君，君之立也出于长，长之立也出于争。争斗之所自来者久已，不可禁，不可止，故古之贤王有义兵而无有偃兵。

这段话表明，《吕氏春秋》认为社会的发展经历了立长、立君、立天子三个不同的阶段，而促使这些阶段形成的原因是"争斗"。战国时期群雄争霸、烽火连年，所谓"争地以战，杀人盈野；争城以战，杀人盈城"，正是对这一历史阶段的真实描述。《吕氏春秋》从总结历史中得到启示，因而提出了这种看法。当时的荀子也讲"争"，《荀子·王制》篇说："人之生不能无群，群而无分则争，争则乱，乱则离，离则弱，弱则不能胜物。"他认识到了"争"在社会发展中具有举足轻重的作用，却并未像《吕氏春秋》那样将二者之间的关系明确地归纳出来。

由于把社会发展的动因归结于"争"，所以《吕氏春秋》进一步肯定了人在历史发展中的作用。具体来说，它认为社会的进步同君主、臣子、民众都有关系，而三者在推动历史进程中的作用是不同的：

——君主处于主导地位。《吕氏春秋》对君主政治极为推崇。《先己》篇说："昔者先圣王，成其身而天下成，治其身而天下治。"《劝学》篇称："圣人之所在，则天下理焉。"《为欲》篇说："故古之圣王，审顺其天而以行欲，则民无不令矣，功无不立矣。圣王执一，四夷皆至者，其此之谓也。"这些论述都表现了"治身与治国一理"的观念，这种观念将国家存亡系乎君主一人之身，认为社会治乱兴衰的关键就在于君主的所作所为。

《恃君》篇则叙述了无君之害，指出：无君之国，"其民麋鹿禽兽，少者使长，长者畏壮，有力者贤，暴傲者尊，日夜相残，无时休息，以尽其类。圣人深见此患也，故为天下长虑，莫如置天子也；为一国长虑，莫如置君也。置君非以阿君也，置天子非以阿天子也，置官长非以阿官长也。德衰世乱，然后天子利天下，国君利国，官长利官，此国所以递兴递废也，乱难之所以时作也"。《谨听》篇也说："乱莫大于无天子，无天子则强者胜弱，众者暴寡，以兵相残，不得休息，今之世当之矣。"在《吕氏春秋》看来，君主若肯顺天修身，就可令民、立功；反之，若君主利用权力谋求私利，就会给国家、社会造成衰弱和停滞。在《先己》篇中，它引用了《诗经》中之"淑人君子，其仪不忒。其仪不忒，正是四国"来对君主的作用作极限发挥，说君主只要通过修身就可以使天下达到大治。这种评价对君主在社会发展中的作用自是夸大其词，但却是当时社会走向大一统的客观形势下思想领域的必然产物。

——臣子的作用十分重要。《吕氏春秋》虽强调君主在历史发展中的主导地位，但它的另一个同样鲜明的观点是："天下非一人之天下也，天下之天下也。"《吕氏春秋》的作者，即吕不韦及其门客，在政治地位上属于"臣"，出于自身利益的考虑，他们在书中大力宣扬臣子对社会发展的重要作用，认为臣是联系君和民的纽带。《先识》篇称："地从于城，城从于民，民从于贤。故贤主得贤者而民得，民得而城得，城得而地得。"获得土地和城池要靠民，而得民却要靠贤者。这样，贤者便成了统治者统治被统治者的中介。《达郁》篇从反面对此做了更为详细的论述，其云："国亦有郁。主德不通，民欲不达，此国之郁也。国郁处久，则百恶并起，而万灾丛至矣。上下之相忍也，由此出矣。故圣王之贵豪士与忠臣也，为其敢直言而决郁塞也。"这显然已将贤者与国家的兴废存续问题联系起来，足见其对国家发展作用之大。

既然直接与被统治者（民）接触的是臣，则《吕氏春秋》很自然地提出了"君无为而臣有为"的主张。《圜道》篇说："贤主之立官，有似于此。百官各处其职、治其事以待主，主无不安矣。以此治国，国无不利矣；以此备患，患无由至矣。"《任数》篇讲："古之王者，其所为少，其所因多。因者，君术也；为者，臣道也。为则扰矣，因则静矣。因冬为寒，因夏为暑，君奚事哉？故曰君道无知无为，而贤于有知有为，则得之矣。"在《吕氏春秋》看来，君主的作用固然重要，但他最终只能停留在局外统揽的层面，至于真正做决定，做出具体行动，则应由臣负责，所以臣对历史进程的影响十分巨大。《求人》篇总结说："得贤人，国无不安，名无不荣；失贤人，国无不危，名无不辱。"这就肯定了臣对社会发展进程的不可忽视的作用。

——"民心""民欲"是影响社会治乱盛衰的重要因素。《吕氏春秋》将君主和贤臣视为推动历史发展的主要力量，但它并未否定民众的作用，相反，它还多次强调君主做决定应以顺应民心为前提。《功名》篇说："欲为天子，民之所走，不可不察。"《用众》篇言："凡君之所以立，出乎众也。立已定而舍其众，是得其末而失其本。得其末而失其本，不闻安居。"《贵因》篇举例说："舜一徙成邑，再徙成都，三徙成国，而尧授之禅位，因人之心也。汤、武以千乘制夏、商，因民之欲也。"《顺民》篇则得出结论："先王先顺民心，故功名成。夫以德得民心以立大功名者，上世多有之矣。失民心而立功名者，未之曾有也。……故凡举事，必先审民心，然后可举。"这些论述都表明《吕氏春秋》并不曾忽视民众的力量。它一再提醒君主不能任意行事，如《行论》中就说："执民之命，重任也，不得以快志为故（事）。"在《达郁》篇有："国亦有郁。主德不通，民欲不达，此国之郁也。"这是提倡君主要经常保持与民的关系，做到上德下喻、下情上达，因为君主的主导作用只有依靠群众的力量才能实现，否则只能一事无成。

应当指出的是，《吕氏春秋》虽然肯定了人民对国家兴亡的走向会产生巨大影响，但其始终是否定人民推动历史发展的主动性的，即它眼中的"民"只是一种会对国家命运产生重大影响的客观因素，是与天时、地利一样的不可违抗的力量，故而君主对此要因循不悖。《吕氏春秋》并未认识到民众对历史的主动创造作用，它认为"听群众人议以治国，国危无日矣"。所以它仅仅是从替即将君临天下的天子寻找巩固统治的方略的愿望出发，认识到了民众对历史进程的不可逆转的客观作用罢了。

与此同时，《吕氏春秋》还从天道循环中受到启示，对君、臣、民共同努力促使历史发展的方式进行了探索。《圜道》篇探讨了君与臣在国家发展中的关系，其云："天道圜，地道方，圣王法之，所以立上下。……主执圜，臣处方，方圜不易，其国乃昌。"《务本》篇则将讨论的范围扩大到君、臣、民三者之间，其结论为："安危荣辱之本在于主，主之本在于宗庙，宗庙之本在于民，民之治乱在于有司。"这段话是说：君主对社会发展起主导作用，但君主的决定应依照民心走向来决定；民心走向会受到有司（大臣）的趋动疏导的影响，但有司最终却还是要听命于君主的。可见，《吕氏春秋》的历史动力观实际上是一种循环论，即认为历史发展是在君、臣、民三者相互促动又相互牵制的循环机制的推动下进行的。这种观点虽未摆对君、臣、民三者在历史发展中的正确位置，但它能肯定历史发展是一种由人的相互作用构成的机制，这与此前的天命史观及单一的英雄史观相比，无疑是一个进步。

（三）关于历史演进的法则

《吕氏春秋》的一些论述还显示出揭示历史演进法则的倾向。它一贯主张"法天地"，并根据自然运动中"物动则萌，萌而生，生而长，长而大，大而成，成乃衰，衰乃杀，杀乃藏，圜道也"的过程及"天地车轮，终则复始，极则复反，莫不咸当"的认识，对人类社会历史的发展进行了相应的探索，同时，它吸收了邹衍的学说，形成"五德终始"的历史循环论观点。《应同》篇对此有集中的论述：

> 凡帝王者之将兴也，天必先见祥乎下民。黄帝之时，天先见大螾大蝼。黄帝曰："土气胜。"土气胜，故其色尚黄，其事则土。及禹之时，天先见草木秋冬不杀。禹曰："木气胜。"木气胜，故其色尚青，其事则木。及汤之时，天先见金刃生于水。汤曰："金气胜。"金气胜，故其色尚白，其事则金。及文王之

时，天先见火，赤乌衔丹书集于周社。文王曰："火气胜。"火气胜，故其色尚赤，其事则火。代火者必将水，天且先见水气胜。水气胜，故其色尚黑，其事则水。水气至而不知数备，将徙于土。

这就是说，每个帝王要开创新业之前，上天必定会向人间显示祥瑞。黄帝时天显现大蚯蚓、大蝼蛄，这是土气旺盛的表示；同样，禹时显现草木秋冬不凋，汤时显现金属兵器在火中，文王时显现红色鸟衔着丹书停留在社庙上，这些分别是木气、金气、火气旺盛的表示。它还进一步预测，代替火的必将是水，天会显现水气旺盛，并指出，火德已尽、水德已至，是统一中国的大好时机；但如果君主不好好把握，水德就会为土德所代。这显然是在为秦国的向外发展制造历史根据。

《吕氏春秋》的五德循环史观是唯心的，它不可能跳出五德循环的窠臼，按其所说，依此推断下去，人类社会只能永远处于王朝更迭的君主专制范围内，可见其最终的落脚点仍在君主政治上。但就其内容来说，也有值得注意之处。首先，它肯定了历史的演进，并认识到这种演进是有法则可循的。这一点除了在以上《应同》篇引文中清晰可见外，《察今》篇亦有所表述："凡先王之法，有要于时也，时不与法俱至。法虽今而在，犹若不可法。故择先王之成法，而法其所以为法。""有要于时"是说历史不断运动，而"其所以为法"便是它所找到的贯通古今的"规律"。这种观点不仅肯定了历史运行有法则可循，而且明确提出对法则的应用要与时俱变，可见当时人们对规律的认识及应用已有一定的积累。其次，《应同》篇虽采用了邹衍的学说，但却将此学说改造为气的学说，并在论述五德终始之后，用"天为者时"等语，说明它所讲的并不全是神秘主义的"怪迁之变"，或者至少可以认为它是在邹衍的五德终始说中加入了一些较具体的概念，从而减轻了该学说的神秘程度。再次，在后来的历史发展中，这一理论还在相当长的时间内成为人们认识社会发展的重要理论。《史记·秦始皇本纪》说："始皇推终始五德之传，以周德为火德，秦代周德，从所不胜。方今水德之始，改年始，朝贺皆自十月朔。"这显然是受了五德终始说的影响。汉代董仲舒吸收利用这种理论，形成天人感应学说，成为封建思想的重要内涵。直到近代，皇帝所发的诏书上还有"奉天承运"之类的字样，其渊源亦不外于此。

作为一种"揆天、验地、审人"的历史思想，《吕氏春秋》的这一历史循环论超越了孔子的经验堆积式的春秋笔法，使中国史学在总结规律的理论层面上又向前迈进了一步，为后人开拓了更广阔的研究思路。

（四）关于历史评价的原则

《汉书·艺文志·杂家类·序》中说："杂家者流，盖出于议官。兼儒、墨，合名、法，知国体之有此，见王治之无不贯。"出于议官，则其中评析议论的内容自然不少。作为杂家代表作的《吕氏春秋》，正体现了这一特点，其中所举人物及史事，多是为一定的理论充当论据的，因而记述之后大都有分析评价，为研究其历史评价原则提供了丰富的资料。

关于其评论历史的原则，《吕氏春秋》高诱序称："然此书所尚，以道德为标的，以天地为纲纪，以忠义为品式，以公方为检格。"由此可见，其书追求务实和公正，崇尚公允和客观。清人卢文弨说："而其书时寓规讽之旨，求其一言近于揣合而无有，此则风俗人心之古，可以明示天下后世而不怍者也。"他也同样认定《吕氏春秋》立论态度严肃。从《吕氏春秋》的内容来看，由于此书编写的初衷在于针对现实社会提出切实可行的政治统治理论，故而其对历史人物及事件的评价，大多能从事实出发，究根问底，发前人所未发。

1. 评论历史人物的原则

在对历史人物的评价上，《吕氏春秋》提出以保持心境平和、去除主观上的蒙蔽为前提。《去宥》篇说："夫人有所宥者，固以昼为昏，以白为黑，以尧为桀，宥之为败亦大矣。亡国之主，其皆甚有所宥邪？故凡人必别宥然后知，别宥则能全其天矣。"这是说，人在主观上如果被成见所局限，就会把白天当成夜晚、把圣王看成暴君，所以，人们必须去除主观上的蒙蔽，才能认清真相、了解全貌。

　　基于上述原则，《吕氏春秋》对人物的评价一般不怀成见，既不因为众口誉之而将其奉若神明，也不因为众口毁之而对其视如草芥，对至贤至圣，不掩饰其缺点，对至奸至恶，不忽视其可取之处。如尧、舜、禹、汤及春秋五霸是当时人所广为称道的圣君明主，《吕氏春秋》对其却并不一味奉承。《举难》篇说："以全举人固难，物之情也。人伤尧以不慈之名，舜以卑父之号，禹以贪位之意，汤、武以放弑之谋，五伯（霸）以侵夺之事。由此观之，物岂可全哉！"对历史人物不求全责备，这正是《吕氏春秋》人物观的特点。同样，对桀、纣等暴君，它也不彻底否定。《用众》篇说："虽桀、纣犹有可畏可取者，而况于贤者乎？"高诱注云："桀作瓦，纣作胡粉，今人业之，尚可取之一隅。"这里的胡粉按《释名·释首饰》中解释为："胡粉，胡，馉也，脂和以涂面也。"纣发明胡粉到底是为善心济民还是满足奢欲我们姑且不论，总之，《吕氏春秋》不因纣恶贯满盈而将其彻底否定，而能以宽广的胸怀去发现他的可取之处，这在十分注重观点鲜明的百家争鸣的大背景下显得分外难能可贵，它与儒家的"言必称尧舜"的做法相比，可谓多了几分公允。

　　尤其难得的是，在评论本朝人物时，《吕氏春秋》不迎合最高统治者的口味，不回避、不掩饰，能据理论断。这突出表现在其书对秦国国君的批评上，如对于秦穆公，《悔过》篇直接批评他"知（智）不至也"，说他目光短浅，没有远见。《去宥》篇更是直斥秦惠王老朽昏聩，说："人之老也，形益衰而智益盛。今惠王之老也，形与智皆衰邪？"这里直呼其名、直引其事、直刺其短，没有丝毫避讳。其书最引人注目的是对时君世主的批评。《振乱》篇明显地表示了对列国纷争、生民涂炭的不满，说："当今之世，浊甚矣，黔首之苦，不可以加矣。天子既绝，贤者废伏，世主恣行，与民相离，黔首无所告诉。世有贤主秀士，宜察此论也，则其兵为义矣。"这里甚至公然鼓励贤主秀士发起义兵赶走恣行之主，显示出作者过人的胆识。

　　除此之外，《吕氏春秋·论人》篇中还提出了品评人物的方法，它称之为

"八观六验"，即："凡论人，通则观其所礼，贵则观其所进，富则观其所养，听则观其所行，止则观其所好，习则观其所言，穷则观其所不受，贱则观其所不为，喜之以验其守，乐之以验其僻，怒之以验其节，惧之以验其特，哀之以验其人，苦之以验其志，八观六验，此贤主之所以论人也。"这些方法也是极为全面的：对通达富贵的人要从不同方面去观察，对穷苦贫贱者亦应按不同情况选择不同侧面进行观察；不仅要观察，而且还要有意制造一些喜、乐、怒、惧、哀、苦的环境来进一步认识此人所不曾显露的深层特征。识别人如此，评价一个人自然也不会缺少其中的哪一方面，观察角度多了，所得的结论也就越接近客观事实。这也许正是《吕氏春秋》评价人物比较客观公正的重要原因。

2. 史事评论的原则

除评价历史人物外，《吕氏春秋》对历史事件也有诸多评论。在这方面，它有许多方法论上的创建，显示出了朴素的辩证观点和探求事物本质的愿望。如《荡兵》篇云："夫兵不可偃也，譬之若水火然，善用之则为福，不能用之则为祸。"这种福祸相倚的思想正是明显的辩证思想。《长攻》篇还据此来批判历史上的不实之评，其云："若桀、纣不遇汤、武，未必亡也；桀、纣不亡，虽不肖，辱未至此。若使汤、武不遇桀、纣，未必王也；汤、武不王，虽贤，显未至于此。故人主有大功，不闻不肖。亡国之主不闻贤。"这是说，世人往往偏爱成功者，将所有的光环都加在他们身上，而对失败者，却恰好相反，是将所有的污水都泼向他们，以此来证明他们该亡，这显然是不合情理的。这一认识，在历史认识论上有重要价值。又如《似顺》篇中提出："事多似倒而顺，多似顺而倒"，所以，"有知顺之为倒、倒之为顺者，则可为言化矣。至长反短，至短反长，天之道也"。它举了荆庄王伐陈的

卧薪尝胆

吕氏春秋

《吕氏春秋》思想综述

例子：

　　荆庄王欲伐陈，使人视之。使者曰："陈不可伐也。"庄王曰："何故？"对曰："城郭高，沟洫深，蓄积多也。"宁国曰："陈可伐也。夫陈，小国也，而蓄积多，赋敛重也，则民怨上矣；则民力罢矣。兴兵伐之，陈可取也。"庄王听之，遂取陈焉。

　　这个例子正说明，凡事不能只看表面，而应从其具体条件出发，经过分析认识其本质后，才可能得出正确的结论，闪现理性之光。

　　然而，也有人指责《吕氏春秋》在对历史事件的评价中有复古主义的倾向，理由是《长利》篇中有这样一段记载：

　　尧治天下，伯成子高立为诸侯。尧授舜，舜授禹，伯成子高辞诸侯而耕。禹往见之，则耕在野。禹趋就下风而问曰："尧理天下，吾子立为诸侯，今至于我而辞之，故何也？"伯成子高曰："当尧之时，未赏而民劝，未罚而民畏，民不知怨，不知悦，愉愉其如赤子。今赏罚甚数，而民争利且不服，德自此衰，利自此作，后世之乱自此始。夫子盍行乎，无虑吾农事。"协而耰，遂不顾。夫为诸侯，名显荣，实佚乐，继嗣皆得其泽，伯成子高不待问而知之，然而辞为诸侯者，以禁后世之乱也。

　　这段话，颇有今不如昔之嫌，因为伯成子高无论是在行动还是在语言上，都显示了对前世的赞美和对当世的不满，而《吕氏春秋》对其言行却又表示赞同。这看似有复古的倾向，但事实并非如此。吴怀祺先生在《中国史学思想史》中讲道："研究诸子历史观点时，当知其言，还要知其所以言，弄清他们的真实理念。如关于'先王'的观点，不能一看见赞美先王的言辞，就断定是一种复古的倒退的思想。"《吕氏春秋》引用上述事例的落脚点实际上在于最后一句的"禁后世之乱"，它的目的是要为现实服务，其用意无非是劝导统治者把天下当作天下人的天下，不要那么贪婪、残暴，以防造成天下大乱。它实际上是希图借用古代的经验来弥补当今的不足。在我国古代，从孔子起，许多哲学家都把这个方法作为实现自己理想的一个重要途径。如孔子就"信而好古"，颜渊问他应当怎样治理国家，孔子回答说："行夏之时，乘殷之辂，服周之冕，乐则《韶》《武》。放郑声，远佞人。郑声淫，佞人殆。"这里所提及的都是古代，但却并非提倡完全回复到某一个具体的上古之世，而是要采前朝各代之长而避其所短。这一扬一弃之间，一种新的理想体系便已生成，虽然它仍披着"古制"的外衣，但其整体内容却是前所未有的，所以，这种托古实际上是一种创新。《吕氏春秋》的"褒古"亦是如此，这种"古"其实是人们心目中的理想社会，只因它被冠以"先王之世"的名称，才被认为是"古"，因此，这种赞扬古代的做法的真正目的只是为了附和众人的理想心态，其最终目标仍在于改善现实社会，促进历史发展。

总而言之，《吕氏春秋》对历史进程的认识比较接近实际，它肯定了历史是自然发展变化的产物，是不断进步的，历史发展的根本动力在人而非天命，历史的发展是有法则可循的；同时指出对历史的评价应摈除成见，要全面地看问题等等。当然，由于时代的局限，《吕氏春秋》的历史思想中还是有些违背历史事实的观念，如《当务》篇将民间起义领袖跖称为"盗"，并对其言论不屑一闻，这主要是因为以跖为首的起义者触犯了《吕氏春秋》所代表的统治阶级的根本利益。然而，类似这种情况在此书中毕竟是极少数，总的看来，《吕氏春秋》的历史思想中还是以积极成分居多。

九、《吕氏春秋》的教育思想

《吕氏春秋》"总晚周诸子之精英，荟先秦百家之眇义"，上自天文，下至地理，纵通古今，无所不包，靡所不揽，堪称是我国最早的一部百科全书式的著作。在其《序意》篇中有"文信侯曰：尝得学黄帝之所以诲颛顼矣，爰有大圜在上，大矩在下，汝能法之，为民父母。盖闻古之清世，是法天地"之语，意谓吕不韦编著此书，目的在于效法黄帝教导颛顼，借以训导秦王政，因此《吕氏春秋》也被称为"百科全书式的宫廷教科书"，专供吕不韦教导训育秦王嬴政之用。这种提法或许值得商榷，但从中我们至少可以看出《吕氏春秋》中的教育思想是十分丰富的。而且，其将有关教育的主要篇章（《劝学》《尊师》《诬徒》《用众》等）放在比较靠前的孟夏纪之中，也表明了其首重教育的意图。概括地讲，《吕氏春秋》的教育思想可分为对教育主体、教育方式以及教育内容三方面的论述。教育主体中不仅提出了对受教育的学生的要求，还对实施教育的教师提出要求；教育方式中"顺情而教"思想是其亮点之一；教育内容上，涉及范围十分广泛。其书中还有不少关于教育理论的专论，这在公元前3 世纪的中国也是十分宝贵的。

（一）教育主体

教育是由教和学两种行为联合构成的活动，所以，它的基本参加者包括教师和学生两方面。《吕氏春秋》对二者都有深刻的论述。它不仅对学生的人选及其应遵循的行为范式做了详细的论述，而且也从许多方面对为人师表者提出了要求。

关于学生的人选问题，《吕氏春秋》继承并发扬了孔子的"有教无类"思想。它认为要求学习是人的天性。《尊师》篇说："且天生人也，而使其耳可以闻，不学，其闻不若聋；使其目可以见，不学，其见不若盲；使其口可以言，不学，其言不若爽；使其心可以知，不学，其知不若狂。故凡学，非能益也，达天性也。能全天之所生而勿败之，是谓善学。"这是说：人体的多种感觉器官不通过学习训练就不能充分发挥其固有的机能，因而教育对每个人都是非常重要的，因为它并不是给受教育者增加什么身外之物，而是对受教育者本身所具有的天赋和智能进行合理的开发。这里的受教育者显然包括所有的人。但也有持反对意见者。如邓胥功先生就认为，《吕氏春秋》"教育所施，是以由没落贵族所下降或由农商阶级所上升的士阶层为主要对象。在《尊师》篇中，他教学生，'视舆马，慎驾御，适衣服，务轻烬、临饮食、必蠲洁，善调和，务甘肥'，就可以表明他是以谁为对象了，因为这些生活都是劳动人民的子弟所不敢想到的"。这种说法有一定的道理，这一方面与吕不韦教诲秦王政的意图有关，另外也是与当时平民教育尚不发达的实际有关。

不过，就《吕氏春秋》全书来看，其中宣扬更多的还是人人皆可受教育的"有教无类"思想。《劝学》篇说："圣人生于疾学。不疾学而能为魁士名人者，未之尝有也。"这是说，认识不是先天所具有的，而是通过后天环境及教育的影响得来的，即使是圣人也是如此，换句话说，就是人人通过受教育都可能成为圣贤的人。这种"圣人生于疾学"的观点，为无数好学上进的青年士子燃起了跻身仕途、参与国事、施展才干的希望，它显然与孔子提出的圣人"生而知之"的观点有着明显的区别，它更贴近社会，贴近现实，更容易为民众所接受。《尊师》中列举了一些本已无可救药之人通过学习而改恶从善、最终扬名天下的事例，如："子张，鲁之鄙家也；颜涿聚，梁父之大盗也；学于孔子。段干木，晋国之大驵也，学于子夏。高何、县子石，齐国之暴者也，指于乡曲，学于子墨子。索卢参，东方之钜狡也，学于禽滑黎。此六人者，刑戮死辱之人也。今非徒免于刑戮死辱也，由此为天下名士显人，以终其寿，王公大人从而礼之，此得之于学也。"这是说像子张这样出身小姓、颜涿聚这样做过大盗、段干木这样从说合牲畜交易中进行剥削和高何、县子石这样凶恶以及索卢参这样狡猾的人，都可因跟从名师学习而为"天下名士显人"，更何况是一般身家清白的百姓呢？所以，我们至少可以肯定，吕不韦没有将读书求学限定在某个阶级或阶层之内，至于其谈论尊师之道时忽略了劳动阶层学生的承受能力问题，则可能是因吕不韦久处上层，一时疏忽所致。因为《劝学》篇曾说："故师之教也，不争轻重尊卑贫富，而争于道。"这是十分明确的不以贫富贵贱来选择学生的观念。

对教育活动的施与者——教师，《吕氏春秋》也提出了许多要求，其认为"不知理义，生于不学。学者师达而有材，吾未知其不为圣人"。意思很清楚：不懂得理义，是由于不学习。从师学习的人，如果他的老师通达而自己又有才能，就一定会成为有作为的人。那么什么是"师达"呢？《劝学》称"为师之务，在于胜理，在于行义"，意为做老师就是要让人明白事理、施行尊道贵德之义，也就是后人所说的"传道、授业、解惑"。要实现这一目标，就必然要求为师者具有渊博的知识及丰富的阅历，只有这样的人才能成为好老师，才会受到学生的尊敬，即《劝学》篇所说"理胜义立则位尊矣，王公大人弗敢骄也，上至于天子，朝之而不惭。凡遇合也，合不可必。遗理释义，以要不可必，而欲人之尊之也，不亦难乎？故师必胜理行义然后尊"。

《诬徒》篇分析了不足以为人师表的情形，称："不能教者：志气不和，取舍数变，固无恒心，若晏阴喜怒无处；言谈日易，以恣自行；失之在己，不肯自非，愎过自用，不可证移；见权亲势及有富厚者，不论其材，不察其行，驱而教之，阿而谄之，若恐弗及；弟子居处修洁，身状出伦，闻识疏达，就学敏疾，本业几终者，则从而抑之，难而悬之，妒而恶之；弟子去则冀终，居则不安，归则愧于父母兄弟，出则惭于知友邑里，此学者之所悲也，此师徒相与异心也。"这是说老师如果脾气乖戾、喜怒无常、刚愎自用、趋炎附势或压制有才华的学生，使学生去留都不安心，那么他就是"不能教者"，因为他不但会使学生深受其害并荒废学业，而且也会使自己失去社会和学生的尊敬。

在阐述了对学生和老师的基本要求后，《吕氏春秋》还提及了二者之间的关系问题。师生关系是教育过程中最重要的心理关系，良好的师生关系对于教师和学生双方都有非常积极的意义。现代教育理论十分重视师生的教学交往活动，认为通过师生的教学交往，可以促进彼此了解、相互影响、共同学习，达到师生间的人际沟通，进而协调认知和教学活动，最终实现教学目的和任务。在这一活动中，学生通过教师的"教"得以修养身心，变得聪明；同时，教师在对学生施教的过程中，由于为人开拓心智而获得了学生的尊重，把学生学习的需要当作自己的需要，把教育学生看作是教育自己。二者角度不同，但目的都在于说明教学活动是师生双方的，师生关系和洽，教学效果才会提高。这些认识，的确是难能可贵的。在这里，《吕氏春秋》主要强调"师徒同心"，《诬徒》篇说："人之情，爱同于己者，誉同于己者，助同于己者，学业之章明也，道术之大行也，从此生矣。"从老师方面来说，只有学生与自己同声相应、同气相和时，才能"尽智竭道以教"，以便使自己的道术能够大行于世；善于教导学生的老师，还会"视徒如己，反己以教，则得教之情矣。所加于人，必可行于己，若此则师徒同体"。这种思想有些类似于孔子所说的"己所不欲，勿施于人"。在这里，理想的老师应该是学生言行举止的楷模，不仅要"言传"，更要"身教"，只有自己做到的才可以去要求学生，这就避免了老师对学生的刻意刁难。从学生方面来说，则要尽力尊师，如《尊师》篇所说："凡学，必务进业，心则无营。疾讽诵，谨司闻，观欢愉，问书意，顺耳目，不逆志，退思虑，求所谓，时辩说，以论道，不苟辩，必中法，得之无矜，失之无惭，必反其本。"学生要想学业有成，便不能对老师心存疑惑，要努力记诵老师所传授的知识，仔细听取老师所讲述的道理，要视老师欢愉时去问书意，要顺从老师的意图，不违抗老师的愿望，可以与老师辩说论道，但不能狡辩，必须合乎辩论的常理，辩赢了不可骄傲，输了也不必惭愧，总之应以获得知识为最终目标。这样，有了老师的尽智竭道、反己以教及学生的谨遵师命、勤学好问，教育的目标才能较好地实现。

（二）教育方式

教育方式是教育成败中关键的一环。现代教育心理学理论认为，教学过程实质上是人与人相互交往的一种社会活动，是由"教"和"学"双方交往而构成的，《吕氏春秋》中关于教育方式的内容就是从教和学两个方面来进行论述的。

先说"教"。《下贤》篇举子产见其师的例子来说明老师对学生的态度问题，其云："子产相郑，往见壶丘子林，与其弟子坐必以年，是倚其相于门也。"这是说，子产虽贵为郑国丞相，但当他去拜见壶丘子林时，还是要依照老师待人的惯例，即按年龄排座于门边。这个例子说明，老师对学生要一视同仁，无论其出身门第如何，皆要以礼相待，不能因其地位高贵而逢迎奉承，也不能

因其地位低微而冷漠蔑视。

有了执中的态度，为人师者还应善教。在这里《吕氏春秋》特别强调顺情而教。这有三个方面的含义：

一是应采用能让学生发挥学习自觉性和积极性的方法，即所谓："达师之教也，使弟子安焉、乐焉、休焉、游焉、肃焉、严焉。此六者得于学，则邪辟之道塞矣，理义之术胜矣。"这是说真正教学有成的老师，要能使学生安心、快乐、安闲、从容、庄重、严肃，能安心学习、乐于学习，在休息时不忘实践其所学，并进而敬重其所学、恪守其所学。如果在教学中实现了这六个方面的内容，那么学生就能顺利地按照教学计划完成规定的学业。这一提法，均是由人之常情引申而来的，因其深知"人之情，不能乐其所不安，不能得于其所不乐。为之而乐矣，奚待贤者？虽不肖者犹若劝之。为之而苦矣，奚待不肖者？虽贤者犹不能久。反诸人情，则得所以劝学矣"。这是说人都不喜欢做自己没有把握的事，在不喜欢的事上，获得的成果也会相对较少；一件事如果做起来很快乐，不要说"贤者"，即使是"不肖者"，也会努力去做；但一件事如果做起来很痛苦，不要说"不肖者"，即使是"贤者"，同样不能持久。按现代教育心理学的理论来解释，就是情绪对学生的学习活动有非常直接的影响，通俗一些就是"兴趣是最好的老师"。通常情况下，"快乐"这种好的情绪体验对学生的学习活动是有较大促进作用的，也是教师搞好教学、学生搞好学习的必要条件之一，善教的老师，必定会好好把握这一点。在与《吕氏春秋》相距不远的《礼记·学记》中也有类似的论述，其云："故君子之于学也，藏焉、修焉、息焉、游焉。夫然故，安其学而亲其师，乐其友而信其道，是以虽离师辅而不反。"即先使学生在学习中感到快乐，学生才会亲近他的老师、相信他所学的道理，这样即使离开了老师的督导，也不会走上反对老师学说的道路。这与吕不韦的观点是一脉相承的。

二是要反己以教。《吕氏春秋》认为，教师除了要以"乐"为核心指导学生按照"达师之教"的六个方面去学习以外，还要遵循"视徒如己、反己以教、师徒同体”的教学原则。其称："善教者则不然。视徒如己，反己以教，则得教之情矣。所加于人，必可行于己，若此则师徒同体。人之情，爱同于己者，誉同于己者，助同于己者，学业之章明也，道术之大行也，从此生矣。"这是说老师对学生不能作过于苛刻的要求，教师给学生布置的学习任务应是其能承担的。因为即便是骥骜这样的良马，之所以能"一日千里"，不仅因其材，而且在于"马轻也"；而如果让其"重载则不能数里"，就在于"任重也"，超过了其所能负荷的重担，如何能充分施展其优势呢？所以《吕览》断定："礼烦则不庄，业烦则无功。"练习是必要的，但超过学生能承受的程度，徒成为一桩负担，使学生厌烦，对其采取敷衍应付的态度，则必不能收到预期的效果。这正如礼仪过于繁琐，必使人心烦一样。《吕览》的论述虽然感性经验多过理性研究，思辨成分多过科学实证，但它对个别差异的重视，和在此基础上提出的"顺情而教"，都值得今天广大教育工作者反思、自省与借鉴、吸收。要求教师和学生心理相容、志向一致，这样就可以彰明学业，完成师生共同的教和学的总目标，《吕氏春秋》中所记载的这一顺情而教的方式至今仍是行之有效的，它比孔子提出的在教学活动中的"教学相长"显然又前进了一步。孔子从反面说出自己的感受"己所不欲，勿施于人"，《吕氏春秋》从正面提出表达了所加于人、必可行于己的认识，它不但体现了公元前3世纪我国教育思想发展的水平，也向我们揭示了当时我国心理学知识积累已有十分深厚的基础。

　　三是要允许学生的个性发展。在《吕氏春秋》看来，学生的成长有其自然发展的进程，不能人为地设计或改变，所谓"凡生之长也，顺之也"。因此，要促进学生的成长，就必须遵循学生自身发展的规律，尊重学生个体展示的特征，"顺情"而教，方能取得良好的教育效果。如《离俗览·上德》说："教，变容改俗而莫得其所受之，此之谓顺情。"这里"顺情"而教的具体要求是：教师对学生的期望要合理适度，不必以高标准来统一要求所有的学生。《察今》说："良剑期乎断，不期乎镆铘；良马期乎千里，不期乎骥骜。"好剑只要能断物即可，而不一定非要是镆铘；好马只要能日行千里即可，而不一定非要是骥鹜。同理，好学生的标准也就是只要能掌握基本知识与技能，达到教学要求，又身心和谐发展即可，而不一定非要成为精英、尖子。正如骥鹜难遇、镆铘难寻，尖子学生、智力超常者也只是极少数。对大多数学生，全无必要寄予超过他们资质的期望，更不应"以赏罚而成教"。《吕氏春秋》坚决反对对学生进行体罚或诱以奖赏，而追求心悦诚服的教育效果，这也是相当可贵的。有人将此称为自然主义的教育观。所谓自然主义教育观，是指在整个教育教学过程中，对受教育者不过分刻意施加某种人为的影响或作用，而是在遵循自然发展变化规律和人的身心发展规律的基础上，顺乎自然地促进受教育者个性发展的教育观。在教育实践中，这种教育观表现为不以功利为目的，避免过多的干预，以保证人的自然本性得以充分发展。《吕氏春秋》自然主义教育观的另一特色就是其中蕴含了丰富的非功利主义思想倾向。这种思想倾向对今天提倡的在尊重人的个性发展和独立人格的构建基础上实施素质教育，无疑具有重要意义，它从又一角度揭示了教育发展的普遍规律。如前所述，既然教育的目的是发展人的个性，那么带有功利色彩的教育实践将会违逆自然法则，损害人的自然本性，因此，《吕氏春秋》的作者强烈反对教育以追求功利为目的。总之，《吕氏春秋》中体现出来的以顺乎自然和反对功利主义为主要内容的自然主义教育观，对今天进行教育改革和推行素质教育有着很大的启示作用。首先，这种自然主义的教育观强调一个"顺"字，主张教育应该顺应人的自然天性，教育者应按照受教育者的本性加以引导，以达到"顺其天"而"安乎自然之所矣"的教育目的。其次，这种教育观并不否定学习知识的重要性和必要性，它所着力批判的则是功利化的教育倾向。这种以自然法则为出发点来解释教育的作用和本质的做法，表达了一种强调教育要按自身规律来发展的朦胧意向。其非功利主义的思想倾向，则又从另一个侧面揭示了教育发展的自然规律，这对于丰富我国传统教育理论和指导今天的教育改革、推进素质教育，无疑是具有积极意义的。

再说"学"。学生在教育活动中处于受动者的地位，但这并不表示学生在其中不能发挥自己的主观能动性。相反，学生才是教育成败的决定者。再善于教授的老师，如果得不到学生的有效回应，即出现"师徒异心"的情况，那么这项教育也只能以失败告终。鉴于这一认识，《吕氏春秋》对学生的学习方式也提出了诸多要求，如"尊师敬学""精而熟之""取长补短""学贤问智""专心致志""不徙不止"等一系列教育心理学原则，这些对于我国现代教育理论仍有较大的理论价值和现实意义。

首先，学生在态度上应尊师、疾学。"尊师则不论其贵贱贫富矣。"不光老师对学生不能嫌贫爱富，学生对老师亦应如此。而且，学生对老师还应"事师如事父"，不应有"召师""卑师"或"谯诟遇之"等行为。"圣人生于疾学。不疾学而能为魁士名人者，未之尝有也。疾学在于尊师。"疾学即对学习要有强烈的紧迫感，要全力以赴地学。

其次，学生在具体的学习中应博采众长、勤学至精。《用众》篇提出学习应当取长补短，其云："物固莫不有长，莫不有短，人亦然。故善学者，假人之长以补其短。"人人都会有其自身的优点或缺点，善于学习的人能够采集别人的长处来弥补自己的不足，学习是一个取长补短的过程。掌握良好的学习方法，取他人之长以补自己之短，这是善于学习的人应该牢牢记住的。"天下无粹白之狐，而有粹白之裘，取之众白也。"恰当地喻出了这个道理。

再次，学生还应勤学不息，以至于精。《博志》篇举例说："孔、墨、甯越，皆布衣之士也，虑于天下，以为无若先王之术者，故日夜学之。有便于学者，无不为也；有不便于学者，无肯为也。盖闻孔丘、墨翟，昼日讽诵习业，夜亲见文王、周公旦而问焉。用志如此其精也，何事而不达？何为而不成？故曰：'精而熟之，鬼将告之。'非鬼告之也，精而熟之也。"这段话是说孔子、墨子等都对"先王之术"十分仰慕，所以便日夜学之，在此期间，凡对学习有利的就没有不做的，而对学习不利的就完全不去做它，最终他们都因为勤学至精而成为先哲名士。这表明，要实现目标，就应下定决心，勤学苦练，这样才能如愿以偿。《尊师》篇还对具体的学习过程做了一些说明，即先立志求学，再努力记诵，用心听讲，不懂就问，退而反思以弄懂老师所讲的道理，参加辩论以加深理解，对辩论结果不骄不惭，坚持不懈，直到将自身所天生而有的潜能充分发挥为止。这不失为一套十分详尽的学习方法论。《审己》篇还提出"知故"，即凡事求其所以然，《知化》篇则强调运用推理的方法洞察未知，这些也是极富理性精神的学习方法。

当然，有善学者，就必然有不善学者。《吕氏春秋》认为学生如果采取了如下方法，那就只能学而无成："不能学者，从师苦而欲学之功也，从师浅而欲学之深也。"不善于学习的人，从师而学，苟且从事，但又想达到学问精到的目标，或不自深入，又想学问精深，这都是不可能的。"故不能学者：遇师则不中，用心则不专，好之则不深，就业则不疾，辩论则不审，教人则不精；于师愠，怀于俗，羁神于世，矜势好尤，故湛于巧智，昏于小利，惑于嗜欲；问事则前后相悖，以章则有异心，以简则有相反；离则不能合，合则弗能离，事至则不能受。此不能学者之患也。"不能学而有成的人，对待老师不合乎礼法，用心不专一，对喜好的事物不能深入了解，学习不努力，辩论不审慎，给人讲述则不精详，为老师所讨厌，安于俗，留神于世俗琐事，倚势骄，滥用智巧，为小得及嗜好所迷惑；问他事情就说得前后矛盾、词不达意，让他简单地说，就会与其本意相反；将事物分开了就不会合在一起，合在一起就又不懂得让它们分离，事情出现了就不能够承受。不要说在吕不韦的时代，即使是在今天，这样的人也是难以学有所成的。

此外，《吕氏春秋》对教育的环境也做出了特别强调，《用众》篇借"戎人生乎戎、长乎戎而戎言，不知其所受之；楚人生乎楚、长乎楚而楚言，不知其所受之。今使楚人长乎戎，戎人长乎楚，则楚人戎言，戎人楚言矣"，来说明后天环境的影响对人的发展具有决定性意义。《当染》篇说墨子见染素丝者而叹曰："染于苍则苍，染于黄则黄，所以入者变，其色亦变，五入而以为五色矣。"这种染丝现象引申到社会领域便是人会因其周围人物或事物的影响而产生不同的结果，其中举例说明天下之仁义显人及不义辱人，都与他们各自所受到的影响有极大的关系。不但人君治国是这样，学生求学也是同样道理。"子贡、子夏、曾子学于孔子，田子方学于子贡，段干木学于子夏，吴起学于曾子；禽滑黎学于墨子，许犯学于禽滑黎，田系学于许犯。孔墨之后学显荣于天下者众矣，不可胜数，皆所染者得当也。"这就是说，学生要想学业有成，找一个学识渊博的老师是极为必要的；同样，老师如果想使自己的学说流芳百世，那么他就必须尽量给学生传授那些接近于真理的颠扑不破的知识，这样才能通过弟子的功成名就将其思想的精华永远流传下去。用音乐来推行教育也是《吕氏春秋》所大力提倡的教育方法之一，《适音》篇说："凡音乐，通乎政而移风平俗者也。俗定而音乐化之矣。故有道之世，观其音而知其俗矣，观其政而知其主矣。故先王必托于音乐以论其教。"还说："故先王之制礼乐也，非特以欢耳目、极口腹之欲也，将以教民平好恶、行理义也。"在这里，音乐是被用来当作化民成俗的工具。但从另一个角度，我们也可以认为这是一种宣传以音乐来实现教育目标的思想。关于乐教思想我们在后面章节还会谈及，此处不细论。

（三）教育内容

卢鹰在其《〈吕氏春秋〉：百科全书式的宫廷教科书》中称《吕氏春秋》为"百科全书式的宫廷教科书"，从这个意义上说，吕书所提及的全部内容都可称之为教育内容。如此一来，吕书的教育内容真可谓五花八门、无所不包了，然而这却不是我们此节所能概括的范围，因此，为求明晰，此节只选取有关教育理论、德育内容及音乐教育三个比较典型的方面来加以说明。

1. 教育理论

春秋战国时期，是中国古典教育发展完善并臻于全盛的阶段，官学解体，学术下移，使自由讲学之风大盛。借此风气，关于教育的理论也逐渐发展起来。成书于战国末年的《吕氏春秋》，全面继承了这些成果，形成了一套非常有体系的教育理论。荀子称"干越夷貉之子，生而同声，长而异俗，教使之然也"，即人生下来原本没什么差别，但由于各人所受教育不同，长成后便会产生各种不同的特征。这是肯定教育对人的巨大作用，《吕氏春秋》对这一思想做了进一步发挥与深化。《尊师》篇对教育的功用作理论概括："故教也者，义之大者也；学也者，知之盛者也。义之大者，莫大于利人，利人莫大于教；知之盛者，莫大于成身，成身莫大于学。"教是最利人的事业，也是道义中最伟大的，所以要想做个有道义的人，最好的办法就是去施教；学是个人成身的途径，要想成为一个有用有声望的人，最重要的便是去学习。所以，教育是一件于己于人都非常有意义的事，因而必须给予它充分的重视。这段话还有一层含义，即"义理之道"要通过教育才能发生作用，故"义理之道"对于天下治乱的作用也就是教育对其的作用。这显然是对我国古代自周公以来就有的教育与政治、教育与伦理高度结合的传统的继承，《礼记·学记》将其概括为"建国君民，教学为先"，"化民成俗，其必由学"。《吕氏春秋·为欲》则向我们指出了教育可以推行的基础乃是因为人有欲望，其云："使民无欲，上虽贤，犹不能用。……故人之欲多者，其可得用亦多；人之欲少者，其可得用亦少；无欲者，不可得用也；人之欲虽多，而上无以令之，人虽得其欲，人犹不可用也。令人得欲之道，不可不审矣。"在这里，教育行为的施予者已被限定为统治者，其所推行的内容是政治教化，而其政教之所以能够推行，正是因为人有欲望，施教者只有了解了这一欲望并顺应这一欲望而开展教育，才有可能达到其教育的初衷。

《吕氏春秋》认为教育的最终目标是达天性，即"且天生人也，而使其耳可以闻，不学，其闻不若聋；使其目可以见，不学，其见不若盲；使其口可以言，不学，其言不若爽；使其心可以知，不学，其知不若狂"。这是将学习上升到人的本能需要的高度了。而老师之所以能起到帮助学生达天性的作用，恰恰也是因为学生有发挥其眼耳舌等各个器官潜能的欲望，否则，没有学生主观上的努力配合，仅凭老师一个人填鸭式的传授，这项教育是不可能有结果的。《吕氏春秋》对于直接经验和观察力的高度重视，与现代教育心理学的基本理论是完全一致的，这是人类学习过程中的第一个环节，也是知识理解、知识巩固、知识迁移和知识应用的有效前提。

此外，《士容论》中还提出了农为"本教"论。《上农》指出，古代圣王教导民众，无不"先务于农民"，因为这样不仅可以增加农业收入，更会对农民的思想品德产生巨大作用，使其淳朴而易于驱使，使其少私义而易于推行法令，使人民固守产业而不愿迁徙。可见，吕不韦不仅认识到农业教育的经济效益，而且还将其与政治统治联系起来，从理论上系统地提出了农教对稳固政权的重要作用，这为后代统治者所借鉴，使农业为本的政策成为我国封建社会长期的重要国策。

在教育方法上，《吕氏春秋》也做了不少理论性的总结，如《尊师》篇说："凡学，必务进业，心则无营。疾讽诵，谨司闻，观欢愉，问书意，顺耳目，不逆志，退思虑，求所谓，时辩说，以论道，不苟辩，必中法，得之无矜，失之无惭，必反其本。"这可以说是对一个较完整的学习过程的详细总结。总之，吕书关于教育理论的内容极多，《劝学》《尊师》《诬徒》《用众》四篇相对集中，为避免与其他内容相重复，此处不再——列举。

2. 德育内容

在这方面，《吕氏春秋》深受儒家思想影响，提倡"尚德""高义""至忠""孝廉""贵公""贵直""贵信""去私""务大""博志"等，但它最强调的还是忠孝教育。《劝学》开篇即说："先王之教，莫荣于孝，莫显于忠。忠孝，人君人亲之所甚欲也；显荣，人子人臣之所甚愿也。然而人君人亲不得其所欲，人子人臣不得其所愿，此生于不知理义。不知义理，生于不学。"即人们学习是为了知理义，知理义则事亲孝、事君忠，整个社会便会秩序井然。可见其德育主要是为实现德治服务的。《义赏》篇明确提出："故善教者，不以赏罚而教成，教成而赏罚弗能禁。"善于教育的人，不用赏罚的手段便会让教化深入人心，教化深入人心后就不会被赏罚所扭曲，吕不韦明显的是将教化视为较赏罚更为有效的统治手段。《先己》篇还提到"三王先教而后杀，故事莫功焉"，借以说明德治的效果远好于法治，为达此目的，它强调天子、君主应特别重视教育，"以道教民，必躬亲之"。这里的教育包含极广，涉及了法制、军事、农业、手工业等各个方面，如仲冬纪有："山林薮泽，有能取疏食田猎禽兽者，野虞教导之。其有侵夺者，罪之不赦。"这即规定了官员有教给人们必要的渔猎技术和养殖技术的义务，又对人们进行了法制教育，归根到底都是统治者推行德治的具体措施。总之，《吕氏春秋》中的德育内容基本是为以德施政的理想服务的，其核心是"孝"，即《孝行》所说："民之本教曰孝……乐自顺此生也，刑自逆此作也。"围绕这一核心，《吕氏春秋》又提出人伦十际，即"君臣、父子、兄弟、朋友、夫妻"，它为这十际制定了"贵德、贵贵、贵老、敬长、慈幼"等五项行为准则。而要使这五项准则彻底贯彻，则又需要加强道德教化，亦即仁、义、理、智、信五常的教育，这便是吕书德育思想的内涵。中国古代社会，是以宗法为特点的社会，孝是宗法制得以维系的关键所在，所以德育中也是以孝为主。

3. 音乐教育

《论语·泰伯》曾说"兴于诗，立于礼，成于乐"，说明孔子已充分认识到音乐对人格形成的重要作用。在他之后数百年的战国末期诸子中，道家、墨家、法家都反对音乐，道家认为音乐对人的完美天性有害，墨家认为提倡音乐会妨碍各种实际的政治、经济事务，法家认为音乐如寄生在人身上的虱子，传播诗书礼乐的人是蠹虫。与之相反，《吕氏春秋》继承儒家思想，对音乐非常重视，其中有八篇专门论述音乐，它认为音乐与政治、社会风尚关系密切，"凡音乐，通乎政而移风平俗者也。俗定而音乐化之矣。故有道之世，观其音而知其俗矣，观其政而知其主矣。故先王必托于音乐以论其教"。由于音乐有抒情作用和潜移默化的教育作用，所以为了更好地施行统治，统治者往往把乐教看得与礼治、刑治和政治同样重要。《大乐》篇说："音乐之所由来者远矣，生于度量，本于太一。"这里的"太一"主要是指自然及其运动的规律，所以这句话是说音乐源于自然，这是对道家"太一生万物"的肯定。但《音初》篇马上又指出："凡音者，产乎人心者也。感于心则荡乎音，音成于外而化乎内。是故闻其声而知其风，察其风而知其志，观其志而知其德。盛衰、贤不肖、君子小人皆形于乐，不可隐匿。"这又是用儒家的"人心感于物"的命题来批判道家认为音乐对人的完美天性有害的观点，认为音乐产自人心，是人性自然会有的欲望，因而推行乐教不但不会破坏人的天性，反而只会让其更加完善。《音初》篇还说："故君子反道以修德，正德以出乐，和乐以成顺。乐和而民乡方矣。"君子德行修谨，则会使政治清明，社会风尚良好，这才能产生"和乐""正声"；只有提倡平和正义的音乐才会使道德风尚顺理成章，也只有这样才能使民归心。这是从音乐教育与社会政治、风尚的关系阐明了"和乐""正声"对政治统治的作用，这就否定了墨家的音乐扰政的观点。在《适音》篇，吕不韦又认为音乐产乎人心，故而必有正邪、雅淫、节侈之分，针对这些问题，他提出"和"与"适"的标准："故乐之务在于和心，和心在于行适。""故太钜、太小、太清、太浊，皆非适也。""侈乐""淫声"必须坚决废止，像夏桀、殷纣就是因为迷恋于淫侈之乐，故而才会身死国亡，《音初》篇总结为："世浊则礼烦而乐淫。郑卫之声、桑间之音，此乱国之所好，衰德之所说。"《侈乐》篇云："夫嗜欲无穷，则必有贪鄙悖乱之心、淫佚奸诈之事矣。故强者劫弱，众者暴寡，勇者凌怯，壮者傲幼，从此生矣。"这是说"侈乐"可以助长嗜欲，败坏社会风气，造成灾难性后果，这样的音乐实际上已失去价值。故《大乐》说："亡国戮民，非无乐也，其乐不乐。"鉴于此，吕不韦在大力宣扬乐教的同时，也提出了节制嗜欲，使嗜欲不走向邪僻的要求。《大乐》篇说："成乐有具，必节嗜欲，嗜欲不辟，乐乃可务。务乐有术，必由平出。平出于公，公出于道。故惟得道之人，其可与言乐乎！"这是把音乐创作及欣赏直接同天下的治乱、个人的修养、行为及自然规律联系起来，又回到了通过乐教来宣传政治教化的初衷上。

总的看来，《吕氏春秋》充分认识到了音乐与政治的密切关系，这与我国古代长期推行的礼乐教化的背景不无联系，但它对音乐在政治统治中的作用显然是有所拔高的，从历史记载看来，无论此前或此后，通过音乐来移风易俗的做法很少能达到统治者所预期的效果。

《吕氏春秋》的教育心理思想是比较丰富、比较完整的，对于"学习心理""教师心理""品德心理"等各个方面均有涉及，并总结出尊师敬学、精而熟

之、取长补短、学贤问智、专心致志、不徙不止等教育心理的基本原则，将这些原则同现代教育心理理论相比较，仍有较大的理论价值。因此，纵向研究我国教育心理思想，对于发展我国的现代教育理论，有十分重大的现实意义。

十、《吕氏春秋》的管理思想

《吕氏春秋》致力于为即将建立的统一政权提供治国安邦的方针，故而其中涉及了许多政治管理方面的论述，这一点在其政治思想中已经论及。除此而外，《吕氏春秋》还谈及了一些管理中的基本原则。

（一）正名审分

《吕氏春秋》把正名审分看作是治国的大法宝，提倡起来不遗余力。《正名》篇开篇即说"名正则治，名丧则乱"，认为名之正否是管理中的决定性因素，为此，其强调要杜绝淫辞及夸张的说词，做到名实相符，认为"凡乱者，刑名不当也"，即混乱都是由于名实不符造成的。《审分》篇中也说："凡人主必审分，然后治可以至，奸伪邪辟之涂可以息，恶气苟疾无自至。……有道之主，其所以使群臣者亦有辔，其辔何如？正名审分，是治之辔已。"《似顺论·处方》中也说："凡为治必先定分：君臣、父子、夫妇。君臣、父子、夫妇六者当位，则下不逾节而上不苟为矣，少不悍辟而长不简慢矣。"剖析这种名分之治，就是要求社会上的各种人都按自己所属的等级名分去行事，各定其位，各安其位，这样的话，整个社会就会万事大吉，君王自然也就可以永做太平天子了。当然，在这种名分之治的社会里，各种人之间是不会平等的，君有君道，臣有臣道，民有民道。君道就是自然无为，一切利用别人；臣道就是恪尽职守，尽忠于君；而民则是各司其职，如《士容论·上农》篇中所说的："凡民自七尺以上，属诸三官：农攻粟，工攻器，贾攻货。"在《吕氏春秋》看来，只要人人都能各有其职，各安其处，则天下大治指日可待。

《吕氏春秋》的正名与孔子的正名有所不同，孔子所提倡的"正名"是要以周礼为尺度，去纠正他认为不正常的社会秩序；而《吕氏春秋》的正名则是强调"按其实而审其名"，也就是追求名实相符，要充分认识事物的本质及特点，这种看法比起孔子来要显得客观一些。

正名之后，就要因名责实，合理安排人力物力资源。考核功绩要以名责实，名实相得，守法则用，"正名审分，是治之辔已。故按其实而审其名，以求其情；听其言而察其类，无使放悖"。这里说的正名仍是循名责实的意思，审分就是要闻其言而观其行，即言行一致。二者结合起来，就是要倡导各人均注意做好自己分内之事。《审分》篇举例说："人与骥俱走，则人不胜骥矣；居于车上而任骥，则骥不胜人矣。人主好治人官之事，则是与骥俱走也，必多所不及矣。"这是以使马为喻，说明君臣必须各有职分，君主不该干涉各级官吏之事，他所关心的应是如何审分正名。因为假如"不审名分，是恶壅而愈塞也"，比喻不审名分而行事，就会如厌恶壅闭反而会更加阻塞一样。同篇举例说："今有人于此，求牛则名马，求马则名牛，所求必不得矣，而因用威怒，有司必诽怨矣，牛马必扰乱矣。百官，众有司也；万物，群牛马也。不正其名，不分其职，而数用刑罚，乱莫大焉。"这也是通过求牛而名马的做法的错误，来说明不正名审分，就会造成混乱。《审应》篇总结出："人主出声应容，不可不审。凡主有识，言不欲先。人唱我和，人先我随，以其出为之入，以其言为之名，取其实以责其名，则说者不敢妄言，而人主之所执其要矣。"这是一套完整的正名审分的处事方式，即君主对自己的言语神态不可不慎重。凡是有见识的君主，言谈时都不愿先开口，而是先附和别人，摸清别人的想法，根据他的言论考察他的名声，根据他的实际，推求他的名声。这样，游说的人就不敢胡言乱语，而君主就能掌握住根本了。这套管理方法是比较高明的，循名责实确实可以使管理者显得比较公正，同时也使被管理者比较容易接受上级发出的命令。

《吕氏春秋》思想综述

（二）因人之欲

因人之欲也是《吕氏春秋》管理思想的一个重要方面。《为欲》写道：

使民无欲，上虽贤犹不能用。夫无欲者，其视为天子也与为舆隶同，其视有天下也与无立锥之地同，其视为彭祖也与为殇子同。天子至贵也，天下至富也，彭祖至寿也，诚无欲则是三者不足以劝。舆隶至贱也，无立锥之地至贫也，殇子至夭也，诚无欲则是三者不足以禁。……故人之欲多者，其可得用亦多；人之欲少者，其得用亦少；无欲者不可得用也。

这段话是说人民有欲望，这是君主得以去统治他们的基础。人的欲望越多，对他可以实现的控制就越多，反之亦然，假若人民失去了欲望，则他们就不可能被统治。当然，人的需要也不能无限制地予以满足，应因势利导，这样才能实施有效的管理。所以该篇又写道："人之欲虽多，而上无以令之。人虽得其欲，人犹不可用也。令人得欲之道，不可不审矣。"这是说，人的欲望虽然很多，但是君主却没有办法左右它，所以即使人们的愿望得到了满足，君主依然可能无法自由地支使他们，因此君主就要尽量掌握使人满足愿望的方法。那么，这是什么方法呢？《为欲》篇认为就是"审顺其天而以行欲，则民无不令矣，功无不立矣"。就是说，要顺应人民的天性，不断满足其天性所带来的欲望，这样就可以顺利实现统治。满足下属自身需要，是提高他们劳动积极性的有效手段。就管理活动而言，通过满足下属需要达到调动积极性的目的，不失为一项有效的激励措施。

（三）赏罚有当

要调动人的积极性，适当的赏罚也是一个重要的方法。《吕氏春秋》十分关注如何根据人们的怀赏畏罚的心理特点以实施有效的管理。《用民》篇中说："为民纲纪者何也？欲也，恶也。何欲何恶？欲荣利，恶辱害。辱害所以为罚充也，荣利所以为赏实也。赏罚皆有充实，则民无不用矣。"欲荣利、恶辱害是民的本性，顺应民众欲求荣誉和利益的心理以实施奖赏，顺应民众厌恶耻辱和祸害的心理以实施惩罚，则能管理使用民众。

要使赏罚起到调动人的积极性的作用，还必须满足一定的条件，如赏罚有信，《慎小》篇说："赏罚信乎民，何事而不成？"此外，还要赏罚公正，如《当赏》篇所说："主之赏罚爵禄之所加者宜，则亲疏远近贤不肖皆尽其力而以为用矣。"这是说适当的赏罚能使人人皆尽其力以为王者所用。赏罚是君主实施管理和进行道德控制的重要手段，赏罚合乎道义，必然对人们的思想行为产生正面效应，树立其统治者的威信，从而使其统治顺利实现；而赏罚不当的话，则会"赏罚不信，则民易犯法，不可使令"，将使奸诈、虚伪、贪婪、暴戾等负面道德泛滥不息，进而习之成性，虽厚赏严罚亦难以禁止。

领导者应仔细考察业绩以定赏罚，不能凭个人好恶行事。《当赏》篇写道："凡赏非以爱之也，罚非以恶之也，用观归也。所归善，虽恶之，赏；所归不善，虽爱之，罚。此先王之所以治乱安危也。"领导者按法规行使赏罚，这样受赏者不须感恩戴德，抵罪者不会有怨恨，"赏罚，法也；君奚事哉？若是则受赏者无德，而抵诛者无怨矣"。在君尊臣卑的封建等级制度下，往往易于造成君主在管理活动中滥行君威，针对这一弊病，作者更强调恩重于威，威必须依托于"爱利之心"。《用民》中说："徒多其威。威愈多，民愈不用。"只有"爱利之心谕，威乃可行。威太甚则爱利之心息。爱利之心息而徒疾行威，身必咎矣。此殷、夏之所绝也"。"爱利之心"就是爱民、利民的思想，将其贯穿于管理活动中并辅之以相应的措施，则自然能够获得民众的拥护，从而顺利实现管理目标。

由上可见，《吕氏春秋》其实是主张礼义和赏罚并用。《用民》篇中说："凡用民，太上以义，其次以赏罚。"《吕氏春秋》还把礼义和赏罚结合起来，提出了"义赏"的概念，《义赏》篇中说："赏罚之柄，此上之所以使也。其所以加者义，则忠信亲爱之道彰。久彰而愈长，民之安之若性，此之谓教成。教成，则虽有厚赏严威弗禁。用赏罚不当亦然。奸伪贼乱贪庚之道兴，久兴而不息，民之做之若性。戎夷胡貉巴越之民是以，虽有厚赏严罚弗能禁。"《吕氏春秋》提倡的这种礼义教化和功利赏罚两种手段相辅相成的做法应该说是兼儒、法两家之长，而开后世霸、王道并用之先河。

（四）本于治人

《吕氏春秋》一书的根本宗旨是一个"治"字。它全面吸收前人的社会治理思想，融会贯通诸子百家的观点，主张"治人先于治物，治物本于治人"的原则。《贵当》篇云："（治理天下）必由其道：治物者不于物，于人；治人者不于人，于君；治君者不于君，于天子；治天子者不于天子，于欲；治欲者不于欲，于性。性者，万物之本也。"治理天下万物，不应就事论事，不能单纯着眼于"物"，而应当着眼于"人"；而治"人"，又不能泛泛地着眼于平民百姓，而是要着眼于当政者，从官吏、国君追溯到"天子"，最终还是要从最高统治者"治"起。为完成"治人"这一序列，《吕氏春秋》提出如下方针：君主要"治其身"。《先己》篇曰："昔者先圣王成其身而天下成，治其身而天下治。故善响者不响于声，善影者不影于形，为天下者不于天下于身。诗曰：'淑人君子，其仪不忒，其仪不忒，正是四国。'"这是主张君主修身，认为只要君主品德高尚，则国家大治就唾手可得。这种理论是否可行还需视具体情况而定，但君主有良好的个人修养确实是德治实现的必要前提。大臣要"明职分"。"明职分"，就是确定各级管理人员的职权和身份，在书中又称"审分"或"定分"。如《审分》篇云："凡人主必审分，然后治可以至。王良之所以使马者，约审之以控其辔，而四马莫敢不尽力。有道之主，其所以使群臣者，亦有辔。其辔何如？正名审分是治之辔。"这是说各人要有明确的职责，并能切实地履行这些职责，这样国家的治理亦可顺利施行。这里将正名审分视为君主统治臣下的关键。从此中我们可以看出，《吕氏春秋》虽然主张君主无为，但囿于当时的时代，它并不敢明确地表示反对君权，相反，在有些时候，它还是会很尽心地提出一些为君御臣之道。

对百姓要"顺民心"。《吕氏春秋》受先秦诸子，特别是儒、墨、道、法各家的影响，有着强烈的民本主义倾向。书中大量篇章讲了顺民、爱民、忧民、便民的道理。如《顺民》篇云："故凡举事必先审民心，然后可举。"《爱类》篇则说："人主有能以民为务者，则天下归之矣。"这些我们在前面因民之欲中都已论及，此处不再重复。作为先秦政治文化的集大成者，《吕氏春秋》的民本思想不是抽象的概念公式，而是当时社会现实的强烈反映。

总而言之，要善于"用众"。《用众》篇中说："天下无粹白之狐，而有粹白之裘，取之众白也。夫取于众，此三皇五帝之所以大立功名也。凡君之所以立，出乎众也。立已定而舍其众，是得其末而失其本，得其末而失其本，不闻安居。故以众勇无畏乎孟贲矣，以众力无畏乎乌获矣，以众视无畏乎离娄矣，以众知无畏乎尧舜矣。夫以众者，此君人之大宝也。"善于利用众人的力量是君王成功的基础，也是其立于不败之地的保证。

十一、《吕氏春秋》的行用思想

在《吕氏春秋》看来，"知"是为了"行""用"。固然"行"与"用"很重要，"行"与"用"还是要"知"的指引，但所谓的"知"不只是停留在"知"的玄思层面，不是单纯为"知化""知其所以然"而"知"，而是要能预测到将来并能知其所以然的由来，而采用相应的措施，是整体参与的"知"。《吕氏春秋》认为要知"一"，并"执一"之道，行"执一"之事，"先王不能尽知，执一而万物治"，"执一者至贵也，至贵者无敌"，"王者执一，而为万物正"。《吕氏春秋》中的人与天、君与民的关系都以"阴阳相适"观念为准则。

（一）人与天

关于"天""人"的问题，是春秋战国时期诸子学说共同关心、争议纷呈的问题。《吕氏春秋》本着自己的宗旨和需要，兼取众长、自铸宏辞而论及天地、天地之道、天人关系和天命等问题。"天""人"关系之论乃是贯穿全书思想主旨的一个重要组成部分。论者一般认为天地的性状具有客观必然性，故大凡人事就必须以它为准则。有学者曾指出："《吕氏春秋》根据人与自然万物之间普遍存在的相互影响、相互作用的关系，提出自然万物对人类的影响和作用取决于人类的选择和努力，也就是以人类能否遵循自然规律为转移"。本节在前人研究的基础上进一步指出，《吕氏春秋》顺应自然"法天地"的思想的前提是人对天地之道的体认（如本论文第二章讨论的"阴阳观念""圜道观"等），自然万物对人类的影响和作用，还要取决于人类的认识与抉择。同时指出，在人的社会系统中，当人人万物各当其位、各得其宜时，则"天下治"。

1. 因天之为

关于"天"的问题，是春秋战国时期诸子学说共同关心、争议纷呈的问题，《吕氏春秋》本着自己的宗旨和需要，兼取众长，论及天地、天地之道、天人关系和天命等问题。"天""人"及其关系之论乃是贯穿全书思想主旨的一个重要组成部分和不可或缺的一环。

孔墨老庄认为，天或是人格化的上帝，或是有制约力的认识主宰，或是由道产生的意识中的虚无。《吕氏春秋》的天道观，在很大程度上受了荀子"天道自然"的影响，认为天是实实在在的由物质构成的自然，是自然之天。天同万物一样也是阴阳所化，有自然而然的性状，如它说"天固有衰嗛废伏，有盛盈坌息"，但是《吕氏春秋》并未持荀子几近"不求知天"的立场。在《吕氏春秋》看来，"凡生，非一气之化也；长，非一物之任也；成，非一形之功也"。人世与天道宇宙的历程是有机的相互关联而不可分割的，如它说："阴阳失次，四时易节，人民淫烁不固，禽兽胎消不殖，草木庳小不滋，五谷萎败不

成。”人不能忽略天的存在，要由天事而及人事，“法天地”是《吕氏春秋》的重要思想宗旨。

“法天地”需要先“知天”，而人只有在切实的历史现实中才能“知天”。“民无道知天，民以四时寒暑日月星辰之行知天，四时寒暑日月星辰之行当，则诸生有血气之类皆为得其处而安其产”，人是通过对自然四季气候的具体感受及四时对万物生存所发生的作用来把握“天”的。《吕氏春秋》认为历史和现实总是在特定的时间与空间运行的，清晰的时间意识和真切的空间意识是人经历和体悟历史的基点，人对天与天道的知，只有在人的整体参与中，在与宇宙、自然的交融或冲突中才能落在实处。人对天与天道的这种了解与体悟，不仅仅停留在“知”的层面，而且是人与天的联系与互动，也可以说人对天、对人自身的认识是一个逐步相互诠释与发展的过程。诚如陈师所说“自然条件与人文条件必须兼顾，而且不只是从静态地分别去观察，还要从二者的互动作用中去分析，更要从二者互动在现实历史发展的效果上去论释”。

天与天道，在《吕氏春秋》来看，最直接的表现就是“天时”。“天时”对人产生直接的影响与作用，它虽有相对的不确定性，但是在变中有“常”与“信”而资人信赖。而一切人事也皆应以“天时”的变化来进行，“譬之若寒暑之序，时至而事生之。圣人不能为时，而能以事适时”，人要“无逆天数”“必顺其时”，《吕氏春秋》的十二纪的《纪首》则至为显著。

《十二纪·纪首》从内容上看是吸收了《夏小正》《周书》的《周月》《时训》并加以整理，发展了邹衍的五德始终思想，把阴阳二气运行于四时之中，而将五行分别与四时相配合，建立起以阴阳五行为依据的时空统一、包罗万象的宇宙人生政治的特殊结构。在这个宇宙模式中，《吕氏春秋》从时间和空间解释自然现象，并进一步认为这些现象与人类的行为密切相关。十二纪纪首各篇通过对大自然四季春生夏长、秋收冬藏运行的“不易之道”的把握，与人的生命现象和成长内涵相比拟关联，从时空等多角度详细地记述、分析并规划了人所应有的作为。

生、长、收、藏是由阴阳变化引起并展现为春、夏、秋、冬四时不同的性质、作用，《吕氏春秋》依照此顺序安排人的生活、社会政治政令，人类行为都要顺应阴阳四时的变化。《吕氏春秋》十二纪分春夏秋冬四季，每季以孟仲季代表三个月，它记载了每月的时令和应办及不应办的事情，以及错行时令的不良后果。如要求天子每月在衣食住行等方面应遵守规定，要顺应时气进行郊庙祭礼、礼乐征伐、农事等活动，其行事制令要"无变天之道，无绝地之理，无乱人之纪"；并对不该做什么也做了规定，如孟春之月"不可以称兵"，因为"称兵必有天殃"；季夏之月"不可以兴土功，不可以合诸侯，不可以起兵动众，无举大事，以摇荡于气"。政令不能违背时令，如"孟春行夏令，则风雨不时，草木早槁，国乃有恐；行秋令，则民大疫，疾风暴雨数至，藜莠蓬蒿并兴；行冬令，则水潦为败，霜雪大挚，首种不入"。凡此种种，《吕氏春秋》认为只有"能以事适时"，人的行为与天的"不易之道"贯通合一，则"其功大"。适时者受益，背时者受损。寒暑之序的自然规律，不是人可以掌控的事情，对于不可改变的自然四时之规律，人需要对其规律地把握和顺应之，而不可以改变之或违反之。

因应季节的变化而调整人事的活动，顺天应时，是一种必须遵守的生活原则和政治节律。这是战国末期思想界的一个趋势，即寻求自然界的定律和法则，并把自然界的定律法则"顺之者昌，逆之者亡"的观念，应用于社会政治方面，并以成败、祸福之效应为价值标准，来树立外在权威，奠定有效的人群组织（社会、国家）。

《吕氏春秋》的天人思想或主张是继承了老、庄思想而强调法天地顺自然，或说是受阴阳五行思想的影响而强调天人感应。无论如何，《吕氏春秋》的天人关系之论并不是机械地采纳了众家的天人思想，而是对各种天人思想之说在继承与扬弃的基础上融合为一。《吕氏春秋》提出自然万物对人类的影响和作用取决于人类的选择和努力，也就是以人类能否遵循自然规律为转移。

但值得指出的是，《吕氏春秋》在自然与人为之间所采取的态度与作为，

还有赖于人对自然，亦即人对四季十二月的天文、历象、物候等自然现象的认识，《吕氏春秋》将这种认识进一步深化、上升为万物皆"本于太一"，"阴阳变化"的简易"至精"与"不易"。但尽管如此，人对天尚有许多不知、不能知之处。《吕氏春秋》认为天也应有其"情"，这种"情"是天固有的，如"衰嗛废伏，盛盈坌息"，天的这些性状，在《吕氏春秋》看来也有"以"、有"自"，究其原因，无外乎阴阳变化消长，同时人的影响与作用亦不能排除。

《吕氏春秋》认为人事能够影响天事（影响阴阳平衡），除了上引《孟春》所说的政令违背时令造成灾害以外，在《十二纪》其他每个纪首中，也都有因政令不适的人类行为改变天时的例子。人是自然中的一部分，如果不按照自然规律做事，也会造成自然界的混乱而产生异常现象，也会有"窒闭户牖，动天地，一室也"的效果。如《明理》篇认为，国家混乱，自然界就出现怪异现象，如风雨不适，阴阳失次，四时易节，日月星辰异态。《制乐》篇也举例说，文王

背城借一

立国八年卧病，国郊又发生地震，祸在人主，由于文王亟修善政，终于化凶为吉。《顺民》载，汤时，天大旱五年，汤以身祷于桑林，雨乃大至。《应同》引《商箴》云："天降灾布祥，并有其职。"即说人类的行为甚或可招致天降福祸。可见《吕氏春秋》认为灾变福祸与人事是否合乎相应的律则有着直接的关系，人事善恶等不同的作为是影响甚至改变天与自然的一个非常重要因素。

《吕氏春秋》根据人与自然万物之间普遍存在的相互影响、相互作用的关系，指出人"无变天之道"，一切人事皆应以"天时"的变化来进行，要"无逆天数，必顺其时"，但同时又认为人事反过来可以影响天时，这两方面看起来似乎是矛盾和抵牾的，但是这恰恰反映了《吕氏春秋》"阴阳相适"的观念。

2. 天时与人力

《吕氏春秋》认为，人类世界与自然世界是相互关联的。《序意》说："天曰顺，顺维生；地曰固，固维宁；人曰信，信维听。三者咸当，无为而行。"固然人相对于天而言是很卑微和渺小的（"天之处高而听卑"），但是只有天、地、人"三者咸当"，即当三者都处在应处的、合宜的状态时，整个宇宙系统才能自然而然地正常运行。

天时不可或缺，"圣人之所贵，唯时也"；同时人力不可不尽，不尽人力，则天时亦不可待，人事即尽，天地之自然世界就已在人事努力中。《慎人》就说："功名大立，天也。为是故，因不慎其人，不可。""天时"固然重要，但得"天时"而无"人"亦不可成。只有当"天"与"人"彼此契合时，则可"无为而行"，天、地、人三者缺一不可，如《吕氏春秋》说：

夫稼，为之者人也，生之者地也，养之者天也。（《审时》）

成者天也，养之者人也。（《有始》）

譬之若良农，辩土地之宜，谨耕耨之事，未必收也。然而收者，必此人也始，在于遇时雨。遇时雨，天地也，非良农所能为也。（《长功》）

从功利和效果来看，在天、地、人三者中，天时也是一个非常关键的因素和前提，"人虽智而不遇时无功"的例子很多。天时地利可遇可待而不可求，不是人力所能左右和控制的。但人能把握的是天、地、人三者之中的"人"，即便是当"势不便，时不利"的时候，人还可以退而求往，甚至可以"事雠以求存"而等待时机，"必待（时）合而后行"。

人乃是天地之间阴阳辩证过程中最高的生命形式，人虽是自然的一部分，但又不同于自然，人类社会在宇宙万物之中是一个特殊的领域，与自然界的其他万物有着本质的不同。人类非但具有实践和改造作用外，还具有自我意识、自我选择的相对独立之处，人能思考并能理性地作为。法天地顺自然虽然是《吕氏春秋》的思想主旨，但是《吕氏春秋》显然区分了外部自然与人之间不同的特点与规律。人不仅可以调节自己的思想行为以适应外界的需要，而且还能够认识外界、改造外界，并使之符合自己的需要。人在天、地、人三极中有着特殊的功能和地位，在世界缤纷复杂多变的过程中，有些可能必须由人来做主。

> 非其人而欲有功，譬之若夏至之日而欲夜之长也，射鱼指天而欲发之当也。舜、禹犹若困。而况俗主乎？（《知度》）

人不啻为天地万物的中心，没有人，一切都是枉然。一方面人是在切实的历史现实中认识天及天道，同时无论天道如何，人最终只能回复到人的现实中，以人为中心而追求人的归宿。

《吕氏春秋》尤为注重"知时"的意义，认为"事之难易，不在小大，务在知时"，即便是后稷的播种也要在春天，如果在冬天冰冻的时候播种，便只会是徒劳无功了。《吕氏春秋》《应同》篇说"水气至而不知，数备，将徙于土"，如果不"知时"，也就意味着"失时"。可以看出，《吕氏春秋》认为自然与"天时"在历史发展中的作用并不是绝对的，人是否可以"知"以及是否能充分把握住时机，至为关键。

人还要不失时机地进行自身的塑造以成就功业，因为对人类认知理性和行为的信心，使《吕氏春秋》在向外追求功利时，知"外物不可必"，首要之务是"必在己"。人对人自身的把握，除了"知时"之"知"之外，还要"用"时，既要"知时"还要"得时"，因为"天不再与，时不久留"人无"天时"不易成。尽管自然之运行循环往复有其自然之道，人无力干涉，人事的成功又必须依赖天时、时机，但是人有认知天时以及有效把握和利用天时的能力：

> 圣人不能为时，而能以事适时，事适于时者其功大。（《召类》）

> 无失民时……利器皆时至而作，渴时而止。是以老弱之力可尽起，其用日半，其功可使倍。不知事者，时未至而逆之，时既往而慕之，当时而薄之，使其民而郄之。（《任地》）

这无非是说，人要尽人力，既要"知时"，又不能"失时"，"天时"失之即杳，时机瞬息万变。凡"有功"必须要"得时"。故而《吕氏春秋》说："圣人之于事，似缓而急，似迟而速，以待时。"

人在天地自然间有着"天"（天时）、"自然"不可取代的作用。细观《吕氏春秋》中所援引的大多事例也可以知道，《吕氏春秋》认为治乱存亡的关键大抵还是归因于人事作为的结果。因为认识到自然界的运行不是人力可以干涉的，因此既要顺应自然、配合天时，又要在人力可及的范围内尽人事。

如在十二纪中，虽然人的一切活动是要依照自然的四时五行的规则从事，但也是人不同于自然的一种自我认知性的选择，也正是由于人的理性的选择而合乎天、地、人"三者兼当"之则，才使人的生存空间与自然全面和谐与平衡得以保障。

是月也，日长至，阴阳争，死生分。君子斋戒，处必揜，身欲静无躁，止声色，无或进，薄滋味，无致和，退嗜欲，定心气，百官静，事无刑，以定晏阴之所成。（《仲夏》）

是月也，日短至，阴阳争，诸生荡。君子斋戒，处必弇，身欲宁，去声色，禁嗜欲，安形性，事欲静，以待阴阳之所定。（《仲冬》）

人要待时、俟时而采取相应的作为。夏至之日阳气盛至于极，自夏至后，日渐短，夜渐长，微阴由此暗滋，生命旺畅已达到最高度，而收缩死亡之运亦随之而起，人生到此境界，不能因生机旺畅而自骄恣纵，而应当身定心静，安而后虑，谨退"嗜欲"，必有所得。《仲冬》也是说在冬至日，阴阳相争，当长者不能再长，消者不能再消，长者始消，消者始长，则变，而变则通。

自然界阳极阴生，阴极阳生。"始生之者，天也；养成之者，人也"，人要做到养育生命，就是要"瞻非适而以之适者也"。省察（认知）并避免极端或过犹不及等诸多不适，不以眼前一时自限，而贵以能贯通之于时时，观其会通而调整，知其变而变，从而使身心得以"久处其适"。这样就能达到与天地相感通，"则生长矣"。人事若"侈欲无穷"而"不返"，则会"失其天"，"失其天"则不生，劝诫人事勿求极，要克制过度的欲望，止于当止之处。

天之道与人之道、自然界的法则与人类社会相呼应，天之道可以贯穿于人类生活的各个方面。"行"适之理并不纯然是人道，而是与天地自然阴阳之宜密切相关。四时变化不是人为所能控制，那么便必须要在适当的时令有适当的配合行为，而整个《吕氏春秋》的十二纪，便可说是在顺应天地阴阳之宜观念下的产物，十二月纪是对天道的推求，而且也以规范条例的形式出现。

如以《仲夏纪·仲夏》为例，其云：是月也，无用火南方，可以居高明，可以远眺望，可以登山陵，可以处台榭。又如《孟春纪·孟春》"无聚大众，无置城郭，掩骼霾髊"。高注云："掩霾者，覆藏之也，顺木德尚仁恩也。"又《孟秋》（《仲秋》《季秋》同）曰："其器廉以深"。高注："廉，利也"。陈奇猷说，象金断割；深，象阴闭藏。这些时令的配合并不是出于人类的自己假定或构思的自由行为，而且连动物也在不同时令有着不同的表现。比如在季夏时，由于接近秋天，所以"鹰乃学习"。高注云："秋节将至，故鹰顺杀气自习肆，为将博鸷也"。如果人不知顺时而为，那么人真是不如物了。

对于仲夏要登高台，陈奇猷曾指出《重己》有云："台高则多阳。"首先，仲夏之月阳气始衰，阴气始发。阳气既已减损，故登高眺远，可以收阳气也。《吕氏春秋》所说的阴阳二气，并不是只在某一个时节才出现，因此陈奇猷所言"阳气始衰，阴气始发"，并非代表某一季节的天气完全是由某一种气所主导，而是阴阳二气互为消长的情形不同所造成。其次，由于阴阳二气平时就存在于人类的生存空间中，所以不仅是时令，在人的起居住所上也要考虑阴阳对人体的作用，需要注意"室大则多阴，台高则多阳"的建筑原则，以取得最适于人体居住的环境。再次，这种对阴阳之道的体认，使《吕氏春秋》推展出在生活中顺时令行适的必然性，因此适欲也是效法阴阳相适之道而来。

五味也是如此，因为五味在《十二纪》下分别配属五行，人类的饮食五味调和而不过度是人体获得阴阳平衡的来源之一：

凡食，无强厚味，无以烈味重酒，是以谓之疾首。食能以时，身必无灾。凡食之道，无饥无饱，是之谓五藏之葆。口必甘味，和精端容，将之以神气，百节虞欢，咸进受气。饮必小咽，端直无戾。（《尽数》）

人的饮食必须顺五味调和以获得身体的阴阳平衡，则"身必无灾"，否则会造成人身体阴阳不平衡，而损伤人的身体。

人要让自己处于顺乎天地万物的状态，是要求人们能静观事物的变化，以静制动，以不变应万变，而不是轻举妄动或逆天而行。人能够审时度势，这就是对种种外在的环境与条件有深刻的洞察，并进而做出及时而正确的判断，是通过观察而取法自然，经知性而上升到理性，而对现实状况的体认。一方面不能随心所欲，另一方面又是尽力而为，顺应自然、配合天时而尽力而为，即是知时而又不失时。以此建构人生行事及治国的基础，人也就将"人所经验到的时间"（人文历史）和"超越人的经验之外的时间"（天时、天道、天）二者之间的关系，做出了合理可行的协调（"天人之际"），从而达到天、地、人"三者咸当"的境地。

故而《尽数》说："天生阴阳、寒暑、燥湿、四时之化、万物之变，莫不为利，莫不为害。圣人察阴阳之宜，辨万物之利以便生，故精神安乎形，而年寿得长焉。长也者，非短而续之也，毕其数也。毕数之务，在乎去害。"自然万物对人而言，有利也有害，或者说没有绝对的利与害，而人认知的关键在于能够辨明其间的微妙以达到"生长"的目的。也即是说，从"便生"的目的出发，作为判断天下自然万物是利是害的标准，进而遵循有利于生命的自然之理，才是《吕氏春秋》顺天应时思想的真意。

《序意》中所谓"三者咸当"的天人关系，归根结底，有赖于人对自然、亦即人在自然中的定位的认识并取决于人类的选择和努力。究其原因是因为人并非由于天的驱策，而是根据其内在的需要，对现实中的事、情、势做出合理的判断，选择合理的作为，既不"逆天而行"，要在自然环境中避免冲突而达致和谐，同时又要采取适宜的努力与作为。这也是《执一》所说的"变化应来而皆有章，因性任物而莫不宜当"，因应万物变化往来而从容行事，则会心想事成。这是《吕氏春秋》的天人相适的思想。无论《吕氏春秋》或认为天是人格化的上帝，或认为是有制约力的认识主宰，或认为是由道产生的意识中的虚无，都无碍于《吕氏春秋》对人的相对于天的作用的肯定。

《吕氏春秋》在强调贵在"天时"的同时，又强调谋事在人，竭尽人之所能为"人事则尽之矣"，要天时与人力配合才能成就大业。诚如陈师所说，中国的"人本"只是一种立场，而不是一个"排他的范畴"。由于人的世界是由"人所知"，"人所知之尽头"，"人之所不知"所界定规限的，因此，人不能仅凭其所知，就其所知（包括科学真理），毫无顾虑地、极端自我地去行事。也正如陈师所指出的，这是钱穆先生特别一再强调的立场："中国人一面高抬人文来与天然并立，但一面却主张'天人合一'，仍要双方调和融通，即不让自然来吞灭人文，也不想用人文来战胜自然"。

3."反诸己"

《吕氏春秋·论人》篇认为"反诸己"是君主衡量、识别人的最好的方法，也是"得一"的一个途径，同时《吕氏春秋》认为"反诸己"可以达到"天全"的境地：

> 何谓反诸已也？适耳目，节嗜欲，释智谋，去巧故。而游意乎无穷之次，事心乎自然之涂。若此则无以害其天矣。无以害其天则知精，知精则知神，知神之谓得一。（《论人》）

所谓"反诸己"就是向自身求得，让自己顺乎自然天性。天怅与生命正如四季之天地自然一样，都是由"太一"派生出来，阴阳化育而成，受阴阳率则支配。《吕氏春秋》认为，"反诸己"则"无以害其天"，即是复归自然而然的天性，无害其"天"便可以达到"天全"的境地，这样便可知"精"知"神"，而能得"一"。这和前文所论的"通性命之情"而知"一"的进路是相同的，但"反诸己"更加注重和强调自身。

《吕氏春秋》把"反诸己"作为人的可行的思考方式和行为实践的起点，从而达到"天全"的境界，也是知人、知"一"的一个捷径。《先己》也称：

> 故欲胜人者，必先自胜；欲论人者，必先自论；欲知人者，必先自知。（《先己》）

天地万物，包括人与己，都是由"太一"派生出来的，人的价值原来内在于

己，而其来源于道。人的行为离不开人的认知和经验，基于"万物之情一体"和"一人之身"的"大同"的类推，"自我"成为认识和实践的基础。

但《吕氏春秋》强调"必在己""反诸己"，并不意味着局囿于人（己）的狭隘，以自己为轴心，只把眼光局限于"己"的领域，而不知、没有向外的祈向和超越。它在《论人》中所说的"适耳目，节嗜欲，释智谋，去巧故，而游意乎无穷之次，事心乎自然之涂"就包含了向外、向自然的祈向。

同时"反诸己"之"反"，也表明是基于对天地阴阳律则的认识和对外在的体认，而"返"于人自身，它认为这样"则无以害其天矣"，这是自知、自主的选择和采取相应的作为，而并非仅仅局限于人自身。否则，"遂而不返，制乎嗜欲；制乎嗜欲无穷，则必失其天矣"，就是说如果听任自我对欲望的奢求而无所顾忌，就不是因顺自然的本性了。

"天"之"全"在一定程度上是至圣完美的，因为天生万物，万物各得其宜，就是天道自然。"反诸己"是对人本身内里之"情"和外在之"势"（包括对理和道的体认）的分析，而再经由人的"适""节""释""去"，把一些有"害其天"的，有碍于完美的人为行径驱除，"无以害其天"之自然。人的行为目的在于"全生"，是以"全德"（"全得"）为前提，把外在的"天全"作为理想和标准，并兼顾主体自身的一种向外的"天全"祈向：

> 故圣人之制万物也，以全其天也。天全，则神和矣，目明矣，耳聪矣，鼻臭矣，口敏矣，三百六十节皆通利矣。若此人者，不言而信，不谋而当，不虑而得；精通乎天地，神覆乎宇宙；其于物无不受也，无不裹也，若天地然；上为天子而不骄，下为匹夫而不惛。此之谓全德之人。（《本生》）

一方面外在的"天全"是人的理想境界，同时"始生之者，天也"。人作为天地阴阳所化，人的本源、本性也是"天"，是生就如此的，自然而然的。"全天"就是要人的本源、本性勿失，也就是《尊师》篇里所说的"达天性"，是以"全性"就是"全天"。

由于以"天全"为理想，以"若天地然"为祈向，作为人则可以在社会的应对中也游刃有余，无不通达。"反诸己"也并不是要人清心寡欲，摒弃人的一切欲望，而是"适耳目，节嗜欲，释智谋，去巧故"，是对"天全"的追求。如《吕氏春秋》认为"全生"（"六欲皆得其宜"）是人生的最高境界，顺从人自然的天性"有欲"（人有欲望是其"情"，是天生如此，或说是"天全"），是无可厚非的，无欲无求与死人无异，但顺从人自然的天性"有欲"并不等于"任意而为"。

《吕氏春秋》以"全生"即"六欲皆得其宜"为生命价值和意义的最高追求，即是要"适欲"、节欲，体察自身与外界的内外情势，使其"欲""皆得其宜"，这是试图通过人的反思和实践而达到"全其天"（"无以害其天"）的"游意乎无穷之次，事心乎自然之涂"的自由境界。

《吕氏春秋》所说的"反诸己"涉及"知""行"两方面。是观其会通后而付诸如何"行"，是一种对人本身的超越，视外在环境情势而行的内外之宜。人有先天生就的"天全"之性，从人对外物的体认，返回到人自身的省察，再回到、并融入外在的世界，这是以"天全"为祈向，自觉地把自己的一切追求融入外界、社会中去，从而实现我与外在世界、我与社会、我与天地的同一。人对人自身的认识和对外物的认识可以说是逐步相互诠释与发展的过程。如果说在认知、思维理念上的超越，仍旧只是形式上的超越，那么在实际操作中的权变，权衡内外等关系，可以称之为真正的超越。

4. 人人万物各得其宜则"天下平"

《吕氏春秋》肯定人是由天所生，"始生之者，天也"，"凡人物者阴阳之化也。阴阳者，造乎天而成者也"，人物者，受造于天，阴阳之化，故应遵循阴阳之道。

《大乐》篇说阴阳的化育规律是"一上一下"，其运行如"天地车轮，终则复始，极则复返"。这种"一上一下""一消一息"的律则，人与万物的生、长、消、亡也都受其支配与影响，并不因人、物之不同或其生、长、消、亡的过程之不同而变化。

天本有衰微、亏缺、毁弃、隐伏，有兴盛、盈余、聚积、生息，而阴阳化育的人与物，其变化和发展自然也呈这种消长盈缺：有困顿、窘迫、贫穷、匮乏，也有充足、富裕、显贵、成功。《知分》明示天各种各样的表象是阴阳矛盾冲突、调和的结果，是天地自然的规律和势必如此的趋向，同样人、物与事也因阴阳变化的不同而有各种具体的表象和情况，从而呈现出错综复杂的人生事物百态之现象。《执一》也说："天地阴阳不革，而成万物不同。"又《有始》曰：

天地有始，天微以成，地塞以形，天地合和，生之大经也，以寒暑日月昼夜知之，以殊形殊能异宜说之。夫物合而成，离而生。知合知成，知离知生，则天地平矣。平也者，皆当察其情，处其形……天地万物，一人之身也，此之谓大同。众耳目鼻口也，众五谷寒暑也，此之谓众异。则万物备也。天斟万物，圣人览焉，以观其类。（《有始》）

阴阳相互作用而生化万物，包括日月、寒暑、昼夜这些不一定具有形体的天象，并使之各自获得生命与特性、能力。万事万物缤纷百态，似乎是无常和变动的，但这只是表象不同，其生、长、消、亡都受阴阳变化消长率则的支配与影响，此乃"大同"；而阴阳生成的人与万物各异，"殊形殊能异宜"，"或暑或寒，或短或长，或柔或刚"，这叫作"众异"。

一方面人要从"众异"中知"大同"，从"离""合"之变中知"天常"，所谓察览"阴阳之宜""以便生"，"平也者，皆当察其情，处其形"，圣人察览天地自然万物，并借由其察览而观其类，知"天常"。另一方面，阴阳变化消长，离合往复，它既保证生也保留衰甚或消亡，但在这周行不止的行进过程中，在形态上的变化或"合"或"离"，"合"是成（生），"离"也是成（生），"知合知成，知离知生"。也就是说，只要是阴阳之宜，都是"成"、都是"生"。

所谓"殊类殊形""殊形殊能异宜"，本于"太一"（"道"），是人世社会的必然常态。同时，因天然的特性不同，故而"不能相为"，即《仲秋》所云：

"凡举事无逆天数，必顺其时，乃因其类。"类指的就是物类，要因顺其事类不干逆。

在万物各当其位、各得其宜时，各物依照其"异"（阴阳之宜）而各得其所，就是"众异"当位而各得其"宜"，在《吕氏春秋》看来，这就是"天地平矣"的合和，也即"天下平"。

治世要达到的最终目的就是"平"，即天下万事万物皆有秩序，并且依照各自的秩序运行，这样就能够像天地一样长久。因此《吕氏春秋》在《处方》中说：

> 凡为治必先定分：君臣父子夫妇。君臣父子夫妇六者当位，则下不逾节而上不苟为矣，少不悍辟而长不简慢矣。金木异任，水火殊事，阴阳不同，其为民利一也。故异所以安同也，同所以危异也。同异之分，贵贱之别，长少之义，此先王之所慎，而治乱之纪也。（《处方》）

旨在强调正名审分对"天下平"的意义，无论君臣、父子或夫妇应该"以其出为之入，以其言为之名，取其实以责其名"，各自明确自己的责任、权利和义务，把握自己的本分，分清什么事该做、什么事不该做。这样，君、臣、父、子、夫、妇各自当位、各尽其责，则天下有序，便会长治久安。否则就会像《壹行》所说的那样，当"君臣父子兄弟朋友夫妻"无序、没有界限，那么天下就会大乱："十际皆败，乱莫大焉。凡人伦，以十际为安者也，释十际则与麋鹿虎狼无以异，多勇者则为制耳矣。"

《吕氏春秋》以法天地为宗旨，把天地运行周行不止的"圜道"以及通行"不阻"作为人事效法的依据，人之道要法天之道，人类社会组织要仿效自然法则。《圜道》说："物殊类殊形，皆有分职，不能相为，故曰地道方。"也就是上文所论的要人人、物物、事事各依照其异而各得其所，各得其宜，要人通—九窍通、事通—"贵因"适宜、国通—"平"（治、有秩序）。这样在它们所构成的人世社会系统中，就会像"圜道"那样，循环往复，周行不已，也就能长治久安。

在人的社会系统中人与人、人与国之间彼此既有联系也有影响，个人受整体（国）的决定，也对总体发生作用与影响。在这个系统中当人、事、物各得其宜，和天地自然世界中"天、地、人""三者咸当"一样，"无所稽留""通"而"不阻"则可得以长久。"圜道"因"不阻"可循环往复，在人的社会系统中也是如此，如果有"壅"或"不通"的地方，则整个系统都会受到影响。如果在人的社会系统中，可以仿效"圜道"那样"通"而"不阻""无所壅"，那么就会像天地一样长久不衰：

圣王法之，以令其性，以定其正，以出号令。令出于主口，官职受而行之，日夜不休，宣通下究，澡于民心，遂于四方，还周复归，至于主所。

令圜，则可不可，善不善，无所壅矣。无所壅者，主道通也。故令者，人主之所以为命也，贤不肖、安危之所定也。（《圜道》）

《吕氏春秋》认为变化或变动是事物的一个属性，事物也因变化或变动才会"不阻"与"通"，"不阻"与"通"蕴意着阴阳相合、相适。如它认为阴阳化成"精气之集"的万物，"精气之集也，必有入也。集于羽鸟，与为飞扬；集于走兽，与为流行；集于珠玉，与为精朗；集于树木，与为茂长；集于圣人，与为夐明。精气之来也，因轻而扬之，因走而行之，因美而良之，因长而养之，因智而明之"。精气是流动的，"精行四时"，"精气一上一下"，而精气之所以流动是因为阴阳变化，阴阳化成"精气之集"的万事万物也处于生生死死，循环往复的变动之中；绝对不动不变的事物是没有的，如果不动，也就死亡了。事物因变动的缘故而"流水不腐，户枢不蠹"。

对于人而言"人之窍九，一有所居则八虚，八虚甚久则身毙"，有任何一个部位"有所居"则不通，不畅达则有郁滞，就要生病，"郁处头则为肿、为风，处耳则为挶、为聋，处目则为蔑、为盲，处鼻则为鼽、为窒，处腹则为张、为疛，处足则为痿、为蹶"。造成人身体"有所居"的原因在于阴阳不适，而使人的周身气机发生阻碍，所以《吕氏春秋》认为人若能"三百六十节皆通利"就可以成为"全德之人"从而能达到"全其天"的境界。

　　人一方面是社会系统中的因子，同时人的身体也是人了解世界万物的一个简捷的途径，《吕氏春秋》认为"治身与治国，一理之术"。人体正常的生理状态是"肌肤""比"，"血脉""通"，"筋骨""固"，"心志""和"，"精气""行"，任何部分都得其"宜"，否则人的周身气机就会发生阻碍而致病。同样，在人的社会系统中，"国郁"也会使国家社会面临灾祸而不能长享国祚：

　　凡人三百六十节，九窍、五藏、六府。肌肤欲其比也，血脉欲其通也，筋骨欲其固也，心志欲其和也，精气欲其行也。若此则病无所居，而恶无由生矣。病之留、恶之生也，精气郁也。故水郁则为污，树郁则为蠹，草郁则为蒉。国亦有郁。主德不通，民欲不达，此国之郁也。国郁处久，则百恶并起，而万灾丛至矣。（《达郁》）

从流水不腐，户枢不蠹的事物现象到人的精神身体，从自然界的草木到国家的政治都要像"圜道"一样畅通不阻，如此才能生生不息、兴旺发达，否则会衰枯死灭，都是"郁之败也"。

（二）"君"与"民"

　　《吕氏春秋》中集中讨论民与君问题的篇章，有《离俗览》之《上德》《用民》《适威》《为欲》等。

　　以功利、效果论是非是《吕氏春秋》的时代特征。从实用角度而言，可用、可达到目的是至为重要的。《吕氏春秋》以"利"作为"顺说"的切入点，"因"君主（包括秦王政）治国与天下之需以达到论说的目的。如果说道德或"义"是弱者的武器，《吕氏春秋》"法天地"的主张，虽然有借天之势的可能，也有为谋求长久之利而法天地至公的不衰之道的初衷，故而不能因此而否定《吕氏春秋》对"至道"的诉求，如《慎势》就说："周鼎著象，为其理之通也。理通，君道也。"

　　从政治的目的来看，政治可以分成两大类，一类是为民而政治，一类是为统治者而政治。《吕氏春秋》的论说对象是秦王政，"为统治者而政治"（君主

之"利"，包括"贵生"）可能也只是浮在表面的皮相。从《吕氏春秋》全文所达成的言说结果（《吕氏春秋》本身的后果、效果；对秦王政的影响另当别论）来看，虽然"为民而政治"（"公"）不啻为高调的标榜，但从合乎天地之"道"的意义上来说（不排除其借天之势的手段），又不啻为一长久之国治身安的手段。正是如此，《吕氏春秋》达成了目的与手段的统一，利民与利君合二为一；《吕氏春秋》对"道"的体悟及其意义价值也基于对现实功利效果（长治久安）的肯定与追求，《吕氏春秋》要在理想之道与现实之势间达到最大程度的协调与平衡。

《吕氏春秋》对君道的主张不是超越理性的"道在无身"，尽管《吕氏春秋》主张"贵因"（无形），但并不是"然不然，可不可，非不非"的无是无非（这从《吕氏春秋》阐释君主的起源可以看出），也不是固化在某"术"或某"法"之中，而是以国寿身安的长远利益为根本目的，不排斥"正名""审分""任数""尚法""用贤"等具体方法。概括地说，《吕氏春秋》所主张的君道是：不知道为知道；以无当为当，无得为得；用非其有，如己有之；无为而无不为；利而勿利。

1. 利君与利民

在《吕氏春秋》看来"君"是一个特殊的"个体"，除了前章所论君主要"大立功名与安国免身"兼而有之之外，这个特殊"个体"的"私利"既是君主个人的利益也是整体国家的利益；既是为"我"，也是为"国"（"君民"）；"个人"的"生""久"有赖于"国"（"君民"）的长久，"国"（"君民"）的长治久安也有赖于君主个人的作为。"大小相恃"之论对于"君"而言有着更为特殊和现实的意义，这也是《吕氏春秋》的阴阳观念在政治现实中的具体体现。

"君"以"国"为前提。所谓"国"要有"地"与"民"，同时还要"得其地能处之，得其民能使之"。"地"可控、可统治为有益，"民"之可用可使方是真正的"民"，如果"得其地不能处，得其民不得使"，"国虽大，民虽众，何益？"《用民》也称："不得所以用之，国虽大，势虽便，卒虽众，何益？古者多有天下而亡者矣，其民不为用也。"而民之所以可用在于顺乎民心，《吕氏春秋》认为"不达乎人心，位虽尊，何益于安也？"

《吕氏春秋》所说"天下，非一人之天下也，天下之天下也"，是它既认识到民对于国（君）的重要性，同时也认为君主的利益是通过"使民"的途径实现的，君主利益的最大化与"用民"的方法或手段息息相关。

立君为民，为天下治天下，利天下而弗利的思想，在当时可能是一种颇有影响的思想，《左传》所记郱文公、法家的商鞅，都持有此种思想。《吕氏春秋》认为立君为"利"，是为"群利"。基于"大小相恃"之论，《吕氏春秋》认为：

> 自上世以来，天下亡国多矣，而君道不废者，天下之利也。故废其非君，而立其行君道者。君道何如？利而物利章。（《恃君》）

在孟子时代，君主官吏可能营私牟利的居多，这种为利主义与利民主义绝对相反，从对《吕氏春秋》的研究分析来看，它既非"利民主义"（利民），也不是"为利主义"（利君），也就是说《吕氏春秋》既非纯粹为民而政治，也不是全然为统治者（"君"）而政治，而是为"君民"而政治，因为"君民"才能称其为"国"。

《吕氏春秋》并不忌言君"利己"，"利"不是一个贬义词，人逐利有欲是"人之情"，是天赋秉性，是合情合理的，"君"也不例外。相反，人若不爱己不爱私利是不正常的，背后一定有隐情或不可告人的目的。如《知接》中病重中的管仲告诫齐桓公远离易牙、竖刀、卫公子启方等人，齐桓公却认为"易牙烹子飨我""竖刀自宫以近寡人""卫公子启方事寡人十五年矣，其父死而不哭"，这样舍弃自己私利而全然为君的人，不应该再怀疑，而管仲则奉劝齐桓公，这些人正是因为他们表面上不顾及自身利益的行为，恰恰是违背人情、违反常道的，一定是佞臣，他们的目的无非是以违背人情与故弄玄虚的行为，来赢取齐桓公的欢心与信任。齐桓公并未采纳管仲之言，而最终酿成死后"（尸）

虫流出于户""三月不葬"的惨剧。

人爱己、追逐私利，是"人之情"，君作为人，就其根本动机而言，如何保持君的利益及并使其久同样是合情合理的。《吕氏春秋》所说"不达乎人心，位虽尊，何益于安也?"也表明《吕氏春秋》是以君国之"安"为出发点，但是《吕氏春秋》主张君道要"利而勿利"。如《恃君》说："君道何如? 利而物利章。"《贵公》举例说：

伯禽将行，请所以治鲁。周公曰："利而勿利也。"（《贵公》）

从为"君"（或"官长"）的角度来讲，丝毫不顾及自己的利益显然与普遍的人性相违背，因为无论"官长"或"君"也是人。让每一人"视人如己"（《墨子·兼爱》），未免苛责，但是如果从人人为己的"性命之情"出发，从大小相恃，没有"大"（公）则没有"小"（私）立意，那么就可以使人接受"视人如己"或"贵公"的主张。周公说"利而勿利"正是因为考虑到伯禽作为"人"难免有为自己牟私利的本性，但是作为"长""治鲁"就必须把利"鲁"（"公"）放在首位，而放弃自己的私利，要舍小我之私以大我之公为念。《吕氏春秋》主张"必先公"，"定贱小在于贵大"。无论从"君"（或"官长"）出于利群的起源，还是从长远的角度来说，有国（"先公"）方能有"君"（或"官长"）之"私"的可能。"鲁得以治"则有伯禽之官，鲁不治则无伯禽之位。"凡官者，以治为任，以乱为罪"，只有国之"治""平"，君、官才能安居其位，国之"治""平"是利于"君"（或"官长"）自身的。所以与其说"利而勿利"是"君"（或"官长"）的天赋责任，不如说这是"势"使然，是为"君"（或"官长"）者不得不如此的权衡与选择。

由此可见，《吕氏春秋》所主张的"利而勿利"并不是不要"利"，而是要审视所谓的"利"是什么样的"利"，是不是可以称其为"利"。通常情况下，私与公的对立是主导人们行为的理念，人也常常为了私利而不惜牺牲整体和长远的利益，但在《吕氏春秋》看来"先公"（"为民"）方能有"私"，要"公"才能得天下，不"公"不仅会失掉天下，还会丧失自身的利益。

2. "立君" 源出于 "利民"

《吕氏春秋》也从 "利" 的角度来看待 "君" 产生的社会起源。《吕氏春秋》认为立君为 "利"，是为 "群利"，"立君" 源出于利民。《恃君》称：

凡人之性，爪牙不足以自守卫，肌肤不足以捍寒暑，筋骨不足以从利辟害，勇敢不足以却猛禁悍。然且犹裁万物，制禽兽，服狡虫，寒暑燥湿弗能害，不唯先有其备，而以群聚邪！群之可聚也，相与利之也。利之出于群也，君道立也。故君道立则利出于群，而人备可完矣。

少者使长，长者畏壮，有力者贤，暴傲者尊，日夜相残，无时休息，以尽其类。圣人深见此患也，故为天下长虑，莫如置天子也；为一国长虑，莫如置君也。置君非以阿君也，置天子非以阿天子也，置官长非以阿官长也。德衰世乱，然后天子利天下，国君利国，官长利官。此国所以递兴递废也，乱难之所以时作也。（《恃君》）

首先，人天生体魄力量远不如凶禽猛兽，但是人有一个最有利的条件便是 "群之可聚"。人类不同于动物的地方就在于人可以有意识地结成有组织的群体，"利出于群"，"而人备可完"，充分发挥人的群策群力的作用，就能 "裁万物，制禽兽，服狡虫，寒暑燥湿弗能害"，就能共同抵御侵害，维系人生。不过，要真正充分发挥 "出于群" 的作用，社会就得有组织，也就是要 "置天子" "置君" "置官长"，这样才能建立完备的规范和制度并付诸实施。君的出现就是为了要使民摆脱无君无序状态的处境，君是民实现 "出于群" 的 "利" 的工具。《吕氏春秋》所说 "天下，非一人之天下也，天下之天下也"，在一定程度上也是从 "君" 的产生与起源的角度而言。《慎势》称："周鼎著象，为其理之通也。理通，君道也。" 所谓的 "理通" 也阐明了《吕氏春秋》的立君为群利的立场。

在 "昔太古尝无君" 的时代，"其民聚生群处，知母不知父，无亲戚兄弟夫妻男女之别，无上下长幼之道，无进退揖让之礼，无衣服履带宫室畜积之便，无器械舟车城郭险阻之备"，"少者使长，长者畏壮，有力者贤，暴傲者尊"，社会混乱无序，"日夜相残，无时休息"，武力相争"不可禁，不可止"。加之民为利而争的天性，为求利，可以履险涉深，犯危行难，有的甚至在求利时无所不用其极，虽至亲至谊亦可能置之不顾，"民之于利也，犯流矢，蹈白刃，涉血抽肝以求之。野人之无闻者，忍亲戚、兄弟、知交以求利。"并且"胜者用事"成为争的规则，胜者为长，长之长为君，君之君为天子。而天子、君、长之立则在一定程度上可以平抑争，制止乱，而使天下有序。《吕氏春秋》认为"乱莫大于无天子。无天子，则强者胜弱，众者暴寡，以兵相残，不得休息。"立君可以避免"少者使长，长者畏壮，有力者贤，暴傲者尊，日夜相残，无时休息"的祸患。

所以《吕氏春秋》说："自上世以来，天下亡国多矣，而君道不废者，天下之利也。"因此"君"（或"天子"或"官长"）致力于利民，使民有"出于群"之"利"，使民的生活有序是其根本的职责。立"天子""君""官长"并不是为了"阿"他们，让他们以天下为谋一己之利的，而是要他们"利天下"的。故而《去私》主张"诛暴而不私，以封天下之贤者，故可以为王伯。若使王伯之君，诛暴而私之，则亦不可以为王伯矣"。在历史上"国所以递兴递废也，乱难之所以时作"就是因为"天子利天下，国君利国，官长利官"，他们争相取利于天下、国和官的缘故。

君源出于利民，君以利民为目的，同时因应民需民欲、利民养民又是效法天地、合于天道之为。《本生》篇说："始生之者，天也；养成之者，人也。能养天之所生而勿撄之谓天子。"能养护天生万物中"生"（民）而使其能够"全其天"则可以称为"天子"，"天子"的天赋使命就是养成天之所生。群生俱出于天，故天泛爱群生，负有养生之责的天子，因此也应该兼爱群生，法天地之无私：

阴阳之和，不长一类；甘露时雨，不私一物；万民之主，不阿一人。（《贵公》）

天无私覆也，地无私载也，日月无私烛也，四时无私行也，行其德而万物

得遂长焉。（《去私》）

天地阴阳、四时雨露，无有私心、无有偏爱，故能生、长万物。人类是万物之一，虽与花草树木、飞禽走兽一同存在于天地之中，然而人类具有理性，与其他动植物并不一样，当体察天地无私覆私载的道理并进而效法之，"执民命"的人主更是身兼此重任。

"圣王通士不出于利民者无有"，"上世之王者众矣，而事皆不同，其当世之急，忧民之利，除民之害同"，《贵公》说得更是明确："有得天下者众矣，其得之以公，其失之必以偏。凡主之立也，生于公。"并引《鸿范》曰："无偏无党，王道荡荡。无偏无颇，遵王之义。无或作好，遵王之道。无或作恶，遵王之路。"即是说君主要戒之以私，君为群利而设，为公、为民则得天下。《用众》称："凡君之所以立，出乎众也。立已定而舍其众，是得其末而失其本。得其末而失其本，不闻安居。"如果君主不为民谋利，也就从根本上动摇了自己的地位，当然不会有自己的"身安"，也更不会有"国寿"。那些"上不顺天，下不惠民"，是"天之所诛也，人之所仇也，不当为君"的上世之亡主，即为覆车之鉴。

3. 使民"众"而有用

利民是君主的天赋职责，也是不得不如此的选择。《吕氏春秋》的"利民"之论是以"君"为立足点的。《吕氏春秋》肯定"民"的作用，认为国家赖民力而富，君主天子仰民力而尊，要"用民""用众"。《吕氏春秋》认为君民相亲则国治主安，君民相仇则国危主凶，二者相辅相成。《适威》篇引《周书》曰："民，善之则畜也，不善则仇也。"君主善待民，民就喜爱君主；不善待民，民就仇恨君主。君若"行德爱人"，则"民亲其上"，君若不恤民力，苟使其民，则"上下相仇"。

具体地说，"民"之所以对于"君"是有用的，是因为民之"众"，《吕氏春秋》说"远近归之，故王天下"。国家的出现是产生在人群力量基础之上，是"群力"而才有"利"：

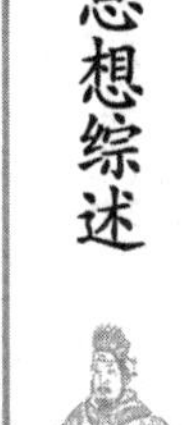

制禽兽，服狡虫，寒暑燥湿弗能害，不唯先有其备，而以群聚邪！群之可聚也，相与利之也。利之出于群也，君道立也。（《恃君》）

同样，国家的巩固和发展也依靠"民"之"众"的优势。《用众》说：

故以众勇无畏乎孟贲矣，以众力无畏乎乌获矣，以众视无畏乎离娄矣，以众知无畏乎尧、舜矣。夫以众者，此君人之大宝也。（《用众》）

欲位无危，必得众。（《骄恣》）

"民"之所以为君之"大宝"，是"以众"。也就是说"民"只有"众"才能发挥出"民"的作用。

《吕氏春秋》认为民数量之"众"是必须的，《吕氏春秋》对保持本国现有之民不外流以及吸引外国人口都有一些具体的举措。如《吕氏春秋》主张"上农"可以控制民不外流。"上农"也就是重农，重农不只是为了获得土地生产之利，更重要的是使民淳朴易用，安居乐业，"民农则其产复，其产复则重徙，重徙则死处而无二虑。舍本而事末则不令，不令则不可以守，不可以战。民舍本而事末则其产约，其产约则轻迁徙，轻迁徙则国家有患皆有远志，无有居心"。为了使民不外流和相对稳定，《吕氏春秋》还提出了婚嫁和出赘就近的主张："农不出御，女不外嫁。"

《吕氏春秋》也从"利"的角度认为君"行德爱人"就会得到民的拥护，唯有至治富强之国，有能力避免他国的侵略攻伐，使本国之民生活富足，才可以使民不外流和招徕民众：

割地宝器，卑辞屈服，不足以止攻，惟治为足。（《应同》）

德行招美，比于日月，不可息也。豪士时之，远方来宾，不可塞也。（《论人》）

君主德行昭彰美好，可以与日月媲美，这样的国家和君主就可以使豪士应时而来，远方的人民也来宾服，没有办法挡住。反之，民就会如鸟散，更遑论用民使民：

民之号呼而走之，若强弩之射于深溪也，若积大水而失其壅堤也。（《荡

兵》）

民走大寒既致，民暖是利；大热在上，民清是走。故民无常处，见利之聚，无之去。欲为天子，民之所走，不可不察。今之世，至寒矣，至热矣，而民无走者，取则行钧也。欲为天子，所以示民，不可不异也。行不异乱，虽信令，民犹无走。民无走，则王者废矣，暴君幸矣，民绝望矣。（《功名》）

在吸引外国人口方面，《吕氏春秋》提出利用战争作为手段的观点，它认为只要是"义战"，攻伐、救守都可以是使民"众"的一种方法：

兵苟义，攻伐亦可，救守亦可；兵不义，攻伐不可，救守不可。（《禁塞》）

兵诚义，以诛暴君而振苦民，民之说也，若孝子之见慈亲也，若饥者之见美食也；民之号呼而走之，若强弩之射于深溪也，若积大水而失其壅堤也。中主犹若不能有其民，而况于暴君乎？（《荡兵》）

攻无道而伐不义……黔首利莫厚焉。（《振乱》）

只要是"义战"，"义兵"合于民"利"，民则会从四面八方来归，势不可挡。民之所以对义战的反响强烈，是因为长期战争带来人民的离乱和巨大损失，但是以"义"——"诛暴君而振苦民"，使民感到有利可图，就可使民心所向，更可招徕人口。《怀宠》说：

故义兵至，则邻国之民归之若流水，诛国之民望之若父母，行地滋远，得民滋众，兵不接刃而民服若化。（《怀宠》）

尽管《吕氏春秋》对民"众"极为重视，并用各种手段和措施以使民"众"，但是《吕氏春秋》的目的并不单单是民之数量，它反复陈说"众"而无用则无益的观点，如"国虽大，民虽众，何益？"由此，也可见《吕氏春秋》对"民"的立场和态度。

君出自利群，而君要完成利民的职责，就要"用民"，民"众"而有"益"才是《吕氏春秋》所尤为注重的。所谓"益"，就是民"有用"，也就是说，可用之民方才有益于君。换句话说，君主要功成名就，必须善于使用民力，如果不能"用民"，亦即"君"无法取利于民，也就不能"有天下"。它说："万乘之国，其为三万五万尚多，今外之则不可以拒敌，内之则不可以守国，其民非不可用也，不得所以用之也。不得所以用之，国虽大，势虽便，卒虽众，何益？"并认为"古者多有天下而亡者矣，其民不为用也。"

使民有用需要"以民为务"，可以使民"众"而"有益"，"人主有能以民为务者，则天下归之矣"。《吕氏春秋》反复强调"用民之论，不可不熟"，"民无常用也，无常不用也，唯得其道为可"。

《吕氏春秋》的用民之策，有一个根本性的原则就是《用民》所言：

民之用也有故，得其故，民无所不用。用民有纪有纲。壹引其纪，万目皆起；壹引其纲，万目皆张。为民纪纲者何也？欲也恶也。何欲何恶？欲荣利，恶辱害。辱害所以为罚充也，荣利所以为赏实也。赏罚皆有充实，则民无不用矣。（《用民》）

如果说民之"众"是民的作用得以发挥的必要条件，那么满足民之"欲"是"使民"的先决因素。如何才能"使民"则归结于知"人之情"，也即知民之"欲"与"恶"。诚如前章所论至贵至富至寿为世人之所求，至贱至贫至夭乃人之所恶，所求与所恶则成为君主可以利用和役使民众的方法与途径，故而《吕氏春秋》说要"审顺其天而以行欲"。《吕氏春秋》之《用民》《适威》《为欲》诸篇所论用民之道，关键就是利用民的趋利避害之心，慎用赏罚，以使民可用。

《吕氏春秋》认为，民受着欲望的驱使，时代不同，风俗各异，民逐欲求利的方式在变，而逐欲求利之心不变。"大寒既至，民暖是利；大热在上，民清是走。故民无常处，见利之聚，无之去"，"殊俗之民……其所为欲同，其所为异"。《吕氏春秋》认为民之有"欲"，求"利"逐"利"是人的本能和当然之理，是"人之情"。《吕氏春秋》对民欲有非常深切的体察：

群狗相与居，皆静无争。投以炙鸡，则相与争矣。或折其骨，或绝其筋，争术存也。争术存，因争；不争之术存，因不争。取争之术而相与争，万国无一。凡治国，令其民争行义也；乱国，令其民争为不义也。强国，令其民争乐

用也；弱国，令其民争竞不用也。夫争行义乐用与争为不义竞不用，此其为祸福也，天不能覆，地不能载。（《为欲》）

《吕氏春秋》认为对人欲的体察是治者的一把钥匙，其原则和政治行为都必须顺从和符合人的本性，但并不是全然满足，而是要使人总有需求的不足，才可以役使。而且，民的欲利之心恰恰成了民能够为君所用的原因：

会有一欲，则北至大夏，南至北户，西至三危，东至扶木，不敢乱矣；犯白刃，冒流矢，趣水火，不敢却也；晨寤兴，务耕疾庸，巽为烦辱，不敢休矣。（《为欲》）

人的欲望越多，可利用役使之处就越多；欲望越少，可利用之处就少；倘使人无欲求，则至贵至富至寿、至贱至贫至夭都不能使人动容，何得其用？

使民无欲，上虽贤，犹不能用。夫无欲者，其视为天子也，与为舆隶同；其视有天下也，与无立锥之地同；其视为彭祖也，与为殇子同。天子，至贵也；天下，至富也；彭祖，至寿也。诚无欲，则是三者不足以劝。舆隶，至贱也；无立锥之地，至贫也；殇子，至夭也。诚无欲，则是三者不足以禁。（《为欲》）

正因为民有欲有恶，才能为君所使所用。民为求利，可以履险涉深，犯危行难，有的甚至在求利时无所不用其极，虽至亲至谊亦可能置之不顾，"民之于利也，犯流矢，蹈白刃，涉血抽肝以求之。野人之无闻者，忍亲戚、兄弟、知交以求利"。也正因如此，君知民之"欲"与"利"而使民或得利，或得辱，则民无不用矣。如果"不论人之性，不反人之情"，是乱国"使民"的行径，势必会造成"上下相仇"的恶果。

在《吕氏春秋》看来，要想"用民"必须先"得民"，"得民"无非就是"利民"，而"利民"也就是要知民欲满足民欲。"人之情"欲生而恶死，欲荣而恶辱，欲富而恶贫，民欲因时因地因人可能各不相同，看似复杂多变，不好把握，但对于《吕氏春秋》来说，其实并不是什么难题。它认为，"得民必有道，万乘之国，百户之邑，民无有不说。取良之所说而民取矣，民之所说岂众哉？此取民之要也"。得民利民的方式，随时因时而异，"民，寒则欲火，暑则欲冰，燥则欲湿，湿则欲燥。寒暑燥湿相反，其于利民一也。利民岂一道哉！当其时而已矣"。从当时的社会现状来看，首当其冲的是救民于战乱之水火之中。如《慎势》所说：

夫欲定一世，安黔首之命，功名著乎盘盂，铭篆著乎壶鉴，其势不厌尊，其实不厌……天下之民穷矣苦矣。民之穷苦弥甚，王者之弥易。凡王也者，穷苦之救也。水用舟，陆用车，涂用輴，沙用鸠，山用樏，因其势也者令行。（《慎势》）

值得注意的是，《吕氏春秋》并非载之空言而已，在吕不韦主政的这十几年里，秦师对外的战争不再任意杀戮。据不完全统计，从商鞅变法到昭襄王五十一年（公元前 354 年—前 256 年），在这 112 年先后大屠杀 18 次，共杀161700 人（小杀戮不计）；昭襄王时达到顶峰，先后屠杀 14 次，共杀 1263000人。吕不韦主政后，除了秦王政二年麃公将兵攻克魏国的卷地有斩首三万的记录外，不再有杀人盈城的情况出现（《史记·秦始皇本纪》），可见吕不韦的"利民"之说并非虚设。一如《怀宠》篇所说：

克其国不及其民，独诛所诛而已矣。举其秀士而封侯之，选其贤良而尊显之，求其孤寡而振恤之，见其长老而敬礼之。皆益其禄，加其级。论其罪人而救出之；分府库之金，散仓廪之粟，以镇抚其众，不私其财；问其丛社大祠，民之所不欲废者而复兴之，曲加其祀礼。是以贤者荣其名，而长老说其礼，民怀其德。（《怀宠》）

讨伐的对象当然不是布衣黔首，而是为德不卒、暴虐无能的君长，是"长有道而息无道，克其国诛独夫而不及其民""废其非君，而立其行君道者。"

春秋战国以来，战争频仍，民众死伤惨重，国家间战争的结果不是你死便是我亡。而秦国纵然有并吞六国的野心，在逐步统一天下的过程里，秦国却是在一定程度上做了妥协。东周君伐秦反被吕不韦击败后，吕不韦不绝其祀，保留了对方"国"的尊严，并因此取得了被攻国"民"的信任。吕不韦将亏人自利的军事战争冠以"义兵"（拯救民众），使其"民"以为秦国并非为一己之私（在当时各国间或合纵或连横，其军事争战无不是为一己之私）；而秦国虽然是以"义兵"，"以民为务"为主张，但是东周显然是要臣服秦国的。吕不韦虽不用以暴制暴的强力却可以使其民臣服，而最终实现包举天下的目的，是得益于知民欲、顺民心。

4. 顺民与用民

长期战乱纷争的时代行将结束，统一固然需要强权、战争，但不能只有穷兵黩武式的正义，《原乱》篇说周武王，"以武得之，以文持之，倒戈弛弓，示天下不用兵，所以守之也"。这是马上得天下但不能马上治天下的道理，诛灭暴君后接下来便要偃兵息武以安民心、顺民情，"天下之民，穷矣苦矣，民之穷苦弥甚，王者之弥易。凡王也者，穷苦之救也"。如果不能体恤民众苦虐之鄙夷之，不过是以暴易暴而已。《吕氏春秋》有曰：

贤人之不远海内之路，而时往来乎王公之朝，非以要利也，以民为务故也。人主有能以民为务者，则天下归之矣。（《爱类》）

人主其胡可以无务行德爱人乎？行德爱人，则民亲其上；民亲其上，则皆乐为其君死矣。（《爱士》）

今世之人主，多欲众之，而不知善，此多其仇也。不善则不有。有必缘其心，爱之谓也。（《适威》）

要想取利于民，必须先利民爱民，这样就可以使民无所不用：

故仁人之于民也，可以便之，无不行也。（《爱类》）

上世之王者众矣，而事皆不同，其当世之急，忧民之利，除民之害同。（《爱类》）

在《吕氏春秋》看来，君、民互相依恃，互为根本，《适威》篇引《周书》曰："民，善之则畜也，不善则仇也。"君主善待民，民就喜爱君主；不善待民，民就仇恨君主。君"行德爱人，则民亲其上"，君若不恤民力，苟使其民，则"上下之相仇也，由是起矣"。这些表达都是说，君主要立威宜适度，不足

专恃；当依民之情性，以仁义、爱利、忠信待民、爱民、体恤民，则民心归附，心甘情愿接受统治，反之则君民相仇，君主就无"身安"，更不能"持社稷立功名"。其实这无非就是一种利益的交换，正如《用民》篇说的"夫种麦而得麦，种稷而得稷，人不怪也。用民亦有种，不审其种，而祈民之用，惑莫大焉"。这个用民之"种"，在《吕氏春秋》看来，就是《适威》所说的："古之君民者，仁义以治之，爱利以安之，忠信以导之，务除其灾，思致其福。"君主这样至诚地"以民为务"，那么民也会为君主所用，也因而可以成就君主的"功名"。

任何政治，都有一套行使政权的程序或政权运用的形式，可用仁义也可用战争和暴力，要达到目的不得不考虑手段与形式，目的与实现目的的手段不可分。《吕氏春秋》说的"审顺其天而以行欲"，为仁义与不为仁义，或文或武，"事适于时者，其功大"。《吕氏春秋》主张"以文持之"方是长久之计。它说："为天下及国，莫如以德，莫如行义。以德以义，不赏而民劝，不罚而邪止。此神农、黄帝之政也。"君主"以德以义"，民不用赏赐就自然努力，不用赏罚邪恶自会停止，民有序而国安，所谓"德也者，万民之宰也"。

以"德""义"等安抚的手段对待臣民，"德""义"是合于民众利益的内容，也是合于"天道"的。《吕氏春秋》主张为民而政治方可长久，这是"法天地"之道的具体作为，正如《去私》所说："天无私覆也，地无私载也，日月无私烛也，四时无私行也。行其德而万物得遂长焉。"在以"长久"为目的的条件下，就要"法天地"——"治身与天下者，必法天地也"，这样一来就到达了"全其天"的境界。反之，任意随行，无所顾忌虽然没有什么不可以，只是不能长久，则是"害其天"。如果仅把为民而政治、"以德以义"视为一种达到目的的手段，也就仅仅是一种"形式"，但《吕氏春秋》认为缺乏此合理"形式"的弊害是不易达成自身（君、统治者）的目的的。

一时的高压统治，如周厉王派人监视毁谤者，得则杀之或许可以见到立即的效果，但终究是治标不治本，治本的关键则在于是否顺民心。"先王先顺民心”，“凡举事必先审民心然后可举。”
《察微》也说：“不达乎人心，位虽尊。
何益于安也?”《行论》篇曰：“人主执
民之命，执民之命，重任也，不得以快
志为故。”吕不韦的这些言论都反映了同
一个问题，安天下就要先安民心，守天
下要先顺民心，不要太过于违逆民意。
君主身兼重任，不可恣意妄为，要是像
周厉王那样，只逞自己的私欲而不顺民
心，别说立功成名，生命都难保长久。

班荆道故

　　《吕氏春秋》认为能否得民心是能否建立功名的决定性因素，它说：“先王
先顺民心，故功名成。夫以德得民心以立大功名者，上世多有之矣。失民心而
立功名者，未之曾有也。”并列举了历史上“汤乃以身祷于桑林”为民求雨；
周文王拒绝纣王赐给他的千里之地而为民请除炮烙之刑，文王“非恶千里之地，
以为民请炮烙之刑，必欲得民心也”，“得民心则贤于千里之地”；越王勾践虽
先败于吴，但能卧薪尝胆，三年“内亲群臣，下养百姓，以来其心”，与民共
苦获取民心，终于“残吴二年而霸”，都旨在说明君主只有“先顺民心”，使民
为己所用，方可“功名成”。《用民》有云：

　　凡用民，太上以义，其次以赏罚。其义则不足死，赏罚则不足去就，若是
而能用其民者，古今无有。民无常用也，无常不用也，唯得其道为可。阖庐之
用兵也，不过三万。吴起之用兵也，不过五万。万乘之国，其为三万五万尚多，
今外之则不可以拒敌，内之则不可以守国，其民非不可用也，不得所以用之也。
不得所以用之，国虽大，势虽便，卒虽众，何益? 古者多有天下而亡者矣，其
民不为用也。用民之论，不可不熟。剑不徒断，车不自行，或使之也。夫种麦
而得麦，种稷而得稷，人不怪也。用民亦有种，不审其种，而祈民之用，惑莫
大焉。当禹之时，天下万国，至于汤而三千余国，今无存者矣，皆不能用其民

也。民之不用，赏罚不充也。汤、武因夏、商之民也，得所以用之也。管、商亦因齐、秦之民也，得所以用之也。民之用也有故，得其故，民无所不用。用民有纪有纲。壹引其纪，万目皆起；壹引其纲，万目皆张。为民纪纲者何也？欲也恶也。何欲何恶？欲荣利，恶辱害。辱害所以为罚充也，荣利所以为赏实也。赏罚皆有充实，则民无不用矣。（《用民》）

意谓"用民"之道，不外其"义"，不外其"赏罚""恩威"。其"义"是表面，其"赏罚"是手段，其目的是为"利"，即"用民"而"若御良马"。"御民"与"用民"需先"顺民"，要"虚其心，实其腹"，"可使由之，不可使知之"，还要赏罚恩威并举得当。如果义利权衡偏离、赏罚恩威不当，则证明君主用民而不能顺民之意，功名就不能成就。君主为政只有先"顺民"方能"御民"与"用民"，"以爱利民为心，号令未出，而天下皆延颈举踵矣"，才是精通政术的政治家。

十二、《吕氏春秋》的宇宙观思想

宇宙的本质是什么？是怎样演化的？《吕氏春秋》的表述不够明确，需要加以阐释，才能发现它的真实思想。但它对规律性的表述却非常明确而肯定。《吕氏春秋》的生死观、鬼神观，态度也是鲜明的，不过，其中还杂有某些神秘成分，这是需要分清和批判的。

（一）宇宙的本源是气

《吕氏春秋·大乐》说："（音）乐之所由来者远矣，生于度量，本于太一。""生于度量"指的是产生十二律的三分损益法。三分损益法必须度量，从这个角度说，音乐生于度量。"本于太一"的"太一"是什么，不很明确。《易·系辞》说："易有太极"，《正义》云："太极即是太初、太一也"。有的学者据此把"太一"解释为"道"。"道"是什么？学界有不同的理解。有人说："道所存之变易因素虽形而为两仪，成就而为万物，但道之本身仍永恒存在，永恒不变，亦即永恒是道……"这里似乎是把"道"理解为精神实体。有人说："'太一'或'道'指天地形成前的宇宙原始状态，它是无始无终普遍存在的，所以不可称道形容。"这里似乎把"道"理解为物质实体。但都表述得不够确切。

我以为这里的"太一"不是"道"，而是"气"。所谓"本于太一"，就是说，音乐离不开"气"，没有"气"也就没有音乐。因为音是由气激荡而成的。有了"音"，才有"乐"。因此，说音乐"本于太一"，也就是本于气。"太一"就是气。那么，为什么人们把"太一"理解为"道"呢？先看《大乐》篇对"太一"的描述，该篇前面说：

太一出两仪，两仪出阴阳。阴阳变化，一上一下，合而成章。浑浑沌沌，离则复合，合则复离，是谓天常。……万物所出，造于太一，化于阴阳。萌芽始震，凝澒以形。

该篇后面又说：

道也者，视之不见，听之不闻，不可为状。有知不见之见、不闻之闻、无状之状者，则几于知之矣。道也者，至精也，不可为形，不可为名，强为之谓之太一。

"太一"等于"道"的说法，大概就是由此而出的。但是，细心的读者可以发现：前面说"太一"的那段话，绝无"道"的踪影，而后面说"道"的那段话，虽有"太一"之名，却有"强为之"三个字的声明。此其一。其二，前面那段话描述的主要是物质演化过程，后面那段话阐明的主要是按原则、规律办事。有了这两点区别，就不能把前面的"太一"等同于后面的"道"。应该说，前面的"太一"是指"气"的，后面的"太一"才是指"道"的。

论者或许会问：既然前面的"太一"不等于后面的"道"，那么，后面的"道"又为什么要"强为之谓之太一"呢？这可以从两方面解释：第一，未经分化的原始状态的气，是到处弥漫的，其大无外，所以可名之为"太一"。"太一"者"大一"也。"道"也是无处不在的，一切事象都要受它节制，至高无上，唯我独尊，所以也可叫作"太一"。"太一"者"独尊"也。因此，"太一"既可以指"气"，也可以指"道"，视具体情况而定。第二，在唯物主义者看来，"气"与"道"本为一体，宇宙间不存在没有"道"的"气"，也不存在没有"气"的"道"，二者不可分割，是二而一、一而二的关系。因此，无论是"气"，还是"道"，都可以叫"太一"，只是勉强一点而已。战国时代，哲学的发展还处于早期阶段，概念、术语、范畴，乃至表述方法，都还不够精确，不够完善，这是造成"勉强"的一个原因。

"太一"，原始状态的混沌之气，是怎样化生天地万物的呢？《吕氏春秋》说：

太一出两仪，两仪出阴阳。阴阳变化，一上一下，合而成章。

高诱注云："两仪，天地也。出，生也。"又《易·系辞》《正义》释"《易》有太极，是生两仪"云："两仪，指其物体，谓两体容仪也。"这就是说，混沌之气产生了天地，天地又产生了阴阳，通过阴阳变化，产生了五光十色的万物。太一是怎样生两仪的呢？《吕氏春秋》说：

天地有始。天微以成，地塞以形。天地合和，生之大经也。

这里只说明了天地形成的方式，却没道出天地分化的动因。《老子》却间接地解答了这个问题："反者，道之动。"——混沌之气，通过"道"的作用，产生了两个相反的对立面。想来，这个观点《吕氏春秋》是会接受的。这就是说，"太一"是在"道"的作用下才分化出天地来的。天地又是如何产生万物的呢？这个问题，《吕氏春秋》却做了明确的回答：

浑浑沌沌，离则复合，合则复离，是谓天常。天地车轮，终则复始，极则复反，莫不成当。

夫物，合而成，离而生。知合知成，知离知生，则天地平矣。

这两段话的意思是说，阴阳二气，通过"道"的作用，一离一合，合则物的形成，离则物的产生。譬如一对山羊，互相交配便是合，受精成胎便是小羊的形成，分娩落地，离开母体，便是新羊的产生。如此循环往复，生生不已，便形成了一个"殊形殊能异宜"的花花世界。

天地万物，一人之身也，此之谓大同。众耳目鼻口也，众五谷寒暑也，此之谓众异，〔众异〕则万物备也。

人的产生，就其本源而言，也和天地万物一样，都是气（或精气）在"道"的作用下产生的。这就叫"大同"。但就其发展衍化而言，由于种种原因，万物（包括人在内）又是千差万别的。这就叫作众异。世界就是"大同"和"众异"的统一，最终统一于物质的气。

这里需要讨论一个问题，即精气与阴阳的关系。是同实异名？还是异名异实？《吕氏春秋》的两处记载，很容易使人迷惑。《大乐》篇说"阴阳变化，一上一下"，《圜道》篇又说"精气一上一下"。从字面看，"阴阳"似乎可以换置"精气"。但是，在另外的地方，却又显出"阴阳"和"精气"并不是一回事。

万物所出，造于太一，化于阴阳。

凡人物者，阴阳之化也。阴阳者，造乎天而成者也。

第一则引文中的一个"造"字和一个"化"字，点明了万物的产生是两个因素造成的。第二则引文只强调了"阴阳之化"，而阴阳本身却是自然而然形成的。从这里可以看出：阴阳的功能只起"化"的作用。"化"只是一种功能，而不是实体。没有实体作为基础，"化"的功能也就无法表现出来。除非"阴阳"是有意志的"神"或"宇宙精神""绝对理念"，否则是"化"不出万物的。然而，《吕氏春秋》中"阴阳"是没有这些内涵的。所以这里的"阴阳之化"必须有一个实体基础。这个实体基础便是"太一"，也就是气。阴阳是把气"化"为万物的。可见，阴阳与气是两个不同内涵的概念。那么，为什么《吕氏春秋》一会儿说"阴阳变化，一上一下"，一会儿又说"精气一上一下"呢？这是因为阴阳和气本是不可分割的。自从原始状态的气一分为二之后，便产生了阴阳（"太一出两仪，两仪出阴阳"）。这样，阴阳便成了气的根本属性，后来径称之为"阴气"和"阳气"。有时单称阴阳，实际上已经暗含着气的概念在内；有时单称气，实际上已经暗含着阴阳概念在内。所以，《吕氏春秋》既可以说阴阳"一上一下"，也可以说精气"一上一下"，其实，指的都是阴气和阳气的一上一下，只是表述不精确而已。

（二）运动及其规律

《吕氏春秋·知分》说：

天固有衰嗛废伏，有盛盈蚠息；人亦有困穷屈匮，有充实达遂。此皆天之容、物［之］理也，而不得不然之数也。

这是说，无论天道和人事都在不停地变化，这是自然规律和必然趋势。

流水不腐，户枢不蠹，动也。形气亦然，形不动则精不流，精不流则气郁。

这是说，无论是无生物或是有生物，都处在不断运动之中。运动是物质的根本属性。

物质运动离不开空间和时间，而空间和时间都是无限的。

一也齐至贵，莫知其原，莫知其端，莫知其始，莫知其终，而万物以为宗。

这里的"一"指的是"道"。道的运行，无端无涯，无始无终。说的是道，实际上包含着事物在内。因为道是寓于事物之中的，道的运行，也就意味着事物的运动。

得道之人……以天为法，以德为行，以道为宗，与物变化，而无所终穷，精充天地而不竭，神覆宇宙而无望。莫知其始，莫知其终，莫知其门，莫知其端，莫知其源，其大无外，其小无内，此之谓至贵。

这里说的是"得道之人"。而"得道之人"是法天、行德、宗道的。所以对"得道之人"的描述就是对法则、规律的描述。而法则、规律是离不开客观事物的，所以也就是对客观事物的描述。按照这种描述，显然，客观事物是在无限的空间和时间中运动。空间和时间是运动着的事物的存在形式。

如果运动一旦停止，那就意味着事物的毁灭。"人之窍九，一有所居则八虚，八虚甚久则身毙……一不欲留，留运为败。"这里以人为例，说明精气必须不停地周流全身，如果滞留在一点上不动，那么，重则身死，轻则败残。说的是人，推而广之，一切事物莫不如此。

《吕氏春秋》认为，事物的运动都是按照客观规律进行的。这种规律可以为人们所认识和掌握。人们一旦认识、掌握了事物的规律，就可以利用规律，发挥主观能动性，改造事物，以达到自己的目的，实现自己的愿望。

冬与夏不能两刑（形），草与稼不能两成，新谷熟而陈谷亏，凡有角者无上齿，果实繁者木必庳，用智褊者无遂功，天之数也。

这里说的是自然规律和人事规律。

天下时，地生财，不与民谋。

天为者时，而不助农于下。

这是说，天时、地利都有自己的规律，不以人们的意志和愿望为转移。

无变天之道，无绝地之理，无乱人之纪。

这是说，无论是自然规律，或是社会规律，都是不能违反的。

水冻方固，后稷不种。后稷之种必待时。故人虽智而不遇时，无功。

这是说，生产者必须顺应自然规律进行生产，否则，再聪明的人也不能取得成功。

古今前后一也，故圣人上知千岁，下知千岁也。

这是说，古往今来存在着一条不依人们意志为转移的历史规律。人们只要掌握了这条规律，就可以上推过去，下测未来。《吕氏春秋》列举了许多例子说明这个问题。吕太公望和周公旦的预见便是其中之一。齐国和鲁国自开国伊始，就实行了两种不同的施政方针。齐国实行"尊贤上功"，鲁国实行"亲亲上恩"。太公望根据鲁国的方针预言"鲁自此削矣"。周公旦根据齐国的方针预言"鲁虽削，有齐者亦必非吕氏也"。后来齐国日益强大，以至首霸中原，但至"二十四世而田成子有齐"。而鲁国则日益削弱，至于仅存，但却延至"三十四世而亡"。两个人的预言都被证实了。说明他们各自掌握了一条特殊规律。太公

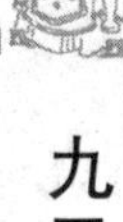

望掌握了"亲亲上恩"必然导致衰弱的趋势，周公旦掌握了"尊贤上功"必然导致篡夺的趋势。在《吕氏春秋》看来，二者都是具有规律性的总结。

《吕氏春秋》还谈到许多特殊事物的规律。事业成功有事业成功的规律，健康长寿有健康长寿的规律。如：

名号大显，不可强求，必由其道。

由其道，功名之不可得逃，犹表之与影，若呼之与响。

这里的"道"就是规律，"功名"或"名号"就是事业。这两段话的意思是说，事业的成功，决不可强求，一定要按规律办事。只要按规律办事，事业就一定能够取得成功，就像表与影、呼与响那样，想离也离不开。

古人（之）得道者，生以寿长，声色滋味，能久乐之。奚故？论早定也。论早定则知早啬，知早啬则精不竭。……故古之治身与治天下者，必法天地也。

"法天地"是遵循自然规律，"得道"是掌握了规律。只要按规律生活，就能实现健康长寿的愿望。

《吕氏春秋》的可贵之处还在于：它在强调客观规律的同时，也强调人的主观能动性。大至国家事业，小至个人生产，莫不如此。

功名大立，天也；为是故，因不慎其人不可。夫舜遇尧，天也；舜耕于历山，陶于河滨，钓于雷泽，天下悦之，秀士从之，人也。夫禹遇舜，天也；禹周于天下，以求贤者，事利黔首，水潦川泽之湛滞壅塞可通者，禹尽为之，人也。夫汤遇桀，武遇纣，天也；汤、武修身积善为义，以忧苦于民，人也。

所谓"天"是指规律或机遇，所谓"人"是指人为，亦即主观能动性。舜、禹、汤、武他们在事业上之所以成功，固然与顺应规律、遇到时机分不开，但重要的还是他们自己的作为。他们从各方面充分发挥了主观能动性，才取得了事业上的成功。可见客观规律或机遇必须通过主观能动性才能表现出来，发挥作用。"譬之若良农，辨土地之宜，谨耕耨之事，未必收也；然而收者，必此人也。"农民生产当然要顺应自然规律，但要取得丰收，还必须充分发挥主观能动性。

这一点与道家的自然主义思想不同。道家只讲因顺自然，而不讲人的主观能动性。《荀子·解蔽》说："庄子蔽于天而不知人。"即只知道因顺自然，而不知道人力的作用。真是一语破的。

（三）生死观和鬼神观

生死、鬼神问题，儒家避而不谈，而社会却普遍关注。战国时代，方士的活跃，卜筮、祷祀之风的盛行，厚葬之风的炽烈，都与这两个问题密切相关。《吕氏春秋》是一部政治理论著作，面对这些现象，不能不表示态度，发表意见。就总的倾向看，《吕氏春秋》的态度是唯物的，意见也是基本正确的。

凡生，非一气之化也；长，非一物之任也；成，非一形之功也。

人类是由阴阳二气合和而化生的，由金、木、水、火、土各种物质养成生长的，由各色人等相助、相利而成功的。人的出生和成长是一种自然现象。这就排除了"天生民"之类的陈腐观念。

达士者，达乎死生之分。……生，性也；死，命也。……凡人物者，阴阳之化也。阴阳者，造乎天而成者也。……命也者，不知所以然而然者也。

这里再次强调了生死是一种自然现象，命运也不是神意的安排。这就否定了"有命在天"的传统信仰。"凡生于天地之间，其必有死，所不免也。"这是说，有生必有死，这是自然规律，非人力所能改变的。

但生的状况和死的意义却各不相同。

子华子曰："全生为上，亏生次之，死次之，迫生为下。"故所谓尊生者，全生之谓。……所谓迫生者，辱是也。辱莫大于不义，故不义，迫生也。尊生者，非迫生之谓也。

物质生活、精神生活都能得到满足，叫作"全生"。物质生活即使相当富裕，而精神生活却处于屈辱之中，叫作"迫生"。《吕氏春秋》在许多篇幅里都是赞扬前者而鞭挞后者。

死的意义也各不相同：

　　黄帝之贵而死，尧、舜之贤而死，孟贲之勇而死。人固皆死。若庆封者，可谓重死矣。身为僇，支属不可以见（完），行忮（恶）之故也。

黄帝、尧、舜，乃至孟贲，都是死得其所的，唯有庆封却是死有余辜。庆封原是齐国大夫，在齐国干尽坏事，逃到鲁国。在鲁国待不住，又逃到吴国。吴王把他封在朱方，引起楚国的进攻。庆封被俘。楚王令庆封背着"斧质"，游行军中，自呼曰："无惑如齐庆封，弑其君而弱其孤，以亡其大夫。"游毕乃杀之。这样的坏人，当然要死上加死了！

　　在《吕氏春秋》中还有许多关于死的记载：有的为尽忠而死；有的为行义而死；有的为守法而死；有的为友情而死；有的为受辱而死等等。这里就不一一缕述了。

　　《吕氏春秋》对厚葬持否定态度。它认为丧葬只是表达亲子间的感情，并非因为死者有知。

　　孝子之重其亲也，慈亲之爱其子也，痛于肌骨，性也。所重所爱，死而弃之沟壑，人之情不忍为也，故有葬死之义。

它认为当时厚葬之风之所以盛行，只是为了夸耀和示富，并非为了死者。

　　今世俗大乱之主愈侈，其葬则心非为死者虑也，生者以相矜尚也。

　　以此（指厚葬）观世示富可矣，以此为死则不可也。夫死，其视万岁犹一瞬（瞬）也。

由此可知，《吕氏春秋》并不认为：人死之后还有什么鬼魂存在。

　　《吕氏春秋》对于鬼神、卜筮、祷词之类的迷信活动，也是明确反对的。"今世上卜筮祷祠，故疾病愈来。"生病不求良医，而去求神问卜，这样，不但治不好病，反而延误时机，使疾病更加严重。这是对迷信活动的危害性的揭露。

　　"今夫塞（簺，行棋）者，勇力、时日、卜筮、祷祠无事焉，善者必胜。"棋手下棋，靠勇力、时日禁忌、卜筮、祷祠，都是无济于事的，关键在于技巧水平，技巧水平高的人，就一定能够取胜。这是对勇力、迷信的否定，对人为、智力的肯定。

　　那么，社会上迷信之风为什么愈演愈烈呢？《吕氏春秋》认为，那是认识问题。"祸福之所自来，众人以为命焉，不知其所由。"一般人不认识祸福产生的根由，所以就迷信命运了。

　　《吕氏春秋》举了几个实例，以揭穿"谜底"：

　　荆有善相人者，所言无遗策，闻于国，庄王见而问焉，对曰："臣非能相人也，能观人之友也。"

相面的术士，所言屡中，似乎很"神"。其实，他的秘密就在于"能观人之友"。术士只要看看对象结交了一些什么样的朋友，就可以推知他的吉凶祸福。说穿了，一点也不神秘。

　　盖闻孔丘、墨翟，昼日讽诵习业，夜亲见文王、周公旦而问焉。……故曰精而熟之，鬼将告之。非鬼告之也，精而熟之也。

孔丘、墨翟"夜亲见文王、周公旦而问焉"，并非文王、周公旦死后灵魂不灭，而是孔、墨用心专一，习业精熟的结果。日有所思，夜有所梦，也没有什么神秘之处。

　　从以上所引的材料看，《吕氏春秋》是主张无神论的。

　　但是，在《吕氏春秋》中还存在着一些神秘成分。

　　王者厚其德，积众善，而凤凰、圣人皆来至矣。……以此言物之相应也。

　　贤者所聚，天地不坏，鬼神不害，人事不谋，此五常之本也。

还有《音初》篇所载的一则故事，说得更是活灵活现，有头有尾。

　　夏后氏孔甲畋于东阳萯山，天大风晦盲。孔甲迷惑，入于民室，主人方乳（正在分娩），或曰："后（指孔甲）来是良日也，之子是必大吉！"或曰："不胜也，之子是必有殃！"后乃取其子以归，曰："以为余子，谁敢殃之？"子长成人，幕动坼橑，斧斫斩其足，遂为守门者。孔甲曰："呜呼！有疾，命矣夫！"乃作为《破斧》之歌，实始为东音。

从这类材料看，《吕氏春秋》又有些神秘、鬼神、迷信思想。这与前面所说的互相矛盾。

我们怎样解释这种互相矛盾的现象呢？

首先，《吕氏春秋》认为，人与天地万物都同出于一气。按照"同气相求""同类相召"的原理，人与天地万物是可以互相感应的。以此类推，事物之间也可以互相感召。善召善类，恶召恶类。这就叫作"物之相应"。当然，这种类推是错误的，因为它把某些自然法则移植于社会人事，抹杀了自然界矛盾与社会界矛盾之间的本质区别。把本不相干的一些事物硬说成有因果关系，因而这种因果关系乃是虚构的，而不是真实的。由此便产生了神秘感。

其次，战国时代是新旧思想交替的时代，虽然新思想日占上风，但旧思想也不会立即消失。在这种情况下，一些思想家受到某些旧思想的影响——包括文献记载的影响和民间传说的影响——是在所难免的。墨子一方面主张"非命"，另一方面又主张"明鬼"，而且举了许多历史上鬼的故事，就是受到旧观念影响的明证。因此，《吕氏春秋》中残留了一点鬼神迷信的痕迹，也是不难理解的。

再次，在一个人的头脑里存在着互相矛盾的思想观念，是常有的事。古人尤其如此。春秋时代的子产是一位颇有无神论倾向的政治家，但在他的头脑里也没有彻底清除鬼神的观念。他说："山川之神，则水旱疠疫之灾于是乎禜之；日月星辰之神，则雪霜风雨之不时，于是乎禜之。"王充是东汉时代一位杰出的唯物主义思想家，但在他的著作《论衡》中也混杂着一些神秘、迷信成分。他说："凡人遇偶及遭累害，皆由命也。有死生寿夭之命，亦有贵贱贫富之命。"又说："按骨节之法，察皮肤之理，以审人之性命，无不应者。"可见，在《吕氏春秋》中未能彻底清除鬼神、迷信观念，是不足为奇的。

最后，还要看到，历史上的政治家、思想家，大都是统治阶级的一员。尽管他们属于开明的、进步的一类，但毕竟抹不掉身上的烙印。同时，由于科学技术的发展有限，也限制了他们的眼界。因此，在他们的思想里或著作中混杂一些精神鸦片，不仅是可能的，简直是必要的。因为统治者需要这种鸦片麻痹广大人民的精神，以巩固自己的统治。

根据以上四点，我们认为，不能利用《吕氏春秋》中某些思想意识上的矛盾现象，来证明《吕氏春秋》的庞杂性。

十三、《吕氏春秋》的辩说思想

《吕氏春秋》认为人的认识能力有限，但是可以通过某种手段或方式拓展"知"的程度和范围。尽管不能达到全知，但如果知"不知"，那么"不知"是可以通过人为的努力而有所改变，如听贤者、他人之言就是其中的方式之一。《吕氏春秋》认为论说与言辩是必要的，并以为通过"言说"可以使听者由"不知"而"知"，且可以因此对听者产生影响。

在《听言》中说"功先名，事先功，言先事。不知事，恶能听言？不知情，恶能当言？其与人榖言也，其有辩乎，其无辩乎？"虽然在言不当时、不知情的状况下，是"与人榖言"，但是，《吕氏春秋》在一定的具体客观实际的条件下，肯定论说功能与价值的绝对性。如《离谓》篇的一个事例就对言说的功能与价值作了肯定：

齐人有淳于髡者，以从说魏王。魏王辩之，约车十乘，将使之荆。辞而行，有以横说魏王，魏王乃止其行。（《离谓》）

淳于髡系战国时齐国人，以博学善辩著称，暂且不论其结果是"失从之意，又失横之事"，但可见论说与言辩的功能与价值的"多能"是显而易见的。又如《贵直》中因简子采纳行人烛过的论说而改变了战局，简子甚至有"与吾得革车千乘也，不如闻行人烛过之一言"的慨叹。

尽管论说有其价值与功用，但是《吕氏春秋》强调论说应该以事理为依据，以"诚"为论说的态度和立场，以人的"性命之情"为出发点，"顺说"（适）为论说方法与手段，才能达到使听者"知"或"行"的目的与效果，实现论说与言辩的功能和价值。

（一）《吕氏春秋》的"顺说"与"谨听"

《吕氏春秋》认为说者"顺说"，听者"善听"，才可达成听、说双方和调，亦即听者能听、愿意听，论说者所说的恰恰又是适宜的，便可以达成论说的目的，实现论说的功能与价值。"顺说"与"善听"两者相和也是《吕氏春秋》阴阳观念的实际应用。

1. 说、听之"和"——何谓"善说之术"

在前文的讨论中，我们知道，《吕氏春秋》认为音乐如果要达到预期的效果，要"音适"，它认为"和出于适"。对于"乐"，《吕氏春秋》除了强调其本身要适度、和谐，符合"适"的原则外，还把主客体的契合提到了相当重要的地位。

它认为听音乐者的平愉、宽松、舒适的心情是产生共鸣的要件。从生理上说，人的耳目口鼻虽然在本能上都是喜欢美的神色香味，但如果人的心理处于"不乐"的状态之下，那再美的声音也不会被接受，或视而不见，听而不闻，心不在焉，食不甘味。所以心理状态是一个决定性的因素——"乐者弗乐者，心也"。从音乐的接受主体来说，问题的关键在于审美主体的心理状态，其适意的情趣和心境是获得美感的重要条件，《吕氏春秋》所以说"乐之务在于和心"，而"和心在于行适"。《吕氏春秋》的"音适"是源于"阴阳相适"的观念。

对于"言说"方面，《吕氏春秋》认为也是如此，"顺说"与"善听"要"相适"——"阴阳相适"，才能达到论说的预期效果。

《吕氏春秋》多处论及论说之术，如《顺说》《开春》《应言》《淫辞》《重言》《精谕》等篇。《吕氏春秋》六论的首篇《开春》专门讨论论说之术，它说：

开春始雷，则蛰虫动矣。时雨降，则草木育矣。瘿食居处适，则九窍百节千脉皆通利矣。王者厚其德，积众善，而凤皇圣人皆来至矣。共伯和修其行，好贤仁，而海内皆以来为稽矣。周厉之难，天子旷绝，而天下皆来谓矣。以此言物之相应也，故曰行也成也。善说者亦然。言尽理而得失利害定矣，岂为一人言哉！（《开春》）

这里所说的"物之相应"是与"阴阳变化，一上一下，合而成章"相通互见的。但凡"行"之"成"，是有与时、势相适宜的前提和条件。如"蛰虫动"是因为"开春始雷"，"草木育"是因为有"时雨降"，"九窍百节千脉皆通利"乃是"食居处适"，这都涉及内外两方面，就是阴阳相适之理的表现。言说也不例外，也有"说"与"听"两方面的因素，正如《报更》所云："说之不听也，任不独在所说，亦在说者。"

"善说"即是要达到"说"的预期效果，《吕氏春秋》所说的"言尽理"除了要合于常理，更重要指的是时、事、势及人的相宜，即所谓的"物之相应"，"合而成章"。

在论说方面《吕氏春秋》注重听、说双方和调，亦即听者能听、愿意听，论说者所说又恰恰是适宜的，《吕氏春秋》认为这样便可以达成论说的目的。如《遇合》所说：

凡能听说者，必达乎论议者也。世主之能识论议者寡，所谓恶得不苟？凡能听音者，必达于五声。人之能知五声者寡，所善恶得不苟？客有以吹籁见越王者，羽、角、宫、徵、商不缪，越王不善；为野音，而反善之。说之道亦有如此者也。（《遇合》）

姑且不论"客"的"吹籁"之美是否是真的客观存在，也不论越王是否具有辨别不缪与野音的主观能力，但有一点是肯定的，就是美与不美是越王"善之"和"不善"的结果。这就是说，对于音乐或言说，要想达到预期目的和效果，就必须要考虑听者是否可以接受，主观上是否愿意接受等问题，同时言说还涉及论说者自己认为真实、有根据和论说者认为真实而实际上并不真实，以及实际上并不真实但论说者要使听者认为真实有据等情况。

《吕氏春秋》认为，说者要达到自己论说的目的，要"善说"。所谓"善

"说"就是要使听者愿意听，能"善之"，这样才可以达成"说"与"听"的"物之相应"。如在《淫辞》中，翟翦批评惠子为魏惠王制定的法令并不适用时举例说：

> 今举大木者，前乎舆謣，后亦应之，此其于举大木者善矣。岂无郑、卫之音哉？然不若此其宜也。夫国亦木之大者也。（《淫辞》）

郑、卫之音虽然悦耳，但是并不适于"举大木者"相互呼应的号子，"舆謣"之声虽远不如郑、卫之音动听悦耳，但却正是"举大木者"举大木时所需要的恰当适宜的声音，因而"舆謣"之声是"举大木者"所"善"。

《吕氏春秋》的"善说之术"，简而言之是"因"，可以理解为"顺说"，"（役）人得其所欲，己亦得其所欲，以此术也"。要使说者得其所欲，听者也得其所想，二者皆恰得其宜。如《必己》中所举的一个非常极端的例子：

> 孔子行道而息，马逸，食人之稼，野人取其马。子贡请往说之，毕辞，野人不听。有鄙人始事孔子者，曰："请往说之。"因谓野人曰："子不耕于东海，吾不耕于西海也。吾马何得不食子之禾？"其野人大说，相谓曰："说亦皆如此其辩也！独如向之人？"解马而与之。说如此其无方也而犹行。（《必己》）

"鄙人"（说者）之说在一般人看来既"无方"又违背常理，但是却达到了预期的目的和效果，"野人"（听者）尚且对其"辩"大为赞叹，而对子贡循规蹈矩有理有方之说嗤之以鼻。

所谓"善说之术"，是从"因顺"听者之"利害"入手，也就是以对方所关注的利益作为"说"的切入点，借以达到自身"说"的目的。这是《吕氏春秋》"善说"的"贵因"之术。《吕氏春秋》因而说：

> 善说者若巧士，因人之力以自为力，因其来而与来，因其往而与往，不设形象，与生与长，而言之与响，与盛与衰，以之所归。力虽多，材虽劲，以制其命。顺风而呼，声不加疾也；际高而望，目不加明也。所因便也。（《顺说》）

> 故忠臣之谏者，亦（益）从入之，不可不慎。此得失之本也。（《骄恣》）

也就是论说者要善于揣摩听者的心理，准确把握他们所特别关注的切身利益，让对方感觉到"诚"，并使对方肯定自己的"诚"意。《吕氏春秋》认为这对获得论说的预期效果至关重要。《具备》篇指出：

> 故诚有诚乃合于情。精有精乃通于天。乃通于天，水木石之性，皆可动也，又况于有血气者乎？凡说与治之务莫若诚。（《具备》）

"诚"可以理解为"真诚""诚恳"和"真实地反映事物"，涉及人与事的真实、本质或原貌，以及语言是否符合客观实际等问题。日本学者鬼丸纪先生认为，《吕氏春秋》的"诚"的概念有两大特点，"以气为主的心术论以及对语言的不信任"，认为《吕氏春秋》因当时风行的诡辩、言行不一、言心相离、言实不符等情况，产生一种对语言的不信任感，因而提出"诚"的概念。

其实《吕氏春秋》对语言的不信任感并不是对语言本身功能的否认，而是针对当时风行的诡辩、言行不一、言心相离、言实不符的时弊。《吕氏春秋》一方面指出善说者可以运用言说的技巧使对方感觉到"诚"，肯定论说者的"诚"，同时也指出善听者唯有透过论说者的言辞把握蕴涵于言辞之中的真实意图，才有助于了解事物的真相，进而做出正确的判断。尽管《吕氏春秋》认为语言必须要符合客观事实，但这并不妨碍《吕氏春秋》对论说者"善说之术"的"贵因"主张，也就是论说者"因循"论说场景的事势、情势等诸多因素，运用适宜恰当的论说技巧，以便达到论说的预期效果。"诚"用于论说，使听者感觉到"诚"，肯定论说者的"诚"，是达成论说目的的一种非常有效的手段和途径。

在《吕氏春秋》看来，"诚"足以感人己物我之情，甚至足以动水火木石之性，有如《具备》篇所说："凡说与治之务莫若诚"，彼此若能有"诚"、感到"诚"，可以不用任何语言，如：

> 三月婴儿，轩冕在前，弗知欲也；斧钺在后，弗知恶也；慈母之爱，谕焉。诚也。故诚有诚乃合于情。精有精乃通于天。乃通于天，水木石之性，皆可动也，又况于有血气者乎？故凡说与治之务莫若诚。听言哀者，不若见其哭也；

听言怒者，不若见其斗也。（《具备》）

诚能相感，至诚则化。及其感者，三月婴儿，弗知欲恶，然犹知慈母之爱谕焉；及其化也，金石可开，木石可动。反之，不诚则无物，说与治不诚，其动人心不神。（《具备》）

"诚"之所至，功效不可不谓大矣。既然如此，那么论说者揣摩听者的心理，准确把握其特别关注的切身利害，让对方感觉到"诚"，并使对方肯定论说者的"诚"意，就可以使之在不知不觉中接受建议并且心甘情愿地服从。这是《吕氏春秋》论说术"贵因"的根本所在。

《吕氏春秋》还认为在论说者与听者彼此契合的情况下，可以用"极言"；圣人之间甚至可以彼此不言，用"不言之言"达到互相晓谕、理解。《直谏》说：

言极则怒，怒则说者危。非贤者孰肯犯危？而非贤者也，将以要利矣；要利之人，犯危何益？故不肖主无贤者。无贤则不闻极言，不闻极言，则奸人比周，百邪悉起。若此则无以存矣。（《直谏》）

陈奇猷说"极"为"犯颜直谏"之极，可以极言者乃"贤者"（如《直谏》所举管仲、葆申），可听极言者"可霸"（如《直谏》之齐桓公、荆文王，齐桓公称霸、荆文王兼国三十九，乃"管仲，葆申极言之功也"）。

《精谕》对圣人之间知谓不以言有较多的论述，它说"圣人相谕不待言，有先言言者也"，是说圣人间相互理解与交流无须假道于语言。并举例说孔子非常希望见到温伯雪子，但见温伯雪子后，却不言而出，子贡不解，孔子道："若夫人者，目击而道存矣，不可以容声矣。"此事亦见于《庄子·田子方》，温伯雪子乃楚国得道之人；至于孔子的回答，王先谦《庄子集解》在解此句时引宣颖《南华经解》云："目触之而温伯雪子知道在其身，复何所容其言说耶？"这就是说，孔子与温伯雪子均为得道之人，两人见面后则可彼此不言而直接体道、得道。这正是孔子与温伯雪子两人之间的一种契合与相宜。而这种彼此契合也就是《吕氏春秋》所说的"故未见其人而知其志，见其人而心与志皆见，天符同也。圣人之相知，岂待言哉"，圣人由于心志天符道相同、相通，既不用借助语言更无须所谓的"善说之术"，而仅凭一见就可以体道相知了。而子贡之所以不解，也正是由于达不到彼此"不言"的契合的境界。《精谕》所举胜书与周公旦的例子也是如此，"胜书能以不言说，而周公旦能以不言听"，也因此他人"弗能窥矣"。

如上所论，《吕氏春秋》强调"善说之术"，认为借此可以达到论说的预期目的。《吕氏春秋》注重的是论说的实际功用和效果，反对将论说发展成以锋利言辞胜人的概念游戏，并批评当其时"天下学者多辩，言利辞倒，不求其实，务以相毁，以胜为故"的现象，并认为："至治之世，其民不好空言虚辞，不好淫学流说。"

《吕氏春秋·正名》明确指出论说的主旨在于达到"有用"和预期的效果即可，不能"过"，"过"则为"淫辞"："故君子之说也，足以言贤者之实、不肖者之充而已矣，足以喻治之所悖、乱之所由起而已矣，足以知物之情、人之所获以生而已矣"。论说要"达理明义"，足以说明贤与不肖、治乱之缘由和人对客观事物的认识以及人得以"生"的法则而已。

《吕氏春秋》进一步阐明"淫说"的危害："察士……察而以达理明义，则察为福矣；察而以饰非惑愚，则察为祸矣。"如果故意玩弄词句，强词夺理，以所谓"空言虚辞""淫学流说"或者"淫说"，掩饰错误愚弄蠢人，颠倒黑白，混淆是非、真假，致力于互相诋毁，以争胜为能事，则言辩就是祸了。正如《正名》开门见山所指出的那样："名正则治，名丧则乱。使名丧者，淫说也。说淫则可不可而然不然，是不是而非不非。"即是说如果言辩旨在用浮夸失实的言辞，使不可者而可之，不然者而然之，不是者而是之，不非者而非之，这根本不能成其为"善说之术"。

总之，《吕氏春秋》强调论说的技巧，认为论说者要有"善说之术"，但对于"空言虚辞""淫学流说""淫说"是持全然否定与批判的态度的。它明确指出：

以非为是，以是为非，是非无度，而可与不可日变。所欲胜因胜，所欲罪因罪。郑国大乱，民口喧哗。子产患之，于是杀邓析而戮之，民心乃服，是非乃定，法律乃行。今世之人，多欲治其国，而莫之诛邓析之类，此所以欲治而愈乱也。（《离谓》）

在吕氏春秋看来，"以非为是，以是为非"是"说术"之"极"和"过"，故而是治之大患。

2. 说者与听者之"善说"与"善听"

《吕氏春秋》认为善说者"诚"是手段，这是基于对人情的洞察，让对方感觉到"诚"，未必就是真"诚"。对听者心理揣摩，体察对方需要什么，而使听者认为是"尽理"之说，根据不同的听者或不同的情势环境采取不同的论说手段，使听者愿意听。《吕氏春秋》认为，只有在听说相适的情况下，论说方能达到目的。

与说者的"善说"相对应，听者要"谨听"，听者除了要有虚怀若谷的心态，还要以言观意，要透过论说者之言了解其真实的意图和事物的真相，要"得其（说者）意则舍其言"。

（1）说者之"善说之术"——"顺说"

说者不能因为听者"少人"，就"持容而不极"。"善说者"除了要有"言必当"的技巧，还要有自身良好的心理素质：

故善说者，陈其势，言其方，见人之急也，若自在危厄之中，岂用强力哉？强力则鄙矣。说之不听也，任不独在所说，亦在说者。（《报更》）

论说者"言必当"，否则就会"与鸟言无异"，"与人言而与鸟音之叽叽咕咕，人岂能辨其意乎？"

就是说"说者"自身的良好心理素质与"言必当"这两方面同时具备，才能达成"善说"。在"一言定国、一言丧邦"，"一人之辩，重于九鼎之宝；三寸之舌，强于百万之师"（刘勰《文心雕龙·论说》）的时代，论说者自己言论的正确性以及合理性、适宜性，关系到对他人的说服以及对不赞成自己主张的他人的批评和驳斥的成功与否。故而《吕氏春秋》在《审应览》中的《具备》篇中说：

今有羿、蜂蒙、繁弱于此，而无弦，则必不能中也。中非独弦也，而弦为弓中之具也。夫立功名亦有具，不得其具，贤虽过汤、武。则劳而无功矣。汤尝约于郼、薄矣，武王尝穷于毕、裎矣，伊尹尝居于庖厨矣，太公尝隐于钓鱼矣。贤非衰也，智非愚也，皆无其具也。故凡立功名，虽贤，必有其具，然后可成。（《具备》）

一个人无论在哪方面能有所建树，都必须具备真正的才能与良好的素质，论说的成功当然也不例外。如《遇合》说"遇合也无常，说（悦）适然也。若人之于色也，无不知说美者，而美者未必遇也"，论说"之道亦有如此者也"，尽管听者（外在的、他人的）有着不确定性，但是唯有可以把握的就是"说者"自己。

关于论说者"言必当"的技巧，即是在本章第一节中所说的"善说之术"。无论"因"或"顺说"，都涉及对实际情况、发展趋势和利害得失的了解以及对听者心理的深刻洞察，如果说者能掌握得失利害而当务行事，那么论说就会成功在握。

《吕氏春秋》称"说者"要"言尽理"，其"理"是一种兼具"事"与"理"的"事理"：

凡君子之说也，非苟辨也；士之议也，非苟语也。必中理然后说，必当义然后议。（《怀宠》）

所贵辨者，为其由所论也。（《当务》）

时辩说，以论道，不苟辨，必中法。（《尊师》）

故辨而不当理则伪，知而不当理则诈。（《离谓》）

"辨"，通"辩"，指辩说；君子出言，不苟且辩说；士人议论，不苟且言谈，必合乎"理"与"义"：

对于"言尽理""中理""当理""中法""由所论"等标准，《吕氏春秋》

虽然没有明确定义，但根据《吕氏春秋》上下文以及所举之例，不难看出，强调的都是论说言辩要合乎客观实际情况，合乎常理与情势的"事理"。《离谓》说：

> 理也者，是非之宗也。（《离谓》）

"理"字自墨子以降渐有客观规律与原理之义，《吕氏春秋》上承此思路，但《吕氏春秋》在这里的"理"更倾向于"事理"，亦即牟钟鉴先生所说的《吕氏春秋》以符合自然与社会的客观实际情形作为判断标准。既有节用爱人、明德慎罚等礼义仁德之常理（如《开春》所举惠施说魏惠王之太子，"更择葬日"之例，祁奚说范宣子免叔向之例）也有对事势、情势的兼顾。

值得注意的是，《吕氏春秋》这种在论说中以"事理"作为判断标准的取向，有一个共同的指向，就是以"得失利害"和对人"性命之情"的洞察，即以对方所关注的"得失利害"作为论说的切入焦点。《劝学》中就说：

> 凡说者，兑之也，非说之也。今世之说者，多弗能兑，而反说之。夫弗能兑而反说，是拯溺而垂之以石也，是救病而饮之以堇也。使世益乱、不肖主重惑者，从此生矣。（《劝学》）

考虑到"自卑者不听，卑师者不听"和"师操不化不听之术，而以强教之"主、客位的双方立场，《吕氏春秋》认为只有当论说者"善说"时，则"有辩"也，否则与"鸟音"无异。

又如在《开春》中所举的三个例子，《吕氏春秋》讨论了为人臣者论说的手段及其实现的问题，三个例子都是以"得失利害"为考虑的重点，如其中一例说：韩国修建新的城墙，司空段乔主管此事。因其中一个县拖延了工期，该县的主管官员被段乔囚禁起来。其子请求封人子高把他的父亲从死罪中拯救出来。子高拜见段乔，登上城头，向左右张望说："美哉城乎！一大功矣。子必有厚赏矣。自古及今，功若此其大也，而能无有罪戮者，未尝有也。"听了子高这番话，段乔当夜就暗地里派人解开被囚禁官员身上的绳索，让其离去。

从封人子高短短的几句话中可以看出，封人子高正是抓住了司空段乔关注的利害焦点在于有"功"与否，而子高暗示了司空段乔不仅有建"美城"的"功绩"，还有"自古及今"建如此大功者而不"罪戮者"的"功绩"。有见于子高成功达到说服段乔放人的目的，《吕氏春秋》称之为"善说"：

封人子高为之而言也，匿己之言而言也；段乔听而行之也，匿己之行而行也。说之行若此其精也。封人子高可谓善说矣。（《开春》）

又如在《顺说》中，惠盎（惠施）说宋康王一例中，宋康王对"仁义"有先入为主的反感（"有度"），但惠盎以宋康王"所愿"的"勇有力"，因势利导，顺应所说者的心理，言辞婉转，曲折近意，而使宋康王心悦诚服并接纳了惠盎所说的"仁义"。

《吕氏春秋》认为"善说之术"的关键在于论说者是否能准确地揣摩听者关注的"得失利害"，以及是否能从听者的切身利害着手，投其所好，使其在不知不觉中接受建议，从而达到自己说服对方的目的。这就是《顺说》所阐发的"因则贫贱可以胜富贵矣，小弱可以制强大矣"，"（役）人得其所欲，己亦得其所欲"的道理。

（2）听者："谨听"

从人对客观世界（包括自然与人文）的认知的几个层面来看：

文本	文字记述	表层
语境	语言表达	
意识	人心认知	
物自身	实存世界	深层

首先，人的认识能力有限，"目固有不见也，智固有不知也，数固有不及也"，人的感觉、智慧和道术不可能绝对完善，总是各有所长，各有所短，听者如能有此胸襟，则具备了听言的良好心理基础；另一方面，客观事物缤纷复杂，"事多似倒而顺，多似顺而倒"，论说者可能对人、事、物的认识有一定的偏差，再加上论说者的言论（辞），既存在言语的似是而非，还可能有善说者"善说之术"的"言心相离""言行相诡"的主观故意。所以听者通过论说者的言论有可能不能了解实际的真实情况，或论说者的真正意图。

对于言与意的关系，《吕氏春秋》有充分的体认：

言者，谓之属也。……故言不足以断事，唯知言之谓者为可。（《精谕》）

言者，以谕意也。言意相离，凶也。……夫辞者，意之表也。鉴其表而弃其意，悖。故古之人，得其意则舍其言矣。听言者以言观意也。听言而意不可知，其与桥言无择。（《离谓》）

"谓"，即意旨。《列子·说符》引《吕氏春秋》，张湛解"谓"作"所以发言之旨趣"；《广雅·释言》："谓，指也。"指与恉同，《说文》："谓，意也。"上述引文中的"谓""意"诸字，即指论说者言说的真正意图、意旨；"桥言"是曲折难晓的言辞，高诱注："桥，戾也。"即违反、扭转之意。

依《吕氏春秋》之见，言辞是用来表达言说者的意图的，"言意相离"会导致言事相离。《吕氏春秋》认为，"言不足以断小事，唯知言之谓者可为"，听者唯有把握了蕴涵于言辞之中的意图，才可以做出正确的判断与抉择，从而采取有效的行动，《吕氏春秋》称之为"善听"。《先识》就说："人主之务，在乎善听而已矣。"《听言》也说："听言不可不察，不察则善不善不分。善不善不分，乱莫大焉。三代分善不善，故王。"

要做到"善听"，关键在于"察"言辞之"善"与"不善"。如《去宥》中有一个例子说：东方之墨者谢子，将西见秦惠王。惠王问秦之墨者唐姑果。唐姑果唯恐秦惠王亲近谢子超过自己，就说："谢子，东方之辩士也。其为人甚险，将奋于说，以取少主也。"秦惠王见谢子果然如唐姑果所说的那样"竭力游说"（"奋于说"）因而不听谢子的建议。

《吕氏春秋》继而分析道："凡听言以求善也，所言苟善，虽奋于取少主，何损？所言不善，虽不奋于取少主，何益？""听"是要得到良好的建议，这是"善听"的关键，而不要在意或苟责对方用什么样的论说技巧；而唐姑果却得以用言辞掩饰了自己的真正意图，使秦惠王失掉了得到谢子良言辅佐的机会，从而使"细人"得以"饰鬼以人、罪杀不辜、群臣扰乱，国几大危"，故而《吕氏春秋》说秦惠王"失之听矣"。

可见，《吕氏春秋》并不反对论说者为达到论说的目的而使用一定的技巧。同时也认为听者要明了言辞之"善"与"不善"，必须自己心中"有度"，才能"心得而听得，听得而事得，事得而功名得"。要做到"善听"，终归是要以"己"为务。

故而"知"为先决条件，《吕氏春秋》认为只有"知"才能心中"有度"，可以通过"反性命之情"而"知"，如《谨听》说：

夫尧恶得贤天下而试舜？舜恶得贤天下而试禹？断之于耳而已矣。耳之可以断也，反性命之情也。

但是，姑且不论像尧、舜一样能够反性命之情的人是"千里而有一士""累世而有一圣人"的少之又少，即使能够反性命之情而断之于耳目，但耳目心智也有其显见的局限性。即便能认清自己的局限而借助于求贤听言的外力以避免自以为是的盲点，仍有"智不至则不信"的难题，更遑论还有"凡能听说者，必达乎论议者也。世主之能识论议者寡，所遇恶得不苟"的困扰。

所以说，听言无论是靠自己判断论说者言说内容的真实或是借由贤人的争谏，都存在着不确定、不可靠的疑虑。要解决这些难题，《吕氏春秋》认为要察情实，同时还要"验之以理"：

夫得言不可以不察……凡闻言必熟论，其于人必验之以理……辞多类非而是，多类是而非。是非之经，不可不分。此圣人之所慎也。然则何以慎？缘物之情及人之情以为所闻，则得之矣。（《察传》）

故虽不疑，虽已知，必察之以法，揆之以量，验之以数。若此则是非无所失，而举措无所过矣。（《谨听》）

一方面要"验之以数""验之以理"，另一方面又要赖于"物之情""人之情"，察其是否言实相符。《吕氏春秋》认为，"以其出为之入，以其言为之名，取其实以责其名，则说者不敢妄言"，"按其实以责其名，以求其情；听其言而察其类，无使放悖"，这样不仅可以制止胡言乱语，还可以"是非无所失，而举措无所过矣"。

所谓验之以数、验之以理就是不要背离"法天地"的宗旨，"缘物之情、人之情"，即是要根据人、事物的实际情况，依据事势情势之"得失利害"，作为考量的因素，这是听者察论说者言辞之"善"与"不善"的关键。

3.《吕氏春秋》本身的"善说之术"

承上文所论，《吕氏春秋》对论说及"善说之术"抱有积极与肯定的态度，并对论说者与听者两方都有相当客观与平

悬梁刺股

实的认识与见解，故而在研究《吕氏春秋》"为君说法"的功用方面时不能忽视它本身作为论说（"文本式"的论说）的"善说之术"。对于《吕氏春秋》的"善说之术"所涉及的《吕氏春秋》之"利"（所谓"尽理"，即"事理"）的观念将在本章第二节做进一步的讨论。

如何使《吕氏春秋》达到"有用"和预期的效果应该是《吕氏春秋》编撰者必须考虑的问题。虽然本节论述《吕氏春秋》以"善说之术"作为说服君王的方法，但却不代表《吕氏春秋》所采用的论说之术完全是一种在情势、事势所逼之下不得已的做法。因为《吕氏春秋》无论是以"长久之利"还是"贵生"作为"顺说"的论点，这些论点都是"达理明义"的"尽理"之说。《吕氏春秋》所采用的"善说之术"也是"阴阳相适"观念的具体运用，因而颇具超越的意蕴。

《吕氏春秋》有言：故忠臣之谏者，亦从入之，不可不慎。此得失之本也。所谓"从入之"就是说臣子要顺势对君王进行劝谏，才能达到效果。尽管对有的君王可以"犯颜直谏"（如《直谏》中所说齐桓公、荆文王），但是对于《吕氏春秋》所要面对的秦王政，是只能"从入之"的，否则很可能有"言极则怒，怒则说者危"之患。它认为"贤主……有道之士，相得然后乐，不谋而

亲，不约而信，相为殚智竭力，犯危行苦，志欢乐之"。但是如果"主"非"贤"，就必须运用"善说之术"而"从人之"。

秦王嬴政，即位时十三岁，"政代立为秦王"，"尊吕不书为相国，号称'仲父'"（《史记·吕不韦列传》）。秦王嬴政"天性刚愎自用，起诸侯，并天下，意得欲从，以为自古莫及己"，"专任狱吏，狱吏得亲幸。博士虽七十人，特备员弗用⋯⋯候星气者至三百人，皆良士，畏忌讳谀，不敢端言其过。天下之事无大小皆决于上，上至以衡石量书，日夜有呈，不中呈不得休息"（《史记·秦始皇本纪》）。虽然这是在秦始皇统一天下后卢生、侯生对嬴政的描述，但嬴政"天性刚愎自用"的"天性"，很可能也是吕不韦所深谙的事实。至少在吕不韦看来，秦王嬴政应该是属于《吕氏春秋》所说的"少人"、凡事必躬亲的君王。

据尉缭言："秦王为人，蜂准，长目，挚鸟膺，豺声，少恩而虎狼心"（《史记·秦始皇本纪》），据正义解云：蜂准：高鼻也；鸟膺：鸷鸟，鹘，膺突向前，其性悍勇。郭沫若在《十批判书》中分析说"蜂准，长目，挚鸟膺，豺声"都是生理上的缺陷，特别是"挚鸟膺"，即今医学上所说的鸡胸，是软骨病的一种特征，"豺声"是表明有气管炎。在始皇九年，嫪毐曾与太后谋曰"王即薨，以子为后"（《史记·吕不韦列传》）。秦王嬴政身体不健康，既受人轻视，又有从"落难王孙"到"一国之君"的少年经历，他的心理可能有许多难以磨灭的阴影，精神发育也很难正常，性格可能十分乖戾。

另外秦王嬴政为人多疑，据《史记·白起王翦列传》中记载秦将李信被楚人大败后，秦始皇"自驰如频阳"亲自向将军王翦谢罪请其复出并答应"为听将军（王翦）计耳"。当王翦率六十万军出师时，王翦向亲自到灞上送行的秦始皇请求"美田宅园池甚众"，后来到了潼关，还连派了五批人回去请求田产，有部下担心王翦这样做是不是有些过分，王翦这样答道："不然。大秦王粗。而不信人。今空秦国甲士而专委于我，我不多请田宅为子孙业以自坚，顾令秦王坐而疑我邪?"（《史记·白起王翦列传》）

　　王翦是秦夙将，他对秦始皇的了解应该是非常透彻的。据《史记·秦始皇本纪》在王翦出征前当面向秦始皇请求许多"美田宅园池"，秦始皇答曰，老将军出征，怎么担心会穷呢？王翦说："为大王将，有功终不得封侯，故及大王之乡臣，臣亦及时以请园池为子孙业耳。"说得始皇"大笑"（《史记·秦始皇本纪》），可见王翦对始皇多疑且出尔反尔、反复无常的性格非常清楚，始皇"大笑"也表明他默认自己有这样的倾向。这与尉缭根据秦王嬴政的一些做派断言说，始皇居俭约之时易以谦卑，如得志则"天下皆为虏矣"（《史记·秦始皇本纪》）很吻合。

　　如上这些性格特点虽然都不是《吕氏春秋》对秦王政的断语，但是对于秦王政"刻薄寡恩""贪于权势""天性刚愎自用"等行事作风吕不韦一定有清楚的了解。同时吕不韦贵为"仲父"，对秦王政自十三岁登王位后而不得亲政，长期以来对自己心存不满，很可能也心知肚明。吕不韦随着秦王嬴政"益壮"，对其阴冷的"少恩而虎狼心"的性格渐渐颇感畏惧，以至于"始皇帝益壮，太后淫不止。吕不韦恐觉祸及己，乃私求大阴人嫪毐以为舍人"（《史记·秦始皇本纪》），以期转移秦王政的不满乃至仇恨的视线，从中足以看出吕不韦的小心翼翼和诚惶诚恐。

　　基于上述原由，和"秦俗多忌讳之禁，忠言未卒于口而身为戮没矣"的传统，吕不韦如果进"忠谏"，其言必须慎之又慎。《吕氏春秋》的编撰者对于如何"从入之"，如何改变"中主之患，不能勿为，而不可与莫为"的问题，以及如何使即将亲政的秦王政"纳谏"，想必是颇费了一番考量。

　　同时，《吕氏春秋》对于"善说之术"有着自己精辟的见解，即"（役）人得其所欲，己亦得其所欲，以此术也"。面对即将亲政的秦王政也不外于此，需要有针对性的适宜可行的方式、方法，要"顺乎主心"。要做到"上顺乎主心"，首先须知"主心"，知其"所欲"，才能有的放矢，否则不但会言谈不当，还会招来祸患。

　　所谓"知情"，就是了解事势、情势，其关键在于体察和了解听者所关注的"得失利害"，即其"所欲"。《吕氏春秋》认为人之"所欲"是人皆有之，"虽神农、黄帝，其与桀、纣同"，秦王政当然也不例外。那么秦王政的"所欲"，在《吕氏春秋》看来，无非是极强的"权力欲"和长治久安的治国（乃至天下治）之道。

当然，《吕氏春秋》的"所欲"，即是《吕氏春秋》的主旨，也有待于深入研究和进一步揭示。但是有一点明确的是，《吕氏春秋》有希望通过言说引导秦王政"所欲"的目的。这涉及《吕氏春秋》"利"（所谓"尽理"）的观念以及《吕氏春秋》"贵生"的意旨。

承前文所论，《吕氏春秋》认为，说者的"诚"意以及听者对其"诚"意的肯定，对论说能否获得预期的效果至关重要，不妨兹引《序意》说明：

> 朔之日，良人请问十二纪。文信侯曰："尝得学黄帝之所以诲颛顼矣：'爰有大圜在上，大矩在下，汝能法之，为民父母。'"盖闻古之清世，是法天地。凡十二纪者，所以纪治乱存亡也，所以知寿夭吉凶也。上揆之天，下验之地，中审之人，若此则是非可不可无所遁矣。天曰顺，顺维生；地曰固，固维宁；人曰信，信维听。三者咸当，无为而行。行也者，行其理也，行数，循其理，平其私。夫私视使目盲，私听使耳聋，私虑使心狂。三者皆私设，精则智无由公。智不公，则福日衰，灾日隆。以日倪而西望知之。（《序意》）

暂且不论《序意》中良人所问的十二纪，是仅指书中的十二纪，抑或是共同认同的十二纪思想系统，但从《序意》这段引文中不难看出。《序意》中关注的焦点在于治乱存亡以及何以长久。《序意》明示当人"法天地"，当天、地、人三者各当其位，就可以使"福日隆"而"灾日衰"。

文信侯借"黄帝诲颛顼"之语充分流露了吕不韦是以"仲父"的口吻"诲""秦王政"。吕不韦以"仲父"身份佐政数年，其实是"万人之上""无人在上"的，以"帝"自居亦不为过；其次，文信侯又以得学"天地上下圜矩之道"并能用以治世的优势"诲"秦王政："有大圜在上，大矩在下，汝能法之，为民父母。"显示了吕不韦的"诚"意。

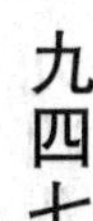

《序意》以"黄帝诲颛顼"的口吻表露了吕不韦传经授业谆谆告诫的"诚"意。《吕氏春秋》在《听言》中也说："造父始习于大豆，蜂门始习于甘蝇，御大豆，射甘蝇，而不徙人以为性者也。不徙之，所以致远追急也，所以除害禁暴也。凡人亦必有所习其心，然后能听说。不习其心，习之于学问。不学而能听说者，古今无有也。"要做到能听言，听说，必须"习其心"，"习之于学问"。因为人莫不有不知与不能，但知"不知"为上，"不知"可以通过求贤、听贤的学习而改变，况且圣人也"生于疾学"。《吕氏春秋》还告诫说，"人主之患也，不在于自少，而在于自多。自多则辞受，辞受则原竭"，"人主之患，欲闻枉而恶直言"。即便"自多""恶直言"没有具体所指，但是对于有"自多""恶直言"倾向的人应该有一定的作用。

"身定，国安，天下治"是战国末期治国者所关注的焦点，也"因顺"秦王政的治国之需。《序意》指出"法天地"以治国安民，使"福日隆"而"灾日衰"，《吕氏春秋》认为这些十分契合秦王政的欲求。

"顺说"和"因势"虽然都表现了《吕氏春秋》功利的"以适主心"的特点，但是《吕氏春秋》以"身定，国安，天下治"为可见可行"法天地"之"道"，并不失其为"至道"与理想。

（二）《吕氏春秋》之"利"

《吕氏春秋》注重现实与功利的特色，一向为学界研究所注意。那么，如何使《吕氏春秋》本身达到"有用"及预期的效果也应是《吕氏春秋》编撰者必须考虑的问题。这涉及《吕氏春秋》的义利、公私之辩。

《吕氏春秋》基于法天地长久之道，《吕氏春秋》认为长久之利是利。《吕氏春秋》认为背义求利或一味追求私利最终都会招致灭亡，《吕氏春秋》"尚义"，并不是真正反对和抛弃功利，而是因为"尚义"可以获得国治身安这一根本大利。

1. 长久之利是利

春秋以后，中国旧有的诸侯，各自把自己的"国"作单位，在国内削减贵族，在国外则吞并弱小，以扩大疆土。诸侯之争，目的在于兼并，都在有意无意地企图"王天下"："秦用商君，富国强兵；楚、魏用吴起，战胜弱敌；齐威王、宣王用孙子、田忌之徒，而诸侯东面朝齐。天下方务于合从连衡，以攻伐为贤，而孟轲乃述唐、虞三代之德，是以所如者不合"（《史记·孟荀列传》），"及于战国，在内则务开辟，在外则事吞并"，这种趋势，在战国末年更为显著。

"西周的数百诸侯国，到战国只留下三、五个大国，根据《春秋》和左传的明白记载，在春秋数百年间，小国诸侯为晋国所灭者达 18—42 国，为楚国所灭者达 32—42 国，日渐衰弱的鲁国亦并吞了了其他 9—12 个小国，而主张弭兵的宋国亦灭了其他 6—9 个比他更小更弱的国家"。战国时代群雄争霸，战乱频仍，较之春秋，不宣而战，弃盟背约，更无义战，凡足以致富强者，无不用其极，于是皆放弃价值理想的追求，而只图功利实效的获取。因而战国末期思想界面临的一个共同的难题，就是社会秩序与人文信仰的转型与重整。

战国末期思想发展"吹万不同"而争鸣并互相摄取，尽管诸子之道众议纷陈，各执一端，但有共同的特点，就是几乎都从各自的角度强调"一"。孔子谓"天下有道，则庶人不议"；墨子则要"尚同"于"天志"；孟子将白家争鸣视为"圣王不作，诸侯放恣"之下的"处士横议"力主"距杨墨，放淫辟"，"定于一"；庄子说"圣有所生，王有所成，皆原于一"，荀子批评各家对道的理解是一隅而强调圣王制"礼"，主张"立隆正"，"守道以禁非道"；韩非纯为国家立场（或君的立场），以治世强国为目的，主张"明君操权而上重，一政而国治"（《韩非子·心度》）。

《吕氏春秋》虽然仍摆脱不了整个时代的"何以利吾国"的功利思潮，但对功利思潮本身有了明显的反思。这直接表现在《吕氏春秋》对长远利益和眼前利益的思考。《吕氏春秋》认为长久之利是"利"，它说："焉有以一时之务先百世之利者乎？"并认为天下有道之士"虑天下之长利"。

　　长期的战乱及"国破"的历史与现实，既为何以长治久安的探求提供了大量的史鉴也使得长治久安的政治需求更为迫切、突出。正如《吕氏春秋》所说："胜非其难者也，持之其难者也。""国虽大，民虽众，何益？""虽有天下，何益焉？"都是基于对"长久"的体认而发。《吕氏春秋》引《周书》："若临深渊，若履薄冰。"引《易》："诉诉履虎尾，终吉。"也都表达了"于安思危，于达思穷，于得思丧"，以及如何可以长治久安的忧患心态。"身定，国安，天下治"是一个政治需要的关注点。

　　《吕氏春秋》认为"国""君"何以长久，何以"全国完身"，何以解决这些难题是至关重要的。因为在《吕氏春秋》看来，"凡国之存也，主之安也，必有以也。不知所以，虽存必亡，虽安必危。所以不可不论也。"并进而寻求答案曰："凡谋物之成也，必由广大众多长久，信也。"

　　这既可理解为何谓"成"，也可以视为是何以"成"的方法与途径，而这一方法与途径正是"法天地"所得。正如本文所论，长久之道是天地之道，"法天地"乃既要"法天地"长久之道，也要"法天地"之所以长久之道。"公"与"通"是天地不息不止的"长久"之因，如果"法"其"公""法"其"通"就可以得以"长久"。《长利》篇说：

　　利虽倍于今，而不便于后，弗为也；安虽长久，而以私其子孙，弗行也。短暂的不能长久的"利"，在吕氏春秋看来并不是"利"。《异宝》篇举孙敖叔"知不以利为利"，告诫其子"必无受利地"，"请寝之丘"，孙敖叔"不以利为利"并非是不要或放弃"利"，而是从长远的角度审视究竟什么是"利"，什么样的"利"才能长久。孙叔敖是以"不失"而"可长有"为目的，"不以利为利"仍是为"利"，只不过是长见与短见、长远与眼前利益的区别。在《吕氏春秋》看来，世俗之"宝"或"利"都只是短浅之识，并非真正的"利"，它认为只有那些能够经得住时间磨砺的长久利益才能称其为"利"，如它说"古之人非无宝也，其所宝者异也"，这是"有道者"异乎俗之处。

　　虽然《吕氏春秋》也是以后果、效用之利害得失作为判断及取舍的标准，但是更关注的是"长久"，认为长治久安才是"利"，否则"虽有天下，何益焉?"它崇尚务实、功利，但《吕氏春秋》以"法天地"为宗旨，并以天地长久之"道"为最高的理想与原则。诚如有的学者所说晚周思想所以趋向法家，原因在于"主体精神之迷失"，从思想史角度而言，《吕氏春秋》有拨转趋向。

2. 义与利

《吕氏春秋》虽"尚义"，但并不是以"义"为最终的目的，它说"仁义之情外矣"，"义"是达成长久之利目的的手段；不计"义"的"利"，以"私"为指向的"利"，并不是"利"，其原因在于，这样的所谓的"利"并不能长久；"尚义"并不是不为"利"，是既"尚义"又要有"利"，因为"尚义"可以达成长久之利；要实现"利"和保有此"利"的目的，不得不顾及手段的问题。《吕氏春秋》认为"义"是实现长久之利的手段，从而使"义"与"利"统一起来。

义利关系的争论，是中国思想史上贯穿古今的一道难题。孔子曾说："君子喻于义，小人喻于利。"赋予义、利以对立的内容和关系；荀子主张先义后利，"先义而后利者荣，先利而后义者辱"（《荀子·荣辱》）；而尽管孟子以利说义，但也把义和利看作是矛盾的，强调要贵义贱利，崇仁义抑功利。孟子答梁惠王说："王何必曰利? 亦有仁义而已矣。"（《孟子·梁惠王》）墨子认为"义，利也。"（《墨子·经说上》）"交相利"，主张义和利是一致的，完成了"义利双行"的体系。

关于"义以生利"的思想，也见于春秋战国的许多文献中，如：

夫义所以生利也，祥所以事神也，仁所以保民也。（《国语·周语》）

诗书，义之府也，礼乐，德之则也，德义，利之本也。（《左传·僖公二十七年》）

利，义之和也。（《左传·襄公九年》）

《吕氏春秋》认为义与利不是截然对立的，在《吕氏春秋》中多处言及义利的密切关系，如：

　　义之大者，莫大于利人，利人莫大于教。（《尊师》）

　　故义之为利博矣。（《上德》）

　　君子计行虑义，小人计行其利，乃不利。有知不利之利者，则可与言理矣。（《慎行》）

对于《吕氏春秋》的"义"，冯友兰认为，"义"本有"应当如何"之意，也就是"什么是应当做的"之意，并认为《淮南子·主术训》中的"义生于众适"，《淮南子·缪称训》中的"义者，比于人心而合于众适者也"与《吕氏春秋》的"义"相似。冯友兰先生还引《吕氏春秋·慎行》之"君子计行虑义，小人计行其利，乃不利。有知不利之利者，则可与言理矣"解释说，"义即是不利之利"，"公利是不利之利"，实际上"不利之利"亦是"利"。

　　这就是说，《吕氏春秋》所说的"义"一方面指的是合于客观原则及大众利益的内容，同时"义"（"名"）是"不利之利"，亦是"利"。这种"不利之利"之所以是"利"，在于它的功用性。《吕氏春秋》认为以义用民则得用者众，以义用兵则攻者荣，以义断事则事无失，以义决死则生不辱。计"义"与否涉及利益的长远与短暂，"义"可以使"利"长远，也可能使"利"最大化。

　　"义"虽然也具有抽象的内涵，但"义"的具体内涵随着时代的变化而变化，所谓"义"在某一时代或群体可以称之"义"（"议"），而在另一不同的时代或群体则不是"义"。时代不同，"义"的内容也随之变迁，但也有一些人类理性的积淀成为普遍的泛世道德观念。"义"因为符合一个时代或一个群体的共同利益，也就是在一定的程度上合于天地之道的"公"，这样便可以达到长久（相对的），而以此为基准所选择的"利"则可以成为长远的"利"。这种主张虽然不符合短期的功利计算但可以获得国治身安这一根本大利，而不计"义"的一时之"利"则只能是昙花一现，其结果相较于计"义"的"利"只能称其为"不利"。

　　《吕氏春秋》"尚义"，但"义"只是手段，而不是目的，手段不等同于目的。《吕氏春秋》之所以说"仁义之术外也"，是把"义"视为"术"，是一种达到目的——长久之"利"的手段，是一种外在的形式。《吕氏春秋》认为缺乏此外在的合宜"形式"的弊害不易达成自身（包括君、统治者）的目的，单纯的趋利"固不可必也"。它之所以说"义也者，万事之纪也"，是因为它看到"义"的功用。在《吕氏春秋》看来，"义"是一个决定君臣、上下、亲疏和治乱、安危、过胜的重要的因素：

君臣、上下、亲疏之所由起也，治乱、安危、过胜之所在也。（《论威》）

虽然《上德》有曰："为天下及国，莫如以德，莫如行义。"以德义治国，但并不是以"义"为最终的目的，只是"为天下及国"的"术"，它称曰："故义之为利博矣。"在《无义》篇中说得更为具体和明了："故义者……万利之本也，中智之所不及也。不及则不知，不知趋利。趋利固不可必也……以义动则无旷事矣……天下皆且与之。"不知"义"就是"不知趋利"，因为"义"可以成就"利"的最大化，"义"的最终目的是"利"。可见"义"只是方法和手段，而非目的。《吕氏春秋》所以主张谋划行动时要考虑道义，是因为这样做可以获得国治身安的根本大利；所以反对不顾道义追求私利，是因为不顾道义追求私利实际上并不利，而并不是反对和抛弃"利"。《慎行》中举费无忌和庆封为例，说明不顾道义可能会得到一些眼前的利益，但最终会招致灭亡，是根本的"不利"。

在《吕氏春秋》看来，一方面"义"可以对"利"的实现有着良好的促进作用，"义"是"利"，同时"义"又是冠冕堂皇地合于天地之"道"的（相对的），可以借"道"之势从而实现和保有长久之"利"。这是"义"的价值与功用所在。

计利与功用是《吕氏春秋》所处时代的特征，可用、可达到目的是至为重要的。《吕氏春秋》也不例外，如在《长攻》中所举勾践灭吴、楚王灭蔡、赵襄子灭代都是"有功"而不循"义"的范例，并称说："后世称之，有功故也。有功于此，而无其失，虽王可也。"但是《吕氏春秋》认为，如果要使"利"最大化（表现在《吕氏春秋》追求长远利益的长久之利），就要在最大限度上

"法天地"之道，要将手段与目的、义与利统一起来，要兼顾理想与现实。所以胡适说《吕氏春秋》以"爱利主义"为主旨，虽然点明了它的功利倾向的特点，但"有用即可"并不能完全说明《吕氏春秋》的全貌。诚如钱穆先生所说："君子之中庸也，君子而时中（可离非道戒慎恐惧）。小人之中庸也，小人而无忌惮也。"《吕氏春秋》以"法天地"为宗旨，表明了它"得道"而"不离道"的旨趣与取向。《吕氏春秋》文中也多次引文阐明它的这一立场，如《谨听》引《周箴》曰："夫自念斯学，德未暮。"《务本》引《易》曰："复自道，何其咎，吉。"

而对待现实，《吕氏春秋》认为可为名、可为利，但它以义利兼得、"名实相保"为最高的理想境界。如《应同》说：

凡兵之用也，用于利，用于义。攻乱则脆，脆则攻者利；攻乱则义，义则攻者荣。荣且利，中主犹且为之，况于贤主乎？故割地宝器，卑辞屈服，不足以止攻，惟治为足。治则为利者不攻矣，为名者不伐矣。凡人之攻伐也，非为利则因为名也。名实不得，国虽强大者，曷为攻矣？（《应同》）

"荣且利"，"名实相保"是《吕氏春秋》的至高理想和追求；在不同的情势、环境中或为"利"，或为"义"，是退而求其次的；"名实不得"是不应为的（"名实不得……曷为攻矣？"）。名实、义利兼得是实现长久之利的最佳途径和方法，是目的与方法的统一；名与义也因此有了现实的意义与功用，同时又不违背天地之道（不放弃理想，不离"道"），也使"道"不停留在玄思的境地。从这一角度来说，《吕氏春秋》追求目的与手段高度的协调与统一并因此兼顾理想与现实，从而达到"得而具"的境地。

诚如它说，"名实相保，之谓知道"。义利兼得，"名实从之"，"既有美名，又有其实"，是《吕氏春秋》的选择与理想：

举事义且利，以立大功，文公可谓智矣。（《不广》）

众封建，非以私贤也，所以便势全威，所以博义。义博利则无敌，无敌者安。（《慎势》）

《吕氏春秋》有对理想与现实之间差距的考量，也有显而易见的政治实践之目的和对可用、可操作的功用的诉求。当"义"仅仅被视为达到功利实用目的的一种手段与外在的形式时，无疑成为一种"阳谋"。但如果把《吕氏春秋》合于"道"之"义"仅仅看作为是求"利"的利益交换，就难免会得出"吕不韦小人"的结论，从而会忽视它相对于政治力量之外的理想价值观和它的超越时代范式拘囿的对"道"的体悟与理解，也会因此不能充分揭示其思想以及它在思想文化发展中的真实趋向。

3. 公与私

《吕氏春秋》用"大一"包容思想上的"广大""众多"（如《不二》篇所说的：老聃贵柔，孔子贵仁，墨翟贵廉，关尹贵清，子列子贵虚，陈骈贵齐，阳生贵已，孙膑贵势，王廖贵先），在现实中个人之"私"则是由"公而成其私"，由"大"而包容"小"。《谕大》说：

《夏书》曰："天子之德广运，乃神，乃武乃文。"故务在事，事在大。地大则有常祥，不庭，歧毋，群抵，天翟，不周，山大则有虎，豹，熊，蝮蛆，水大则有蛟，龙，鼋，鼍，鳣，鲔。《商书》曰："五世之庙，可以观怪。万夫之长，可以生谋。"空中之无泽陂也，井中之无大鱼也，新林之无长木也。凡谋物之成也，必由广大众多长久，信也。（《谕大》）

在《吕氏春秋》看来，法天地"无私覆、无私载"之"公"是得长久之利的途径与方法。"名实相保"是实现长久之利的途径和方法，也是《吕氏春秋》追求的最高境界；"大"与"小"、"公"与"私""交相为恃"，也可得长久：

天下大乱，无有安国；一国尽乱，无有安家；一家皆乱，无有安身。此之谓也。故小之定也必恃大，大之安也必恃小。小大贵贱，交相为恃，然后皆得其乐。定贱小在于贵大。（《谕大》《务大》）

""与"小""公"与"私"之所以要"交相为恃"，一方面是因为世界上万事万物是相关联的，任何事、物和人都不可能作为纯粹的个体存在，另一方面"贵"与"贱""大"与"小""公"与"私"也都是阴阳既对立又相互依附的关系，"小之定也必恃大，大之安也必恃小"，"小大贵贱，交相为恃"，是《吕氏春秋》阴阳观念的应用，也即是"法天地"之道。

《吕氏春秋》主张"必先公"。它认为天下大治"得于公"，"公则天下平矣，平得于公"，"昔先圣王之治天下也，必先公"。在《吕氏春秋》文中多处论及"公"的作用和"私"的弊害，如在《序意》中就说："夫私视使目盲，私听使耳聋，私虑使心狂。三者皆私设精则智无由公。智不公，则福日衰，灾日隆，以日倪而西望知之。"如果徇私而不由公，福泽必如太阳西沉般逐渐衰落。《慎行》也举费无忌与庆封为追逐自己私利的反面例证，说明背义求利或一味追求私利都终会招致灭亡。

从"公"的性质而言，这种"公"是合于天地阴阳之道，即合于天地的广大无私的，也即《去私篇》所说"天无私覆也，地无私载也，日月无私烛也，四时无私行也。行其德而万物得遂长焉"。对于"天地大矣，生而弗子，成而弗有，万物皆被其泽，得其利"也正体现了《吕氏春秋》"法天地"的主旨。《贵公》说："昔先圣王之治天下也，必先公。公则天下平矣。平得于公。"把"公"与"平"联系在一起，公则天下平，不公，则天下不平，把理想的社会组织直接与"公"挂起钩来，认为只有建立在公的基础上的社会组织，才是合于天道的，而可以长久，是人应追求的理想社会。

从"公"的内容来看，"公"即要"无偏无党""无偏无颇""无有作好""无有作恶"。刘泽华先生认为"公"是一个历史范畴，而且各家各派的理解又不尽一致。当时主要指如下几点：凡有明文规定者，一律按规定行事即是公；遵循当时人们普遍意识所形成的习惯和传统，如礼制等；要处理好国家和个人的关系。春秋以降，国家观念有了飞快地发展，君主与国家并不完全是一回事，国家之事为公，除此之外都为私，包括君主个人的事在内。《吕氏春秋》的《去私》篇中所举"庖人调和"浅显的例子非常直白地说明了要去私由公：

庖人调和而弗敢食，故可以为庖。若使庖人调和而食之，则不可以为庖矣。王伯之君亦然。诛暴而不私，以封天下之贤者，故可以为王伯。若使王伯之君

诛暴而私之，则亦不可以为王伯矣。（《去私》）

"公"是以"天下治"为目的，"公"则天下治、"天下治"才可以"有""利""子"，也就是说只有有"公"方能有"私"。《务本》就说：

> 三王之佐，其名无不荣者，其实无不安者，功大故也。俗主之佐，其欲名实也与三王之佐同，其名无不辱者，其实无不危者，无功故也。皆患其身不贵于其国也，而不患其主之不贵于天下也，此所以欲荣而逾辱也，欲安而逾危也。（《务本》）

它认为只有"先公"，方能有私，"定贱小在于贵大"。如果只是为一己之私而钻营则只会一无所有，毫无所得，正所谓"天下大乱，无有安国；一国尽乱，无有安家；一家皆乱，无有安身"。

可见《吕氏春秋》主张"公"而不无"私"，公而有私，并要以公成其私。《务本》亦云，"三王之佐能以公故名荣实安，俗主之佐无公故名辱实危"，就是说"公"安则"私"安，国强则家富，主尊则臣荣。"以公及私"，还可"名实"——名誉和实利兼得，如《务本》引《诗》云："有唵凄凄，兴云祁祁。雨我公田，遂及我私。"它还以为"智而用私，不若愚而用公"，这是公而不求私而达成私的取向。

公而有私，究其原因不难看出是因为"法天地"而合于天地阴阳之道，《务本》并引《易》说曰："复自道，何其咎，吉"，就是说只要是"法天地"之道则为吉。

《吕氏春秋》认为天地"无私覆、无私载"，其意是天地"至大无外"（至公）而通纳天下万物，当然也包括和容纳每一个至小（私），并不因为其"小"（私）而被排斥在外。天道因"无私覆、无私载"，并正因万物各得其宜（通），天道得以运行不止。万物各得其宜则天道才得以运行不止，也即是对万物各自有存在的道理与权力的认同。《吕氏春秋》虽然主张要平私意（《序意》"行其数，循其理，平其私"），但并不意味着要无私意或是剔除私意，也不是漠视个体，而是要"万物皆被其泽，得其利"。

《吕氏春秋》认为由公及私，私可以得到最大限度的满足。《吕氏春秋》强调"公"并不是要泯灭"私"或个体，也不是束缚个体，而是认为"公"是"私"生存与发展的不可缺少的条件。它认为个体借助"公"的平台，可以使个体的能量得到最大限度的发挥，欲望得到最大限度的满足。于公于私都可以使"利""长久"，而可以长久之"利"才是最大的"利"，这也是《吕氏春秋》"贵公"之说的最有力的说服论据。

基于考虑和顾及个人之私是合于"天地"之"道"的，每一个人顾及自己的私利是"人之情"，是合"情"的，也是合"理"的。但是每一个人因为身处之环境以及身兼的责任，其欲望的满足与否有着极大的玄机，往往拥有意味着失去，放弃意味着获得。《有度》中就有如此之问："奚道知其（指尧舜）不为私？"从《吕氏春秋》用季子之言的回答来看，《吕氏春秋》认为"节己"，亦即"适欲"是解决的最佳途径：

诸能治天下者，固必通乎性命之情者，当无私矣。夏不衣裘，非爱裘也，暖有余也。冬不用翣。非爱翣也，清有余也。圣人之不为私也，非爱费也，节乎己也。节己，虽贪污之心犹若止，又况乎圣人？许由非强也，有所乎通也。有所通则贪污之利外矣。（《有度》）

"有所通"，除了"通乎性命之情"之外，还要通晓"大"与"小""公"与"私"之辨。每一个人可以顾及自己的私利，但除了依靠社会所具有的"定分"的功能，使个人有再多的欲望也都无法超越其本分外，还需要人自身的"节己""适欲"。就是当人为追求自身利益的满足而影响到他人或整体的利益时，不能"贪于小利以失大利"，人自我之欲望与需求应体察外在的情势，因为自我与外在社会不可分。《吕氏春秋》认为要节制自身"私"的欲望。

《吕氏春秋》"节己""适欲"也就是克制自己的欲望，不以损害别人及整体的代价牟取自己的利益。对于社会整体来说，任何个人或局部为社会的更大整合或共同利益而克制自己的欲望，虽然会使个人或局部在短期内得不偿失，但会给整体及社会带来更大增益；对个人来说，虽然不符合短期的功利计算，却可以因此得到从长期来看的好处，而一味追求私利并不利。《吕氏春秋》所说"节己"与"适欲"又有一定的限度，是"节"与"适"，而不是"强"，"不强"是基于对"公"与"私"的"交相为恃"的体认。《吕氏春秋》认为人以"适"与"节"为度，进而谋求全体之利益。

在《吕氏春秋》看来，"大"与"小""公"与"私"并不是不能相容，也不是极端对立的，而是相辅相成，"交相为恃"。这是人对自我个体、自我意识欲望的肯定以及对群体、社会既独立又迎合的立场，从中可以看出在一个传统秩序与信仰重新整合时代的思想取向，是人在自身的真实存在之中所体现的最高超越的更高一层次的超越。《吕氏春秋》也因而说：

冬与夏不能两刑，草与稼不能两成，新谷熟而陈谷亏，凡有角者无上齿，果实繁者木必庳，用智褊者无遂功，天之数也。故天子不处全，不处极，不处盈。全则必缺，极则必反，盈则必亏。先王知物之不可两大，故择务，当而处之。（《博志》）

而"雨我公田，遂及我私"，"智而用私，不若愚而用公"，可以视作阴阳相适、"当而处之"的具体方法。

4. 吕不韦与《吕氏春秋》之"利"

吕不韦有从"大贾"位及邦国宰相权臣的经历，作为一个成功的商人，他应熟识不失时机低买高卖的经营之术。对于商人来说，"时机"就意味着利润与金钱，但下面这段对话又显然不是一个普通商人所能有的远见卓识。《战国策》有云：

濮阳人吕不韦贾邯郸，见秦质子异人，谓其父曰："耕田之利几倍？"

曰："十倍。"

"珠玉之赢几倍？"

曰："百倍。"

"立主定国之赢几倍？"

曰："无数。"

吕氏春秋

《吕氏春秋》思想综述

　　不韦曰："今力田疾作，不得暖衣饱食；今定国立君，泽可遗后世，原往事之。"

吕不韦去找子楚前，先询问了其父的意见。从吕不韦与其父的这段问答看来，吕不韦看中的不是十倍或百倍之"利"。易言之，无论"耕田之利"还是"珠玉之赢"，乃至家累千金都不是"利"。吕不韦对"利"的看法与一般人是不同的，在吕不韦看来当"利"可"泽可遗后世"方能称为"利"，也就是说只有可以长久的"利"才是"利"。眼前的十倍或百倍之"赢"，抑或家累千金都只是鼠目寸光的蝇头小利，或者根本就不能称之为"利"。所以以一般商人来看待吕不韦并不妥当。

　　高仪便认为吕不韦"乃说客之雄，非直大贾也"。据《史记·吕不韦列传》记载：

　　（秦昭王）四十二年，以其次子安国君，为太子。……子楚为秦质……吕不韦贾邯郸，见而怜之，曰"此奇货可居"。……往见子楚（其时间不详）……安国君许之，乃与夫人刻玉符，约以为适嗣。……秦昭王五十年……赵欲杀子楚。……秦昭王五十六年，薨，太子安国君立为王……子楚为太子。秦王立一年，薨，谥为孝文王。太子子楚代立，是为庄襄王。……庄襄王元年，以吕不韦为丞相……封为文信侯，食河南雒阳，十万户。

从时间上来，吕不韦将失意王孙子楚一步步培养成一国之君，自己则从大贾而跃及权臣，历时十余年之久。也许吕不韦可能也没有想到秦昭王在位能长达"五十六年"，但是足见吕不韦对"利"的看法有着独具只眼之处。吕不韦不惜损失千金的眼前利益，而最终权炙一时。作为一个以知"时宜"投机成功而跃居权臣的商人出身的吕不韦，对如何保有既得利益、如何获得最大化利益，应该从他自己充满博弈的经历中总结出不少的经验。而《序意》中引文信侯曰：

　　尝得学黄帝之所以诲颛顼矣："爰有大圜在上，大矩在下，汝能法之，为民父母。"（《序意》）

　　"法天地"之说很可能凝练了吕不韦自身数十年的博弈经验。虽然"法天地"

有《吕氏春秋》借（天地之）势和从自然法则中获得力量和权威的可能，但"法天地"不啻为《吕氏春秋》的治世的理想。

从《吕》书来看，纵然书中内容并非由吕不韦一人写作或完成，但全书的主旨思想乃至最后的审核查定，他一定参与了指导。在《序意》篇里，吕不韦亲口回答了良人所问的关于《十二纪》的问题，显然吕不韦是清楚明了此书内容的。吕不韦对《吕氏春秋》，至少对十二纪的内容，应该有相当程度的影响。

对于作为新贵和权臣的吕不韦来说，在庄襄王时代，以及在秦王政亲政前，当"文信侯""仲父"与做"王"并无实质性的区别。秦王政亲政，吕不韦的地位将受到不可避免的影响（参与编撰《吕氏春秋》的宾客与吕不韦之利益可以说是合二为一的）。吕不韦在秦王政行将亲政前布书于天下，很可能是希望《吕氏春秋》对秦王政产生一定的作用与影响。因为尽管秦王政的行事作风与其父庄襄王决然不同，但秦王政或许可能被"教诲"而成为第二个庄襄王，况且取秦王政而代之有会背负一些"不义"之名，这可能都在吕不韦的考虑之中。

在吕不韦看来，自身与秦王政乃至与"国"的利益如何调和，是一个大问题和难题。如何可以"得而具"，这个问题涉及对自身、社会各阶层、君主和国家等多方利益的权衡。《吕氏春秋》认为，虽然彼此间利益与矛盾错综复杂，但从长远利益而言，应该"相安"为"利""相害"为"危"。《观表》有曰：

天为高矣，而日月星辰云气雨露未尝休也；地为大矣，而水泉草木毛羽裸鳞未尝息也。凡居于天地之间，六合之内者，其务为相安，利也，夫为相害，危者，不可胜数。（《观表》）

世界是无限的，世界中的事物种类繁多，它们有的在陆地上，有的在水中，有的在天上，有的在地下，有的是社会的，有的是自然的。它们相互区别或彼此对立，但同时又是相互联系、彼此制约的。天地之间的万物彼此相安则互利，彼此相害则互危。

这是从一个大而高远的视野来看待世事万物。简单地说，这是从一个整体观的视角，处理"私"与"公""小"与"大"以及"近"与"远"的关系。吕不韦对此应该有非常深刻的见解，如《序意》中说，只有"智公"方可长久，"小大贵贱""交相为恃"，对"有渰凄凄，兴云祁祁。雨我公田，遂及我私"有深刻的体认。在《吕氏春秋》看来作为君主，更是应该通晓其中的利害关系。如它劝诫君王说：

人主之患，患在知能害人，而不知害人之不当而反自及也（《骄恣》）。虽然吕不韦可能已感觉到秦王政的野心和一些不祥的预感，但吕不韦在秦王政亲政前写成《吕氏春秋》，很可能还存有改变或影响秦王政的一些侥幸。

其实在吕不韦看来作为国或天下的统治者，并非一桩益事。

贤主愈大愈惧，愈强愈恐。凡大者，小邻国也；强者，胜其敌也。胜其敌则多怨，小邻国则多患。多患多怨，国虽强大，恶得不惧？（《慎大》）大国如此，人君更是如此，为"君"并不是什么轻松的好事。再如《求人》举例说：

昔者尧朝许由于沛泽之中，曰："十日出而焦火不息，不亦劳乎？夫子为天子，而天下已治矣，请属天下于夫子。"许由辞曰："为天下之不治与？而既已治矣。自为与？鹪鹩巢于林，不过一枝；偃鼠饮于河，不过满腹。归已，君乎！恶用天下？"遂之箕山之下，颍水之阳，耕而食，终身无经天下之色。并说故贤主之于贤者也，物莫之妨，戚爱习故不以害之，故贤者聚焉。贤者所聚，天地不坏，鬼神不害，人事不谋，此五常之本事也。（《求人》）也可以表明吕不韦并无觊觎天下的企图，劝诫秦王政"勿相害"，要"相安为利"，如此若得"贤者聚"，为国之大幸。

但是参与《吕氏春秋》编撰的吕家宾客虽然与吕不韦的利益紧密相连，却"未尝不有取秦而代之意"。"彼辈推尊不韦，谓其宜为帝王，夫岂不可"，方孝孺也称"其书诋誉时君为俗主，至数秦先王之过无所惮"。钱穆先生曾说："余疑此乃吕家宾客借此书以收揽众誉，买天下之人心。俨以一家《春秋》，托新王之法，而归诸吕氏。"《吕氏春秋》中也有多处以"智公"方可长久为目的，而提到禅让，这些可能反映了吕不韦的宾客推尊吕不韦为帝王的心态。《士容》有曰：

知人情不能自遗，以此为君，虽有天下何益？故败莫大于愚。愚之患，在必自用。自用则戆陋之人从而贺之。有国若此，不若无有。古之与贤从此生矣。非恶其子孙也，非徼而矜其名也，反其实也。（《士容》）

吕不韦宾客众多，宾客对吕不韦也颇为忠心（吕不韦死后，"其宾客尤不去"；也似有不顾忌秦王政之嫌），而吕不韦最终没有逃脱"其与家属徙处蜀"与死亡的命运，不能不说这与宾客"推尊不韦，谓其宜为帝王"的心态有非常密切的关系。据《史记·吕不韦列传》记载，"秦王十年十月，免相国吕不韦。及齐人茅焦说秦王，秦王乃迎太后于雍，归复咸阳，而出文信侯就国河南"。但是"岁余，诸侯宾客使者相望于道，请文信侯。秦王恐其为变，乃赐文信侯书曰：'君何功于秦？秦封君河南，食十万户。君何亲于秦？号称仲父。其与家属徙处蜀！'""诸侯宾客使者相望于道，请文信侯"的这一举动很可能使秦王政更为畏忌与不满，而最终导致"吕不韦自度稍侵，恐诛，乃饮鸩而死"的结果。

（三）"贵生"是《吕氏春秋》的论说手段

《吕氏春秋》认为人生有"欲"、求"利"是人的自然之情，这是基于对人"性命之情"的体察。对于每一人来说最根本的大利、长久之利，就是生命，"贵生"即是求"利"。《吕氏春秋》以"便生"为旨归，同时"贵生"也是《吕氏春秋》的论说手段。

1. "贵生"即是求"利"

《吕氏春秋》从"性命之情"和"利"的角度讨论"贵生"。"人性人情大致是一个问题，是当时诸子认识社会与人的理论原点"。《吕氏春秋》认为"天生人而使有贪有欲"，"欲"是人生而有之的，求"利"是天经地义的。《吕氏春秋》既不像孟荀主张"人性善"或"人性本恶"，也不同老庄的"清心寡欲"。《吕氏春秋》主张贵生重己，多继承杨朱，但它力图要把人的欲求与人所

处的社会环境结合起来，以"便生"（利生）作为衡量的标准去取人的欲求，利于"生"则取，不利于"生"则弃。

始生人者，天也人，无事焉。天使人有欲，人弗得不求；天使人有恶，人弗得不辟。欲与恶，所受于天也，人不得与焉，不可变，不可易。（《大乐》）人乃阴阳所化，人的欲求也是本于"太一"，是阴阳变化中形成的。"欲"是人的自然本性，是不能、也不应该禁止的。《吕氏春秋》认为人皆有欲，人为满足个人利欲的追求，是天经地义的，是自然而然的"人之情"。

人之情，欲寿而恶夭，欲安而恶危，欲荣而恶辱，欲逸而恶劳。四欲得，四恶除，则心适矣。四欲之得也，在于胜理。胜理以治身，则生全以；生全则寿长矣。（《适音》）

人情欲生而恶死，欲荣而恶辱。（《论威》）
所谓"情"，即指情实。物有"物情"、人有"人情"，所谓"物情""人情"，即指人或物的实际情况，自然而然的情实，如它说："耳之欲五声，目之欲五色，口之欲五味，情也。"《吕氏春秋》主张要"缘物之情及人之情"，所谓"缘"，即依循之意，是非可不可以是否符合实情为准。《吕氏春秋》认为这样才能看到事物的根本，行为举措才会适宜、得当。以下在《吕氏春秋》看来都是"人之情"：

人之情，不能乐其所不安，不能得于其所不乐。（《诬徒》）

人之情，恶异于己者……人之情，不能亲其所怨，不能誉其所恶。（《诬徒》）

人之情，莫不有重，莫不有轻。有所重则欲全之，有所轻则以养所重。（《诚廉》）

人之情，非不爱其子也……非不爱其其身……非不爱其父也。（《知接》）

人有"欲"是"人之情"，就如同天有春夏秋冬一样，"人生本存在于自然之中，人类不能脱离自然而生存，亦可以说人是自然的一部分"。现实中的人基本上是相同的，不同的东西仅是次要的（如长相之各异），人有欲求是自然的、天生的；人我相同、古今相同，是普遍的，如它说：

性者，万物之本也，不可长，不可短，因其固然而然之，此天地之数也。（《贵当》）

性者，所受于天也，非人之所能为也。武者不能革，而工者不能移。（《荡兵》）

耳之欲五声，目之欲五色，口之欲五味，情也。此三者，贵贱、愚智、贤不肖欲之若一，虽神农、黄帝，其与桀、纣同。（《情欲》）

《吕氏春秋》认为人有相同的本质，无论什么地域的人，什么时代的人，都具有相同或类似的要求，没有时空的限制，是"古今一也，人与我同耳"。《吕氏春秋》试图从人本身、人的自然感官及需求去理解和说明人，力图本于情实而不附加人为的或外在的时代道德观。《吕氏春秋》对人欲的分析可以说是超越了社会、道德判断的局限。

《吕氏春秋》所说的人我相同、古今相同的"性命之情"并不是通常意义理解上的一成不变的东西。在历史现实中，所谓持久不变有着具体的多样性的不同，不变隐于变之中。《吕氏春秋》注重人之欲求在现实中的不同表象，并以"察因"的方法分析和对待各种不同的表象，进而上升为要知"一"与不变。

《吕氏春秋》承认差异的存在，万物不同是天生如此，是"情"。天生万物，芸芸众生，有众多的差异与不同。尽管人的欲望因人、因时、因事各不相同，但是人皆有"欲"，人也都追逐自身欲望的满足。也就是说人的欲望不同，那么每个人所认为的"利"也就不同，逐欲求利的方式也各异，但人人为"利"的逐欲之心不变。求"利"是"人之情"。

《吕氏春秋》从"利"的角度讨论"贵生"，认为重生贵己可以带来长远的好处。生命的存在与长久是人追逐欲望、利益满足的基础和前提条件，生命是万事之本。虽然"贵生"是每一个人都会认同的"利"，"生"本是最大的"利"也是不可替代的"大利"，但是人常常被"生"以外的"欲"和"利"

所迷惑。《吕氏春秋》认为要"贵生重己"，生命是人之"大利"，它一朝既失，永远不可复得，外物之利远远不能与"生命"之利相提并论。《重己》称曰：

> 今吾生之为我有，而利我亦大矣。论其贵贱，爵为天子，不足以比焉；论其轻重，富有天下，不可以易之；论其安危，一曙失之，终身不复得。

> 夫弗知慎者，是死生存亡可不可未始有别也。未始有别者，其所谓是未尝是，其所谓非未尝非。是其所谓非，非其所谓是，此之谓大惑。若此人者，天之所祸也。以此治身，必死必殃；以此治国，必残必亡。（《重己》）

对于不知"贵生"的人，也就是根本不懂得什么是死生、存亡、可与不可，也就更不可能知道究竟什么是"利"。在《吕氏春秋》看来不知"贵生"，就是不懂根本，是"大惑"，其结果必然是"死、殃""残、亡"。

《本生》通篇讲贵生、养生之要，把保全生命作为根本，指出要"以物养性（生命）"，而不能"以性（生命）养物"，"利于性则取之，害于性则舍之"才是重生、贵生之道。

2."生"（"寿"）是根本

在《吕氏春秋》看来，人的欲求无外于"欲寿而恶夭，欲安而恶危，欲荣而恶辱，欲逸而恶劳"，人人皆欲"贵、富、寿"，而不欲"贱、贫、夭"。从人的这些欲望而言，"寿"是生命的存在是根本，"贵、富"乃身外之物。

欲求是人的自然本性，人的内在欲求，是感受外部存在的主体条件，而外部形形色色的"富、贵"，又势必引起或刺激主体的欲求。《吕氏春秋》认为"生以寿长，声色滋味能久乐之"。也就是说虽然"寿"和"贵、富"都是人之所欲，但显而易见只有有"寿"才可长享"富、贵"和"声色滋味"之"乐"，"富、贵"和"声色滋味"可能可以是"乐"的前提，但相对于生命而言，只是外物。《审为》说得非常明了："能尊生，虽贵富，不以养伤身；虽贫贱，不以利累形。"《本生》也说："物也者，所以养性也，非所以性养也。"要用外物来润养自己的生命，如果不懂利用，只会危害到自身的生命与长寿。

而"至富""至贵"无过于国与天下，《吕氏春秋》认为生命才是根本，贵为"天子"也无法用来换取生命，更何况其他事物，因为生命"一曙失之，终身不复得"。它认为：

> 道之真，以持身；其绪余，以为国家；其土苴，以治天下。由此观之，帝王之功，圣人之余事也，非所以完身养生之道也。今世俗之君子。危身弃生以徇物，彼且奚以此之也？彼且奚以此为也？凡圣人之动作也，必察其所以之与其所以为。（《贵生》）

> 人之情莫不有重，莫不有轻。有所重则欲全之，有所轻则以养所重。（《诚廉》）

就是说要分清孰轻孰重，权衡利弊得失，要重其所重，轻其所轻，不能本末倒置，"身者，所为也；天下者，所以为也。审所以为，而轻重得矣"。但是世人却常常为外物所惑，重物轻生，很难做到全生养性，不为功名利欲所驱使，结果则是"以性养物"，这是"不知轻重"的逐本求末。

对于身外之物，如"富、贵""声色滋味"凡此种种都只是赡养生命的东西，并不是最终的目的，任何时候都不应本末倒置。当对身外之物的利益追逐导致"生命"这一最基本的利益丧失时，应停止追求以保全更长久的利益，这就是理性的节制（"适"或"啬"）。

> 今有声于此，耳听之必慊已，听之则使人聋，必弗听。有色于此，目视之必慊已，视之则使人盲，必弗视。有味于此，口食之必慊已，食之则使人瘖，必弗食。（《本生》）

天下事物以生命为最可贵，因此要"害于生则止"，"利于生者则为"。"圣人之所以异者，得其情也。由贵生动，则得其情矣；不由贵生动，则失其情矣。此二者，死生存亡之本也"，只要有利生命则取之，不利生命就弃之，以"贵生"与否作为权衡标准，不要因小失大，把重视生命当作是治理天下的根基，"圣人深虑天下，莫贵于生"，因此，即使可得天下，也不肯有害于生，也不主张为天下而害己劳形伤神。

"生命"是人生所有欲望的根基，是重中之重。对于身外之物，诸如对

《吕氏春秋》思想综述

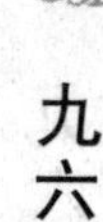

"富、贵""声色滋味"的追逐，如果不知以重生、贵生为本，而不加节制的话，那么还不如"贱、贫"，所以"古之人有不肯贵富者"，"非恶富贵也，由重生恶之也"。"富、贵"虽是人生的大的欲望，但与人的生命——"寿"比较起来，就是微不足道的了。它认为："贵富而不知道，适足以为患，不如贫贱。"正所谓"道之真，以持身；其绪余，以为国家；其土苴，以治天下"。

人追求"富、贵"欲望的满足，这种追求是人的自然之情，但是当这种对生命之外的外物追逐而损害"生"（"寿"）这一最基本的利益时，应停止追求以保全生命的长久，所谓"人之情莫不有重，莫不有轻。有所重则欲全之，有所轻则以养所重"，就是说视情势重其所重，轻其所轻。这种节制是在"富、贵"与"寿"（"生"）之间的利弊得失的权衡，《吕氏春秋》说要"啬其大宝"，"大宝"即是人的生命。人如果以生命为代价而谋求富贵、权势，其实不过是犹如"以随侯之珠弹千仞之雀"，是得不偿失的，因为生命一旦失去，一切皆如云烟。

3. "贵生"与"全生"

尽管《吕氏春秋》认为生命的价值，高于一切，一直强调"天下莫贵于生"这种观念，但是它并不单单以保持"生"为最高理想，这就是为后人所常引用的《贵生》篇中的"迫生不若死"，因而"生"并非天下至最。《贵生》引子华子曰：

全生为上，亏生次之，死次之，迫生为下。（《贵生》）

并进一解释道：

所谓尊生者，全生之谓；所谓全生者，六欲皆得其宜也。所谓亏生者，六欲分得其宜也。亏生则于其尊之者薄矣。其亏弥甚者也，其尊弥薄。所谓死者，无有所以知，复其未生也。所谓迫生者，六欲莫得其宜也，皆获其所甚恶者。服是也，辱是也。辱莫大于不义，故不义，迫生也。而迫生非独不义也，故曰迫生不若死。奚以知其然也？耳闻所恶，不若无闻；目见所恶，不若无见。故雷则掩耳，电则掩目，此其比也。凡六欲者，皆知其所甚恶，而必不得免，不若无有所以知。无有所以知者，死之谓也，故迫生不若死。嗜肉者，非腐鼠之谓也；嗜酒者，非败酒之谓也；尊生者，非迫生之谓也。（《贵生》）

如果只是为了活得久，而"凡六欲者，其知其所甚恶，而必不得免，不若无有所以知，无有所以知者，死之谓也，故迫生不若死。嗜肉者，非腐鼠之谓也；嗜酒者，非败酒之谓也；尊生者，非迫生之谓也"，"六欲莫得其宜""皆获其所甚恶"，就是"迫生"，"迫生"尚不如死，死不过是"无有所以知"，为"未生"而已，"迫生"则是活受罪。如果用苟且偷生的方式来委屈自己而使生命久长（"寿"），根本是生不如死。

《过理》篇中就有对君主只图保全性命而毫无追求的嘲讽：

齐湣王亡居卫。谓公王丹曰："我何如主也？"王丹对曰："王贤主也。臣闻古人有辞天下而无恨色者，臣闻其声，于王而见其实。王名称东帝，实辨天下。去国居卫，容貌充满，颜色发扬，无重国之意。"王曰："甚善！丹知寡人。寡人自去国居卫也，带益三副矣。"（《过理》）

齐湣王亡国却无"重国"之意，身为一国之主却毫无谋求富国的思虑而"带益三副"，在《吕氏春秋》看来，这不是一个君主应有的作为。

《吕氏春秋》推崇的是"全生"，而非仅仅是"贵生"。"全生"与"贵生"并不等同。《吕氏春秋》认为生命的最高境界是"全生"的境界，"全生为上"。所谓"全生"就是要让"六欲"各得其所，皆得其宜，如果身为君主的话，当然"权势"也应是"六欲"之一，如果一个君主连自己的权位都没有的话，也就不成其为君主了，也就是"六欲"不得其宜，应该谋求改变。

在学界研究中当论及《吕氏春秋》的"贵生"与"全生"思想时，大多数人一概而论，不做区别。不过日本学者马场英雄将"贵生"的轻物重生限定为人对外的名利权势等社会政治价值的取舍，而"贵生"的取舍则有赖于生命之利害的考量；利与害的考量，进一步又牵涉到人之生存最基本的生理感官需求，亦即"全生"的养生保性。但是从《贵生》中"全生者，六欲皆得其宜也"来看，尽管《吕氏春秋》并未对"六欲"给出明确的定义，但是"六"字本身有

吕氏春秋

涵盖"全部"和"所有"之义。马场英雄虽然对"贵生""全生"的比较分析似乎是递进了一步，但是仅仅涉及"人之生存最基本的生理感官需求"未免是将"全生"的内涵缩小了。其实"贵生"之"生"已经包含了"物质"与"精神"两个方面，而"全生"之"六欲皆得其宜也"乃为"生"的最高理想

操刀伤锦

境界。《吕氏春秋》中"全生"的内涵多于"贵生"，固然"贵生"之"生"有物质与精神两个方面，但《吕氏春秋》把"贵生"（生命的保持）与"全生"（欲望的满足）的区别加以细化，"全生"是重自觉而不重限制，重精神较高于重形体，所谓要"以贵生动"则是要以生命的考量为基本的前提。

从《吕氏春秋》来看"全生"是较"贵生"的更高一层次的追求，《吕氏春秋》推崇的是"全生"而非仅仅是"贵生"，"贵生"轻物重生是在对人对外的名利权势等等与生命间的取舍与权衡，重"寿"而轻"富、贵"，而"全生"则是在"贵生"之重生轻物的取舍前提下要达到的完美的"全其天"的理想境界。

冯友兰说"六欲皆得其宜"是"节欲"之意，亦即是《重己》《本生》《情欲》篇所说"适欲""全性之道"之意。也就是使"欲"恰得其宜。如：

> 昔先圣王之为苑囿园池也，足以观望劳形而已矣；其为宫室台榭也，足以辟燥湿而已矣；其为舆马衣裘也，足以逸身暖骸而已矣；其为饮食酏醴也，足以适味充虚而已矣；其为声色音乐也，足以安性自娱而已矣。（《重己》）

就是说"欲"不能过多也不能"无欲"，而要使"欲"不多不少恰到好处、适得其宜。欲望过多使人难以臻于"全其天"的完美境界，但"适欲"不是为淡化或者拂除人自身的欲望。"节欲"并非"无欲"，人有欲是自然之情，"无欲"则"与死无异"，所谓的生命（"寿"）无非是行尸走肉，在《吕氏春秋》看

来也是"过"与"逆"。如果因顺着人不太多的自然欲求来养护自己的生命，舍弃过度或过量的欲求，"制万物"以"养性"而达到"全生"，也就是可以"全其天"，这是人生最完美的境界，是人"法天地"而与天地同的境界：

故圣人之制万物也，以全其天也。天全则神和矣，目明矣，耳聪矣，鼻臭矣，口敏矣，三百六十节皆通利矣。若此人者：不言而信，不谋而当，不虑而得；精通乎天地，神覆乎宇宙；其于物无不受也，无不裹也，若天地然；上为天子而不骄，下为匹夫而不惽；此所谓全德之人。（《本生》）

4.《吕氏春秋》"贵生"的意旨

《吕氏春秋》认为"贵生"可以带来长远的好处。在《吕氏春秋》看来，长久之利才是"利"，同样，生命的长久——"寿"是人生之"大利"。生命的存在与长久是人追逐欲望、利益满足的基础，生命是万事之本。

《吕氏春秋》认为"人之情莫不有重，莫不有轻。有所重则欲全之，有所轻则以养所重。"就是说要分清孰轻孰重，权衡利弊得失，要重其所重，轻其所轻。对于外在的名利权势"富、贵"来说，生命是人生之大"利"，人要以便生利生为前提而进行取舍；人生有欲是自然之情，但欲望不能过多也不能"无欲"，"无欲"与死无异，"迫生"则不如死；"欲"皆得其宜，则是"全生"，"全生"是人生最完美的理想境界。

在《吕氏春秋》看来，"君"是一个特殊的个体，兼有"身"与"国"。君主同普通的人一样，有利欲之心，所以首先要"由贵生动"，要避免"害生"的后果；君主应以"全生"境界作为"生"的最高目标；君主肩负着"全国"的责任与义务。

《吕氏春秋》认为"完身全国""安国免身"是一个君主"全其天"的理想。也就是说身为一国之"君"如果可以"富、贵、寿"兼而有之，"身寿"与"国寿"可以"得而具"，在"贵生重己"与"天下治"之间得以两全的话，就是达到"全其天"的理想境界了。

承前所论，《吕氏春秋》认为说者"顺说"，可以达成论说的目的。同时

《吕氏春秋》中有"以适主心"的为臣之术，何以"适"秦王政之"心"，《吕氏春秋》应该有相当的考虑。在《适音》中，《吕氏春秋》说：

> 欲之者，耳目鼻口也；乐之弗乐者，心也。心必和平后乐。心必乐，然后耳目鼻口有以欲之。故乐之务在于和心，和心在于行适。夫乐有适，心亦有适。人之情：欲寿而恶夭，欲安而恶危，欲荣而恶辱，欲逸而恶劳。四欲得，四恶除，则心适矣。四欲之得也，在于胜理。胜理以治身，则生全以；生全则寿长矣。胜理以治国，则法立；法立则天下服矣。故适心之务在于胜理。（《适音》）

《吕氏春秋》认为"心乐"是人"耳目鼻口"感官之乐的基础，心是人的主宰，"心必乐，然后耳目鼻口有以欲之"；"心不乐"则"耳之情欲声，心不乐，五音在前弗听"。《吕氏春秋》认为"心乐"是"听言"的前提，"适"心则在于"胜理"，而《吕氏春秋》的"贵生"可谓是"胜理"之说。

"贵生"是每一个人都会认同的"利"，"生"本是最大的"利"也是不可替代的"大利"，但是人常常被"生"以外的"欲"和"利"所迷惑。当是时，秦王政正面临亲政，急需回收权力，秦王政对"权力"（"贵"）的欲求应该是达到了极点，同时从秦王政后来所表现的"亲为""贪于权势"等行事作风（《史记·秦始皇本纪》"始皇为人，天性刚愎自用……以为自古莫及己。专任狱吏，狱吏得亲幸。博士虽七十人，特备员弗用。丞相诸大臣皆受成事，倚辨于上……天下之事无小大皆决于上，上至以衡石量书……日夜有呈，不中呈……不得休息。贪于权势至如此"）来看，《吕氏春秋》很可能是以"贵生"之论作为"顺说"的手段。《吕氏春秋》试图以"贵生"之论，为秦王政指出"完身、全国"两全的"久乐"途径，并借以使"君"（秦王政）可以接受自己对人生及治世的见解，也为秦王政指出颇具实用性的"能之而不为"的经世主张提供了合理的前提。这是《吕氏春秋》"贵当""因循"方法的一种表现。

在《吕氏春秋》看来，"贵生"之论很可能对"天性刚愎自用"（《史记·秦始皇本纪》）的秦王政颇具说服力。天下之功业与生命对于秦王政来说都是他的欲求。"全生"是每一个人的完美的理想，对于秦王政来说更不例外。但人之生命、精力有限，不足以使所有的欲求都得到满足，所谓"天地不能两全"。治天下之大事，繁冗杂乱，非一人之力能为之，如若事必躬亲，愁心劳烦，而伤形费神，一旦伤及根本，生命"一曙失之，终身不复得"，天下之大业，也即如过眼云烟。《吕氏春秋》因而以"贵生"为前提，从"全生"的角度出发，为"君"指出了一条"身"与"国""生"与"欲"（"物"）可以两全兼得之策。故《勿躬》说：

> 袚篲日用而不藏于篋，故用则衰，动则暗，作则倦。衰、暗、倦，三者非君道也。大桡作甲子，黔如作虏首，容成作历……此二十官者，圣人之所以治天下也。圣王不能二十官之事，然而使二十官尽其巧，毕其能，圣王在上故也。圣王之所不能也，所以能之也；所不知也，所以知之也。养其神、修其德而化矣，岂必劳形愁弊耳目哉？（《勿躬》）

不需案牍劳形，不需"亲为"，而是"臣为"，通过"正名""审分""任数""尚法""用贤"等途径和方法，则可达到"全生"的境地。《吕氏春秋》对于循道任数和任人用贤等等不同的主张都给予了同等的重视。由"贵生"和"全生"，使"用贤"与"任数""尚法"等看似矛盾的方法统一为一休，这种倾向在集中讨论君道的《正名》《审分》《任数》《知度》《报更》等篇都有突出的表现。《吕氏春秋》主张君无为，臣有为（《任数》君道无知无为，而贤于有知有为），君（秦王政）既可以享乐又可以使国治（"全国免身"），可以"生以寿长，声色滋味能久乐之"使"富、贵、寿"之所有欲求"得而具"。

吕不韦是新贵族又是权臣，自己与国、秦王政的利益如何调和是吕不韦所面临的一大难题，这个问题涉及自己、社会各阶层、君主和国家等多方的利益，要考虑和权衡各阶层的利益及其和合，以求政治大局的稳定，既要从现实功利的角度出发，也要注重能够得以长治久安的理想之"道"。对君权的限制也是吕不韦需要考虑的重中之重，尽管从吕不韦自身角度而言可能会因上述君无为，臣有为等主张而继续掌控政局，使手中"仲父"之大权不外落，但从为政、治世方略的角度来说并不能算是私念。

"贵生"（重己）对于人来说，是人的性命之情，是亘古不变的，《吕氏春秋》的"贵生"之论是古往今来每一个人所"无所遁"的。基于对人的性命之情（亦即"一""道"）的体悟，同时也出于对秦王政"天性刚愎自用"（《史记·秦始皇本纪》）的了解，《吕氏春秋》以"贵生"之论为"为君说法"，并借以推行其为君之道。《吕氏春秋》以"贵生"与"全生"为出发点，切实抓住了人（包括秦王政）的根本与要害，也显示了为对方（"君"）着想之"诚"。

十四、《吕氏春秋》的辩证法思想

《吕氏春秋》并没有系统地讨论辩证法问题，只是在谈论具体事象时总结一些辩证法思想，这些总结当然不够全面，但也值得注意。大体说，《吕氏春秋》中涉及辩证法思想的可分为三类：a. 宇宙间一切事物都是普遍联系、互相制约的，推动事物发展的根本动力是矛盾。b. 对矛盾性质的认识，如矛盾的普遍性，主要矛盾和次要矛盾，一般矛盾和特殊矛盾，矛盾的转化，等等。c. 解决矛盾的方法，包括时机、条件等等。当然，《吕氏春秋》中的辩证法思想还是自发的，但也达到了相当深刻的程度。

（一）事物的联系和发展

《吕氏春秋》认为，人与天地、万物都是"与元同气"的都是由气产生的。这在总体上就把宇宙间的一切贯通、联系起来了。气分化为阴阳两个对立面之后，这种联系就变成互相依存、互相制约了。"凡生，非一气之化也；长，非一物之任也；成，非一形之功也。""非一气之化"就是"孤阴不生，独阳不长"，必须阴阳和合，才能化生万物。某物化生之后，还有个成长过程。这个过程也不是独自能够完成的，必须依赖众物、众形的互相协助才能成功，所以说"非一物之任""非一形之功"。这就是说，万物之间都不是彼此孤立的，而是互相渗透、互相依赖的。

但是，万物之间除了互相渗透、互相依赖的一面，还有互相制约、互相斗争的一面。

万物章章，以害一生，生无不伤；以便一生，生无不长。

天生阴阳、寒暑、燥湿，四时之化，万物之变，莫不为利，莫不为害。圣人察阴阳之宜，辨万物之利以便生。

这是说，万物之间有两重关系：一是"为利"的关系，一是"为害"的关系。"圣人"的任务在于考察阴阳（矛盾）变化的趋势，取其"为利"的一面以便生，去其有害的一面以卫生。

这两种关系总是统一在一个矛盾体之中，不可分割。

夫众之为福也大，其为祸也亦大。譬之若渔深渊，其得鱼也大，其为害亦大。

其幸大者，其祸亦大，非祸独及己也。

福与祸，利与害，总是相伏、相倚的。

（二）对矛盾的考察

既然事物是在对立统一的矛盾中发展变化的，那么，如何考察、分析、把握这种变化趋势呢？《吕氏春秋》在这方面是十分注意的，也是非常仔细的。它有如下几点认识：

1. 矛盾发展有一个过程。它说：

故凡乱也者，必始乎近而后及远，必始乎本而后及末。治亦然。

乱必有弟（第），大乱五，小乱三，讪（讨）乱三。

乱是一种矛盾爆发状态。这种爆发并非突如其来，而是由近及远，由本及末，一步一步地发展而来的。所谓"大乱五"云云，指的是晋国内乱。晋国自献公

立戎人骊姬为后开始，到文公称霸为止，互相残杀了二十年。"三君死，一君虏，大臣卿士之死者以百数，离（罹）咎二十年。"这个例子充分展示了矛盾发展的复杂性和长期性。

2. 矛盾是可以转化的。在矛盾发展的过程中，尽管情况千变万化，但有一条规律是不可动摇的，那就是"物极必反"。

若夫万物之情，人伦之传（迹）则不然：成则毁，大则衰，廉则剉，尊则亏，直则骫（曲），合则离，爱则隳……胡可得而必。

有知顺之为倒，倒之为顺者，则可与言化矣。至长反短，至短反长，天之道也。

这里的"化"指的是矛盾着的双方各自向相反的方向转化。这里的"道"指的是"物极必反"的规律。这类事例很多，如：

魏武侯之居中山也，问于李克曰："吴之所以亡者，何也？"李克对曰："骤战而骤胜。"武侯曰："骤战而骤胜，国家之福也，其独以亡，何故？"对曰："骤战则民疲，骤胜则主骄。以骄主使疲民，然而国不亡者，天下少矣。骄则恣，恣则极物；疲则怨，怨则极虑。上下俱极。吴之亡犹晚。此夫差之所以自殁于干隧也。"

吴王把骤胜的一面推向极端，结果便转化为败亡了。这是由胜转亡的例子。

越王苦会稽之耻，欲深得民心，以致必死于吴。身不安枕席，口不甘厚味，目不视靡曼，耳不听钟鼓。三年苦身劳力，焦唇干肺。内亲群臣，下养百姓，以来其心。……以与吴王争一旦之死。……于是异日果与吴战于五湖，吴师大败，遂大围王宫，城门不守，擒夫差，戮吴相，残吴三年而霸。

同吴王相反，越王把耻败的一面推向极端，结果便转化为强盛了。这是由败转胜的例子。

从以上两个事例中还可以看出，矛盾转化，并不是幻想的，而是有条件的。吴王转胜为败的条件是"民疲""主骄"。越王转败为胜的条件是"内亲群臣，下养百姓，以来其心"。由此又可以看出，在矛盾转化过程中，人的主观能动性是可以发挥巨大作用的。

3. 矛盾的特殊性和机遇性。《吕氏春秋》在注意到矛盾的普遍性和绝对性的同时，也注意到矛盾的特殊性和机遇性。"凡举事，无逆天数，必顺其时，乃因其类。"高诱注云："因顺其事类，不干逆。""天数"指一般规律，"其类"指特殊规律。宇宙间事类繁多，各有各的特殊性质。如果以一般规律硬套各类特殊事物，势必造成混乱。如果既能不违反一般规律，又能遵循特殊规律，那么，举事就能成功了。

人有大臭者，其亲戚兄弟妻妾知识无能与居者，自苦而居海上。海上人有悦其臭者，昼夜随之而弗能去。

陈有恶（丑）人焉，曰敦洽仇靡，雄颡广颜，色如浃（流）赪（红），垂眼临鼻，长肘而盩（曲）。陈侯见而甚悦之，外使治其国，内使制其身。

一个身有臭味的人，人人见而远之，而逐臭之夫却独悦其臭味，随之不去。一个面貌丑陋的人，人人望而生厌，而陈侯却情有独钟，宠幸有加。真是大千世界，无奇不有。这两个事例给人们的启示是：一般之外有特殊，正常之外有异常，不能把事情看死。

4. 矛盾的发展是不平衡的，总有主次之分。

权钧则不能相使，势等则不能相并，治乱齐则不能相正，故小大、轻重、少多、治乱，不可不察。此祸福之门也。
矛盾的两个对立面，总是有小有大，有轻有重，有少有多，有治有乱，不可能达到真正的均等齐一。认清了这一点，便能设法占据主导，处于优势，享有福利；反之，就会酿成灾祸。这是说，矛盾的发展总是不平衡的。

既然矛盾发展总是不平衡的，那就必然有主次之分。因此，聪明人就密切注意矛盾变化的趋势，抓住主要矛盾，解决重大问题。

凡智之贵也，贵知化也。人主之惑者则不然。化未至则不知，化已至，虽知之与勿知一贯也。事有可以过者，有不可以过者。而身死国亡，则胡可以过？此贤主之所重，惑主之所轻也。……危困之道，身死国亡，在于不先知化也。

有的事情可以放过，有的事情却不可以放过。如关系到身死国亡的大事。怎么能轻易放过呢？聪明的君主随时观察事态变化的趋势，抓住关键问题不放，而糊涂的君主却是胡子眉毛一把抓，轻轻放过关键问题。这是说，矛盾总是有主次之分，关键在于抓住主要矛盾。这在实践上具有重大意义。为了说明这个问题，《吕氏春秋》举了一个例子：

> 吴王夫差将伐齐，子胥曰："不可。夫齐之与吴也，习俗不同，言语不通，我得其地不能处，得其民不得使。夫吴之与越也，接土邻境，壤交通属，习俗同，言语通，我得其地能处之，得其民能使之。越于我亦然。夫吴、越之势不两立。越之于吴也，譬若心腹之疾也，虽无作，其伤深而在内也。夫齐之于吴也，疥癣之病也，不苦其已也，且其无伤也。今释越而伐齐，譬之犹惧虎而刺猏，虽胜之，其后患未央。"……（夫差）不听子胥之言，而用太宰嚭之谋……居数年，越报吴，残其国，绝其世，灭其社稷，夷其宗庙，夫差身为擒。

吴国与齐国有矛盾，与越国也有矛盾。这两对矛盾究竟谁主谁次呢？伍子胥进行了透辟的分析，指出吴越之间的矛盾是"心腹之疾"，是主要矛盾；而吴、齐之间的矛盾只是"疥癣之病"，是次要矛盾。夫差看不出吴、越之间矛盾发展的趋势，误信了太宰嚭之谋。结果弄到身死国亡的地步。可见，分析矛盾的主次是何等重要！

不仅国家大事如此，就是君主用人也是这样。一般说，一个人总是有优点和缺点，有长处和短处，完人是没有的。问题在于：要分清主流和支流，用其所长，避其所短。齐桓公就是具有这样头脑的人。

齐桓公听到宁戚的歌声，便断定他是一个"非常人也"，载回宫中后，和他谈了两次话，一次谈的是"以治境内"，另一次谈的是"以为天下"。于是桓公大悦，将委以重任。可是群臣都不以为然，建议派人到他家乡查问一下。"桓公曰：'不然。问之，患其有小恶。以人之小恶，亡人之大美，此人主之所以失天下之士也已。'"《吕氏春秋》评论这件事说：

> 凡听，必有以矣。今听而不复问，合其所以也。且人固难全，权而用其长

者，当举也。桓公得之矣。

齐桓公发现了宁戚的"大美"，毅然不顾其"小恶"，确实抓住了矛盾的主要方面。《吕氏春秋》从这件事提出了"人固难全，权而用其长者"的用人原则，是符合辩证法的。

5. 事物发展有一定的因果关系。

类同相召（招），气同则合，声比则应。故鼓宫而宫应，鼓角而角动；以龙致雨，以形逐影。

这是因果相应的理论根据。

师之所处，必生棘楚。祸福之所自来，众人以为命，安知其所？

战争之后，必然带来人口锐减，瘟疫流行，从而造成土地荒芜，荆棘丛生。一般人把这些结果归于天意、命运，而不了解造成这些结果的真正原因。这就是说，因果关系是事物发展中的客观存在，不依人们意志为转移，也不是什么超自然的力量着意安排的。

《吕氏春秋》还举了许多具体例证：

吴楚两个女子在楚国边界卑梁地方采桑，游戏中吴女打伤了楚女。后来事态不断扩大，终于酿成了吴楚大战。

鲁国的季氏与邱氏斗鸡，季氏斗败了，大怒，便夺取邱氏的宫室以扩大自己的住宅。邱氏更加愤怒，便挑拨鲁昭公诛讨季氏。结果，邱氏败死，鲁昭公惧而出奔于齐，后来死在晋国的乾侯。

郑公子归生率师伐宋。宋华元率师应之大棘，羊斟御。明日将战，华元杀羊享士，羊斟不与焉。明日战，怒谓华元曰："昨日之事，子为制；今日之事，我为制。"遂驱入于郑师。宋师败绩，华元虏。

这些事例，起因都是细小的，后果都是严重的。所以《吕氏春秋》说："故智士贤者相与积心愁虑以求之"，"凡持国，太上知始，其次知终，其次知中。三者不能，国必危，身必穷"。这是说，聪明人总是殚精竭虑地探求事物的因果关系。如果对事物因果关系茫无所知，那就势必造成国破身亡的惨祸。

《吕氏春秋》思想综述

《吕氏春秋》中还接触到现象和本质，偶然和必然，量变和质变等问题，但都没有深入下去，思路不够明确，这里就略而不谈了。

（三）处理矛盾的方法

观察矛盾，认识矛盾，目的就在于寻找处理、解决矛盾的方法。《吕氏春秋》在这方面下了很大功夫，找出了不少处理、解决矛盾的方法。归纳起来有如下几点：

1. 遵循规律，捕捉时机。解决矛盾，既不能主观蛮干，也不能消极坐等，必须遵循客观规律，捕捉随时到来的良机。

譬之若寒暑之序，时至而事生之。圣人不能为时，而能以事适时。事适于时者其功大。

事之难易，不在小大，务在知时。

举措以数，取予遵理，不可惑也。

这里所说的"时"和"理"都是指规律而言的。规律不能创造，只能适应。适应规律办事，就能大获成功。所以事情不在难易、大小，关键在于掌握规律，一切举措都要有适当的方法，一切取予都要遵循必然的道路，这是无可怀疑的。

三代所宝莫如因，因则无敌。禹通三江、五湖，决伊阙，沟回陆，注之东海，因水之力也。舜一徙成邑，再徙成都，三徙成国，而尧授之以位，因人之心也。

三代（指夏、商、周）的领袖们最重视的就是遵循规律，只要按规律办事，就可以一战胜一切困难。大禹治水，遵循了自然规律，虞舜治国，遵循了人事规律，结果都取得了巨大的成功。

在遵循规律的同时，还要善于捕捉时机。

圣人之于事，似缓而急，似迟而速，以待时。

凡遇，合也。时不合，必待合而后行。

这里的"时"是指时机而言。聪明人办事，似乎很慢，实际很急，似乎很迟，实际很快。问题在于时机。时机未到就很慢很迟，时机一到就很急很快。所以，办理事情，一定要等待时机，时机未到，就要耐心等待，千万不可盲动，必待时机成熟而后发。例如：

王季历困而死，文王苦之，有（又）不忘羑里之丑，时未可也。武王事之，夙夜不懈，亦不忘王（玉）门之辱。立十二年而成甲子之事。时固不易得！

周族的季历为商朝的文丁所杀，文王非常痛苦，而文王自己又被商纣囚于羑里，他并非不想报复，只是时机未到。武王继续事纣，小心谨慎，但还是被商纣羁于玉门。武王没有忘记这些仇恨，只是未遇时机。直到武王立后 12 年，时机才算成熟。武王抓住了这个时机，毅然举兵伐纣。甲子日会战于牧野，纣师前徒倒戈，一天就把商朝灭了。这则故事充分说明了时机的重要性。

时机是难得的，"天不再兴，时不久留"。但是如果时机已经成熟，而你却茫然不知，不会捕捉，那也会白白错过。

代火者必将水，天且先见水气胜，水气胜，故其色尚黑，其事则水。水气至而不知，数备，将徙于土。

《吕氏春秋》采用了邹衍的"五德终始"说，把五行相克的规律运用于人事，认为社会历史的发展是按照五行相克的规律进行的。周朝以火德王，时至战国，火德的气数已尽，将以水德代之，这是历史的机遇。可是，如果看不见这种机遇，轻易放过，那么，水数已备，火德就要越过水德而徙于土德了。所以《吕氏春秋》大声疾呼：

当今之世，浊甚矣，黔首之苦，不可以加矣。天子既绝，贤者废伏，世主恣行，与民相离，黔首无所告诉。

故贤主秀士之欲忧黔首者，乱世当之矣。天不再兴，时不久留，能不两工，事在当之。

呼吁"贤主秀士"们认清形势，把握机遇，消除浊乱，解救人民，顺应规律，统一天下。

2. 创造条件，灵活运用。解决矛盾，光凭规律、时机是不够的，还必须具备足够的条件。同时，还要根据形势的变化，采取灵活的方法。"绝江者托于船，致远者托于骥，霸王者托于贤。"没有船只不能渡江，没有良马不能远行，没有贤臣不能成为霸王。若要实现这些愿望，那就必须制造船只，寻求良马，任用贤臣，否则就不能达到目的。而且条件必须足够。

今有羿、蓬蒙，繁弱（良弓名）于此，而无弦，则必不能中也。中，非独弦也，而弦为弓中之具也。

有了第一流的射手，有了最好的弓箭，就是缺少一根弓弦，结果还是无法射中目标。要想射中目标，就得再造一根弓弦，否则就会功亏一篑。

夫立功名亦有具，不得其具，贤虽过汤、武，则劳而无功矣。汤尝约于郼（殷）薄（亳）矣，武王尝穷于毕裎（程或郢）矣，伊尹尝居于庖厨矣，太公尝隐于钓鱼矣，贤非衰也，智非愚也，皆无其具也。故凡立功名，虽贤，必有其具然后可成。

即使像汤、武、伊尹、太公这些杰出的人物，没有足够的条件，也是不能建立功业的。可见条件对于解决矛盾的重要性了。

客观形势在不断变化，方法必须随着更新，拘泥旧贯，势必造成失败。"武王以武得之，以文持之，倒戈弛弓，示天下不用兵，所以守之也。"当商纣大权在握，以暴力虐待人民，你同他讲仁义，说道理，是不行的，必须以武力推翻他。可是，商朝灭亡之后，历史形势发生了根本的转折。这时，就要制礼作乐，施行教化了。方法的改变是由攻守形势的不同而决定的。

楚人有涉江者，其剑自舟中坠于水，遽契（刻）其舟曰："是吾剑之所从坠。"舟止，从其所契者入水求之。舟已行矣，而剑不行，求剑若此，不亦惑乎！以故法为其国与此同。时已徙矣，而法不徙，以此为治，岂不难哉！

刻舟求剑的故事是对不顾形势、拘泥旧贯者的辛辣讽刺。同时指出，用这种方法治国是很难成功的。

3. 具体问题，具体对待。客观事物，种类繁多，各有特质，矛盾变化，瞬

息万千，因此，解决问题的方法也不能固守一辙，生搬硬套，必须具体问题，具体对待。"得道之人……以天为法，以德为行，以道为宗，与物变化而无所终穷。"懂得道理的人，一方面要遵守自然法则和社会规范，另一方面还要根据具体事物的变化而采取相应的方法来对付。变化无穷，方法也要无穷。这就是具体问题，具体对待。

暴虐奸诈之与义理，反也，其势不俱胜，不两立。

暴虐奸诈与义理的矛盾，是不可调和的，必须采取斗争的方法才能解决。

人之情，欲寿而恶夭，欲安而恶危，欲荣而恶辱，欲逸而恶劳。四欲得，四恶除，则心适矣。四欲之得也，在于胜（任）理。

思想上欲与恶的矛盾，只能用说理的方法来解决。明白了道理，就能正确对待欲、恶问题，能够正确对待欲、恶，思想情绪也就平衡了。

夫音亦有适。太巨则志荡……太小则志嫌（慊）……太清则志危……太浊则志下……故太巨、太小、太清、太浊，皆非适也。

何谓适？衷音之适也。何谓衷？大不出钧，重不过石，小大轻重之衷也。黄钟之宫，音之本也，清浊之衷也。衷也者适也，以适听适则和矣。

音的大小清浊之间的矛盾，只能用折中调适的方法来解决。

纣之同母三人，其长曰微子启，其次曰仲衍，其次曰受德。受德乃纣也，甚少矣。纣母之生微子启与仲衍也尚为妾，已而为妻而生纣。纣之父、纣之母欲置微子启以为太子，太史据法而争之曰："有妻之子，而不可置妾之子。"纣故为后。用法若此，不若无法。

微子启比纣贤明得多，只是拘于旧法名分而不得立。结果导致商朝的灭亡。《吕氏春秋》评论说"用法若此，不若无法。"这是对太史不知具体问题具体对待的愤怒和批评。

越王勾践以怨报德，乘人之危，灭掉吴国；楚文王用欺骗的方式灭掉息国和蔡国；赵襄子用阴谋的手段杀死代君，吞并代国。《吕氏春秋》评论说：

此三君者，其有所自而得之，不备遵理，然而后世称之，有功故也。有功

于此而无其失，虽王可也。

越王勾践、楚文王、赵襄子这三个人取得成功的手段虽然违反情理，但成就了他们的事业，所以还是得到后世的称誉。设若他们的事业成就，不是用违反情理的手段取得的，那就可以成为王者了。这很符合具体问题具体分析的原则。

4. 以退为进，持胜守盈。事物的发展并不是直线前进，而是螺旋形上升。与此相应，方法也不能呆板生硬，有时需要迂回，有时需要后退。

以辱为荣，以穷为通，虽失之前，可谓后得之矣。物固不可全也。

以屈辱求荣耀，以穷约求通达，虽说前面受点委屈，最后还是得到了满足。事情总是不能像理想的那么完美。这是用迂回的方法达到预期的目的。

人主之行与布衣异，势不便，时不利，事仇以求存。……《诗》曰："将欲毁之，必重累之，将欲踣之，必高举之。"其此之谓乎？

这是用后退的方法实现既定的目标。

按照"物极必反"的原理，做任何事都要留有余地，否则就会走向反面。

故君子之容……淳淳乎慎谨畏化，而不肯自足。

故天子不处全，不处极，不处盈。全则必缺，极则必反，盈则必亏。

为了防止事情走向反面，有远见的君子和天子总是不让自己的欲望、权势达到十分满足的程度。

十五、《吕氏春秋》的养生思想

《吕氏春秋》的养生思想是相当唯物的，也很实际。它认为，所谓养生，最终目的只是尽其天年而已，并不是长生久视，更不是得道成仙。人的寿命长短是有一定限数的。虽说人的寿命随着时代的进步而不断延长。但延长总有个限度。这是自然和历史决定的。可是，有些人却力图突破这个限制，想以修炼和服药的办法达到长生不老的目的。战国时代的道家和方术之士就是以此为旨归的。《吕氏春秋》则不然。它说：所谓年寿"长也者，非短而续之也，毕其

数也"。这里的"数"就是年寿的定数。比如说，战国时代人的年寿最长只能
长到百岁，那么，这百岁便是年寿的定数。养生的最佳效果，只能达到这个定
数，决不能在这个定数之外再延续几年。它说：

凡生于天地之间，其必有死。所不免也。

审知生，圣人之要也；审知死，圣人之极也。知生也者，不以害生，养生
之谓也；知死也者，不以害死，安死之谓也。此二者，圣人之所独决
（知）也。

夫死，其视万岁犹瞬也。人之寿，久之不过百，中寿不过六十。
这种生死观比道家和方士们的正确得多，养生观也比他们实际得多。

《吕氏春秋》就是在这种前提下讨论养生问题的。

首先，《吕氏春秋》认为，人类和其他万物一样，都是天、地所生的，都
是大自然的一个组成部分。因此，人类也和其他万物一样，必须顺应自然规律
而生活。

民无道知天，民以四时寒暑日月星辰之行知天。四时寒暑日月星辰之行当，
则诸生有血气之类皆为得其处而安其产。
这是说，人们通过"四时寒暑日月星辰之行"来了解自然，掌握自然规律，以
便顺应自然规律而生活而繁衍。

但是，自然规律乃至万物的特性，并不都是有利于人类的，也有为害的一
面。这样，就需要一些杰出人物来考察和辨明自然和万物的利害所在了。只有
分清了利害，才能取利以便生，去害以卫生。

天生阴阳寒暑燥湿，四时之化，万物之变，莫不为利，莫不为害。圣人察
阴阳之宜，辨万物之利以便生，故精神安乎形，而年寿得长焉。长也者，非短
而续之也，毕其数也。毕数之分，在乎去害。何谓去害？大甘、大酸、大苦、
大辛、大咸，五者充形则生害矣。大喜、大怒、大忧、大恐、大哀，五者接神
则生害矣。大寒、大热、大燥、大湿、大风、大霖、大雾，七者动精则生害矣。
故凡养生，莫若知本，知本则疾无由至矣。

这是说，人如果感受自然界的正气，适当摄取食物的营养，就能保持精神安稳，年寿久长。反之，如果接受了自然界的寒热、燥湿、风霖等不正之气，或者摄取甘、酸、苦、辛、咸等食物过甚，就会伤害生命；如果喜、怒、忧、恐、哀毫无节制，就会损伤神志。所以，所谓养生，就是要知道"四时之化，万物之变莫不为利，莫不为害"，从而"便生""去害"。知道了这个根本，疾病就不会发生了。这一思想很符合科学原理。

其次，《吕氏春秋》认为，阴阳是万物生长、发展、变化和消亡的根本。诸如植物的生、长、化、收、藏，动物的生、长、壮、老、死，都离不开这个根本。人是动物之一，因此，人的养生也必须法则阴阳。最重要的是保持阴阳平衡。

室大则多阴，台高则多阳，多阴则蹶，多阳则痿，此阴阳不适之患也。是故先王不处大室，不为高台，味不众珍，衣不燀热。燀热则理（脉）塞，理塞则气不达；味众珍则胃充，胃充则中大鞔（懑）；中大鞔而气不达，以此〔求〕长生可得乎？

这是说，人的衣食起居都必须加以节制，以保持阴阳平衡。人体内一旦失去阴阳平衡，疾病就会发生，更谈不上长生了。前面所引的"圣人察阴阳之宜"，意义即在于此。

饮食起居适，则九窍百节千脉皆通利矣。

凡食无强厚，味无以烈味、重酒，是〔以〕谓之疾首。食能以时，身必无灾。凡食之道，无饥无饱，是之谓五藏之葆。口必甘味，和精端容，将之以神气。百节虞欢，咸进受气。饮必小咽，端直无戾。

所谓"饮食起居适""五藏之葆"，就是保持体内阴阳协调。阴阳协调了，全身就能通泰。

凡事之本，必先治身，啬其大宝。用其新，弃其陈，腠理遂通。精气日新，邪气尽去，及其天年。此之谓真人。

"啬其大宝"就是珍惜体内的元气。"用其新"云云，就是保持体内正常的新陈代谢。新陈代谢就是在动态中保持体内的阴阳平衡。能保持体内的阴阳平衡，邪气就不能侵入，疾病就不会发生，从而也就能享尽天年。这种人就叫作"真人"。这个"真人"与道家所说的"真人"内涵大不相同，他既无神秘色彩，也无幻想成分，是现实世界的真人。

再次，《吕氏春秋》认为，天地、万物、宇宙、人生，一切都是变动不居的，永无休止。这种思想也体现在养生方面。

流水不腐，户枢不蠹，动也。形气亦然，形不动则精不流，精不流则气郁。郁处头则为肿为风，处耳则为挶（以手摒耳）为聋，处目则为瞇（蔑）为盲，处鼻则为鼽为窒，处腹则为张（胀）为疛（疛），处足则为痿为蹶。

凡人三百六十节，九窍五脏六腑。肌肤欲其比也，血脉欲其通也，筋骨欲其固也，心志欲其和也，精气欲其行也，若此则病无所居而恶无由生矣。病之留，恶之生也，精气郁也。故水郁则为污，树郁则为蠹，草郁则为蒉（殰）。这就是说，一切事物只能在永恒的运动中存在，一切生命只有在永恒的运动中才有活力。一旦运动停止，那就意味着事物的毁灭，生命的衰亡。

不过《吕氏春秋》的运动观只是循环的运动观，而不是辩证的运动观。它说：

日夜一周，圜道也。月躔二十八宿，轸与角属，圜道也。精〔气〕行四时，一上一下各与遇，圜道也。物动则萌，萌而生，生而长，长而大，大而成，成乃衰，衰乃杀，杀乃藏，圜道也。云气西行，云云（运运）然冬夏不辍；水泉东流，日夜不休；上不竭，下不满；小为大，重为轻。圜道也。这种运动观，在哲学上虽然有其局限性，但对人体来说却有其合理性。

复次，《吕氏春秋》认为，饮水的品质与谷物的品质对人的生理和健康也有一定的影响。

轻水所多秃与瘿人，重水所多尰与躄人，甘水所多好与美人，辛水所多疽与痤人，苦水所多尪与伛人。

这是水质对人的生理过程的影响。现代科学证明，这种说法是有道理的。

得时之稼，其臭香，其味甘，其气章；百日食之，耳目聪明，心意睿智，四卫（肢）变强。

这是符合食疗原理的，与养生之道也有密切关系。

最后，《吕氏春秋》把养生之道与君主、富人联系起来，假养生之名，行劝惩之实，以期通过他们对国家、社会发生积极影响。

夫水之性清，土者扣之，故不得清。人之性寿，物者抇之，故不得寿。物也者，所以养性也，非（以）性养也。今世之人，惑者多以性养物，则不知轻重也。……若此，则每动无不败。以此为君，悖；以此为臣，乱；以此为子，狂。三者国有一焉，无幸必亡。

是故圣人之于声色滋味也，利于性则取之，害于性则舍之，此全性之道也。世之贵富者，其于声色滋味也多惑者，日夜求，幸而得之则遁焉。遁焉，恶得不伤！

故圣人之制万物也，以全其天也。天全则神和矣，目明矣，耳聪矣，鼻臭矣，口敏矣，三百六十节皆通利矣。若此人者，不言而信，不谋而当，不虑而得；精通乎天地，神覆乎宇宙；其于物无不受也，无不裹也，若天地然；上为天子而不骄，下为匹夫而不惛：此之谓全德之人。

这三段话对物与性之间的关系做了精辟的论述。物，本是保养性（即指寿）的，而不是役使性的。但是有些人却不懂得这个道理，他们贪欲过制，淫乐无度，结果，反而为物所役使，伤寿乱性。这样的人，如果是君主，必定昏庸；如果是臣僚，必定僭乱；如果是人子，必定狂悖。一个国家只要有这三者之一，就不能幸免于灭亡。只有聪明达理的人，才能制御万物，以全天性。能够保全天性的人，不但身体健康，道德、才智、精神、气魄也都极其高大。这样的人，假如做了天子也不骄傲，假如是庶民也不忧闷。从这里可以看出，《吕氏春秋》的养生思想，不仅是为了健康长寿，而且关乎道德精神的修养，不仅是为了个人的身心完善，而且关乎国家社会的兴衰。

世之人主贵人，无贤不肖，莫不欲长生久视。而日逆其生，欲之何益？凡生之长也，顺之也；使生不顺者，欲也；故圣人必先适欲。

俗主亏情，故每动为亡败。耳不可瞻，目不可厌，口不可满，身尽府（腐）种（肿），筋骨沈（沉）滞，血脉壅塞，九窍寥寥，曲失其宜，虽有彭祖，犹不能为也。……百病怒起，乱难时至。以此君人，为身大忧。

这里指出，养生之道的关键在于顺应自然，节制欲望。那些庸俗的君主不懂这个道理，一味纵欲，结果弄得身危国乱，后悔不及。这对那些骄奢淫逸的君主来说确是一副很好的清凉剂。

尧以天下让于子州支父。子州支父对曰："以我为天子犹可也。虽然，我适有幽忧之病，方将治之，未暇在天下也。"天下，重物也，而不以害其生，又况于它物乎？惟不以天下害其生者也，可以托天下。

故曰：道之真，以持身；其绪余，以为国家；其土苴，以治天下。由此观之，帝王之功，圣人之余事也，非所以完身养生之道也。今世俗之君子，危身弃生以徇（殉）物，彼且奚以此为也？彼且奚以此为也？

从字面看，这完全是道家的语言，但从实质看，却大异其趣。道家的养生立足于个人，求得个人的长生久视，求得个人的精神解脱。《吕氏春秋》的养生则立足于国家社会，着眼于帝王将相，把治身与治国密切联系起来。"昔者先圣王，成其身而天下成，治其身而天下治。故善响者不于响于声，善影者不于影于形，为天下者不于天下于身。"希望通过养生之道使他们变成圣君、贤相，治好国家、社会，达到长治久安的目的。所以，《吕氏春秋》的养生与道家的养生是不可同日而语的。

此外，《吕氏春秋》还认为，养生在于自觉。

中山公子牟谓詹子曰："身在江海之上，心居魏阙之下，奈何？"詹子曰："重生。重生则轻利。"中山公子牟曰："虽知之，犹不能自胜也。"詹子曰："不能自胜则纵之，神无恶乎。不能自胜而强不纵者，此之谓重伤。重伤之人无寿类矣。"

中山公子牟既想养生长寿，又摆脱不了名利羁绊。詹子告诉他：既不能自己战

胜名利思想，那就随它去吧！这样，精神会平静些。如果既不能自胜情欲，又要强制养生，那就会给精神造成双重痛苦。有双重痛苦的人是决不能长寿的。可见，养生之道，重自觉而不重强制，重精神而不重形骸。这也是一种顺应自然吧？

与道家不同，《吕氏春秋》所说的精神生活是归本于"义"的。

子华子曰："全生为上，亏生次之，死次之，迫生为下。"故所谓尊生者，全生之谓。所谓全生者，六欲皆得其宜也。所谓亏生者，六欲分得其宜也。……所谓死者，无有所以知，复其未生也。所谓迫生者，六欲莫得其宜也，皆获其所甚恶者，服是也，辱是也。辱莫大于不义，故不义，迫生也，而迫生非独不义也，故曰迫生不若死。

这就是说，一个人如果没有正义，即使形骸怎样健全，怎样长寿，那也是毫无价值的。因为没有正义的生活是屈辱的生活。与其屈辱地活着还不如死掉。这与道家的养生又是大相径庭的。

与养生有密切关系的是医药。《吕氏春秋》没有专门讨论医药问题，但也有一些零星记载，并录之于下：

……若用药者然，得良药则活人，得恶药则杀人。

……是救病而饮之以堇（毒药）也。

夫草有莘有藟，独食之则杀人，合而食之则益寿；万、堇不杀。

上引三条引文，第一条说明"良药"与"恶药"截然相反；第二条说明堇是一种能杀人的恶药；第三条说明药物的配伍关系。这表明《吕氏春秋》对药物的性品和配伍是相当了解的。特别是第三条，已经掌握了药物之间的互相制约关系，更富有辩证意味。

《吕氏春秋》对良医也很重视。

今有良医于此，治十人而起九人，所以求之万也。

譬之若良医，病万变，药亦万变。病变而药不变，向之寿民，今为殇子矣。

第一条是说，一位良医总是得到广大群众的信赖。第二条是说，作为良医，必须根据病情变化下药，不可死守教条，否则就会致病人于死地。

《吕氏春秋·至忠》篇还记有一则医疗故事，说宋国有一位名叫文挚的医生给齐王治疗"疾痏"。经过诊断，文挚认为"非怒王则疾不可治"。但他知道，怒王是要杀头的。在太子的劝说下，他以倨傲的态度激怒了齐王。结果，齐王的病是好了，而文挚却被处以烹刑。这则故事说明了两个问题：一是说明了齐王的昏暴；同时也说明了作为一个良医，要有自我牺牲精神。至于他用的方法，则可能是现代"心理治疗"的滥觞。

总之，作为一个良医，不但要掌握高超的医术，还要具有崇高的医德。

这里顺便说一点，《吕氏春秋》关于养生和治疗的记载，往往与《黄帝内经》息息相通。如何看待二者之间的关系呢？我想不外乎三种可能。一是《吕氏春秋》吸取《黄帝内经》的；二是《黄帝内经》摘取《吕氏春秋》的；三是各自吸取道家的。这个问题，由于《内经》的成书时间过长而难以定夺。《内经》始于战国，中经两汉，迄至隋唐，最后才由王冰整理补充而成今本。但其中哪些内容属于战国，哪些内容属于两汉，哪些内容属于隋唐，都没有彻底弄清。在这种情况下，既很难说《吕氏春秋》吸取《内经》的，也很难说后人摘取《吕氏春秋》敷衍《内经》的。那么，是不是二书各自吸取道家和阴阳五行家的呢？当然有此可能，但也不能断定。即使说《吕氏春秋》吸取了道家和阴阳家的某些思想，甚或采录了《黄帝内经》，那也是貌似而实非了。总之，这个问题目前只能让它悬下去，直到彻底弄清《内经》的成书过程为止。

十六、《吕氏春秋》的乐律思想

《吕氏春秋》是先秦诸子百家的殿军之作，其中包含了十分丰富的音乐史料。《中国音乐词典》称"音乐"一词最早见于《吕氏春秋·大乐》："'音乐'之所由来者远矣。"且其意义与现代词汇相同。但此后千余年内，"音乐"一词却未再见于他书，只是到了近代才又重被提及。所以，在对我国古代音乐的研

究上，《吕氏春秋》具有举足轻重的地位。其《大乐》《侈乐》《适音》《古乐》《音律》《音初》《制乐》等篇集中论述音乐，其中《大乐》是《吕氏春秋》论乐的总纲，谈及了音乐的起源、音乐的审美以及乐教的作用等关键问题。《古乐》与《音初》保存了古乐舞、乐器制造及乐律等方面的材料。《古乐》是我国第一部编年体音乐通史，它以时间为序，记载了从远古朱襄氏到周公共计14位帝王及氏族首领的音乐活动，脉络清晰，其中所载多为我国传说时代的音乐活动，这些传说对研究文字出现以前的原始社会的音乐状况，具有重要的史料价值。《音初》注意总结当时不同地区的音乐所体现的不同风格，独辟蹊径，在距今两千多年的先秦时代，就已经有了将民歌分成东南西北四个色彩区的意识，颇具建树。《大乐》和《侈乐》对研究先秦时期的音乐美学思想，具有很高的史料价值。还有一些篇章从纯音乐的角度对音律进行了区分、辨明与规范。如《圜道》述宫、徵、角、羽、商五音，《音律》记载了黄钟、大吕、太簇、夹钟、姑洗、仲吕、燕宾、林钟、夷则、南吕、无射、应钟等十二律以及三分损益律的计算方法。尽管早在西周就有"宫、商、角、徵、羽"五音与十二律的名称，《管子》也用三分损益律生成"徵、羽、宫、商、角"五声音阶，但《吕氏春秋》最早讲到黄钟律的长度，算合并记录了十二律的算法，所以《吕氏春秋》的乐论上升到了理性层次，对音乐理论发展的贡献相当大。综而论之，《吕氏春秋》对音乐的论述大致可分为以下两个方面：一是音乐的起源，二是音乐与人心的作用。

（一）音乐源出于自然

《吕氏春秋》认为，音乐起源于对自然的模仿，是天籁，音律则是"昕凤凰之鸣，以别十二律"，音乐本身则是来自于自然界的声音，作者认为自然界莫不有声。《吕氏春秋·大乐》里有这样一段文字：

音乐之所由来者远矣。生于度量，本于太一。太一出两仪，两仪出阴阳。阴阳变化，一上一下，合而成章。浑浑沌沌，离则复合，合则复离，是谓天常。

天地车轮，终则复始，极则复反，莫不成当。日月星辰，或疾或徐，日月不同，以尽其行。四时代兴，或暑或寒，或短或长，或柔或刚。万物所出，造于太一，化于阴阳。萌芽始震，凝寒以形。形体有处，莫不有声。声出于和，和出于适。

《吕氏春秋》把乐的起源同宇宙万物的起源联系起来，提出了乐"生于度量，本于太一"的观点。在《大乐》的作者看来，音乐产生的过程是这样的："太一"产生天地，天地产生阴阳，阴阳的变化产生了有形的万物，有了有形的万物就有了声音，这就是所谓"形体有处，莫不有声"，而音乐就产生于对自然的各种音响的美的感受模拟之中，因而要探求音乐的起源，就要先说明万物的起源，这就揭示了自然与音乐起源密不可分的关系。这正如帝尧"命质为乐，质乃效山林溪谷之音以歌"。这种从自然万物的发生起源去探寻音乐起源的见识，尽管在当时还是一种简单的看法，但毕竟是一种朴素唯物主义的观点，把握住了艺术起源的根本，它与从超自然的原因中去找寻音乐起源的观点有着本质的不同。音乐被看作是法自然的重要社会活动之一，在十二纪的每纪中都有涉及五声、十二律的配位。把五声与四季、五行相配，"凡乐，天地之和、阴阳之调也"。音乐是天地阴阳协调一致的产物。《吕氏春秋》还吸收和发展了荀子的乐论，论及了音乐的产生与情感的关系，《音初》中说："凡音者，产乎人心者也，感于心则荡乎音，音成于外而化乎内。"即音乐源于人的内心，内心情感荡漾，便用音声加以表达。这表明，《吕氏春秋》是从源和流两方面论述了音乐的产生，不仅阐述了声音的形成，如《古乐》对无弦之瑟、音律、乐音等乐器、乐律、声音所做的最原始的探讨，而且论及了美好的声音之所以成为音乐的原因，即这是由人的内心感受得来的。尽管《吕氏春秋》对音乐起源的解释富有神话传说的意味，但的确具有史料的价值。

由以上论述可以看出，《吕氏春秋》作为杂家，在音乐的起源问题上也是兼收各家思想，如"太一"属于精神的范畴，与《易传》的"太极"和老了的"太一"相似，给人一种神秘、玄妙之感，而"度量"是物体的律动，属于物质的范畴。阴阳与五行的观念一样，都是春秋初期朴素唯物主义的关于自然物

质的"物"的观念。阴阳五行育万物及音声，这是春秋初期人出于生产的需要做出的对于自然的解释，战国末期的《吕氏春秋》吸收了相关的思想，是力图从音乐的源头出发，讨论乐的发生，即"音乐之所由来者远矣"的问题。不过总的来说，《吕氏春秋》对乐的起源和本质的看法，是建立在道家哲学的基础之上的，但同时又不排除儒家。这些看法较之于儒家的乐论具有更为浓厚的哲学色彩和更为系统的理论结构。如将其同儒家的《乐记》相比较，我们会发现前者是着重从个体生命顺应自然而发展的观点去看"乐"，后者则着重于从社会的伦理道德的观点去看"乐"。一个强调自然的"性命之情"，一个强调社会伦理道德之情；一个强调个体生命与自然的统一，一个强调个体生命与社会的统一。《吕氏春秋》的特殊贡献就在于第一个把道家思想运用于艺术理论的建立，提出了相当系统的观点。

（二）音乐与人心

由于《吕氏春秋》认为音乐的产生与人心有密切的关系，所以它对人的活动与音乐的关系做了详细的论述。《音初》里有这样一段文字：

凡音者，产乎人心者也。感于心则荡乎音，音成于外而化乎内。是故闻其声而知其风，察其风而知其志，观其志而知其德。盛衰贤不肖，君子小人，皆形于乐，不可隐匿。故曰乐之为观也深矣。土弊则草木不长，水烦则鱼鳖不大，世浊则礼烦而乐淫。郑卫之声，桑间之音，此乱国之所好，衰德之所说。流辟佻越慆滥之音出，则滔荡之气、邪慢之心感矣。感则百奸众辟从此产矣。故君子反道以修德，正德以出乐，和乐以成顺，乐和而民乡方矣。

此段文字阐明了成乐必先正德的观点，把音乐的社会性放在第一位，并强调合适的音乐可以帮助实现统顺万民的目标。其认为，音乐产乎人心，它可以反映社会状况，音乐与一国的风化就像土壤和草木、活水与鱼鳖的关系一样，前者决定后者的健康成长，"其治厚者，其乐治厚；其治薄者，其乐治薄"。由此可见，一个时代的风气变了，必然会影响人们的社会心理，进而在那时的音乐中表现出来。所以，音乐是认识国情、民情的窗口，"审音"可以反映一个时代的社会风尚与士民心态，知民风之厚薄，晓社会之治乱。"故治世之音安以乐，其政平也。乱世之音怨以怒，其政乖也。亡国之音悲以哀，其政险也。"这是其对音乐与政治关系的经验总结。

丁公凿井

乐与政通思想是《吕氏春秋》音乐思想的一个重要部分。在先秦时期，人们十分看重音乐与政治的关系。周公当时最大的政治措施之一就是制礼作乐；孔子也从乐入手，通过正乐来立礼。《吕氏春秋》所说的音乐"生于度量，本于太一"，与宇宙的本原紧密相连，这就强调了音乐的重要地位，为其"乐教"打下了坚实的基础。它认为，音乐有辅政、宣道、教化、安民等作用，如《适音》说："先王之制礼乐也，非特以欢耳目、极口腹之欲也，将以教民平好恶、行理义也。"《音初》说："乐和而民乡（向）方（道）矣。"此外，音乐还有维持社会关系、推广风俗的媒介作用，如《适音》说："凡音乐，通乎政而移风平俗者也，俗定而音乐化之矣。……故先王必托于音乐以论其教。"作为政论书，吕书正是看中了音乐具有直接、迅速、深刻地影响人的内心世界的特征，才强调"乐教"的。

同时，音乐终究是要人来欣赏的，人的情绪对音乐也有很大影响。当人为祸患或名利抑郁、烦躁时，其五官的功能就处于抑制状态，对美的事物的发现、感受力就大为降低。如《大乐》说："亡国戮民，非无乐也，其乐不乐。"《适音》说："耳之情欲声，心不乐，五音在前弗听，……乐之弗乐者，心也。"可见，审美主体的心理状态，对审美活动的发生起着重要作用。

既然乐有正邪之分，人们就必须有选择地去听，《本生》说："今有声于此，耳听之必慊，已听之则使人聋，必弗听。"即假若有这样一种声音，耳朵听到它肯定感到惬意，但听了就会使人耳聋，人们一定不会去听。那么，什么样

《吕氏春秋》思想综述

的音乐是值得去听的呢？那就是"适音"，《适音》说："乐之务在于和心，和心在于行适。夫乐有适，心亦有适……夫音亦有适……以适听适则和矣。乐无太，平和者是也。""适"，是《吕氏春秋》论乐富有特色的核心范畴，它包括审美主体的"行适""心适"，审美对象的"音适"，以及审美主客体关系的"和适"。这是对音乐与人心关系的精确概括，即提出"和出于适""夫乐有适，心亦有适"的观点。《吕氏春秋》不但重视主体的审美条件，即"形适""心适"，而且重视客体的审美特质，即"音适"，更重视审美主、客体关系的"和适"，明确提出"以适听适则和矣"的论断，即只有主、客体相和谐，真正的审美活动才得以形成，否则，就建立不了审美联系。这与马克思所说的任何一个对象"只是对那个与它相适应的感觉说来才有意义"是异曲同工的。

（三）音乐审美思想：乐出于和

在讲到音乐的欣赏时，《吕氏春秋》具体地从审美的角度发挥了它的"适"的美学原则。它认为对音乐的美的欣赏需要两个条件：一个是"心"要"适"，另一个是"音"要"适"。只有作为音乐欣赏者的主体的"心"是"适"的，作为欣赏对象的"音"也是"适"的，"以适听适"，然后才会有"和"，即有对音乐的欣赏。

《吕氏春秋》音乐审美思想的中心观念是"乐从和"。"乐从和"是先秦美学的基本观念，春秋时人如单穆公、伶州鸠等已提出了"夫政象乐，乐从和，和从平"的观点，但他们并未探讨"乐从和"的本源问题，而《吕氏春秋》则对"乐从和"的本源进行了探讨。音乐首先表现为音律之和，而音律之和与自然、社会、人心又是相应的，它来源于自然、社会之和乃至人心之和。这是音乐之美的根本来源，也是"先王定乐"的根本原则。因为只有这样的音乐才能给人以审美愉悦，有益于人的身心以及人类社会的和谐发展。这是《吕氏春秋》论"乐"的基本思路，与儒家侧重从社会的政治、道德教化和个体的心性修养角度论"乐"有着明显的差异。它具有一种纯艺术论的倾向，即把音乐首先作为审美对象来看待，把音乐的审美愉悦功能放在首要位置。《大乐》篇指出："大乐，君臣父子长少之所欢欣而说也。"《侈乐》篇指出："凡古圣王之所为贵乐者，为其乐也。"在《吕氏春秋》看来，"先王定乐""古圣王之所为贵乐"，根本原因是"为其乐也"，是因为以"和""适"为本的"乐"能够给人以审美愉悦，能够使"君臣父子长少""欢欣而说"。《吕氏春秋》对音之"和""适"还用"中"（执两用中）和"中庸"的方法作了界定，"夫音亦有适：太钜则志荡……太小则志嫌……太清则志危……太浊则志下……故太钜、太小、太清、太浊，皆非适也"，这是从音高、音质讲。还嫌不够确切，再进一步，即"大不出钧，重不过石，小大轻重之衷也"，音乐想"适"就先要"衷"，即不大不小不轻不重。《吕氏春秋》认为音频、音高只有做到"中"，才能产生"适音"或"和乐"。《吕氏春秋》在论"和""适""衷"时论及的完全是音乐本身的特质。因而，《吕氏春秋》虽然承认并肯定音乐的教化功能，但却是以对音乐的审美功能的强调为前提的，艺术的审美功能成为其美育功能的基本出发点。这可以说是先秦艺术发展在礼乐教化观念上的表现，也显示了先秦美育思想发展的一个重要趋向。如果说儒家乐论的核心思想是"礼乐"，更多地侧重于音乐的政治、社会效能，乐是礼的附庸，那么，《吕氏春秋》的中心则是"和乐"，它除了有助于政治、社会外，还关注音乐自身与人的情感，音乐的审美特性得以突现。

在谈及音乐审美时，《吕氏春秋》对审美主体即人也提出了要求，强调只有"得道"才能对审美和艺术采取一种有利于"养性""全天"的审美态度，这种审美态度在具体的审美和艺术欣赏中表现为一种平和、愉悦的审美心态，并且认为只有具备这种心态才能真正获得审美愉悦，从而有益于养生。《大乐》篇指出："大乐，君臣父子长少之所欢欣而说也。欢欣生于平，平生于道。""平"即心态的平和，它来源于"道"，是审美和艺术欣赏能"欢欣而说"的前提条件。《适音》篇指出："耳之情欲声，心不乐，五音在前弗听，……欲之者，耳目鼻口也；乐之弗乐者，心也。心必和平然后乐，心必乐然后耳目鼻口有以欲之。故乐之务在于和心，和心在于行适。""夫乐有适，心亦有适。人之情，欲寿而恶夭，欲安而恶危，欲荣而恶辱，欲逸而恶劳。四欲得，四恶除，则心适矣。四欲之得也，在于胜理。胜理以治身则生全，以生全则寿长矣；……故适心之务在于胜理。"这些论述比较集中而系统地体现了《吕氏春秋》的美育心理学思想：首先，人的感官具有审美感知能力和欲望，但能否获得审美愉悦却是由人的主观心态决定的，即所谓"欲之者，耳目鼻口也；乐之弗乐者，心也"。其次，人只能在心情愉悦的情况下才能产生审美欲望，"心必乐然后耳目鼻口有以欲之"，也才能获得审美愉悦。如果"心不乐"，就不可能产生对美和艺术的感知。再次，"心必和平然后乐"，心态的"和平"是产生心理愉悦，同时也是产生审美感知、获得审美愉悦的先决条件，即所谓"乐之务在于和心"。最后，"和心"的关键在于"行适"，"和心在于行适"。所谓"行适"也就是使人的情感、欲望得到充分、合理的满足，即所谓"四欲得，四恶除，则心适矣"。因而，"和心"也就是"适心"。《适音》篇提出"适心之务在于胜理"，"四欲之得，在于胜理。胜理以治身则生全，以生全则寿长矣"。可见，"胜理"是"和心"，也是"治身""生全"的前提。王念孙谓"胜，犹任也"，则所谓"胜理"即任理，它应该就是《先己》所说的用以"治身"的"无为"之道、《论人》篇所说的"游意乎无穷之次，事心乎自然之途"。因而，所谓"胜理"也就是"得道"。

《吕氏春秋》把同人们的各种基本欲望的合理满足相关联的"心适"作为获得审美愉悦的最根本的条件，较之于仅仅从审美对象以及审美能力的有无上去谈审美的愉快，是更为深刻的看法。事实上，审美的愉快是人的自我肯定，在人的各种基本欲望都无从得到合理满足的情况下，是谈不上什么审美的愉快的。

综上所述，吕书中关于音乐的论述，兼取了诸家学说之长，探讨了人、艺术、自然的和谐，建立了以"公""平""合""适"为特征的音乐理论体系，对后世的美学及其文艺理论产生了深远的影响。除一些篇章集中论"乐"而外，还有大量的关于音乐节律的论述散见于全书其他篇章，如《审应览·淫辞》篇中描写的"今举大木者，前呼舆谔，后亦应之，此其于举大木者，善矣"，这种"举重劝力之歌"的描述对后来文艺理论的发展有很大影响，正如鲁迅所说的"杭育杭育派"，揭示了文艺与劳动的关系。从《吕氏春秋》中我们可以发现最初的音乐思想往往是注重社会功用的，是与人类的其他活动混合在一起的，先秦的乐论就明显地带有政治文化重于音乐审美的时代特点。《吕氏春秋》的音乐美学思想对两汉天人感应的音乐美学思想的影响很大，而汉代乐论对音乐作用的无限夸大明显是借阴阳五行"律历融合"来实现的。或许也只有在这个背景下，我们才能更好地理解魏晋时期嵇康的声无哀乐论音乐美学思想的独创性与审美解放的历史价值。在中国音乐史上，孔子的乐论被视为先秦音乐美学的创始，《荀子·乐论》是我国历史上第一篇音乐美学的专论，也代表了当时乐论的最高水平。作为先秦集大成的《吕氏春秋》吸收了儒家的思想，但又有所发展。从乐论来讲，孔子、荀子的乐论侧重于"礼乐"，而《吕氏春秋》侧重于"和乐"。"礼乐"重视音乐的社会、政治效能，"和乐"则将政治、社会、天地、人心、音乐自身一并关心。《吕氏春秋》"和乐"论正是在这种全面的关心中从音乐的外部世界逐渐走入到音乐的内部。

第六章　《吕氏春秋》原典释译

吕氏春秋序

【原文】

　　吕不韦者，濮阳人也，为阳翟之富贾，家累千金。秦昭襄王者，孝公之曾孙，惠文王之孙，武烈王之子也。太子死，以庶子安国君柱为太子。柱有子二十余人，所幸妃号曰华阳夫人无子。安国君庶子名楚，其母曰夏姬，不甚得幸，令楚质于赵，而不能顾质，数东攻赵，赵不礼楚。时不韦贾于邯郸，见之，曰："此奇货也，不可失。"乃见楚曰："吾能大子之门。"楚曰："何不大君之门，乃大吾之门邪？"不韦曰："子不知也，吾门待子门大而大之。"楚默幸之。不韦曰："昭襄王老矣，而安国君为太子。窃闻华阳夫人无子，能立镝嗣者独华阳夫人耳。请以千金为子西行，事安国君，令立子为镝嗣。"不韦乃以宝玩珍物献华阳夫人，因言"楚之贤，以夫人为天母，日夜涕泣，思夫人与太子。"夫人大喜，言于安国君，于是立楚为镝嗣，华阳夫人以为己子，使不韦傅之。不韦取邯郸姬，已有身，楚见说之，遂献其姬，至楚所，生男，名之曰正，楚立之为夫人。暨昭襄王薨，太子安国君立，华阳夫人为后，楚为太子。安国君立一年薨，谥为孝文王。太子楚立，是为庄襄王，以不韦为丞相，封为文信侯，食河南雒阳十万户。庄襄王立三年而薨，太子正立，是为秦始皇帝，尊不韦为相国，号称仲父。不韦乃集儒书，使著其所闻，为《十二纪》《八览》《六论》，合十余万言，备天地万物古今之事，名为

《吕氏春秋》，暴之咸阳市门，悬千金其上，有能增损一字者与千金。时人无能增损者。诱以为，时人非不能也，盖惮相国畏其势耳。然此书所尚，以道德为标的，以无为为纲纪，以忠义为品式，以公方为检格，与孟轲、孙卿、淮南、扬雄相表里也，是以著在《录》《略》。诱正《孟子》章句，作《淮南》《孝经》解毕讫，家有此书，寻绎案省，大出诸子之右。既有脱误，小儒又以私意改定，犹虑传义失其本真，少能详之，故复依先师旧训，辄乃为之解焉，以述古儒之旨，凡十七万三千五十四言。若有纰缪不经，后之君子，断而裁之，比其义焉。

【译文】

吕不韦是濮阳人，为阳翟的大商人，家中财产极为富有。秦昭襄王，是秦孝公的曾孙，惠文王的孙子，武烈王的儿子。太子死后，以庶子安国君柱为太子。安国君有儿子二十多人，他非常宠幸的妃子华阳夫人却没有儿子。安国君有一个庶子名叫子楚。子楚的母亲叫夏姬，不很受宠幸，于是子楚被派到赵国做人质，而秦不顾及自己在赵的人质子楚，多次向东攻打赵国，所以赵国不礼遇子楚。当时吕不韦在邯郸做生意，看到子楚的这种情况，说："子楚像一种奇货，不应该失掉。"于是去见子楚说："我能光大你的门庭。"子楚说："你为什么不光大你自己的门庭，却要光大我的门庭呢？"吕不韦说："你不知道，我的门庭要等你的门庭光大之后才能光大。"子楚默许了这件事。不韦说："昭襄王年纪已老了，而安国君被立为太子。我私下听说华阳夫人没有儿子，能决定立谁为嫡嗣的只有华阳夫人而已。请允许我拿千金到西边去侍奉安国君，让他立你为嫡嗣。"不韦到秦后，把贵重的珍奇玩物献给华阳夫人，趁便说："子楚很贤能，把夫人视为天母，日夜伤心啼哭思念夫人及太子。"华阳夫人很高兴，将此事告诉安国君，于是就立子楚为嫡嗣，华阳夫人把子楚当作自己的儿子，请吕不韦辅助他。吕不韦娶了一个邯郸女子，已经有了身孕，子楚看到这位女子，非常喜欢，于是不韦就把她献给子楚，这位

女子在子楚家生了一个男孩，取名叫作正，子楚于是把她立为夫人。到秦昭襄王死后，太子安国君被立为国君，华阳夫人为王后，子楚为太子。安国君即位一年就死了，谥号为孝文王。太子子楚继之为王，就是庄襄王，以吕不韦为丞相，封他为文信侯，食邑河南雒阳十万户。庄襄王即位三年就死了，太子正继立为秦王，就是秦始皇帝，他尊奉吕不韦为相国，号称"仲父"。吕不韦召集了一些读书人，让他们记下各自的所见所闻，编为《十二纪》《八览》《六论》，合起来有十多万字，记下了天地万物古今的事情，书名叫《吕氏春秋》，公布在咸阳的城门上，在上面悬挂着千金，若有谁能增减一字，就赏给他千金。当时没有能够增减一字的人。我认为当时的人不是没有水平为《吕氏春秋》增删一字，原因是惧怕吕相国，畏惧他的权势罢了。然而这本书所注重的，是以道德为标准，以德政来治理国家，以忠义为法式，以公正方直为法度，与孟轲、孙卿、淮南王刘安、扬雄差不多，因此在《别录》《七略》两书中均有著录。我为《孟子》一书分章析句后，又为《淮南子》《孝经》两书作注释，事毕，家中有《吕氏春秋》一书，我拿来反复推敲和验证察看后，觉得此书大大超越于诸子之上。可惜原书有错误，我按自己的意见进行了订正，更忧虑那些失去原书本义的解说，因很少有能详细讲说的，所以又依据先师的教诲，为《吕氏春秋》作了注解，用以叙述古代儒士的旨意，总计有十七万三千零五十四字。若有错误不近情理的，请以后有学问的人来审理裁决，以考校它的意义。

十二纪

《十二纪》作为《吕氏春秋》的主旨部分，体现了"法天地"的基本思想。

《十二记》以重农为主要思想，对君主、官吏都提出了不同的要求。天子要先治己、治身，才能治理国家，在农忙时节将"天子三推""三公五推""卿诸侯大夫九推"定位常法，用以推动农业生产，农耕时期坚持"三不可"，即"不可兴土功，不可以合诸侯，不可兴兵动众"，足以体现天子对农业的重视；官吏的设置也要选贤任能，在"多官反而害生"思想的影响下，倡导精简机构，减少官员，减轻人民负担。从《十二纪》对君主、管理的要求中，我们可以看出编著者对人民的重视，体现了民本思想。

孟春纪第一

孟春

【题解】

孟春是一年之始，在五行学说中，春季属木这个季节中，阳气逐渐强盛，阴气逐渐衰败，大自然中万物开始萌发成长，是一个生养之季。因此，天子行政时应该以宽厚仁慈为主，严禁杀戮砍伐，爱护生灵。同时天子应该籍耕劝农，要体恤世间穷苦百姓，安抚天下鳏寡孤独。

【原文】

孟春之月：日在营室，昏参中，旦尾中①。其日甲乙。其帝太皞②。其神句芒③。其虫鳞。其音角。律中太蔟④。其数八。其味酸，其臭⑤膻。其祀户，祭先脾。东风解冻。蛰⑥虫始振。鱼上冰。獭⑦祭鱼。候雁北。天子居青阳左个，乘鸾辂⑧，驾苍龙，载青旂，衣青衣，服青玉，食麦与羊。其器疏以达。

是月也，以立春。先立春三日，太史谒之天子曰："某日立春，盛德在木。"天子乃斋。立春之日，天子亲率三公、九卿、诸侯、大夫以迎春于东郊。还，乃赏公卿诸侯大夫于朝。命相布德和令，行庆施惠，下及兆民。庆赐遂行，无有不当。乃命太史，守典奉法，司天日、月星辰之行，宿离不忒，无失经纪，以初为常。

是月也，天子乃以元日祈谷于上帝。乃择元辰，天子亲载耒耜，措之参于保介之御间，率三公、九卿、诸侯、大夫躬耕帝籍田，天子三推，三公五推，卿、诸侯、大夫九推。反，执爵于太寝，三公、九卿、诸侯、大夫皆御，命曰"劳酒"。

是月也，天气下降，地气上腾，天地和同，草木繁动。王布农事：命田舍东郊，皆修封疆，审端径术，善相丘陵阪险原隰，土地所宜，五谷所殖，以教道民，必躬亲之。田事既饬，先定准直，农乃不惑。

是月也，命乐正入学习舞。乃修祭典，命祀山林川泽，牺牲无用牝。禁止伐木，无覆巢，无杀孩虫胎夭飞鸟，无麛无卵，无聚大众，无置城郭，掩骼霾髊。

是月也，不可以称兵，称兵必有天殃。兵戎不起，不可以从我始。无变天之道，无绝地之理，无乱人之纪。

孟春行夏令，则风雨不时，草木早槁，国乃有恐。行秋令，则民大疫，疾风暴雨数至，藜莠蓬蒿并兴。行冬令，则水潦为败，霜雪大挚，首种不入。

【注释】

①营、参、尾：都是二十八星宿的名字。

②太皞：伏羲氏，又叫木德之帝。

③句芒：太皞氏的儿子，木官之神。

④太蔟：即阳律。古人把乐律与历法相结合，一年十二个月与十二律相配。

⑤臭：气味。

⑥蛰：动物冬眠。

⑦獭：一种野兽。

⑧辂：古代的大车。

【译文】

　　春季首月：太阳在营室（星宿）位置，傍晚参宿在中天（正南方），早晨尾宿在中天。这月的太阳在甲乙方（东方）。这月的帝王是太皞，掌管的神是句芒，代表动物是鳞，代表的音是五音中的角音，音律则合乎六律中的太蔟，代表数字是八，对应的味道是酸味，对应气味是膻气。祭祀的对象是门户，祭祀先要奉上脾。东风把冰冻化开，虫子开始振动翅膀，冰下过冬的鱼儿往上游。水獭把鱼作为自己祭口的食物，大雁北归。天子住在明堂左边的房间，乘坐鸾鸟装饰的车，由黑马驾车，车上插着青旗，天子穿着青衣，佩戴着青玉，吃的是麦子和羊肉。祭祀所用的器皿简洁而通透。这月立春。在立春前三天，太史拜见天子说："立春那天，天的盛德在东方。"于是天子就斋戒。立春那天，天子亲自率领各朝臣到东郊去迎接春天的到来。回来后，还在朝廷上赏赐各大臣。命令丞相广布德教并宣读禁令，行善施恩惠给百姓。仁政的逐渐施行没有不适当的。天子还命令太史要遵守典章奉行法则来观察日月星辰的运行，不能出差错，不要漏掉记载，一直贯彻到底而成为习惯。

　　这个月，天子在元日那天向上天祈求五谷丰登，还选了吉日，亲自用车拉农具，放在车上的武士和车夫之间，带领大臣们亲耕天帝的籍田。天子推三下农具，三公推五下，卿诸侯大夫推九下。返回官后，在祖庙举杯饮酒，大臣们都应命侍酒，名为"劳酒"。

　　这个月，天空中的气流下沉，地面上的气流上升，天地气流合一，草木繁殖生长。君王布置农业生产，要管农田的小官到东郊去修整田界，修筑水渠，修好田间小路，仔细观察小山丘、高地、盆地，根据地形来种植五谷，来指导百姓，天子并亲自过问农事。农业生产的命令既已下达，制定了标准，农夫就不会产生迷惑了。

　　这个月，命令乐正率领公卿的子弟进入学校学习乐韵、歌舞。准备祭祀典礼，还下令要祭祀山林川河，祭品不要用雌畜。禁止砍伐树木，不要打翻鸟窝，不要杀死幼小的虫子和雏鸟，不要杀小鹿和孵卵的鸟，不要聚集一大帮人，不要建修城墙，要把暴露在外的尸体掩埋。

这个月，不可以大举兴兵。发动战争就一定会发生天灾人祸。不要兴起战争，不可以从我这里发起战争。不要改变上天的规律，不要废绝土地的常理，不要把作为人的纲纪弄混乱。

如果在孟春出现了夏天的时令，那么风雨就不会合乎时节，草木很早就会枯槁，国家就将会有令人恐慌的大事发生。如果在孟春出现秋天的时令，就会在百姓之间发生大瘟疫，狂风暴雨就会多次来袭击，各种各样的野草一起蓬勃生长。如果在孟春出现了冬天的时令，那么就会发生大的水灾，大霜雪勃然而来，先前种下的种子就不会入土，不会有收成。

本生

【题解】

"本生"就是把保全生命作为根本。文章认为外物既可以养生，又可以伤生，而保全生命的方法在于正确地处理人与外物的关系。圣人重生轻物，"以物养性（生命）"，对于外物"利于性则取之，害于性则舍之"，因而能够"全其天（生命）"。富贵之人多为外物所惑，重物轻生，"以性养物"，对物质享受贪求不已，这样做的结果必然导致伤生亡国。作者的这些议论，是为规劝骄奢淫逸的君主而发的，其思想主要源于杨朱一派的"贵己"学说。

【原文】

始生之者，天也；养成之者，人也。能养天之所生而勿撄①之谓天子。天子之动也，以全天为故者也。此官之所自立也。立官者，以全生也。今世之惑主，多官而反以害生，则失所为立之矣。譬之若修兵者，以备寇也。今修兵而反以自攻，则亦失所为修之矣。

夫水之性清，土者抇②之，故不得清。人之性寿，物者抇之，故不得寿。物也者，所以养性也，非所以性养也。今世之人，惑者多以性养物，则不知轻重也。不知轻重，则重者为轻，轻者为重矣。若此，则每动无不败。以此为君，悖；以此为臣，乱；以此为子，狂。三者国有一焉，无幸必亡。

今有声于此，耳听之必慊③已，听之则使人聋，必弗听。有色于此，目视之必慊已，视之则使人盲，必弗视。有味于此，口食之必慊已，食之则使人瘖④，必弗食。是故圣人之于声色滋味也，利于性则取之，害于性则舍之，此全性之道也。世之贵富者，其于声色滋味也，多惑者。日夜求，幸而得之则遁⑤焉。遁焉，性恶得不伤？

万人操弓，共射其一招⑥，招无不中。万物章章，以害一生，生无不伤；以便一生，生无不长。故圣人之制万物也，以全其天也。天全，则神和矣，目明矣，耳聪矣，鼻臭矣，口敏矣，三百六十节皆通利矣。若此人者，不言而信，不谋而当，不虑而得；精通乎天地，神覆乎宇宙；其于物无不受也，无不裹也，若天地然；上为天子而不骄，下为匹夫而不惛；此之谓全德之人。

贵富而不知道，适足以为患，不如贫贱。贫贱之致物也难，虽欲过之，奚由？出则以车，入则以辇，务以自佚，命之曰"招蹷之机"。肥肉厚酒，务以自强，命之曰"烂肠之食"。靡曼皓齿，郑卫之音，务以自乐，命之曰"伐性之斧"。三患者，贵富之所致也。故古之人有不肯贵富者矣，由重生故也；非夸以名也，为其实也。则此论之不可不察也。

【注释】

①撄：触犯。

②抇：搅动。

③慊：满足。

④瘖：哑。

⑤遁：隐，消失。

⑥招：箭靶。

【译文】

赋予万物生命的，是天；扶养而成就万物的，是人。能扶养上天所赋予的生命而不扰乱它们的规律，就是天子。天子行事，是为了遵循上天的意愿。这就是设立官职的原因。设立官职，用来保全（万物）生命。现今糊涂的君王，设立许多官员反而伤生，这就是违背了之所以设立官职的本意。比如修造兵器，是为了抵御敌寇。如果修造兵器而自己攻打自己，也是违背了修造兵器的本意。

水的属性是清澈的，用土搅和，就不再清澈了。人本来是长寿的，被外物干扰，就不再长寿了。外物，本是用来养性的，不是被性情所养的。现在的人，糊涂得总是以性养物，就是不懂得轻重。不懂得轻重，则应该重视的成了被轻视的，应该被忽视的成了被重视的。像这样，每次做事都必定失败。以这种方式担当国君，做事就会违背大道；以这种方式作为臣民，就会造反叛乱；以这种方式作为儿子，就会狂妄。这三种人国家只要有一种，就会遭遇不幸而灭亡。

比如好听的声音，耳朵听了一定会满足，但是如果听了会使人聋，就肯定不去听了。比如美色，眼睛看了一定会满足，但是如果看了会使人瞎，就肯定不去看了。比如美味，嘴巴吃了一定会满足，但是吃了之后会使人哑，就肯定不去吃了。所以圣人对于声、色、滋味，对性情有利的话就去利用，对性情有害的话就舍弃，这是保全性情的方法。世上富贵的人，对于声、色、滋味，大多很迷惑。日夜不停地追求，一旦有幸得到后就藏起来。藏起来，性情怎么能不受到伤害呢？

一万人持弓，共同射一个靶子，靶子肯定会被射中。万物共同去伤害一种生命，这生命肯定会受到伤害；万物共同扶助一种生命，这种生命肯定能够生长。所以圣人对待万物，是遵循自然的规律。遵循了其自然规律，则精神平和，眼睛明亮，听力清晰，鼻子灵敏，嘴巴灵活，三百六十关节都通畅舒服。像这样的人，不用说话人们就信服他；还不用谋划就很恰当了；还不用考虑就有所

收获了。"精"通于天地，"神"弥漫于宇宙，这种"精""神"万物都能吸取，都能包含，就像天地一样。这样的人做了天子也不会骄纵，做了凡人也不会糊涂。这就是所谓全德的人。

富贵而不懂得养生之道，正足以成为祸患，与其这样，还不如贫贱。贫贱的人获得东西很难，即使想要过度地沉湎于物质享受之中，又从哪儿去弄到呢？出门乘车，进门坐辇，务求安逸舒适，这种车辇应该叫作"招致脚病的器械"。吃肥肉，喝醇酒，极力勉强自己吃喝，这种酒肉应该叫作"腐烂肠子的食物"。迷恋女色，陶醉于淫靡之音，极尽享乐，这种美色、音乐应该叫作"砍伐生命的利斧"。这三种祸患都是富贵所招致的。所以古代就有不肯富贵的人了，这是重视生命的缘故；并不是用轻视富贵钓取虚名来夸耀自己，而是为保全生命。既然这样，那么以上这些道理是不可不明察的。

【解析】

"本生"就是把保全生命作为根本，人应当为其生而行事。应重视生命而轻视外物。在人与外物的关系上，凡"利于性者则取之，害于性者则舍之"。看了钱财，不要去追求骄奢淫逸的生活，以保全生命的长寿。这对于我们现代的生活与思想是有很好的借鉴意义的。在现代生活中人们往往为了追求自己的利益、金钱、名誉等而丧失了自己的尊严，甚至是生命。这些都是不可取的。古人尚且懂得"上为天子而不骄，下为匹夫而不惛"道理，今人应当明鉴。

【故事】

彭祖的养生之道

传说彭祖，是上古五帝中颛顼的玄孙。他经历了尧、舜、夏、商诸朝，到殷商末纣王时，已七百六十七岁，相传他活了八百多岁，是世上最懂养生之道、活得最长的人。

　　彭祖生性恬淡，不关心世俗名利，不追求虚名荣耀，只是专心致志地讲求养生长寿之道。他的师傅撰写了《九都》等养生的经书，他都潜心研究，融会贯通，学以致用。彭祖经常服用水桂、云母粉、麋（麋鹿）角散，使得颜面长葆青春。他经常盘腿危坐，凝神屏气地练功。从早晨坐到中午，调理气息，揉拭双目，摩挲身体，周身舒适后才起来行动。他脸无怒容，笑口常开，有时生病或疲劳时，他就运用气功却病，消除疲劳。他使内气潜转，从他生有九窍的特殊头面，直到五脏六腑，最后达到四肢毛发，那气流像轻云一样在体内流转，既驱除疲劳又治愈疾病。

　　商纣王听说彭祖是个异人，想获得长寿的秘诀，多次亲自前去询问，可是彭祖每次都支吾不说。纣王便托另一位得道的采女去向彭祖请教。这个采女也精于修身养性，已二百五十岁，看上去依然如二八妙龄。采女受纣王之托，虔诚地向彭祖请教延年益寿的仙方。彭祖见采女有一定的根基，便答道：“保养寿命之道，用一句话概括来说，就是不要伤害性命而已。”讲到这里彭祖顿了顿，又接着具体地讲下去，“冬天保暖，夏天避暑，一年四季随时调节，就能使身体舒适：美色娇躯，淡淡地品尝娱乐，不要纵欲过度，就能使精神通畅；车马服饰能维持尊严，就应知足，不要贪得无厌，就能使志向专一；八音奏鸣，五色相宜，听觉视觉和悦欢乐，就能使心气平和。这些都是养生之道。凡事都有限度，超过限度，就不能养生，只会招来祸患。这是应该忌讳的。我师傅写了《九都》诸经，共一万三千多字，都是养生保寿的要诀，专给入门的人揣摩的，我今天全部传给你。”

　　采女回到天宫，对纣王复述了彭祖的话和《九都经》。纣王亲自效法后，果然灵验，他害怕别人都掌握这种养生长寿之秘诀，就下令在国内禁止传授彭祖的道术，违令者斩。他还想害死彭祖。彭祖事先预知了纣王险恶的用心，就离开京城，不知去向了。过了一百多年，听说有人在流沙国里见过彭祖。纣王并不能经常坚持彭祖传授的道术，却也活了三百岁，身强体健，犹如五十岁的样子。

后来有个叫黄山君的人，精修了彭祖的养生之道，几百岁了依然面色红润，童颜鹤发。他把彭祖的言论整理并加以阐发，编成一本《彭祖经》。彭祖去后，人们在历阳曾经修建彭祖仙室，人们前去祷告，求风雨却疾病，无不灵验。

重己

【题解】

"重己"就是重视自己的生命。作者认为：自己的生命哪怕是天子的尊位也无法与之相比，就算是天子的财富也不能与之交换。而人如果想长生不老，那就必须要顺应生命规律来有所行动，节制欲望适应习性。"重己"的思想是"贵己"思想和"善生"思想的一个结合。

【原文】

倕，至巧也。人不爱倕之指，而爱己之指，有之利故也。人不爱昆山之玉、江汉之珠，而爱己一苍璧小玑，有之利故也。今吾生之为我有，而利我亦大矣。论其贵贱，爵为天子，不足以比焉；论其轻重，富有天下，不可以易之；论其安危，一曙失之，终身不复得。此三者，有道者之所慎也。有慎之而反害之者，不达乎性命之情也。不达乎性命之情，慎之何益？是师者之爱子也，不免乎枕之以糠；是聋者之养婴儿也，方雷而窥之于堂；有殊弗知慎者。夫弗知慎者，是死生存亡可不可，未始有别也。未始有别者，其所谓是未尝是，其所谓非未尝非，是其所谓非，非其所谓是，此之谓大惑。若此人者，天之所祸也。以此治身，必死必殃；以此治国，必残必亡。夫死殃残亡，非自至也，惑召之也。寿长至常亦然。故有道者，不察所召，而察其召之者，则其至不可禁矣。此论不可不熟。

使乌获疾引牛尾，尾绝力勯，而牛不可行，逆也。使五尺竖子引其棬^①，而牛恣所以之，顺也。世之人主、贵人，无贤不肖，莫不欲长生久视，而日逆其生，欲之何益？凡生之长也，顺之也；使生不顺者，欲也；故圣人必先适欲。

室大则多阴，台高则多阳，多阴则蹶，多阳则痿，此阴阳不适之患也。是故先王不处大室，不为高台，味不众珍，衣不燀热。燀热则理塞，理塞则气不达；味众珍则胃充，胃充则中大鞔；中大鞔而气不达，以此长生可得乎？昔先圣王之为苑囿园池也，足以观望劳形而已矣；其为宫室台榭也，足以辟燥湿而已矣；其为舆马衣裘也，足以逸身暖骸而已矣；其为饮食酏醴也，足以适味克虚而已矣；其为声色音乐也，足以安性自娱而已矣。五者，圣王之所以养性也，非好俭而恶费也，节乎性也。

【注释】

①桊：古同"棬"，牛鼻环。

【译文】

倕是最手巧的人了，可是人们不爱护倕的手指，而是爱护自己的手指，这是因为自己的手指对自己有所帮助的缘故；人们不爱护昆山的宝玉、江汉的明珠，却爱护自己的一块成色不高的宝石、一颗形状不圆的小珠子，这是因为自己的东西才对自己有用的缘故。现在，我的生命归我所有，给我带来的好处也很多。从贵贱方面来说，即使地位高到做天子，也不能够和它相比；从轻重方面来说，即使富裕到拥有天下，也不能和它交换；从安危方面来说，一旦有一天失去了它，就一生再也不能得到。这三个方面，是有道行的人小心的地方。有虽然小心但反而损害了它的人，这是没有领悟人性与生命的情理。不领悟人性、生命的情理，小心它又有什么用？这就像盲人虽然疼爱儿子，但却免不了让他枕在谷糠上；这就像聋子养育婴儿，正在打雷的时候却让他在堂屋里向外观望。这比起不知道小心的人又有过之而无不及。不知道小心的人，对生死存亡、可以不可以，从来没有辨别清楚。没辨别清楚的人，他们所谓的正确不一定是正确的，他们所谓的错误也未必是错误的。这就叫非常糊涂。像这样的人

是上天降祸的对象。用这种态度修身，必定死亡，必定遭祸；用这种态度治理国家，必定衰败，必定灭亡。这种死亡、衰败和灭亡不是自动找上门来的，而是糊涂招来的。长寿也常常是这样。所以有道行的人，不察看导致的结果，而察看引起它的原因，那么达到结果就是不可遏制的了。这个道理不能不彻底理解。

假如乌获用力拽拉牛尾，即使尾断力尽，牛也不会前行，因为这违背了牛的习性。让一个孩子牵着牛鼻萦，牛就会随他而走，因为这顺应了牛的习性。世上的君主权贵，无论贤与不贤，都想生命长久，但是整天地违背天性，那这样的欲望有什么用呢？而生命的长久都是顺应自然之道的，使生命不能够顺应自然之道的是人的欲望。所以圣人必定先要节制自己的欲望。

房屋大了，阴气就会多；楼台高了，阳气就会多。阴气多了就会促生寒疾，阳气多了就会得痿病，这就是阴阳不能调适所带来的后果。因此先王不在过大的房屋里居住，不建设过高的楼台，膳食不要太丰盛，穿衣不要过于厚暖。过厚过暖都会使脉理闭塞，脉理闭塞就会使阴阳之气不畅通；膳食过于丰盛，胃就会过于饱撑，过于饱的话胸腹就会憋闷，胸腹憋闷就会使阴阳之气不通畅，这样怎么能实现长生长寿的愿望呢？古代的圣王修建花园泉池，只要能游园眺望，活动身体就可以；建造宫殿楼台，只要能够躲避太阳，遮挡风雨就可以；制作车辇衣衫，也只要能够使身体安适暖和就可以；吃饭饮酒，只要能够适合口味填饱肚子就可以；而使用音乐歌舞，也只是调节性情舒心快意。以上五种情况，圣王的目的都是养护生命，调适性情，并不是喜好节俭，厌恶奢侈。

【解析】

《重己》篇是《吕氏春秋》中非常重要的一篇，反映了《吕氏春秋》的思想基础是以黄老道家为核心的，并由此推广到政治上构建治国的理论和方法。本篇的主旨是说每个人都要尊重生命的规律，珍惜自己的生命。

文中一开始就强调，人们不爱倕的手指而只爱自己的手指，不爱长江、汉

水出产的夜明珠，只爱属于自己的带着杂石的小玉块。因为它们只属于自己，那么比珍珠玉石更重要的是人的生命，人就更应该珍爱它。可惜，现实生活中有很多人"弗知慎者"，一旦"失之"，"终身不复得"。现实生活中，有些人知道生命的重要，但是不知如何保养生命，导致"慎之而害之"。《荀子·正名》篇说："故欲养其欲而纵其情，故欲养其性而危其形，故欲养其乐而攻其心，故欲养其名而乱其行，如此者，虽封侯称君，其与夫盗无以异。"所以本来是为了满足自己的欲望，却放纵了自己的情欲，本来是为了保养自己的生命，却危害了自己的身体，本来是培养快乐的心情，却伤害了自己的心，本来是为了建立名望，却扰乱了自己的行为。像这样的人，就算是封侯称君，其实与盗贼无异。这就如同"师者之爱子也，不免乎枕之以糠；是聋者之养婴儿也，方雷而窥之于堂"，盲人爱儿子，竟把孩子放在谷糠里，聋子爱儿子，在打雷的时候抱着孩子出去观看。他们不但不能谨慎对待生命，反而对孩子有害。这都是由于没有领悟人性与生命的情理的缘故。《庄子·达生》说："达生之情者，不务生之所无以为；达命之情者，不务知之所无奈何。"不追求生命中不必要的东西，不改变命运中无可奈何的事故。保养生命，就是要顺从天性。《老子》第二十五章说："人法地，地法天，天法道，道法自然。"人在自然界的生活，就应顺从自然规律。就像秦国的大力士乌获，虽然力气很大，但是他如果要抓着牛的尾巴往后拽，让牛往后走，无论怎样使劲，都是不可能的。而一个只有六七岁的小孩子，用绳子牵着牛鼻环，牛就跟着他，想到哪就到哪了。这是因为顺从天性的缘故。

顺从天性，即能长久地活着，达到"长生久视"的理想状态。《黄帝内经·灵枢·本神》说："故智者之养生也，必顺四时而适寒暑，和喜怒而安居处，节阴阳而调刚柔。如是则僻邪不至，长生久视。"聪明的人养生，一定根据四季的变化，适应寒冷与暑热来调整自己的居处，做到人体与外界环境的阴阳调和。长生久视，就是要"适欲"，顺其自然地满足自己的欲望，按照四时寒暑的变化而自然地改变生活习惯；就是要"节性"，面对诸多诱惑，调控自己的欲望，使之保持在适度的范围内。《太平经》说：“夫人命乃在天地，欲安者，乃当先安其天地，然后可得长安也。”

反之，对生命不知爱惜的人，他们对“死生存亡”从来没有认清过。如果对生命的价值都没有认清的人，那么他们认为正确的，也从来不是正确的；他们认为错误的，也从来不是错误的。以这种态度对待自己，必定会遭受灾祸。这样的人治理国家，也一定会导致国家的灭亡。因为只有珍爱自己的生命的人，才能珍爱他人的生命。如果不珍爱自己的生命，也不会珍爱他人的生命。作为国君，就可能乱开杀戒，酿成暴政。暴政往往就会导致国家迅速地灭亡。《左传·庄公十一年》：“禹、汤罪己，其兴也勃焉；桀、纣罪人，其亡也忽焉。”本书《论人》篇也说：“昔上世之亡主，以罪为在人，故日杀戮而不止，以至于亡而不悟。三代之兴王，以罪为在己，故日功而不衰，以至于王。”对一国之君来说，因为重视生命，所以不要轻易杀戮，要以对待自我生命一样去对待他人生命。《汉书·艺文志》概括杂家的特点说：“知国体之有此，见王治无不贯。”并以《吕氏春秋》为杂家代表作。这个概括对理解《吕氏春秋》是十分有帮助的。《吕氏春秋》的写作目的就是探索如何治理国家。《重己》篇不仅指出我们常人应该珍惜生命，更有教育国君不能乱杀无辜，谴责施行暴政的目的。

对于本篇的意图，南宋理学家黄震的《黄氏日钞》说：“言以颐养性而保长生，又欲人之各自保其生也。”这是恰当的。不过，值得注意的是，吕不韦在《吕氏春秋·序意》说：“尝得学黄帝之所以诲颛顼矣。”意即其召集门客编撰此书，大有教育秦始皇的意图在内。换句话说，在某种程度上，吕不韦是把自己当作帝师的，他要把秦始皇当作自己的学生来加以教育的。因为他知道秦始皇的贪欲。仅以阿房宫为例。《三辅黄图》载秦始皇造阿房宫，说：“阿房宫亦曰阿城，惠文王造宫未成而亡，始皇广其宫规，恢三百余里。离宫别馆弥山跨谷，辇道相属。阁道通骊山八十余里。表南山之巅以为阙，络樊川以为池。作阿房前殿，东西五百步，南北五十丈，上可坐万人。”秦始皇如此耗费国家人力、物力与财力来修一座宫殿与园林，吕不韦当然看不下去。所以说：“室大则多阴，台高则多阳；多阴则蹶，多阳则痿。"以为苑宥足以活动身体即可，台室只要能避湿即可，衣裘足以暖身即可，饮食足以充饥即可，音乐足以娱乐即可。反对过度奢侈浪费。郭沫若先生就曾说："《吕氏春秋》一书之所以赶着在八年做出，可能是有意向他说教。所以本篇大有教育意义在内的。"（《十批判书》）

本篇文采斐然。作者说理善于从日常生活现象出发，以人不爱倕之指，不爱江汉之珠的人之常情出发，引申到人只爱有利于自己的东西。用盲人爱子，却因看不见而把孩子放在谷糠里，聋子养育婴儿，正当外面打雷的时候，却抱着孩子向外张望这两个事例证明虽然爱孩子，却不知爱之所爱，反而将孩子置身于危险之中。用乌获用力拔牛尾巴把牛往后拖，还不如六七岁的小孩用牛绳牵着牛鼻子走，这种寓言故事说明顺从天性的重要。文中所举的这些现实生活中的事例，让人感觉并不陌生，而易于接受。最后说理的效果生动，而寓意深刻，前后姿态横生，让人读起来兴味盎然。

【故事】

孟浩然心境恬淡创佳作

孟浩然是唐代颇有名气的士人，其文采卓尔不群。他年轻时和其他人一样，饱读诗书追求功名，希望光耀门楣。但是他年轻气盛，惹怒了唐太宗，从此仕途不济。孟浩然经过一段时间的思考，参透了人生之味和宦官沉浮，于是归隐田园，过着逍遥自在的生活。

当时，朝中有一位清官韩朝宗，身兼数职。他久闻孟浩然的才华和名气，深知孟浩然的遭遇，于是有心举荐他，韩朝宗深得皇上信赖，并为朝廷推举了很多栋梁之材，因此，推举孟浩然有很大的希望。而孟浩然在他的说服他，也同意赶往长安，可就在临行前，孟浩然有朋友前来拜访，把酒言欢时竟将回长安的事情忘得一干二净。韩朝宗大失所望，只好回京。从此孟浩然彻底断了仕途，忘情于山水。

　　一天，孟浩然与朋友走在乡间的小路上，道旁修竹幽静，别有一番风韵，孟浩然禁不住观赏。远处渔夫收拾好渔网，在暮色中归来。孟浩然迎上前去问收获如何，并仔细端详篓中的鱼儿，看完后莫名其妙地笑了，朋友觉得怪异，问其所以然？

　　孟浩然解释道："刚才看到了翠竹诗兴大发，琢磨出两句，其中有竹还有鱼，只是平日里没有注意到竹有多少节，鱼有多少鳞，所以刚才看了个明白，心中甚是高兴！"说完，爽朗地笑了。

　　孟浩然摆脱了世俗的烦扰，归隐山林，创造了无数名篇佳作，确实让人羡慕。他以一颗平常的心态，不以物喜，不以己悲，才能在浮躁忙碌的生活中获得心灵深处的宁静与快乐。

贵公

【题解】

　　"贵公"就是以公为贵的意思依据作者的观点，"治天下也必先公"，君主圣王在统治天下的时候，一定以公正为先，公正才能实现"天下平"，也就是说天下的和睦来源于公正。立君的本意就是为了主持公道，因为"天下非一人之天下也，天下之天下也"。

【原文】

　　昔先圣王之治天下也，必先公，公则天下平矣。平得于公。

　　尝试观于上志，有得天下者众矣，其得之以公，其失之必以偏。凡主之立也，生于公。故《鸿范》曰："无偏无党，王道荡荡；无偏无颇，遵王之义；无或作好，遵王之道；无或作恶，遵王之路。"

　　天下非一人之天下也，天下之天下也。阴阳之和，不长一类；甘露时雨，不私一物；万民之主，不阿一人。

伯禽将行，请所以治鲁，周公曰："利而勿利也。"荆人有遗弓者，而不肯索，曰："荆人遗之，荆人得之，又何索焉？"孔子闻之曰："去其'荆'而可矣。"老聃闻之曰："去其'人'而可矣。"故老聃则至公矣。天地大矣，生而弗子，成而弗有，万物皆被其泽、得其利，而莫知其所由始，此三皇五帝之德也。

东施效颦

管仲有病，桓公往问之，曰："仲父之病矣，渍甚，国人弗讳，寡人将谁属国？"管仲对曰："昔者臣尽力竭智，犹未足以知之也，今病在于朝夕之中，臣奚能言？"桓公曰："此大事也，愿仲父之教寡人也。"管仲敬诺，曰："公谁欲相？"公曰："鲍叔牙可乎？"管仲对曰："不可。夷吾善鲍叔牙，鲍叔牙之为人也，清廉洁直，视不己若者，不比于人；一闻人之过，终身不忘。""勿已，则隰朋其可乎？""隰朋之为人也，上志而下求，丑不若黄帝，而哀不己若者。其于国也，有不闻也；其于物也，有不知也；其于人也，有不见也。勿已乎，则隰朋可也。"

夫相，大官也。处大官者，不欲小察，不欲小智，故曰："大匠不斫，大庖①不豆，大勇不斗，大兵不寇。"桓公行公去私恶，用管子而为五伯长；行私阿所爱，用竖刀而虫②出于户。

人之少也愚，其长也智。故智而用私，不若愚而用公。日醉而饰服，私利而立公，贪戾③而求王，舜弗能为。

【注释】

①庖：厨师。

②虫：尸虫，尸体腐烂所生的虫子。

③戾：凶暴。此指贪得无厌。

【译文】

从前，圣王治理天下，必定把公心摆在第一位，只要出于公心，天下就太平了。太平是由公心得来的。

试考察一个古代的记载，曾经取得天下的人是相当多的了。如果说他们取得天下是由于公正无私，那么他们丧失天下必定是由于偏颇有私。大凡立君的本意，都是出于公正无私。所以《鸿范》中说："不要偏私，不要结党，王道多么平坦宽广。不要偏私，不要倾侧，遵循先王的法则。不要滥逞个人偏好，遵循先王的正道。不要滥逞个人的怨怒，遵循先王的正路。"

天下不是某一个的天下，而是天下人的天下。阴阳相和，不只生长一种物类。甘露时雨，不偏私一物。万民之主，不偏袒一人。

（周公的儿子）伯禽（封为鲁国国君），将要赴任时，（向父亲）请教用来治理鲁国的方略，周公说："（为政要考虑）利民而不要（只考虑）利己。"楚人遗失了弓箭却不肯去寻找，他说："楚国人遗失了弓箭，（必是）楚国人得到它，又何必去找它呢？"孔子听到这话，说："去掉'荆楚'这一国别就好了。"老聃听到孔子的话，说："去掉'人'这一限制就好了。"所以说老聃才是最具有公心的人。天地够伟大了，生育了万物，而不把它们作为自己的子女；使万物生长，而不把它们据为己有。万物都蒙受天地的恩泽，享受天地的利益，却不知道这些是从哪里来的。这就是三皇五帝的德政。

管仲得了重病，齐桓公去问候他，说："仲父您的病，更加沉重了，国内百姓都已经无法避讳这件事，我将把国家托付给谁呢？"管仲回答说："以前我尽心竭力，还不能知道可以托付国家的人选，如今重病，命在旦夕，我怎么能说得出呢？"齐桓公说："这是国家大事，希望仲父您指点我啊。"管仲恭敬地回答，说："您打算让谁担任宰相呢？"齐桓公说："鲍叔牙可以吗？"管仲回答说："不行。我和鲍叔牙交情很好，鲍叔牙的为人清正廉洁，刚直不阿。看到不像自己（那样正直）的人，便不去接近人家；一旦听到别人的过错，一辈子也不能忘记。"齐桓公说："不得已的话，那么隰朋可以吗？"管仲回答说："隰朋的为人，对胜过自己的贤人追美不已，对赶不上自己的人则劝勉不息，（常常）以自己赶不上黄帝为羞愧，对赶不上自己的人表示同情；他对于国政，细枝末节不去过问；他对于事物，分外的不去了解；对于人，不刻意去找小毛病。一定要我推荐宰相人选的话，那么隰朋是合适的。"

一国的宰相，可是个大官。当大官的人，不要只看小事，不要耍小聪明。所以说大工匠只注意总体设计，而不亲自挥斧弄凿；大厨师只着意调和五味，而不亲自拨弄锅碗瓢盏；大勇士只指挥战斗，而不亲自临阵斗殴，正义的军队只征讨叛逆而不骚扰百姓。齐桓公厉行公正；摒弃个人爱憎，重用（同自己有仇的）管仲，终成五霸之首。但后来因为有所偏私，庇护所爱，重用竖刀以至于身死国乱，尸虫流出户外。

人在年轻时幼稚无知，长大后聪明。但是如果聪明却重用私人，那还不如蒙昧而主持公道。整日沉湎饮酒却要整饬其装束，务求私利而想做到公正，贪求残暴而想成就王业，那就是舜也做不到的。

【解析】

《贵公》篇是《吕氏春秋》中比较有代表性的一篇。公，不是公平，也不是公正，本篇的"公"，是与"私"相对而言的。私，即有私心，为个人谋利；公，即指出于公心，为人民大众谋利。所以文中结尾说："私利而立公，贪戾而求王，舜弗能为。"能为广大人民谋利者，在过去只有掌管国家政权的君主。本篇即告诫人主，治理国家要出于公心，要为全体大众谋利益，而不能有自己的私利。刘咸炘说："公之义，实不止为人君言。周秦诸子之兴，本因论政，而其著书皆意在告时君，故多为人君言，虽义稍远者，亦必引而及之。"本篇由一个寓言和一个历史故事所组成，反映了吕不韦对国君如何治理国家与确立君主两种事情上的认识。

本文一开头就提出中心论点："昔先圣王之治天下也必先公。"为什么呢？因为"公则天下平矣"，只有本于公心，天下才能太平。并引《尚书·洪范》的话作论证，曰："无偏无党，王道荡荡。"只有君主不偏私，国家才能得到治理，王道才能实现。

那么，如何才能让国君在治理国家时自觉做到贵"公"呢？首先要解决思想认识问题。《吕氏春秋》认为，"天下是天下人的天下"，也就是说天下为普罗大众所共有。既然为天下人所共有，那么君主只是万民之共主，只能为万民谋福利，而不能"私阿一人"。这个道理，古代的圣王是懂得的。伯禽将要到鲁国去，向周公请教治理鲁国的方法。周公说："利而勿利也。"就是说，你到鲁国以后，要记着给人民谋利，而不是以国君之位来谋求个人私利。周公懂得贵公的道理，所以天下得到治理，辅助成王，评定了武庚之乱，使天下太平。

为了说明这个道理，本篇又举楚国人遗失弓箭的寓言故事来加以说理。楚国人遗失了弓箭，不去寻找，说楚国人丢了也还是楚国人捡到，反正都在楚国，为什么还要找呢？孔子听说后，说去掉"荆"，无论哪个国家的人东西丢了，不管是哪个国家的人捡到了，都是人捡到的，不更好吗？孔子所说的超出了国家，而将范围扩展至天下。老子听说了，连"人"字都夫掉了，东西丢了，还在大自然，仍为大自然所共有，为什么要有人与自然之分呢？老子的说法，消除了物我界限，是最大的至公。此寓言在当时也颇为流行，并不为《吕氏春秋》所创。《公孙龙子·迹府》篇说："龙闻：楚王张繁弱之弓，载忘归之矢，以射蛟兕于云梦之圃，而丧其弓，左右请求之。王曰：'止。楚王遗弓，楚人得之，又何求乎。'"这是言说楚王视楚国为楚国人之天下，并不为自己所有。《吕氏春秋》在此基础上进一步创造，增加孔子与老子的思想，将寓言做进一步提升，说明"贵公"的道理。不仅如此，为了进一步说理，又举齐桓公的历史故事做进一步的佐证。齐桓公任用管仲，九合诸侯，一匡天下，而宠爱竖刁，"行私阿所爱"，则死后宫廷陷于动荡，尸体迟迟不能安葬，尸虫流出门外。从正反两个方面来说明，作为国君不能有私心，一旦有私心，想谋私利，必然身败名裂。

不过，"天下是天下人的天下"这句话并不是《吕氏春秋》最先提出的，而是当时一种普遍性的看法。《礼记·礼运》篇说："大道之行也，天下为公。"这里面就含有天下是天下人的天下的意思在内。《六韬·文韬·文师》中就有说："天下非一人之天下，乃天下之天下也。"又《六韬·武韬·发启》篇也说："天下者非一人之天下，乃天下之天下也。"但是《吕氏春秋》所说的贵公，与《礼记》《六韬》所说的内涵不尽相同。《礼记》《六韬》所说的意思是天下由天下人来共同治理，归有德者治理，是有道者的天下。这是很早以前，中国就有的观念。《尚书大传·汤誓》："夫天下非一家之有也，唯有道者之有也，唯有道者宜处之。"《左传·僖公五年》："故《周书》曰：皇天无亲，惟德是辅。"《六韬·武韬·顺启》篇说："天下者非一人之天下，唯有道者处之。"屈原在《离骚》中也呐喊："皇灭无私阿兮，览民德焉错辅。"包含有"有德者居之"这个内涵。但是，《吕氏春秋》所言天下是天下人的天下，这里所指主要是君主之位并不是一姓之私产。

本篇所强调的是，君主不能将天下视作一家之私产。其中明显可看出吕不韦思想的进步性。自西周宗法制以来，中国一直实行家天下的制度。《诗经·小雅·北山》："溥天之下，莫非王土。率土之滨，莫非王臣。"天下一家，天子就是这个大家庭的主人，臣民皆为其奴仆。但是吕不韦却不这样看，天下人并非国君一家之私产，如果作为国君不能秉持公心，为天下人谋利，那么就会国破家亡。这与宗法制的观念是格格不入的，而与近代以来人们的认识有惊人的相似。从中也可看出吕不韦对秦始皇的教诲。但是，很显然秦始皇并没有接受这一番好意。秦始皇统一六国以后，即视天下人为私产。贾谊《过秦论》说："天下已定，秦王之心，自以为关中之固，金城千里，子孙帝王万世之业也。"《史记·秦始皇本纪》曰："自今以来，除谥法。朕为始皇帝，后世以计数，二世、三世至于万世，传之无穷。"秦始皇将天下视为一家之私产，果然不久之后，秦帝国就被陈胜喊出的"王侯将相，宁有种乎"击得粉碎，很快就土崩瓦解了。这也从一个侧面折射出吕不韦思想的正确性。

本文从文学性上来说，也具有一定的价值。本文中心明确，论证严密，以寓言故事与历史故事作事例进行论证。论证方法，有举例论证，有正反对比论证。首尾照应，层次清楚。语言修辞上，排比一气呵成，是一篇短篇散文的佳作。

【故事】

晏婴献身为国家

晏婴（？—前 500 年）字仲，历仕灵公、庄公、景公三世。

在庄公时代发生了这样一件事情。当时有个名叫崔杼的大臣，其妻长得非常美丽，齐庄公对其觊觎已久，二人有了不正当的关系。崔杼对此怀恨在心。终于有一次被崔杼逮了个正着，庄公就这样被杀死在崔杼的家里。晏婴听到庄公死在崔家的消息以后，立即坐车赶到了崔家。他的侍从问他："您打算为国君而死吗？"晏婴回答说："他是我一个人的国君吗？我为什么要为他去死呢？"侍从又问："那么您打算逃走吗？"晏婴说："我有罪吗？我为什么要逃走呢？"侍从说："那您就回家吧。"晏婴说："国君死了，我怎么能回家呢？做人君的难道能凌驾于百姓之上吗？一切都应当是为了主持国家，做臣下的难道仅仅是为了个人的俸禄吗？一切都应从保养国家出发。因此，倘若国君是为了国家而死，臣下应该跟着去死；国君是为了国家而逃亡，臣下也应该随着去逃亡；倘若国君是为了个人的私事而死，为了个人的私事而逃亡，不是他亲近宠爱的人，怎会随着去做呢？崔杼是庄公宠信的人，却杀了国君。我凭什么要为他去死呢？"

等到崔家的大门开了以后，晏婴便走进去，把庄公的尸体横放在自己的腿上，哭了一阵，然后站起来连连跺了几次脚，以示哀痛，也算尽了君臣之礼。在晏婴出去之后，崔杼身边就有人对崔杼说："一定要把这个人干掉。"崔杼

说："他可杀不得。晏婴是齐国百姓敬仰的对象，如果我们不杀掉仲，我们还会得到百姓的拥护。"晏婴是把君臣关系建立在共同的国家利益之上的，晏婴这种只为国家利益而献身的观点与主张，为历代的忠臣所称道和效法。

去私

【题解】

本篇以尧舜禅让、祁奚荐贤、腹䵍诛子几个事例，从不同角度说明何谓去私；指出君主只有"诛暴而不私"，才能成就王霸之业。文中记述的几则故事，今天仍可作为借鉴。

【原文】

天无私覆也，地无私载也，日月无私烛①也，四时无私行也，行其德而万物得遂长②焉。

黄帝言曰："声③禁重，色禁重，衣禁重，香禁重，味禁重，室禁重。"

尧有子十人，不与其子而授舜；舜有子九人，不与其子而授禹；至公也。

晋平公问于祁黄羊曰："南阳无令，其谁可而为之？"祁黄羊对曰："解狐可。"平公曰："解狐非子之仇邪？"对曰："君问可，非问臣之仇也。"平公曰："善。"遂用之，国人称善焉。居有间，平公又问祁黄羊曰："国无尉，其谁可而为之？"对曰："午可。"平公曰："午非之子邪？"对曰："君问可，非问臣之子也。"平公曰："善。"又遂用之。国人称善焉。孔子闻之曰："善哉！祁黄羊之论也，外举不避仇，内举不避子。"祁黄羊可谓公矣。

墨者有钜子④腹䵍，居秦，其子杀人，秦惠王曰："先生之年长矣，非有它子也，寡人已令吏弗诛矣，先生之以此听寡人也。"腹䵍对曰："墨者之法曰：'杀人者死，伤人者刑。'此所以禁杀伤人也。夫禁杀伤人者，天下之大义也。王虽为之赐而令吏弗诛，腹䵍不可不行墨者之法。"不许惠王，而遂杀之。子，人之所私也，忍所私以行大义，钜子可谓公矣。

庖人调和而弗敢食，故可以为庖。若使庖人调和而食之，则不可以为庖矣。王伯之君亦然，诛暴而不私，以封天下之贤者，故可以为王伯；若使王伯之君诛暴而私之，则亦不可以为王伯矣。

【注释】

①烛：照明。

②遂长：成长。

③声：音乐。

④钜子：墨家对学有成就的人称"钜子"。

【译文】

天覆遍万物，没有偏私；地遍载万物，没有偏私；日月普照万物，没有偏私；四季循环更替，没有偏私。它们都是无私地布施恩德，养护万物生长。

黄帝说："音乐禁止过分，色彩禁止过分，衣服禁止过分，香料禁止过分，口味禁止过分，宫室禁止过分。"

尧有十个儿子，但是临死前没有传位给自己的儿子而是传给舜；舜有九个儿子，但是临死前也没有传位给自己的儿子而是传给禹，他们都是大公无私的人。

晋平公向祁黄羊问道："南阳没有地方官，那有谁可以担任呢？"祁黄羊回答说："解狐可以担任。"晋平公说："解狐不是你的仇人吗？"祁黄羊回答说："君王问的是可以做地方官的，不是问我的仇人啊。"晋平公说："好啊。"于是就让解狐做了地方官，国内的人民对解狐都很称赞。过了不久，晋平公又问祁黄羊说："国家没有管军事的官，那有谁能担任呢？"祁黄羊回答说："祁午可以担任。"晋平公说："祁午不是你的儿子吗？"祁黄羊回答说："君王问的是谁可以担任管军事的官，不是问我的儿子呀。"晋平公说："好啊。"于是又让祁

《吕氏春秋》原典释译

午做了管军事的官，国内的人民对祁午也都很称赞。孔子听到了这件事说："祁黄羊说的话，太好了！推荐外人不回避仇人，推荐家里人不回避自己的儿子，祁黄羊可以称得上公了。"

墨家有个很有成就的人叫腹䵍，客居在秦国，他的儿子杀了人。秦惠王说："先生的年岁大了，也没有别的儿子，我已经命令官吏不杀他了。先生在这件事情上要听我的。"腹䵍回答说："墨家的法规规定：'杀人的人要处死，伤害人的人要受刑。'这是用来禁绝杀人伤人，是天下的大义。君王虽然为这事加以照顾，让官吏不杀他，我不能不行施墨家的法规。"腹䵍没有答应秦惠王，就杀掉了自己的儿子。儿子，是人们所偏爱的了；忍心割去自己所偏爱的而推行大义，腹䵍可称得上大公无私了。

厨师调味而不敢自食，因而成为厨师。如果厨师在调节味道时吃了它，就不能做厨师了。成就霸王大业的人也是如此。诛除暴虐而无所偏私，重用天下的贤能之人才能够称王成霸；如果想成就霸王大业的君主诛除残暴却心存偏私，那么他就不能称王成霸了。

【解析】

曰：天无私覆也，地无私载也，日月无私烛也，四时无私行也。君主只有"诛暴而不私"才能成就霸业。古人的精神对于我们还是有借鉴的意义的。现在社会的"讲私心、徇私情"，替人办事举手之劳，却要收受贿赂，当然，我们并不是要追求圣人般的大公无私，那也是脱离现实的，但过分地徇私而扰乱了社会，伤害了自己，那就是祸害了。

【故事】

海瑞大公无私为民除恶

海瑞是明朝中后期出现的中国历史上有名的清官，是为腐败官场所不容的刚直不阿的坚贞之士，是深受黎民百姓爱戴的"海青天"，是被史家誉称为"古今一真男子"的男儿大丈夫。

在苏州、南京做南直隶等高官时，海瑞开始展开一场肃贪倡廉的行动，声势浩大地在南直隶境内展开。海瑞上任一个月后，被送到南京刑部的贪官就有100多人。有一个县从知县、县丞、主簿、典史等，一共被抓了10多人，几乎把一个县衙门的官吏全抓空了。海瑞在南直隶境内的反贪行动初见成效后，接下来他便向以乡官集团为首的地方豪绅开战了。海瑞在处理乡官豪绅兼并农民土地问题上遇上了难题。江南最大的乡官、海瑞的恩人、前内阁首辅徐阶是江南占田最多者，也是民愤最大者，在法与情的较量中，海瑞做出了果敢的抉择。为此，一个以前内阁首辅徐阶为首的反对海瑞的乡官缙绅集团，就在海瑞力督豪绅大户退田的幕后，悄然成立了。江南乡官缙绅们走的是三管齐下的路子，他们一方面唆使朝中高官弹劾海瑞；另一方面，各自使出浑身解数，动用吏部尚书等高官重臣，交相致函海瑞，软硬兼施，欲使其妥协；再一方面采取走海瑞母亲的路子，企图逼海瑞就范。在江南高官云集的宦海中，海瑞几乎找不到一个支持者，但海瑞面对威逼利诱，不为所动，终于完成了乡官退田还民工作。因遭乡官的报复，海瑞为此失去了第三个、也是其唯一的儿子海中行。海中行是被人捂死后丢进了苏州河，此案一直没有了结，海瑞又陷入了新的麻烦和灾难之中，失去儿子的海瑞之妻吴氏吊死在自己的房间。灾难性的打击接踵而至，吴氏自杀半个月后，海瑞夫人王氏因病情急剧加重而去世。随后，海瑞因得罪了满朝文武，被迫罢官，归老家海南。

15年后海瑞以72岁的高龄东山复起，任南京右都御史，再举反贪污腐败的大旗。对罪大恶极的贪官实施剥皮的极刑，声震天下，受到贪官集团的合力反对。

万历十五年（1587年）海瑞死于任上时，家里的钱竟不足以办丧事用。真正为海瑞的去世悲号不已的是江南的黎民百姓。一个雨雪霏霏的日子，海瑞的灵柩由京师运回海南岛，丧船由秦淮河出发，两岸挤满了南京的市民学子、士

绅官吏，还有当年南直隶境内的百姓们。船走了二十里、三十里、五十里、八十里、一百里！两岸的哀号、两岸的泪水、两岸的依依惜别之情，依然如在城内。

仲春纪第二

仲春

【题解】

仲春二月，太阳在奎宿中运行。这一月，草木萌生，万物复苏、燕子到来，黄鹂鸣叫。昼夜等分，雷声响起，开始出现闪电。

【原文】

仲春之月，日在奎①，昏弧②中，旦建星③中。其日甲乙，其帝太皞，其神句芒，其虫鳞，其音角，律中夹钟④，其数八，其味酸，其臭膻，其祀户，祭先脾。始雨水，桃李华⑤，苍庚鸣，鹰化为鸠⑥。天子居青阳太庙，乘鸾辂，驾苍龙，载青旂，衣青衣，服青玉，食麦与羊，其器疏以达。是月也，安⑦萌牙，养幼少，存诸孤；择元日，命人社；命有司，省囹圄⑧，去桎梏，无肆掠，止狱讼。是月也，玄鸟至，至之日，以太牢祀于高禖⑨。天子亲往，后妃率九嫔御，乃礼天子所御，带以弓韣⑩，授以弓矢，于高禖之前。

【注释】

①日在奎：指太阳的位置运行到奎宿位置。奎：星宿名，二十八宿之一，在今仙女座。

②弧：星宿名，又名弧矢，在鬼宿之南，今属大犬及船尾座。

③建星：星宿名，二十八宿之一，今属小马座。

④中：应。夹钟：十二律之一。

⑤华：花，这里用作动词，开花。

⑥苍庚：黄鹂。鸠：布谷鸟。

⑦安：使动用法，使……安。

⑧囹圄：牢狱。

⑨高禖：即郊禖。禖：主管嫁娶的媒神，因其祠在郊外，故称郊禖。

⑩弓韣：弓套。

【译文】

春天第二个月，太阳运行在奎的位置，傍晚时分运行到弧的位置，第二天早晨建星在中天位置。这个月以甲乙日为主日，主这个月的天帝是太皞，天神是句芒，动物则以鳞类为主，音以五音中的角音为主，候气律管则应着六律中的夹钟，以八为成数，味道以酸为主，气味则以膻为主。以户神为祭祀对象，祭品以脾为上。开始降雨，桃李开花，黄鹂鸣叫，在天上飞的鹰换成了布谷鸟。天子在青阳左边的房间处理政务，乘坐鸾鸟装饰的车，要骑青色的马，车上要插青色蟠龙旗，穿青色的衣服，佩戴青色的玉饰，主食是麦与羊肉。祭祀所用的器皿要简洁而通透。这个月，安种好发芽的植物，养护好幼小的孩儿，安置好各处婴孩；择选元日，命人建社；命令有司，探望囚牢之徒，脱去他们的枷锁，使世间没有任意掠夺的行为，停止案件的诉讼。这个月，燕子飞到，在它飞到的日子，用牛、羊、猪三种祭祀高禖之神。天子亲自前往，皇后率领九宫妃嫔驾车跟着，让这些被天子所御幸而有孕的女子在神前行礼，给她们带上弓套，授予她们弓箭。

【原文】

是月也，日夜分，雷乃发声，始电。蛰虫咸动，开户始出，先雷三日，奋铎①以令于兆民曰："雷且发声，有不戒其容止②者，生子不备③，必有凶灾。"日夜分，则同度量，钩衡石④，角斗桶⑤，正权概。是月也，耕者少舍⑥，乃修阖扇。寝庙⑦必备。无作大事，以妨农功。是月也，无竭川泽，无漉陂池⑧，无焚山林。天子乃献羔开冰，先荐寝庙。上丁，命乐正人舞舍采，天子乃率三公、九卿、诸侯，亲往视之。中丁，又命乐正入学习乐。是月也，祀不用牺牲，用圭璧，更皮币。仲春行秋令，则其国大水⑨，寒气总⑩至，寇戎来征；行冬令，则阳气不胜，麦乃不熟，民多相掠；行夏令，则国乃大旱，暖气早来，虫螟为害。

【注释】

①奋铎：振动木铎。木铎，以木为舌的大铃。古代宣布政教法令，要巡行振鸣木铎以引众人警觉。

②容止：这里指男女房中事。

③备：完备。这里指生的小孩不完备，有先天残疾。

④钧：均等。衡：秤杆。石：重量单位，古代一百二十斤为一石。

⑤角：校正。斗桶：都是量器。

⑥少舍：稍稍休息。

⑦寝庙：古代宗庙中前边祭祖的部分叫庙，后边住人的部分叫寝。

⑧漉：竭。陂：积蓄水的池塘。

⑨大水：秋天七月，下弦月行入毕宿，日在轸，这时为多雨时节。

⑩总：忽然。

【译文】

这个月，日夜平分，开始打雷，闪电。蛰伏的动物都醒动，离开巢穴出来。刚开始打雷的那三天，要敲铎来向百姓下令："打雷的时候，凡有不警戒房中之事者，生下的孩子就先天残疾，而且一定有凶灾的事发生。"日夜平分，就要统一度、量、衡等各种工具。这个月，耕作的人稍稍休息，整修门窗。祭祀的寝庙一定要齐备。不要做大事，以免妨碍了农忙之事。这个月，不要使河川池塘干涸，不要焚烧山林。天子要献上羔羊祭祀，打开冰窖，先把这些东西献上给祖先。上旬丁日，要命令乐正编舞并放好彩帛，天子就领着三公、九卿、诸侯，亲自前往观看。中旬丁日，又要命令乐正教授音乐。这个月，祭祀不要用牲畜，要用圭璧这些玉器，或者用皮毛、锦帛来替代。仲春如果要发布应在秋天才发布的政令，那么国家就会遭遇洪水，寒气到来，敌寇侵袭；如果发布应在冬天才发布的政令，那么就会使阳气经受不住，麦子不能成熟，百姓之间会出现劫掠之事。如果发布应在夏天发布的政令，那么国家就会出现干旱，热气过早来临，庄稼遭受虫患。

贵生

【题解】

本篇讲述的是养生之道。贵生，顾名思义，就是要珍惜爱护生命。本文作者用子州支父拒做天子、王子搜不肯为君、颜阖逃避富贵等诸多事例来阐释了爱惜生命的道理。文中指山：尊生之道在于"全生"，六欲都得到适宜。凡是对生命有所损害的事情都不能做，做人最大的耻辱莫过于做不义的事情。

【原文】

圣人深虑天下，莫贵于生。夫耳目鼻口，生之役也。耳虽欲声，目虽欲色，鼻虽欲芬香，口虽欲滋味，害于生则止。在四官者不欲，利于生者则弗为。由此观之，耳目鼻口，不得擅行，必有所制。譬之若官职，不得擅为，必有所制。此贵生之术也。

尧以天下让于子州支父，子州支父对曰："以我为天子犹可也。虽然，我适有幽忧之病，方将治之，未暇在天下也。"天下，重物也，而不以害其生，又况于他物乎？惟不以天下害其生者也，可以托天下。

越人三世杀其君，王子搜患之，逃乎丹穴。越国无君，求王子搜而不得，从之丹穴。王子搜不肯出。越人薰之以艾，乘之以王舆。王子搜援绥登车，仰天而呼曰：“君乎！独不可以舍我乎？”王子搜非恶为君也，恶为君之患也。若王子搜者，可谓不以国伤其生矣。此固越人之所欲得而为君也。

鲁君闻颜阖得道之人也，使人以币先焉。颜阖守闾，鹿布之衣，而自饭牛。鲁君之使者至，颜阖自对之。使者曰：“此颜阖之家耶？”颜阖对曰：“此阖之家也。”使者致币，颜阖对曰：“恐听缪而遗使者罪，不若审之。”使者还反审之，复来求之，则不得已。故若颜阖者，非恶富贵也，由重生恶之也。世之人主多以富贵骄得道之人，其不相知，岂不悲哉！

故曰：道之真，以持身；其绪余，以为国家；其土苴①，以治天下。由此观之，帝王之功，圣人之余事也，非所以完身养生之道也。今世俗之君子，危身弃生以徇物，彼且奚以此之也？彼且奚以此为也？

凡圣人之动作也，必察其所以之与其所以为。今有人于此，以随侯之珠弹千仞之雀，世必笑之。是何也？所用重，所要轻也。夫生，岂特随侯珠之重也战？

子华子曰：“全生为上，亏生次之，死次之，迫生为下。”故所谓尊生者，全生之谓。所谓全生者，六欲皆得其宜也。所谓亏生者，六欲分得其宜也。亏生则于其尊之者薄矣。其亏弥甚者也，其尊弥薄。所谓死者，无有所以知，复其未生也。所谓迫生者，六欲莫得其宜也，皆获其所甚恶者。服是也，辱是也，辱莫大于不义，故不义，迫生也。而迫生非独不义也，故曰迫生不若死。奚以知其然也？耳闻所恶，不若无闻；目见所恶，不若无见。故雷则掩耳，电则掩目，此其比也。凡六欲者，皆知其所甚恶，而必不得免，不若无有所以知。无有所以知者，死之谓也，故迫生不若死。嗜肉者，非腐鼠之谓也；嗜酒者，非败酒之谓也；尊生者，非迫生之谓也。

【注释】

①苴：通"渣"。土苴：渣滓，糟粕。此处比喻微贱的东西，犹如土芥。

【译文】

圣人深思熟虑天下的事，认为没有什么比生命更宝贵。耳目鼻口是受生命支配的。耳朵虽然想听乐音，眼睛虽然想看彩色，鼻子虽然想嗅芳香，嘴巴虽然想尝美味，但只要对生命有害就会被禁止。对于这四种器官来说，即使是本身不想做的，但只要有利于生命就去做。由此看来，耳目鼻口不能任意独行，必须有所制约。这就像各种职官，不得独断专行，必须要有所制约一样。这就是珍惜生命的方法。

尧把天下让给子州支父，子州支父回答说："让我做天子还是可以的，虽是这样，我现在正害着忧劳深重的病，正要治疗，没有余暇顾及天下。"天下是最珍贵的，可是圣人不因它而危害自己的生命，又何况其他的东西呢？只有不因天下而危害自己生命的人，才可以把天下托付给他。

越国人连续三代杀了他们的国君，王子搜对此很忧惧，于是逃到一个山洞里。越国没有国君，找不到王子搜，一直追寻到山洞。王子搜不肯出来，越国人就用燃着的艾草熏他出来，让他乘坐国君的车。王子搜拉着登车的绳子上车，仰望上天呼喊道："国君啊，国君啊！这个职位怎么偏偏让我来干啊！"王子搜并不是厌恶作国君，而是厌恶作国君招致的祸患。像王子搜这样的人，可说是不肯因国家伤害自己生命的了。这也正是越国人想要找他作国君的原因。

鲁国国君听说颜阖是个有道之人，想要请他出来做官，就派人带着礼物先去致意。颜阖住在陋巷，穿着粗布衣裳，自己在喂牛。鲁君的使者来了，颜阖亲自接待他。使者问："这是颜阖的家吗？"颜阖回答说："这是我的家。"使者进上礼物，颜阖说："怕您把名字听错了而会给您带来处罚，不如搞清楚再说。"使者回去查问清楚了，再来找颜阖，却找不到了。像颜阖这样的人，并不

是本来就厌恶富贵，而是由于看重生命才厌恶它。世上的君主，大多凭借富贵傲视有道之人，他们如此地不了解有道之人，难道不太可悲了吗？

所以说：道的实体用来保护身体，它的剩余用来治理国家，它的渣滓用来治理天下。由此看来，帝王的功业是圣人闲暇之余的事，并不是用以全身养生的方法。如今世俗所谓的君子损害身体舍弃生命来追求外物，他们这样做将达到什么目的呢？他们又将采用什么手段达到目的呢？

大凡圣人有所举动的时候，必定明确知道所要达到的目的和达到目的所应采用的手段。假如有这样一个人，用随侯之珠去弹射千仞高的飞鸟，世上的人肯定会嘲笑他。这是为什么呢？这是因为他所耗费的太贵重，所追求的太轻微了啊。至于生命，其价值岂止像随侯珠那样贵重呢？

子华子说："全生是最上等，亏生次一等，死又次一等，迫生是最低下的。"所以，所谓尊生，说的就是全生；所谓全生，是指六欲都能得适宜。所谓亏生，是指六欲只有部分得到适宜。生命受到亏损，生命的天性就会削弱，生命亏损得越厉害，生命的天性削弱得也就越厉害。所谓死，是指没有办法知道六欲，等于又回到它来生时的状态。所谓迫生，是指六欲没有一样得到适宜，六欲所得到的都是它们十分厌恶的东西。屈服属于这一类，耻辱属于这一类。在耻辱当中没有比不义更大的了。所以，行不义之事就是迫生。但是构成迫生的不仅仅是不义，所以说，迫生不如死。根据什么知道是这样呢？比如，耳朵听到讨厌的声音，就不如什么也没听到，眼睛看到讨厌的东西，就不如什么也没见到。所以打雷的时候人们就会捂住耳朵，打闪的时候人们就会遮住眼睛。迫生不如死就像这类现象一样。六欲都知道自己十分厌恶的东西是什么，如果这些东西一定不可避免，那还不如生命都不知道。没有办法知道六欲就是死。因此迫生不如死。嗜好吃肉，不是说连腐臭的老鼠也吃；嗜好喝酒，不是说连变质的酒也喝；珍惜生命，不是说连迫生也算。

【解析】

人的生命对于我们来说只有一次，是人最可宝贵的东西。正因为如此，正视生命，保养生命就是一个永恒的话题。战国时期，养生思想已经十分发达，形成杨朱为我以及庄子后学等学派，养生是道家学派的核心话题之一。本篇的主旨是讲养生之术。

养生必先懂得尊重生命，也就是"贵生"的道理。所以《贵生》一开篇便说："圣人深虑天下，莫贵于生。"圣人如果要想治理天下，一定先尊重个体的生命。《吕氏春秋》的立论基点是治理国家，这是贯串每一篇的指导思想。而在道家看来，能够治理国家的人，必定是能够养生的人。《老子》第十三章："故贵以身为天下，若可寄天下；爱以身为天下，若可托天下。"《庄子·在宥》："故曰贵以身为天下，则可以托天下；爱以身为天下，则可以寄天下。"这是《吕氏春秋》立论的基点。这种观念与先秦时期儒家的理念也是一致的。孔子就曾说："己所不欲，勿施于人。"（《论语·卫灵公》）即一切都从自身做起，然后推而广之。按照这个思路，作为人君的理想代表圣人，必须尊重治下平民的生命，尊重天下百姓的生命，还得先从尊重自身生命开始，从自身的养生说起。所以说"惟不以天下害其生者也，可以托天下"。

那么，如何养生呢？《贵生》篇主要是从"养身"与"养心"两个方面作论述。首先是养身。"耳虽欲声，目虽欲色，鼻虽欲芬香，口虽欲滋味，害于生则止"，只要饮食、音乐等对人的身体直接产生伤害的，那么必须进行控制。这个层面可以说是食养。食养为现代中医养生之术的主要内容之一，其应用范围最为广泛，内容包括了医、药、食、茶、酒以及民俗等文化对人体的调节。"由此观之，耳目鼻口不得擅行，必有所制"，这是就养身而说的。

但是，本篇所着重强调的是"养心"。养生先养心，其根本也在于养心。现代养生学认为养心就是要心胸宽阔，遇事不怒，想得开，放得下，始终保持心情的平和。养心也要心静自然，不要过分地追求自己达不到的东西，要知足者常乐。本篇则认为，凡有害于生命的事就不去做，这就是养生的方法。文中列举了子州支父借口调养身体拒绝尧让天下；王子搜不肯为君，感叹做国君能招来祸患；鲁君礼聘颜阖，颜阖逃避鲁国国君的征召，好比随侯用宝珠去射麻

《吕氏春秋》原典释译

雀，以这种方式来拒绝富贵等事理，说明不肯以君位来伤害生命的态度。生命是贵重的，但是世俗君子却轻身逐物，以这种方式来对待生命，必然是不能懂得生命的真谛的。

养心，关键在于要做到"心斋"。"心斋"是庄子在《人间世》中提出来的体道方法。《人间世》说："若一志，无听之以耳而听之以心，无听之以心而听之以气。听止于耳，心止于符。气也者，虚而待物者也。唯道集虚。虚者，心斋也。""斋"，原属祭祀时的要求，其形式有用水沐浴、不饮酒、不茹荤、不闻舞乐、不近女色等。但这只是外在形式上的斋，庄子提出的"心斋"，是体道的修养历程，是一个由外而内、层层递进的内省过程。在这个过程中，心志专一（"若一志"）是"心斋"的重要基础。对于外，要放下耳目听闻对外物的执著。《徐无鬼》说："目之于明也殆，耳之于聪也殆。"耳朵、眼睛是人认识外部世界的主要器官，但当人过于依赖这些器官时，往往就会被外物所蒙蔽，离本性越来越远，所以应"无听之以耳而听之以心"，即循耳目而内通于心。对于人的内心，要洗去个人心中的知、欲，使心不被贪欲所蒙蔽，不被智巧所诱导，诚如《天地》篇所言："机心存于胸中，则纯白不备。纯白不备，则神生不定。神生不定者，道之所不载也。"机心，即功利之心，人要从功名利禄势位富贵等"机心"中超拔出来，以艺术的心态对待人生，直追大道，让人与大自然"天人合一"，才是真正的尊重生命。从这个意义上说，"道之真，以持身；其绪余，以为国家；其土苴，以治天下"，道的实体是用来保全身体的，体道的最高境界就是养生，全生。不会体道的人，往往用道的剩余来治理国家，用它的渣滓来治理天下。因而人们不能损害身体舍弃生命去追求满足物质的需求和欲望。

当然，这里的意思也并不完全像庄子所说的那样"逍遥于世外"，《吕氏春秋》整体的思想倾向是积极入世的。本篇所言的"养生"，主要是反对过分沉溺于追求物质欲望。如果那样的话，就成了"迫生"。《贵生》篇引子华子的话说："全生为上，亏生次之，死次之，迫生为下。""迫生"，就是人在社会上为了私欲而逼迫自己生存。"迫生"是生存方式中最低下的，实际上还不如"死"。《太平经》说："天地之性，万物各自有宜。当任其所长，所能为。所不能为者，而不可强也。"人在社会上生存，不能为了追求物欲，违背自然规律，强迫自己去适应，扭曲自己的生命。《太平御览》卷六百六十八引《黄老经》："士能遗物，乃可议生。生本无邪，为物所婴；久久易志，志欲外无。能守以道，为贵生。"士如果能摆脱外在物质的束缚，以无功利的心态对待人生，才可以同他讨论养生。养生本来就是纯真无邪的，如果为外物所束缚，久而久之，人的心志就会发散，而对养生不利。这段话可以作为本篇贵生思想的注脚。

"迫生"思想在当时是有针对性的。《吕氏春秋》引述儒家思想也是很多的，但是却很少看到引述孟子的话语和思想，这是一个值得关注的现象。在对待人的生命问题上，孟子有段名言："生，亦我所欲也；义，亦我所欲也；二者不可得兼，舍生而取义者也。"（《孟子·告子上》）孟子强调"舍生取义"，也就是"义大于生"，在人的一生中，时时刻刻记着不能违背"义"，在两者不能调和的时候，为了"义"而不惜牺牲自己的生命。在《吕氏春秋》的作者看来，"舍生取义"的态度就是"迫生"，是违背自然规律的。"尊生者，非迫生之谓也。"从中可以看出，这里的养生思想含有顺应自然的意思在内。

从上文的分析中已经可以看出，《吕氏春秋》关于养生的思想主要来自道家。《黄氏日钞》对本篇的评价即为："贵生言耳目鼻口，必有所制。然谓不以天下国家害其生，是老庄之说耳。"但是，我们千万不要忘了，《吕氏春秋》所论都有明确的现实指向，吕不韦这样说也包括对秦始皇的教育在内。这一点千万不要忽视。

【故事】

舜帝耕种历山

负夏村北有座山，人们叫历山。

相传有一天舜来到山上，眼前一亮：开阔的坡地上，绿草如茵，天空湛蓝如洗，山间流水哗哗，小鸟在树枝上蹦跳着、鸣叫着。大自然这样美好！舜的心情顿时开朗起来。

舜决定就在这儿种地。他选择一块平整地方，割去杂草，夯实地基，砍伐树木，搭建茅屋，又在茅屋旁盖了鸡舍羊圈，准备饲养禽畜。

舜垦荒种地，每天都在田地里侍弄庄稼。间苗松土，除草浇水，庄稼长势极好。附近的人家都跑来观看，赞不绝口，一再向舜打听种好庄稼的诀窍。舜总是不厌其烦地对人解说，从选种、整地、播种、间苗、施肥浇水、管理等各个环节详细介绍要领。人们见舜既谦虚又耐心，都打心眼里喜欢这个少年，许多人便搬来与他为邻，学舜耕种管理庄稼。舜远离父母，心里很孤单，如今有邻做伴，十分高兴。他热情地帮助别人搭建房屋，教别人种田本领。一传十，十传百，远近的人都慕名而来，都拜舜为师，举舜为首，大家有事都愿和他商量。舜也总能给人们出些好主意，谁有了困难，谁缺粮缺菜，舜都会慷慨帮助。舜成为大家最依赖的人。

他思念父母心切，经常到负夏看望父母，每次都带去新鲜菜果和猎获的野味孝敬父母。由于舜长期劳作，很懂农事，后世，人们便将舜尊崇为天官、地官、水官三官大帝的地官大帝。后人为了纪念舜，就将舜住过的村子叫作神后村。

情欲

【题解】

文章作者认为，人生而有欲望。无论贵贱、智愚、贤或不肖，人的欲望都是相同的。圣人之所以与普通人有区别，在于他们可以控制情欲。出于珍爱生命的目的而行事，就会使情欲适宜；不是出于珍爱生命而随意行事，就会使情欲失当。因此。人要修养身心，控制情欲，这样才能使性命得以保全。

【原文】

天生人而使有贪有欲。欲有情，情有节。圣人修节以止欲，故不过行其情也。故耳之欲五声，目之欲五色，口之欲五味，情也。此三者，贵贱、愚智、贤不肖欲之若一，虽神农、黄帝，其与桀、纣同。圣人之所以异者，得其情也。由贵生动，则得其情矣；不由贵生动，则失其情矣。此二者，死生存亡之本也。

俗主亏情，故每动为亡败。耳不可赡①，目不可厌②，口不可满：身尽府种，筋骨沉滞，血脉壅塞，九窍寥寥，曲失其宜，虽有彭祖，犹不能为也。其于物也，不可得之为欲，不可足之为求，大失生本。民人怨谤，又树大仇；意气易动，跷然不固；矜势好智，胸中欺诈；德义之缓，邪利之急。身以困穷，虽后悔之，尚将奚及？巧佞之近，端直之远，国家大危，悔前之过，犹不可反。闻言而惊，不得所由。百病怒起，乱难时至。以此君人，为身大忧。耳不乐声，目不乐色，口不甘味，与死无择。

古人得道者，生以寿长，声色滋味，能久乐之，奚故？论早定也。论早定则知早啬，知早啬则精不竭。秋早寒则冬必暖矣，春多雨则夏必旱矣，天地不能两，而况于人类乎？人之与天地也同。万物之形虽异，其情一体也。故古之治身与天下者，必法天地也。尊酌者众则速尽。万物之酌大贵之生者众矣，故大贵之生常速尽。非徒万物酌之也，又损其生以资天下之人，而终不自知。功虽成乎外，而生亏乎内。耳不可以听，目不可以视，口不可以食，胸中大扰，妄言想见，临死之卜，颠倒惊惧，不知所为。用心如此，岂不悲哉？

世人之事君者，皆以孙叔敖之遇荆庄王为幸。自有道者沦之则不然，此荆国之幸。荆庄王好周游田猎，驰骋弋③射，欢乐无遗，尽傅其境内之劳与诸侯之忧于孙叔敖。孙叔敖日夜不息，不得以便生为故，故使庄王功迹着乎竹帛，传乎后世。

【注释】

①赡：充裕，足够。

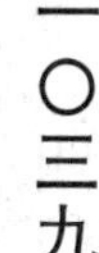

②厌：满足。

③弋：用绳系在箭上射。

【译文】

人生而多欲。欲望则产生感情，感情则需要节制。圣人修身养性，节制性情，来限制欲望，所以不会放纵自己的感情。耳朵想听到各种声音，眼睛想看到各种颜色，嘴巴想尝到各种味道，这是与生俱来的欲望。这三种情况，无论贵贱、智愚、贤不肖，人的欲望都是一样的，即使是神农、黄帝，在这方面也与桀、纣相同。圣人之所以跟常人有区别，就在于他们节制情欲。出于珍爱生命而行事，就会使情欲适宜；不是出于珍爱生命而随意行事，就会使情欲失当。这两种情况，是关系生死存亡的根本。

世俗的君主缺少适度的感情，因此一做事就导致失败。他们的耳朵不可满足，眼睛不可满足，嘴巴不可满足，结果是全身浮肿，筋骨僵硬迟滞，血脉阻塞不通，九窍空虚，丧失了正常的机能。到了这种地步，即使是彭祖也无能为力了。他们对于外物，不能得到的想要得到，不能满足的渴求满足，严重丧失了生命的本来意义。百姓会怨恨和责骂他们，又等于树立了大仇敌。他们的意志精神容易动摇，变化快，不坚定；他们炫耀自己的权势，好要弄智谋，内心藏着欺诈；他们对于德义漫不经心，对于邪利急切追求，结果自身弄得走投无路，虽然那时后悔这样做，那又能怎么样呢？他们亲近奸诈的人，疏远正直的人，到了国家非常危急的时候，再后悔以前的过错，就为时已晚了。于是听到自己即将灭亡的言论就惊恐起来，却还不知道为何会有这种后果。于是各种疾病突然爆发，叛乱不断发生。用这种做法统治人民，造成自身的巨大忧患，以至耳朵听到美声不觉得愉快，眼睛看到美色不觉得高兴，嘴尝到美味不觉得香甜，这和死了没有什么两样。

古时候的得道者，生命都能够长寿，能够长久地享受音乐、色彩、味道，这是为什么呢？因为他们早已有了贵生的信念。早树立贵生的信念，就早懂得珍惜生命，早知道珍惜生命，就不会精力衰竭。秋天冷得早的话，冬天就会暖和，春天雨水多的话，夏天就会干旱。天地尚且不能两全，何况人？人与天地是同样的。万物形态各异，但本性是一样的。所以自古修身养性的人和治理天下的人，都会遵从天地万物的道理。举樽酌酒的人多，酒就喝得快。万物消耗了很多天子的生命，天子的生命就会很快耗尽。不光万物消耗它，天子在操劳国事的时候也会消耗，但自己却没有觉察。虽然功成名就，但自己的生命也已耗尽，结果耳不能听，眼不能视，口不能食，精神恍惚，口说胡话，临终前神经错乱，极度恐慌，不知道自己做什么。把心力耗尽到如此地步，难道不是件可悲的事吗？

世界上做臣子的都认为孙叔敖遇到楚庄王是幸运的，但是在得道者看来并非如此，认为这只是楚国的幸运。楚庄王喜欢狩猎游玩、骑马射箭、纵情享乐，而将治国的辛劳和为君的忧虑全推给孙叔敖。孙叔敖昼夜劳累，不能爱惜生命，这才使得楚庄王功勋卓著，流芳百世。

【解析】

人的感情欲望是天生的，人人所具有，在欲望面前没有高低贵贱之分，没有贤能与不贤能的区别，只有欲望的大小不同而已。但圣人能自行控制、褥其情，使情适度，故生命得以长寿，享尽声色味之乐，而世俗之人则不得其情，时常使情受到亏损，带来国危身亡的灾难后果。这种思想在战国末期人们就明白了，只是那时的人们没有什么高远的理想，但求平安、健康地度过一生，所以养生在那时就已经盛行了。

【故事】

治国必先顺应民心

孙叔敖是楚国的隐者。国相虞丘把他举荐给楚庄王，想让他接替自己的职务。孙叔敖为官三个月就升任国相，他施政教民，使得官民之间和睦同心，风俗十分淳美。他执政宽缓不苛却有禁必止，官吏不做邪恶伪诈之事，民间也无盗贼发生。秋冬两季他鼓励人们进山采伐林木，春夏时便借上涨的河水把木材运出山外。百姓各有便利的谋生之路，都生活得很安乐。

孙叔敖治水

庄王认为楚国原有的钱币太轻，就下令把小钱改铸为大钱，百姓用起来很不方便，纷纷放弃了自己的本业。管理市场的长官向国相孙叔敖报告说："市场乱了，老百姓无人安心在那里做买卖，秩序很不稳定。"孙叔敖问："这种情况有多久了？"市令回答："已经有三个月了。"孙叔敖说："不必多言，我现在就设法让市场恢复原状。"五天后，他上朝向庄王劝谏说："先前更改钱币，是认为旧币太轻了。现在市令来报告说'市场混乱，百姓无人安心在那里谋生，秩序很不稳定'。我请求立即下令恢复旧币制。"庄王同意了，颁布命令才三天，市场就回复了原貌。

就这样，孙叔敖顺应了民心，即使不用下令管束，百姓就自然顺从了他的教化。

当染

【题解】

本文主要强调的是环境对人的决定性影响。作者认为身为国君若是所受的熏染合适，就能可以成为天子统治天下，有着无比显赫的功名。反之，所受的熏染不合适的话，就可能导致国破身亡，被天下人所耻笑。由此可以看出环境对人的正反两方面的影响。

【原文】

墨子见染素丝者而叹曰："染于苍则苍，染于黄则黄，所以入者变，其色亦变，五入而以为五色矣。"故染不可不慎也。

非独染丝然也，国亦有染[①]。舜染于许由、伯阳，禹染于皋陶、伯益，汤染于伊尹、仲虺，武王染于太公望、周公旦。此四王者，所染当，故王天下，立为天子，功名蔽[②]天地。举天下之仁义显人，必称此四王者。夏桀染于干辛、歧踵戎，殷纣染于崇侯、恶来，周厉王染于虢公长父、荣夷终，幽王染于虢公鼓、祭公敦。此四王者，所染不当，故国残身死，为天下僇[③]。举天下之不义辱人，必称此四王者。齐桓公染于管仲、鲍叔，晋文公染于咎犯、郄偃，荆庄王染于孙叔敖、沈尹蒸，吴王阖庐染于伍员、文之仪，越王勾践染于范蠡、大夫种。此五君者，所染当，故霸诸侯，功名传于后世。范吉射染于张柳朔、王生，中行寅染于黄藉秦、高强，吴王夫差染于王孙雄、太宰嚭，智伯瑶染于智国、张武，中山尚染于魏义、椻长，宋康王染于唐鞅、田不禋。此六君者，所染不当，故国皆残亡，身或死辱，宗庙不血食，绝其后类，君臣离散，民人流亡。举天下之贪暴可羞人，必称此六君者。凡为君，非为君而因荣也，非为君而因安也，以为行理也。行理生于当染。故古之善为君者，劳于论人而佚于官事，得其经也。不能为君者，伤形费神，愁心劳耳目，国愈危，身愈辱，不知要故也。不知要故，则所染不当；所染不当，理奚由至？六君者是已。六君者，非不重其国，爱其身也，所染不当也。存亡故不独是也，帝王亦然。

非独国有染也，士亦有染。孔子学于老聃、孟苏、夔靖叔。鲁惠公使宰让请郊庙之礼于天子，桓王使史角往，惠公止之，其后在于鲁，墨子学焉。此二士者，无爵位以显人，无赏禄以利人。举天下之显荣者，必称此二士也。皆死久矣，从属弥众，弟子弥丰，充满天下。王公大人从而显之；有爱子弟者随而学焉，无时乏绝。子贡、子夏、曾子学于孔子，田子方学于子贡，段干木学于子夏，吴起学于曾子。禽滑釐学于墨子，许犯学于禽滑釐，田系学于许犯。孔墨

之后学显荣于天下者众矣，不可胜数，皆所染者得当也。

【注释】

①染：此处比喻熏陶，熏染。

②蔽：遮蔽。

③修：侮辱。

【译文】

墨子曾看到染素丝的而叹息说："放入青色染料，素丝就变成青色；放入黄色染料，素丝就变成黄色。染料变了，素丝的颜色也随着变化，染五次就会变出五种颜色了。"所以，染色不可不慎重啊。

不仅染丝这样，国家也有类似于染丝的情形。舜受到许由、伯阳的熏陶，禹受到皋陶、伯益的熏陶，商汤受到伊尹、仲虺的熏陶，武王受到太公望、周公旦的熏陶。这四位帝王，因为所受的熏陶适宜得当，所以能够统治天下，立为天子，功名盖天地。凡列举天下仁义、显达之人，一定都推举这四位帝王。夏桀受到干辛、歧踵戎的熏染，殷纣受到崇侯、恶来的熏染，周厉王受到虢公长父、荣夷终的熏染，周幽王受到虢公鼓、祭公敦的熏染。这四位君王，因为所受的熏染不得当，结果国破身死，被天下人耻笑。凡列举天下不义，蒙受耻辱之人，一定都举这四位君王。齐桓公受到管仲、鲍权牙的熏陶，晋文公受到咎犯、郄偃的熏陶，楚庄王受到孙叔敖、沈尹蒸的熏陶，吴王阖庐受到伍员、文之仪的熏陶，越王勾践受到范蠡、文种的熏陶。这五位君主，因为所受的熏陶合宜得当，所以称雄诸侯，功业盛名流传到后代。范吉射受到张柳朔、王生的熏染，中行寅受到黄藉秦、高强的熏染，吴王夫差受到王孙雄、太宰嚭的熏染，智伯瑶受到智国、张武的熏染，中山尚受到魏义、椻长的熏染，宋康王受到唐鞅、田不禋的熏染。这六位君主，因为所受的熏染不得当，结果国家都破灭了，他们自身有的被杀，有的受辱，宗庙毁灭不能再享受祭祀，子孙断绝，

君臣离散，人民流亡。凡列举天下贪婪残暴、蒙受耻辱之人，一定都举这六位君主。大凡国君，不是为了从中获得显荣，也不是为了从中获得安适，而是为了实施大道。大道的实施产生于感染合宜得当。所以古代善于作君的把精力花费在选贤任能上，而对于官署政事则采取安然置之的态度，这是掌握了作君的正确方法。不善于作君的，伤身劳神，心中愁苦，耳目劳累，而国家却越来越危险，自身却蒙受越来越多的耻辱，这是由于不知道作君的关键所在的缘故。不知道作君的关键，所受的感染就不会得当。所受的感染不得当，大道从何而至？以上六个君主就是这样。以上六位君主不是不看重自己的国家，也不是不爱惜自己，而是由于他们所受的感染不得当啊。所受的感染适当与否关系到存亡，不但诸侯如此，帝王也是这样。

不仅国家有受染的情形，士也是这样。孔子向老聃、孟苏夔、靖叔学习。鲁惠公派宰让向天子请示郊祭、庙祭的礼仪，平王派名叫角的史官前往，惠公把他留了下来，他的后代在鲁国，墨子向他的后代学习。孔子、墨子这两位贤士，没有爵位来使别人显赫，没有赏赐俸禄来给别人带来好处，但是，列举天下显赫荣耀之人，一定都称举这二位贤士。这二位贤士都死了很久了，可是追随他们的人更多了，他们的弟子越来越多，遍布天下。王公贵族因而宣扬他们。有爱子弟的，让他们的子弟跟随孔墨的门徒学习，没有一时中断过。子贡、子夏、曾子向孔子学习，田子方向子贡学习，段干木向子夏学习，吴起向曾子学习，禽滑釐向墨子学习，许犯向禽滑釐学习，田系向许犯学习。孔墨后学在天下显贵尊荣的太多了，数也数不尽，这都是由于熏陶他们的人得当啊。

【解析】

本篇与《墨子·所染》内容几乎相同，应当是吸取墨家思想而为自己所用，阐发治国的道理。一开始就以墨子见给素丝染色这个日常现象出发，引申到舜受到许由、伯阳的熏陶，禹受到皋陶、伯益的熏陶，商汤受到伊尹、仲虺

的熏陶，武王受到太公望、周公的熏陶。因为这四位所受到的都是圣贤之人的教育引导，故能够统治天下，造福万民。而夏桀受到干辛、歧踵戎熏染，商纣受到崇侯、恶来的熏染，周厉王受到虢公长父、荣夷终的熏染，周幽王受到虢公鼓、祭公敦的熏染，因为所受教育引导不当而致国破身死，被天下耻笑。下文再举春秋以来所染当与所染不当的例子，从正反两个方面说明，一个人与他所处的外在环境，所接受的教育不同而不同的道理。对此王充在《论衡·率性》篇中说："夫人之性犹蓬纱也，在所渐染而善恶变也。"

这个道理在中国古代有着普遍的认识。《荀子·劝学》即说："蓬生麻中，不扶自直。白沙在涅，与之俱黑。"还有"孟母三迁"的故事，说的都是外在环境对人的决定性作用。这种观点与西方近代环境决定论有诸多相似之处。

不可否认，环境决定论关注人的成长与环境调教之间的关系，关注后天教养内容和教育方法以及这些环境因素在人才成长与发展中的重要作用。但是这种完全把人所受到的教育归之于环境的看法是不全面的。像齐桓公、晋文公、楚庄王等春秋五位霸主，不仅善于向贤人学习，还有他们自身的素质，他们本人主动性、能动性和创造性是不能否定的。这也是环境决定论的最大失误。美国儿童心理学家霍尔说过："一两的遗传胜过一吨教育。"强调个体的发展不可忽视遗传的作用。高尔顿曾在《天才的遗传》一书中写道："一个人的能力乃由遗传得来，其受遗传的程度如同机体的形态和组织之受遗传决定一样。"由此，他得出名人家族中出名人的比率大大超过一般人，从而认为这就是能力受遗传决定的证据。但是，从古代帝王的世系来看，遗传的作用也不能过分夸大。决定着个体的发展，内因与外因应该并重，遗传与环境互相作用和影响，共同决定着个体的发展，对于不同的心理因素，它们所起作用的比例是不同。他们提醒我们不要过多地去考虑遗传和环境的对立，而应更多地去考虑二者是如何交织在一起促进个体的发展变化的。这是学习鉴赏这一篇必须指出的。

当然，本篇所言不仅在于强调一国之君该如何选择环境，学习提高自身素质。本篇的后半部分道出了本文的目的：为君者应"劳于论人而佚于官事"。

《吕氏春秋》主张"君道圆，臣道方"，也就是说作为一国之君，主要责任是善于运用手中的权杖管理好官员，而不去处理具体的事务。在这个思想指导下，国君治理国家应选择贤人作为"染"的对象，一方面让自己接受贤人的教育，使自己变成贤君；另一方面，也利用贤人来治理国家，使国家得到根本的治理，百姓平安幸福。这是吕不韦吸取墨子思想而为自己所用的用心所在。

【故事】

学则当染，习无止境

孔子家境贫穷，社会地位低下。他身高九尺六寸，人们都称他为"长人"，觉得他与一般人不一样。鲁国人南宫敬叔对鲁昭公说："请让我与孔子一起到周去。"鲁昭公就给了他一辆车子、两匹马、一名童仆，随孔子出发，到周去学礼。据说是见到了老子。告辞时，老子对他们说："我听说富贵的人是用财物送人，品德高尚的人是用言辞送人。我不是富贵的人，只能窃用品德高尚人的名号，用言辞为您送行。这几句话是：'聪明深察的人常常受到死亡的威胁，那是因为他喜欢议论别人的缘故；博学善辨识见广大的人常遭困厄危及自身，那是因为他好揭发别人罪恶的缘故。做子女的要忘掉自己而心想父母，做臣下的要忘掉自己而心存君主。'"孔子从周回到鲁国之后，跟从他学习的弟子就渐渐多起来了。

孔子用《诗》《书》《礼》《乐》作为教材教育弟子。他教育弟子有四个方面：学问、言行、忠恕、信义。为弟子订下的四条禁律是：不揣测、不武断、不固执、不自以为是。他认为应当特别谨慎处理的是：斋戒、战争、疾病。孔子很少谈到利，如果谈到，就与命运、仁德联系起来。他教育弟子的时候，不到人家真正遇到困难、烦闷发急的时候，不去启发开导他。

功名①

【题解】

本篇旨在论述为君之道。文章以大量生动的比喻说明：要达到目的，必"由其道"。条件具备了，方法对头了，自然水到渠成，否则徒劳无益。本篇劝诫君主要重视人心的向背，指出"欲为天子，民之所走，不可不察"，"所以示民，不可不异"，反映了作者的民本思想。

【原文】

由其道，功名之不可得逃，犹表②之与影，若呼之与响。善钓者出鱼乎十仞之下，饵香也；善弋者下鸟乎百仞③之上，弓良也；善为君者，蛮夷反舌殊俗异习④皆服之，德厚也。水泉深则鱼鳖归之，树木盛则飞鸟归之，庶草茂则禽兽归之，人主贤则豪杰归之。故圣王不务归之者，而务其所以归。

强令之笑不乐，强令之哭不悲。强令之为道也，可以成小，而不可以成大。

缶醯⑤黄，蚋聚之，有酸，徒水则必不可。以狸致鼠，以冰致蝇，虽工不能。以茹鱼⑥去蝇，蝇愈至，不可禁，以致之之道去之也。桀、纣以去之之道致之也，罚虽重，刑虽严，何益？

大寒既至，民暖是利；大热在上，民清是走。是故民无常处，见利之聚，无之去。欲为天子，民之所走，不可不察。今之世，至寒矣，至热矣，而民无走者，取⑦则行钧也。欲为天子，所以示民，不可不异也。行不异，乱虽信⑧今，民犹无走。民无走，则王者废矣，暴君幸矣，民绝望矣。故当今之世，有仁人在焉，不可而不此务，有贤主不可而不此事。

贤不肖不可以不相分，若命之不可易，若美恶之不可移。桀、纣贵为天子，富有天下，能尽害天下之民，而不能得贤名之。关龙逢、王子比干能以要领之死⑨，争其上之过，而不能与之贤名。名固不可以相分，必由其理。

中华传世藏书

吕氏春秋

《吕氏春秋》原典释译

【注释】

①功名：即求得功名之道。主旨是"悦近来远"。本篇阐述儒家学说。

②表：表木。在道旁竖一木杆，上横一短木，表示可以向君王提意见。后转为装饰之物。

③仞：古代以七尺或八尺为一仞。

④蛮夷反舌殊俗异习：四方的民族。蛮：古代南方的民族。夷：古代东方的民族。

⑤醯：醋。

⑥茹鱼：腐臭的鱼。

⑦取：通"趣"，趋向，奔赴。

⑧信：应是"倍"。

⑨关龙逢：夏朝大臣，因多次进谏，被夏桀杀害。王子比干：商纣的叔父，因多次劝谏纣王而被剖心。

【译文】

经由这条正道去追取功名。功名就不可以逃脱掉，就像横木跟影子，回应跟呼唤一样。擅长钓鱼的人能在七十尺的水下钓到鱼，是因为鱼饵香；擅长射猎的人能在七百尺的高空射下鸟儿，是因为弓箭好；擅长当君主的，四方的民族都臣服他，是因为德望高。鱼鳖游归深邃的泉潭，飞鸟归返茂盛的树木，众草兴盛就使禽兽归向，君主贤能就使豪杰义士归属。所以圣明的君王不是在归附自己的人上下功夫，而是在使人归服的原因上致力。

强迫人笑，笑得不快乐；强迫人哭，哭得不悲伤；强迫人做道理，可以做出小道理，但不可以做成大道理。

水缸的醋长了黄衣，螨虫聚集在上面，是因为有酸，仅仅只有水就一定不会这样。拿狸猫给老鼠，拿冰块给苍蝇，虽然工巧但不能招引它们来。用腐臭

的鱼赶苍蝇，苍蝇来得越多，不可以禁止，这是用招引的方法来驱赶它们。桀、纣用驱赶百姓的方法来对待他们，即使用严刑重罚，又能有什么好处？

大寒已经到了，让人们穿得暖是有利的；大暑在即，让百姓得到清凉是应做的。所以，百姓没有居住在固定的地方，见到好处就聚集，没有好处就离开。想要成为天子，百姓之所以逃亡的原因不可以不察觉。当今之世，是极寒冷、极酷热的时候，但是百姓都没有逃亡，是因为世上君主的兴趣到处都一样残酷。想要成为天子，拿来展示给百姓看的东西，不可以不跟别国相异。所作所为没有什么不同，尽管比当今加倍的昏乱，但百姓还是没有逃亡。百姓不离开，君王就要被废除，如果暴君能得到幸运没被废除，那么百姓就绝望了。所以当今的世界，有仁义的人存在的话，就不可以不追求仁义，有贤能的君主就不可以不注意仁义的事。

贤德和忤逆不可以不区分开，就像命数不可以扭转，像美好跟丑恶不可以互换。桀、纣拥有天子的尊贵，拥有天下的富裕，能够害遍天下的百姓，但不能得到贤德的名声。关龙逢、王子比干能用死来规劝他们君主的过失，但不能给予他们贤德的名声。名声本来就不可以相混淆，一定是有它的道理由来。

【解析】

《吕氏春秋》是吕不韦聚集门客编撰而成的。吕不韦聚集门客的时候，已经是秦国的相国，封为文信侯，而此时秦王嬴政尚未成年，可谓大权在握。与其他诸子著述不同，吕不韦是以统治者的姿态来编撰此书的，所以其立足点是站在如何为君、如何治理国家之上的。故为君之道，是《吕氏春秋》中反复论述的一个话题。本篇又名"由道"，其主旨即在论述为君之道。从内容上看，主要分为三个方面：

首先，君主个人须具有良好的德行，以自己的恩德来使人心归服。"善为君者，蛮夷反舌殊俗异习皆服之，德厚也"，"人主贤，则豪杰归之"，只有人君德行深厚，广大人民才能被感化而心服，豪杰才会归顺。《论语·颜渊》说：

“君子之德风，小人之德草，草上之风必偃。”这个比喻很形象地说明了为君者修德的重要性。《六韬·文韬·盈虚》说："君不肖，则国危而民乱；君贤圣，则国安而民治。祸福在君，不在天时。"其意是说：君主不贤则国家危亡而人民变乱；君主贤明则国家太平而人民安定。所以国家祸福在于君主贤与不贤，而不在于天命的变化。《六韬》虽托名为姜太公，但其年代不晚于战国中晚期则是可以肯定的，这一思想与《吕氏春秋》是十分接近的，可见《吕氏春秋》的这种思想是当时社会较为普遍的看法。黄宗羲《明夷待访录·原君》在说为君之道难时说："不以一己之利为利，而使天下受其利；不以一己之害为害，而使天下释其害；此其人之勤劳必千万于天下之人。夫以千万倍之勤劳，而己又不享其利，必非天下之人情所欲居也。"为君有德，必然勤劳辛苦而无所得，所以许由、子州支父等人采用隐居逃避的手段，不愿为人君。这一点比马基雅维利的为君之道论要高明得多。他在《君主论》中说："必须理解，一位君主，尤其是一位新君主，不能够实践那些被认为是好人应做的所有事情，因为他要保持国家，常常不得不背信弃义，不讲仁慈、悖乎人道，违反神道。"这种为君可以不择手段的"君术"理论，对当代的统治者产生了深远的影响。反观《功名》篇，主张为君之道要崇尚德行，可见古代中国人的智慧。

其次，要善于察觉一个时期里面老百姓的需求，知悉人民大众的利益所在。"民无常处，见利之聚。无之，去"，老百姓到哪个地方主要是那个地方有利可图，如果无利可图，那么他们就会离开。因此，作为一国之君主，"欲为天子，民之所走，不可不察"，一定要了解老百姓的需求，关心百姓的利益诉求。《论语·尧曰》说："所重：民、食、丧、祭。宽则得众，信则民任焉，敏则有功，公则说。"也就是说，统治者重视的是老百姓的日常生活需求。《论语·颜渊》篇记载，鲁哀公曾问道于孔子的弟子有若："年饥，用不足，如之何？"有若答道："百姓足，君孰与不足？百姓不足，君孰与足？"有若的回答实际上秉承了孔子所提倡的尊重民众切身利益的思想。在实行统治中，重视"民"的利益，而不是"君"的利益；在发展经济中，以"民"富为中心，使"民"安居乐业。在此基础之上，维护"君"的利益，富足"君"的天下。《六韬·文韬·国务》指出："为国之大务，爱民而已"。"爱民奈何？利而无害，成而无败，生而无杀，与而无夺，乐而无苦，喜而无怒。"要给予人民利益而不要损害他们，要促进人民生产而不要破坏他们，要保护人民的生命而不要杀害他们，要给予人民实惠而不要掠夺他们，要使人民安乐而不使他们痛苦，要使人民喜悦而不使他们愤怒。只有切实维护老百姓的利益，君主才能得到民众的拥护，国家才能治理得好，君主的名声亦才能得到传扬。本篇篇名曰"功名"，为民办实事才可谓功啊！

最后，尊重民意。除了知悉民众的利益所在之外，作为君主，为君之道最根本的还是要尊重民意。人民喜好的、向往的东西你就努力给予他；人民厌恶的，反对的东西你就千万别给予他，强加于他。本篇在这里说道："强令之笑不乐，强令之哭不悲。强令之为道也，可以成小而不可以成大。"强制出来的笑不快乐，强制出来的哭不悲哀，强制命令的做法，只可以成就虚名，而不能成就大业。如果违背民众的意愿，像桀、纣那样，"罚虽重，刑虽严，何益"。尊重民意，在《吕氏春秋》其他篇章中也有论述。如《顺民》篇说："先王先顺民心。"又说"凡举事必先审民心然后可举"，都可与本篇相印证。可见尊重民意的确是作为君主必须高度重视的问题。

尊重民意，是中国古代的民本思想的体现。中国古代统治者很早就有"爱民""重民""尊民""亲民"的意识。"夏后帝启崩，子帝太康立。帝太康失国，昆弟五人，须于洛汭，作《五子之歌》。"（《史记·夏本纪》）其中有"民可近，不可下；民惟邦本，本固邦宁"（《尚书·五子之歌》）的见解，这当是现存的我国古代关于民本思想的最早记载。殷代有识见的统治者即已提出必须"重我民，无尽刘"，即敬爱民众，奉承民意，不要随意伤害民众。据《尚书·盘庚》记载，商王"视民利用迁"，根据民众的需求而迁都。周武王克殷，访于箕子，请教治国之道，《尚书·洪范》篇即为箕子向武王陈述之治国大法。文中陈述了九种治国方略，一再提到对"庶民"利益的关注和重视：

"凡厥庶民，有猷有为有守，汝则念之；不协于极，不罹于咎，皇则受之。"所有的庶民，只要有计谋，有作为，有操守，你就要关心他们。如果有人不符合法则，但还没有陷入犯罪，你就要容纳他们。自夏、商、周以来，尊重民意，为民谋利，一直是为君之道的题中之义，这一点被吕不韦所继承。但是，就吕不韦当政时期的所作所为来看，吕不韦并没有按照这里所说的为君之道去做。他率兵继续了秦国统一六国的传统，并亲自灭掉了卫国，吞并了大量的土地，违背被攻占国家的民意，与书中所言是极其矛盾的。

由此可以看出，本篇所论的为君之道，是相对于统治者而言的，是站在统治者立场的，其本质是为了维护统治阶级的统治地位服务的，其价值取向是君本位而非民本位，是虚伪的。这一点与孟子完全站在民众的立场是不可同日而语的。当然，如果真正按照这样的为君之道去治理国家，在集权制度不可更改的情况下，是可以缓和各阶层矛盾的，人民的利益在一定程度上也能够得到保障，其积极性也不应否定。

季春纪第三

季春

【题解】

季春三月，太阳在胃宿间运行。在这月中，天子要向先帝进献桑黄色的服饰。春天的阳气渐渐发散，植物全都萌芽。天子要顺应天时，布德行惠。要做好一切与生命有关的事项。

【原文】

季春之月：日在胃，昏七星中，旦牵牛中。其日甲乙，其帝太皞，其神句

芒，其虫鳞，其音角，律中姑洗，其数八，其味酸，其臭膻，其祀户，祭先脾。桐始华，田鼠化为鴽，虹始见，萍始生。天子居青阳右个，乘鸾辂，驾苍龙，载青旗，衣青衣，服青玉，食麦与羊，其器疏以达。

是月也，天子乃荐鞠衣于先帝，命舟牧覆舟，五覆五反，乃告舟备具于天子焉。天子焉始乘舟。荐鲔于寝庙，乃为麦祈实。

是月也，生气方盛，阳气发泄，生者毕出，萌者尽达，不可以内。天子布德行惠，命有司发仓窌①，赐贫穷，振乏绝，开府库，出币帛，周天下，勉诸侯，聘名士，礼贤者。

是月也，命司空曰："时雨将降，下水上腾；循行国邑，周视原野；修利堤防，导达沟渎，开通道路，无有障塞；田猎罼弋②，罝罘罗网③，喂兽之药，无出九门。"

是月也，命野虞，无伐桑柘。鸣鸠拂其羽，戴任降于桑，具栚曲簇筐④，后妃斋戒，亲东乡躬桑。禁妇女无观。省妇使，劝蚕事。蚕事既登，分茧称丝效功，以共郊庙之服，无有敢堕⑤。

是月也，命工师令百工审五库之量，金铁、皮革筋、角齿、羽箭干、脂胶丹漆，无或不良。百工咸理，监工日号，无悖于时，无或作为淫巧，以荡上心。

是月之末，择吉日，大合乐，天子乃率三公、九卿、诸侯、大夫，亲往视之。

是月也，乃合累牛、腾马、游牝于牧。牺牲驹犊，举书其数。国人傩⑥，九门磔禳，以毕春气。

行之是令，而甘雨至三旬。季春行冬令，则寒气时发，草木皆肃，国有大恐。行夏令，则民多疾疫，时雨不降，山陵不收。行秋令，则天多沈阴，淫雨早降，兵革并起。

【注释】

①窌：地窖。

②罼弋：打猎。

⑤罝罘：捕兽的网。罗：捕鸟的网。

④桟：搁架蚕箔的横木。曲：蚕薄。**篆**：圆底筐。筐：方形盛物的竹器。

⑤堕：通"惰"，懈怠。

⑥傩：古代的一种舞蹈，用于迎神驱鬼。

【译文】

季春三月，太阳运行在胃宿，日昏时刻七星宿见于南方中天，平旦时刻牵牛宿见于南方中天。这一月天干属于甲乙，它的主宰之帝是太皞，佐帝之神是句芒；通过感知当时时气而开始活动的是鱼龙类的鳞族动物；它的声音是五音当中的角音，音律与姑洗相互应和。季春三月的数字是八，味道发酸，气味膻臊；季春之月要举行户祭，祭祀时要以脾先荐。在这一个月里，梧桐树开花，鼴鼠化成了鴽鸟，彩虹开始出现，水藻开始生长。天子居住在东向明堂的右侧室，乘坐着装饰着鸾铃的车驾，拉车的是青色的高头大马，车上还插有画着龙纹的青色大旗。天子身穿青衣，佩戴青玉，食用的是麦和羊肉，使用的是纹理稀疏条达的器物。

在这一个月，天子要向先帝进献桑黄色的衣服。命令舟牧把船翻过来检查一下船只有没有漏洞，要翻倒五次扶正五次，之后要向天子报告船已备好，天子就开始乘船。这一个月要用鲔来进献祖庙，祈求保佑麦黍饱满。

在这一个月里，春天的旺盛的阳气开始发散，植物都萌芽，不可遏止。天子要施惠于百姓，命令相关的官吏打开粮仓赐予贫穷百姓，赈济困难；打开府仓，拿出棉被和银币周济百姓；恤勉诸侯，重用名士，礼待贤者。

在这一个月里，命令司空说："就要下雨了，地下的水分正在上浮；要注意巡视都城，检查原野；要整修堤坝，疏通沟道，开通道路，清除障碍；禁止把狩猎用的网具和毒药带出城外。"

在这一个月里，命令负责田野的山虞，要禁止砍伐桑树、柘树。此时，斑

鸠振翅飞翔，戴任降落在桑树上。人们开始准备蚕箔、放蚕薄的支架和采桑的篮筐。后妃们斋戒身心，向着东方摘桑叶。同时，要禁止妇女外出游赏，减少她们的杂役，鼓励她们采桑养蚕。之后，把蚕茧分给她们，让她们缫丝，然后称每人缫丝的重量，考核她们的功效。这些蚕丝是用来制作祭祀天帝祖先的祭服的，不允许任何人松懈。

在这一个月里，命令主管百工的工师，让百工仔细检查库房中器材的数量和质量，金铁、皮革、兽角兽齿、羽毛弓箭、油脂粘胶丹砂油漆，不得出现赝品。工匠们忙于工作，监工监督他们的工作，发号施令，确保器物不悖时宜，不得制作过于精巧的器物来扰乱天子的心思。

在这个月末，选定好日子，举行大规模的乐舞演练，天子要亲自率领三公九卿诸侯大夫前往观看。

在这一个月里，让公牛公马和母牛母马交配，记下选作祭品的牲畜数量。同时要举行祛除灾疫的祭礼，在九门宰杀牲畜辟邪，以此来结束春气。

实施以上的政令，及时雨就会降落，三旬降落三次。这个月如果实施本应该在冬天才推行的政令，寒气就会经常出现，草木就会枯萎，百姓就会感到恐慌。如果实施本应该在夏天才推行的政令，民间就会流行瘟疫，及时雨就不会降落，庄稼就不会有好收成。如果实施本应该秋天才推行的政令，天气就会经常阴晦，大雨过早降临，战事就会时常发生。

【解析】

天子要顺应天时，以求丰收；要布德行惠，命有司发放救济物资，赈济天下；要求各诸侯"聘名士，礼贤者"，因地势之利筑堤防水，疏通田间水道，开通道路，使之没有障碍阻塞；尤其要抓蚕事、牲畜的养育，要清理仓库等等。总之，从天子嫔妃到普通百姓要尽力做好一切与生命有关的事项。以获得丰收，使人民安居乐业，避免战事。

孔子食黍敬黍论治国

孔子（前551—前479），三十多岁时曾到过齐国，几年都没有得到齐君的重用。

一天，他返回鲁国，去见鲁国国君。鲁国国君也是个昏君，对孔子同样不重视。他吩咐侍从端上来一盘桃子，还有一小碟新鲜的黍。孔子怀着恭敬的心情先吃了点黍，又拿起桃子有滋有味地吃起来。

鲁国国君和身边的人都捂着嘴笑。鲁哀公说："孔子啊，您的确离开鲁国太久了，黍是用来擦拭桃子的，不是用来吃的。"

孔子闻听，却面不改色，一边吃一边说："我知道，但黍是五谷中最好的东西，祀祭时都把它当成祭祀用的上等食物。果品有六种，桃子是最低下的一种，祭祀时根本不用，如果拿五谷中最好的东西去擦拭低贱的东西，就是以上等擦拭下等，这样做可不符合礼教啊。"

孔子食黍敬黍的一番话，反倒让鲁国君不好意思起来。他正襟危坐说："夫子是想告诉我治国之道吧？"孔子便问："您觉得一个国家什么最重要？"鲁国君好象要回答，却又止住了。

"应该是国君吧？"鲁国君用期待的眼神看着孔子，不知道自己的观点对不对。

孔子答："从礼的角度讲，这是对的。但从仁的角度来说，一个国家最应该重视的是百姓，老百姓的小事就是国家的大事。国君与老百姓的关系，是舟与水的关系。国君是舟，老百姓是水，水能载舟，亦可覆舟啊！"

孔子本以为这些话会让鲁国君有所感悟，但遗憾的是他好象对这个观点不认同，也许是为了避免尴尬，鲁国君说："我给你们讲个笑话，有个人得了健忘症，居然连自己的妻子都忘了，孔夫子你周游列国，想必还没见这样的人吧？"

鲁国君说完，捧腹大笑起来。孔子望着鲁国君前仰后合的样子说："这还不算最健忘的人，最健忘的人连自己是谁都会忘掉。这样的人才可笑、才可怜！"

"有这样的人吗?"鲁国君好奇地问。孔子说"夏桀贵为天子，拥有四海，却忘了圣祖的治世之道，整天沉湎于酒色，致使奸臣当道，正义难伸，最后导致百姓群起而攻之，落得个丧身丧国的结局。难道这种人不是忘其自身的人吗?"孔子接着总结了一个"古人为政，爱民为大"的观点，并说就像刚才应该先吃黍再去吃桃子一样，顺序不能够颠倒。黍是五谷中最高贵的东西，就应该以黍为先，以黍为大。

鲁国君对孔子食黍敬黍引出的治国道理深感赞佩，不住地点头称是。孔子五十多岁时，由鲁国中都宰（都城行政长官）升任司寇（掌管刑狱，纠察等事），总算能一展抱负了。

尽数

【题解】

本篇旨在论述养生之道。"尽数"就是终其寿数、终其天年的意思。文章指出，终其天年的关键在于"去害"，在于"知本"。"去害"即避害。作者认为五味、五情以及寒、热、燥、湿等自然环境，只要超过正常限度就会对生命造成危害。"知本"就是要了解生命的本源。作者认为，"精气"是宇宙万物之本。正是由于精气的作用，构成了千姿百态、性质迥异的万物。这种朴素的唯物的"精气说"发生在二千多年以前，应该说是很可贵的。文中说，精气"集于圣人，与为夐明"，这种说法混淆了物质与精神的界限，这自然是一个很大的缺陷。作者还从物质运动的角度看待疾病的发生，指出，"精气"在人体内的郁结是疾病产生的根源。这种说法从现代自然科学的观点看来，尚缺乏科学根据，但仍不失为一种朴素的唯物的观点。本篇的名言，"流水不腐，户枢不蠹"，至今脍炙人口，仍然富于教益。

【原文】

天生阴阳、寒暑、燥湿，四时之化、万物之变，莫不为利，莫不为害。圣人察阴阳之宜，辨万物之利以便生，故精神安乎形，而年寿得长焉。长也者，非短而续之也，毕其数也。毕数之务，在乎去害。何谓去害？大甘、大酸、大苦、大辛、大咸，五者充形则生害矣。大喜、大怒、大忧、大恐、大哀，五者接神则生害矣。大寒、大热、大燥、大湿、大风、大霖、大雾，七者动精则生害矣。故凡养生，莫若知本，知本则疾无由至矣。

精气之集也，必有入也。集于羽鸟，与为飞扬；集于走兽，与为流行；集于珠玉，与为精朗；集于树木，与为茂长；集于圣人，与为夐明①。精气之来也，因轻而扬之，因走而行之，因美而良之，因长而养之，因智而明之。

流水不腐，户枢不蠹②，动也。形气亦然。形不动则精不流，精不流则气郁。郁处头则为肿、为风，处耳则为挶③、为聋，处目则为瞕、为盲④，处鼻则为鼽、为窒⑤，处腹则为张、为疛⑥，处足则为痿、为蹷。

轻水所，多秃与瘿⑦人；重水所，多尰与躄⑧人；甘水所，多好与美人；辛水所，多疽与痤⑨人；苦水所，多尪与伛⑩人。

凡食，无强厚味，无以烈味重酒，是以谓之疾首。食能以时，身必无灾。凡食之道，无饥无饱，是之谓五藏之葆。口必甘味，和精端容，将之以神气，百节虞欢，咸进受气。饮必小咽，端直无戾。

今世上卜筮祷祠，故疾病愈来。譬之若射者，射而不中，反修于招，何益于中？夫以汤止沸，沸愈不止，去其火则止矣。故巫医毒药，逐除治之，故古之人贱之也，为其末也。

【注释】

①夐明：大智大慧。

②蠹：蠹蚁。此处指生虫蛀蚀。

③聝：耳病。

④瞙：眼疾。盲：瞎。

⑤鼽：鼻病。窒：鼻塞不通。

⑥张：腹胀。疛：小腹病。

⑦瘿：中医指多因郁怒忧思过度，气郁痰凝血瘀结于颈部，或生活在山区与水中缺碘有关的病。

⑧尰：脚肿。躄：跛脚。

⑨疽：痈疽，即恶疮。痤：痤疮。

⑩尪：脊痛的人，指鸡胸。伛：曲背病。

【译文】

天生出阴阳、寒暑、燥湿以及四时的更替、万物的变化，没有一样不给人带来益处，也没有一样不对人产生危害。圣人能洞察阴阳变化的合宜之处，能辨析万物的有利一面，以利于生命，因此，精、神安守在形体之中，寿命能够长久。所谓长久，不是说寿命本来短而使它延长，而是使寿命终其天年。终其天年的关键在于避开危害。什么叫避开危害？过甜、过酸、过苦、过辣、过咸，这五种东西充满形体，那么生命就受到危害了。过喜、过怒、过忧、过恐、过哀，这五种东西和精神交接，那么生命就受到危害了。过冷、过热、过燥、过湿、过多的风、过多的雨、过多的雾，这七种东西摇动人的精气，那么生命就受到危害了。所以，凡是养生，没有比懂得这个根本再重要的了，懂得了根本，疾病就无从产生了。

精气聚集在一起，一定要有所寄托。聚集在飞禽上，便表现为飞翔；聚集在走兽上，便表现为行走；聚集在珠玉上，便表现为精美；聚集在树木上，便表现为繁茂；聚集在圣人身上，便表现为聪明睿智。精气到来，依附在轻盈的形体上就使它飞翔，依附在可以跑动的形体上就使它行走，依附在具有美好特性的形体上就使它精美，依附在具有生长特性的形体上就使它繁茂，依附在具有智慧的形体上就使它聪明。

　　流动的水不会腐恶发臭，转动的门轴不会生虫朽烂，这是由于不断运动的缘故。人的形体、精气也是这样。形体不活动，体内的精气就不运行，精气不运行，气就滞积。滞积在头部就造成肿病、风疾，滞积在耳部就造成聋疾，滞积在眼部就造成盲疾，滞积在鼻部就造成齄疾、窒疾，滞积在腹部就超成腹胀、腹疾，滞积在脚部就造成痿疾、蹶疾。

　　水中含盐分及其他矿物质过少的地方，多有头上无发和颈上生瘤的人，水中含盐分及其他矿物质过多的地方，多有脚肿和痿蹙不能行走的人；水味甜美的地方，多有美丽和睦康的人，水味辛辣的地方，多有生长疽疮和痈疮的人，水味苦涩的地方，多有患鸡胸和驼背的人。

　　凡饮食，不要滋味过浓，不吃厚味，不饮烈酒，它是招致疾病的开端。饮食能有节制，身体必然没灾没病。饮食的原则，要保持不饥不饱的状态，这样五脏就能得到安适。一定要吃可口的食物，进食的时候，要精神和谐，仪容端正，用精气滋养，这样，周身就舒适愉快，都受到了精气的滋养。饮食一定小口下咽，坐要端正，不要歪斜。

　　如今社会上崇尚占卜祈祷，所以疾病反而愈增。这就像射箭的人，射箭没有射中箭靶，不纠正自己的毛病，反而去修正箭靶的位置，这对射中箭靶能有什么帮助？用滚开的水阻止水的沸腾，沸腾越发不能阻止，撤去下面的火，沸腾自然就止住了。巫医、药物其作用只能驱鬼治病，所以古人轻视这些东西，因为这些东西对于养生来说只是细枝末节啊！

【解析】

　　这是一篇阐述"精气"理论的专篇。"精气"是什么？这是一个抽象的难以理解的概念。为了让人们容易理解，篇章一开头，从日常生活中人们比较关心的养生说起，通过对日常事务或事理的观察，娓娓道来，认为保全性命的关键在于让一个人尽可能活到他应该活到的岁数，这也是本篇篇名"尽数"的来

源。一个人能否活到他应该活到的岁数，关键在于避开危害。这个危害就是大寒、大热、大燥、大湿、大风、大霖、大雾等造成的对人的"精气"的损害。这样就自然而然地提出了本篇所要论述的中心"精气"说。文中提出"凡养生，莫若知本"的观点，这个"本"就是精气。

精气既然是养生之本，那么，首要的问题是：精气是什么呢？"精气之集也，必有人也。集于羽鸟与为飞扬，集于走兽与为流行，集于珠玉与为精朗，集于树木与为茂长，集于圣人与为复明。精气之来也，因轻而扬之，因走而行之，因美而良之，因长而养之，因智而明之。"精，本义是细米，引申为一切细微的东西。《老子》第二十一章说："道之为物，惟恍惟惚，惚兮恍兮，其中有象；恍兮惚兮，其中有物。窈兮冥兮，其中有精。其精甚真，其中有信。"这里的"精"，是一种极其细微的东西。《庄子·秋水》说："夫精，小之微也。"精，就是细微，它是属于有质和有形的东西。老庄那里，精就是细微的物质存在。

老子的思想被稷下道家继承并发展，在稷下道家那里，"精"被"精气"取代。《管子·内业》说："精也者，气之精者也。"按照《管子》的说法，"精"是气中精微的部分，"精气"即藏于宇宙万物中一种精微的物质。《管子·内业》篇说："凡物之精，此则为生。下生五谷，上为列星。流于天地之间，谓之鬼神；藏于胸中，谓之圣人。"精气不仅是精微的物质，而且是世界的本原，精气决定了大千世界万事万物的本性。这是《吕氏春秋》"精气"说的来源。但是本篇所论的"精气"与稷下道家"精气论"还是有着细微的区别。精气聚集，鸟就会飞，兽就会跑，珍珠就会明亮，玉石就会光润，树木就能开花结果，圣人就能聪明睿智。这也就是说，"精气"使得一个物体之所以是这个物体而不是别的物体的最本质的东西，是物之"性"。

《吕氏春秋》对"精气"的阐述主要是针对人的养生来说的。就人体来说，精气是构成人体和维持生命活动的精微物质，也是人体生长发育及各种功能活动的物质基础。《管子·内业》说："人之所失以死，所得以生也。"人失去精气便死，获得精气便生。《黄帝内经·素问·金匮真言论》中说："夫精者，生之本也。"东汉王充说："人之所以生者，精气也。"（《论衡·论死》）说的都是精气对于人的生命的极端重要性。

其次，精气畅通是人的身体健康的根本保证。《吕氏春秋·达郁》篇说："凡人三百六十节，九窍五脏六腑。肌肤欲其比也，血脉欲其通也，筋骨欲其固也，心志欲其和也，精气欲其行也，若此则病无所居而恶无由生矣。"人的九窍五脏六腑依靠血脉而通，精气之行血脉才通，所以精气畅通是人身体健康的根本保证。《管子·内业》说："气道乃生。"道，即导。意思是，精气在身体中顺畅通达了，人才有生命。《管子·内业》说："精存自生，其外安荣，内藏以为泉原，浩然和平，以为气渊。渊之不涸，四体乃固；泉之不竭，九窍遂通。"这就是说，精气存于心中则身体健康、肌肤丰满、四肢强壮、九窍通达。养生，就是要让精气流动起来。"流水不腐，户枢不蠹，动也。形气亦然，形不动则精不流，精不流则气郁"，精气郁积，人体的血脉就不会畅通，人就会生病。所以本篇说："形不动则精不流，精不流则气郁。郁处头则为肿为风，处耳则为挶为聋，处目则为䁾为盲，处鼻则为鼽为窒，处腹则为张为疛，处足则为痿为蹶。"形体不运动，那么精气就运转不畅，进而容易引起气郁。如果郁积在头部，就表现为头肿，面肿；如果郁积在耳部，就表现为耳疾，听不到声音；如果郁积在眼部，就表现为眼眶红肿，看不见东西；如果郁积在鼻部，就表现为鼻子不通；如果郁积在腹部，就表现为腹部胀满，小腹疼痛；如果郁积在足部，就表现为走路不稳，足部酸痛。所以，人必须要运动，以保证人体内的精气畅通。

最后，说如何保养精气。在养生理论中，根据来源、功能和作用，精又可分为"先天精"与"后天精"。其中"先天精"又叫"元精"，是人生长发育的基础。《黄帝内经·灵枢·经脉》："人始生，先成精。"指的就是"先天之精"。"后天精"又称"脏腑之精"，主要来源于后天五谷饮食之营养，通过肺的呼吸，脾胃的消化和肠的吸收，从而将营养物质的精微部分转化到人的各个脏体。人的身体健康，与所饮用的水有关，与所吃的食品也有关。"轻水所多秃与瘿人，重水所多尰与躄人，甘水所多好与美人，辛水所多疽与痤人，苦水所多尪与伛人"，水中含盐分和矿物质过少的地方，多有头上无发和脖子上生瘤子的人，水中含盐分和矿物质过多的地方，多有脚上浮肿以致颠簸不能正常走路的人，水味甜美的地方，多有美丽健康的人，水味辛辣的地方，多有身上长疮和痈疽的人，水味苦涩的地方，多有患鸡胸和驼背的人。所以人要选择饮用合适的水，吃可口的饭菜．保持不饥不饱的状态，让五脏保持安适的状态，精气才能得到滋养。如果不注意饮食的节制，反而动不动就去求医问卜，这就像"以汤止沸，沸愈不止"，是不能得到健康的。只有"食无强厚味"，"饮必小咽"，让形体端直、骨肉不受损伤、血液通畅，"尽数"才有可能。

【故事】

周武王讨伐商纣看时机

武王即位的第九年，在毕地祭祀文王，然后往东方去检阅部队，到达孟津，制作了文王的牌位，用车载着，供在中军帐中。武王自称太子发，宣称是奉文王之命前去讨伐，不敢自己擅自做主。

周武王在太公望等人的协助下，采取了一系列措施，积极进行伐商的准备工作。在此之前，文王曾经按照太公望的建议，恭顺事商，麻痹商纣，使纣王对自己放松了警惕。同时，他又了解了虞、芮等部落之间的矛盾，争取了各国的支持，剪除了商纣的羽翼。他还利用

武王伐纣

纣王给予的"得者征伐"的大旗，趁纣王出兵镇压江、淮地区的东夷反抗的空隙，亲自率领部队先后征服了犬戎、密须、黎国等各国部落，然后又一举灭崇，打开了通向商纣国都朝歌的道路，并迁都于丰京。

　　这时候的周朝已经成为西方最强大的奴隶制诸侯国。但是很遗憾，周文王在灭商纣的时机基本成熟时却死了。周武王姬发在太公望的帮助下，继续进行灭商的战争准备。

　　过了两年，武王听说纣昏庸暴虐更加严重，杀了王子比干，囚禁了箕子。太师疵、少师强抱着乐器逃奔到周国来了。于是武王向全体诸侯宣告说："殷王罪恶深重，不可以不讨伐了！"于是遵循文王的遗旨，率领战车三百辆，勇士三千人，披甲战士四万五千人，东进伐纣，一举成功。

先己

【题解】

　　"先己"就是自己先修养身心，珍惜自己的生命的意思。本文提出了修身养性过程中的一个十分重要的原则，这就是怎样正确对待自己的问题。在人的一生中可以正确观察认识他人十分困难，正确认识自己更是难上加难。做事的根本在于修治己身，珍惜自己的身体。同样，治理国家的根本也在于国君先修治己身，己身治然后天下治。

【原文】

　　汤问于伊尹曰："欲取天下，若何？"伊尹对曰："欲取天下，天下不可取；可取，身将先取。"凡事之本，必先治身，啬其大宝。用其新，弃其陈，腠理遂通。精气日新，邪气尽去，及其天年。此之谓真人。

　　昔者，先圣王成其身而天下成，治其身而天下治。故善响者不于响于声，善影者不于影于形，为天下者不于天下于身。《诗》曰："淑人君了，其仪不忒①。其仪不忒，正是四国。"言正诸身也。故反其道而身善矣；行义则人善矣；乐备君道，而百官已治矣，万民已利矣。三者之成也，在于无为。无为之道曰胜天，义曰利身，君曰勿身。勿身督听，利身平静，胜天顺性。顺性则聪明寿长，平静则业进乐向，督听则奸塞不皇。故上失其道，则边侵于敌；内失其行，名声堕于外。是故百仞之松，本伤于下，而末槁于上；商、周之国，谋失于胸，令困于彼。故心得而听得，听得而事得，事得而功名得。五帝先道而后德，故德莫盛焉；三王先教而后杀，故事莫功焉；五伯先事而后兵，故兵莫强焉。当今之世，巧谋并行，诈术递[2]用，攻战不休，亡国辱主愈众，所事者末也。

夏后相与有扈战于甘泽而不胜。六卿请复之，夏后相曰："不可。吾地不浅，吾民不寡，战而不胜，是吾德薄而教不善也。"于是乎处不重席，食不贰味，琴瑟不张，钟鼓不修，子女不饬[3]，亲亲长长，尊贤使能。期年而有扈氏服。故欲胜人者，必先自胜；欲论人者，必先自论；欲知人者，必先自知。

《诗》曰："执辔如组。"孔子曰："审此言也，可以为天下。"子贡曰："何其躁也！"孔子曰："非谓其躁也，谓其为之于此，而成文于彼也。圣人组修其身而成文于天下矣。"故子华子曰："丘陵成而穴者安矣，大水深渊成而鱼鳖安矣，松柏成而途之人已荫矣。"

孔子见鲁哀公，哀公曰："有语寡人曰：'为国家者，为之堂上而已矣。'寡人以为迂言也。"孔子曰："此非迂言也。丘闻之，得之于身者得之人，失之于身者失之人。不出于门户而天下治者，其唯知反于己身者乎！"

【注释】

①忒：差错，过失。

②递：更迭，一个接一个。

③饬：通"饰"指过分重视衣饰。

【译文】

汤问伊尹："如何治理好天下？"伊尹回答说："太想要治理好天下的，反而治理不好。但天下是可以治理好的，只是首先要修治自身。"做事的根本在于修治自身，爱惜自己的生命。排除污浊之气，吸纳新鲜之气，身体就会舒畅。这样体内的新鲜空气就会天天更新，污浊之气就会得到消除，达到他应得的寿命。这种人就叫作"真人"。

古代圣王，修身养性以臻于德行完美，这样自然就成就了王道，治理好天下。所以，改善回音的人是不会致力于回音本身的，而是改善生成回音的声响；改变影子的人不会致力于影子本身，而是改变产生影子的物体；治理好天下的人不会致力于天下本身，而是修养自身。《诗》上说："美好善良的君子啊！他们的行为举止没有差错，可以垂范四方的国民。"说的就是自身的修养。所以回到修养自身的道路，也就是自我完善，行为得当才能够导人为善。愿意遵循端拱垂衣的治国之道，百官就会恪尽职守，各负其责，国家平治，百姓得益。要实现以上几种情况，就要在于"无为"，就是顺其自然。无为的方法就是不用过多考虑。无为的君主就是指凡事不必亲自躬行，而只需要督责大臣。不亲自躬行就可以深藏不露而明断是非得失；不用过多的智慧就可以使百姓安宁，顺其自然就会因顺天性，就会目明耳聪，身体健康。百姓安宁就会事功有进，远人就愿意归往；督责大臣，就会奸宄不生，百姓就不至于惶恐不安。所以，国君治国无方就会导致敌国侵犯，这就是他们在朝暴乱、在外声名败坏的结果。所以，就是百仞的松树，一旦根木遭受伤害，就会枝叶枯槁。商、周正是由于谋略失误导致政事败坏。因此，考虑得当就能明辨事理，就能成就功业，就能获得盛名。五帝先行道而后施德，因而德行完美；三王先宣教而后布刑罚，因而功业稳固；五霸先礼后兵，因而军队才强大。当今世界，奸计遍施，诈术迭用，攻战不止，国家败亡，君主受辱之事日增，就是因为他们采取的是舍本求末的治国方法。

夏后启和有扈氏在甘泽决战，结果战败，六卿请求再战，夏后启说："不能再战了，我的国土并不小，百姓也不少，作战却败给了有扈氏，这是因为我的德行浅薄，政教不善啊！"从此他坐不重席，食不重味，不设琴瑟，不用钟鼓，子女的衣饰简朴；亲近自己的亲人，尊敬年长的人，重用贤能之士。一年之后，有扈氏臣服。所以想战胜别人，就必须先正确地估价自己，想要了解别人就必须先清楚地了解自己。

《诗》说："驾驭车马就像编织一样。"孔子说："明晰这句话就能治理好天下。"子贡问："这不是太急躁了吗？"孔子说："这不是急躁，而是说自己要得心应手地编织，就会有华丽的纹理，圣人修身养性，就会政绩斐然，天下大治。"所以子华子说："有山岭的地方隐居洞穴的人就可以安心地生活；有深渊的地方鱼鳖就会安闲地生活；有松柏的地方旅者就可以乘凉。"

孔子见鲁哀公，哀公说："有人对我讲：'治理国家，安坐朝堂就可以了。'我认为这是不切合事理的说法。"孔子说："这并非迂阔之言。我曾听说：'凭自己得到的才能从他人那里得到，由于自己而失去的才会失去别人。'不出家门却能治理好天下的，说的正是知道回到修养自身这条路上的人啊！"

【解析】

据《列子·说符》载，一次楚庄王问詹何说："怎样才能把国家治理好呢？"詹何垂首回答说："下臣只懂得如何治理自身，不懂得如何治理国家。"庄王诚恳地说："我继承了君位，希望向先生求教奉守宗庙社稷的道理。"詹何回答说："下臣未曾听说有君王自身治理好了而国家却很混乱的，也未曾听说君王自身胡乱行事国家却治理得好的。所以，依下臣之见，治国的根本在于自身，下臣不敢拿枝节问题来回答。"庄王赞许说："很有道理！"这个故事的真实性已经无法考证，但是列子在这里借詹何之口所说的道理却是很深刻的。这个道理就是作为一国之君，治理国家必须从自身做起。本篇所论即此。

首先，论为君之道在于治身。本篇一开头，就描述了商汤与伊尹的对话，汤问伊尹："欲取天下，若何？"伊尹对曰："欲取天下，天下不可取。可取，身将先取。"这段对话揭示了治理天下的根本在于治身。开宗明义，点出主题。为了证明这个主题，作者从一般的现象说起，"凡事之本，必先治身"，治身是处理一切事务的根本。既然如此，像治理天下这样的大事，更要依靠国君个人的治身才能达到。所以说："昔者，先圣王成其身而天下成，治其身而天下治。"古代的圣王都是因为先提高强化自身的修养，然后才治理好天下的。

治身，就是国君先要求自己把该做的事情做好。这种观念是先秦时期的一种普遍的观念，儒家最为强调这一点。《春秋繁露·仁义法》载："孔子谓冉子曰：'治民者，先富之而后加教。'语樊迟曰：'治身者，先难后获。'以此之谓治身与治民，所先后者不同矣。"孔子是把国君的治身视在前，治民视在后。为什么先己后人呢？《论语·子路》引孔子的话说："其身正，不令而行；其身不正，虽令不从。"又说："苟正其身矣，于从政乎何有？不能正其身，如正人何？"孔子的思想多被其弟子继承，形成儒家"修齐治平"的思想。《大学》说："古之欲明明德于天下者，先治其国；欲治其国者，先齐其家；欲齐其家者，先修其身；欲修其身者，先正其心……心正而后身修，身修而后家齐，家齐而后国治，国治而后天下平。自天子以至于庶人，壹是皆以修身为本。"其实不仅是儒家，带有浓厚法家色彩的《管子》，也是这样看的。在《中匡》中齐桓公问管仲：国君怎样才能建立人民爱戴、邻国亲睦、天下信任的威信？管仲回答说："始于为身，中于为国，成于天下。"治身为首位，其次才是治国，最终才治天下。这与本篇"欲胜人者必先自胜，欲论人者必先自论，欲知人者必先自知"的看法是一致的。

对于古人为什么总是把治身放在治国治民之前，许多人也曾苦苦思考这个问题。孟子找到了人性的依据，认为人的本性是善的，只要推广"一念之本心"，天下就能得到治理了。晋朝葛洪也对此做了深入的分析，他在《抱朴子内篇·地真》里说："一人之身，一国之象也。胸腹之位，犹宫室也；四肢之列，犹郊境也；骨节之分，犹百官也。神犹君也，血犹臣也，气犹民也。故知治身则能治国也。夫爱其民所以安其国，养其气所以全其身。民散则国亡，气竭则身死。死者不可生也，亡者不可存也。"这是说，国家就像我们人的身体，"故知治身则能治国也"。把一个国家等同于一个人，这种看法不能不说是大胆。倒是苏绰在《六条诏书》中的说法，比较通达。他说："凡人君之身者，乃百姓之表，一国之的也。表不正，不可求直影；的不明，不可责射中。今君身不能自治，而望治百姓，是犹曲表而求直影也；君行不能自修，而欲百姓修行者，是犹无的而责射中也。"作为人君的自身，实际上是百姓的表率，一个国家的榜样。如果国君连自身都不能治好，还想治好百姓，就像没有靶的而射箭一样！这种通俗比喻的说法，比葛洪的类比论证更容易让人接受。这些都有助于我们进一步理解本篇的主张。

其次，治身的方法在于"无为"。与儒家强调修身不同，《吕氏春秋》中的治身吸收的是道家的思想，即无为。无为就是顺应自然，不求有所作为。这样自然就能得到"百官已治""万民已利"。《老子》第三十七章说："道常无为而无不为。"林希逸《老子口义》："无为无不为，自然而然也。"无为，就是自然而然。《老子》第四十八章又说："取天下常以无事，及其有事，不足以取天下。"治理国家要常清净不扰民，如果政事繁杂，就不配治理国家了。所以河上公注曰："取天下常以无事，不当烦劳也。及好有事，则政教烦，民不安，故不足以治天下也。"河上公的注是契合老子本意的。无为，即不妄为，顺应自然。《庄子·天道》："夫帝王之德，以天地为宗，以道德为主，以无为为常。无为也，则用天下而有余；有为也，则为天下用而不足。故古之人贵夫无为也。""无为"才能使天下有余而富足。这种思想被《吕氏春秋》所继承。《吕氏春秋》"十二纪"纪首这一篇，也主要是根据"春生、夏长、秋收、冬藏"来安排的，体现的就是顺应天道的思想。结合"十二纪"纪首来看，本篇所主张的治身方法在于"无为"，其实质就是要求国君顺应四时节令、尊重自然规律，不违背天意而为。这实际上也是对"治身"的要求。

上文已经说到《功名》篇的主旨也是论为君之道，要求君主个人须具有良好的德行，以自己的恩德来使人心归服；要善于察觉一个时期里面老百姓的需求，知悉人民大众的利益所在；同时提出为君之道最根本的还是要尊重民意，对人民喜好的、向往的东西你就努力给予他，而人民反对的东西，不能强加于他。本篇继续这个主题，但侧重点不同，亦由此可见为君之道在《吕氏春秋》

中的地位。

【故事】

唐太宗反观自身创盛世

唐太宗李世民（599—649）是中国历史上的一代杰出帝王。他在位的几十年间，出现了开明盛世"贞观之治"。成功的经验就在于他能够在魏徵等良臣的劝诫中，反观自身，及时改正自身的失误。

一次，唐太宗问魏徵一个这样的问题：一个皇帝怎样做才能明辨是非呢？魏徵说："要虚心听取各方面的意见，就能明辨是非；你如果偏听偏信，肯定会受到蒙蔽。"于是，唐太宗鼓励大臣们积极进谏，对自己提出批评和建议。

贞观四年（630年），唐太宗下令征发民工修缮乾元殿，有一个叫张玄素的大臣，当即提出了五条理由加以反对，说："这样大兴土木，劳民伤财，恐怕还不如隋炀帝呢！"唐太宗说："你说我不如隋炀帝，那么我与桀纣比，又如何呢？"张玄素并没有胆怯，仍然据理力争，说："如果一定要修缮乾元殿，那与桀纣的下场恐怕也是一样的。"唐太宗听了以后，非常感慨，最终停止了这项工程，并奖张玄素绢五百匹。

贞观六年（632年），唐太宗的女儿长乐公主出嫁，唐太宗由于特别偏爱这个女儿，下令给她的嫁妆超过了其姑姑，也就是比唐太宗的姐姐永嘉公主的嫁妆多一倍。魏徵对此极力反对，他认为这有违唐朝的礼仪规范，而且这样做，也过于铺张浪费。唐太宗无奈接受了魏徵的意见，但心中觉得非常的不舒服，因为觉得自己身为堂堂的大唐帝国的皇帝，想为自己心爱的女儿多送一点嫁妆都要受到批评。所以下朝以后，回到家里，还是余怒未消。长孙皇后看到这种情形，忙问太宗为何如此生气。太宗说："魏徵这个人常常在朝廷上让我难堪，我非杀了他不可！"长孙皇后急中生智，立刻穿上朝服，向太宗致贺，说："开明帝王的大臣才敢于直谏。因为您的开明，魏征才敢直言呢！"结果太宗也转怒

《吕氏春秋》原典释译

为喜。

在臣下的谏诤中，能够反观自身、完善自身是唐太宗成功的重要原因。

论人①

【题解】

本文主要论述的是鉴别人才的方法作者认为治国之道、为君之术最好的是依靠自己，然后才是求助别人。而在内采用六戚四隐，在外采用八观六验，那么人的真伪、贪廉、美恶就能昭然若揭。

【原文】

主道约，君守近。太上反诸己，其次求诸人。其索②之弥远者，其推之弥疏；其求之弥强③者，失之弥远。

【注释】

①论人：论说反省自身和要求于人的关系。本篇阐述的是道家伊尹学派的说法。

②索：求。

③强：远。

【译文】

为君之道要简约无为，君王的操守在自身，首要的是返回到对自己的要求，然后才要求别人。他对别人的索求越深远，别人就越疏远他；他对人的要求越强烈，他失去的就越多。

何谓反诸己也？适耳目，节嗜欲，释智谋，去巧故，而游意乎无穷之次，事心乎自然之涂，若此则无以害其天矣。无以害其天则知精，知精则知神，知神之谓得一。凡彼万形，得一后成。故知一，则应物变化，阔大渊深，不可测也。德行昭美，比于日月，不可息也。豪士时之，远方来宾，不可塞也。意气宣通，无所束缚，不可收也。故知知一，则复归于朴，嗜欲易足，取养节薄，不可得也。离世自乐，中情洁白，不可量①也。威不能惧，严不能恐，不可服也。故知知一，则可动作当务，与时周旋，不可极也。举错以数，取与遵理，不可惑也。言无遗者，集肌肤，不可革也。谗人困穷，贤者遂兴，不可匿也。故知知一，则若天地然，则何事之不胜，何物之不应？譬之若御者，反诸己，则车轻马利，致远复食而不倦。昔上世之亡主，以罪为在人，故日杀戮而不止，以至于亡而不悟。三代之兴王，以罪为在己，故日功而不衰，以至于王。

【注释】

①量：应该是"墨"字。

【译文】

什么叫返回自身要求？使耳目适宜，节制喜好欲望，放下算计人的阴谋，去掉工巧故作之态，让想象漫游在无穷无尽的空间，让心放纵在自然之中，如果这样就对天性没有损坏。没有伤害天性就可以懂得精微的道理，懂得精微的道理就可懂得神气，懂得神气就可以说懂得道了。凡是那些万物，懂道之后就可以修成正果。所以懂得了道的方法，就可随应万物的变化而变。变化阔大精深，深不可测。德行昭彰美好，可跟日月相比，这些是不能忽视的。豪士应时而来，宾客自远方归服，不可以阻止。意气宣泄通畅，没有拘束，不可以收回。所以懂得了懂得道的方法，就可返璞归真，喜好、欲望容易满足，有节制并少量地取用养身之物，并不占有它。离开繁华的都市自得其乐，心中的情感洁白无瑕，难以污染。威吓、严厉不能使他恐惧，不可以收服他。所以，懂得了认识道理的方法，就会行动适当，掌握要领，在时间中周旋，不会走上穷途末路。举止有规格，合乎常理，他就不会迷惑。言语得体，没有吞吞吐吐，话说出来后没有遗失，使人的肌肤有所感触，不可以随便更改。说坏话的人穷困潦倒，贤能的人意气风发，谗佞贤能都不可以遮掩。所以知道了明白道理的方法，就会像天地一样，有什么事情不能解决、什么事物不能应对的呢？就好像驾车的人，反过来要求自己，那么驾车马就能轻快利索，到达远的地方也很快，两顿饭的时间就到了，而且不觉得困倦。以前的亡国君主把亡国的过错推在别人的身上，所以每天不停地杀戮，以至于亡国都不知醒悟。三代中兴的贤君，把罪过担当在自己身上，所以每天不停地建功立业，以至成就了王业。

【原文】

何谓求诸人？人同类而智殊①，贤不肖异，皆巧言辩辞，以自防御，此不肖主之所以乱也。凡论人，通则观其所礼，贵则观其所进，富则观其所养，听则观其所行，止则观其所好，习则观其所言，穷则观其所不受，贱则观其所不为，喜之以验其守，乐之以验其僻②，怒之以验其节③，惧之以验其特④，哀之以验其人，苦之以验其志，八观六验，此贤主之所以论人也。论人者，又必以六戚四隐。何谓六戚？父、母、兄、弟、妻、子。何谓四隐？交友、故旧、邑里、门郭。内则用六戚四隐，外则用八观六验，人之情伪贪鄙美恶无所失矣，譬之若逃雨，汙⑤无之而非是。此圣王之所以知人也。

【注释】

①智殊：即其智有上下高低的差别。殊：不同。

②僻：邪。

③节：约束，节制。

④特：应为"持"。

⑤汙：通"濡"，沾湿。

【译文】

什么叫求助别人？人们同是一类，但智力不同，贤能和奸邪的人不同，但都用花言巧语来为自己做掩饰，防止被人嫉妒，这是昏君迷乱的原因。凡是评论人，看他通达时对人的礼遇，显贵时对人的举荐，富有时对人的供养，听取意见时看他的行为，空闲时看他的喜好，任职时看他进谏的话语，穷困时看他不接受的东西，贫贱时观察他所不做的事，当他高兴时检验他是否做了不常见的行为，欢乐时检验他有何不好的癖好，当他发怒时检验他的节制能力，当他害怕时检验他是否保持气节，当他悲哀时检验他的仁爱之心，当他困苦时检验他的意志，从八面观察、六面检验看，这是贤能的君主评论人的标准。评论人又必须从六亲和四隐方面看。什么是六亲？是指父亲、母亲、哥哥、弟弟、妻子、儿子。什么是四隐？就是新朋友、旧相知、乡亲、邻居。观察一个人的内在就用六亲四隐的方法，观察一个人的外在就用八观六验的方法，人的情义、虚伪、贪婪、卑鄙、善良、邪恶都能不漏地察看到，这就像在雨中奔跑，不被雨沾湿是不可能的，这是圣王能了解他人的原因。

【解析】

为君之道在于无为，为君的操守在于自身。首先从自身求起，其次才是求之于别人。越向远处寻求的，离开它就越远，寻求它越花力气的，失掉它就越远。而人君评论人和识别人的方法就是"通则观其所礼，贵则观其所进，富则观其所养，听则观其所行，止则观其所好，习则观其所言，穷则观其所不受，贱则观其所不为。喜之以验其守，乐之以验其僻，怒之以验其节，惧之以验其特，哀之以验其人，苦之以验其志。"这就是把一个人放在特定的情况下，看看他的反应如何，以了解这个人的道德、修养、品行等。同时还要善于观察他周

围的人，这些人都会受到他的影响。

【故事】

越王勾践卧薪尝胆

勾践（？—前465）是春秋末年越国的国君，在位期间，曾被吴王打败，不得不屈辱求和。

吴王撤兵以后，勾践带着妻子和范蠡来到吴国，伺候夫差，从事劳役，答应吴国提出的所有的屈辱条件。勾践本人也饱受磨难。

三年后，勾践被放回了越国。勾践回国后，立志要振兴越国。在与吴国作战被围困在会稽山时，勾践在无限的绝望中，曾喟然叹曰："难道我从此就会走投无路而死于此吗？"大夫文种就以从前商汤被囚禁在夏台等事例劝告他，认为对于勾践来讲，经历一次失败，未尝不是一种福分。勾践时刻记着文种的话，时时不忘复兴越国的宏伟目标。他身穿粗布衣服，不吃肉食，亲自耕田种地，晚上就睡在稻草堆上。他还在自己睡觉的地方悬挂了一个苦胆。坐着躺着都能望到那个苦胆。每次吃饭睡觉前，勾践都要尝尝苦胆，并且每天都要对自己说上几遍："你忘记了会稽山之耻了吗？"勾践一方面不断勉励自己，另一方面也在国内实行了一系列富国强兵的政策，重用有才能的人，发展生产，奖励生育以增加国家的人力资源。经过十年的励精图治，越国开始由弱变强，兵精马壮，储备充足。

与越国的蒸蒸日上恰恰相反，吴国却是江河日下。政治日益腐败，吴王夫差在被胜利冲昏了头脑之后，越来越骄奢淫逸起来。夫差还多次听信谗言，迫使伍子胥自杀，周敬王三十八年（前482年），越国趁机攻打吴国，攻下了姑苏，杀死了吴国太子。周元王三年（前473年），勾践再一次攻打吴国，大败吴军，并把夫差重重包围于姑苏山上。这次勾践听从了范蠡的建议，决不与吴国议和。夫差在绝望之中自杀而死，吴国终被越国所灭。

李克巧言识人选丞相

魏文侯与李克商讨选相的事情。

李克说："看一个人，要观察他卑微时亲近哪种人，富贵时交往哪种人，显达时举荐哪种人，失意时不做哪样的事，贫困时不取用哪种东西。从这五个方面，就可以评判一个人的优劣了。何必要我指明是谁呢？"

魏文侯说："哦！先生请回府吧。国相人选，我已心中有数了。"

李克辞去，遇见了翟璜。翟璜问："听说国君今天召您去商量选相的事，究竟选了谁呢？"

李克说："魏成。"

翟璜变了脸色，愤愤地说："西河守令吴起，是我举荐的；君王担忧内地的邺县，我举荐了西门豹；君王想征伐中山国，我举荐了乐羊；中山国被攻克以后，没有人去镇守，我举荐了先生您。君王的儿子没有老师，我举荐了屈侯鲋。凭大家有目共睹的这几件事，我哪点儿比魏成差！"

李克说："你当初把我举荐给君王，难道不是为了结党营私做大官吗？君王向我征询选相的意见，我只是说了一番如何识人的话。我之所以断定君王会选魏成为相，是因为魏成把自己俸禄的十分之九用来办理国家事务，只留十分之一给自己；并从东方网罗了像卜子夏、田子方、段干木这样的人才。这三个人，君王都奉他们为老师；而你所举荐的五个人，君王都只用为臣属。你怎么能与魏成相提并论呢！"

翟璜听罢，徘徊沉思了一会儿，向李克拜了两拜，说："我翟璜真是浅薄无知，说话失礼了，愿终身为先生的弟子！"

圜道

【题解】

本篇作者借助天地之道、日月之行、云竹水流之理、万物生杀之序、四肢九窍之用以及官商角徵羽五音之分来阐释君主治国之道。作者指出，君主应取法其理。

【原文】

天道圜[①]，地道方。圣王法之，所以立上下。何以说天道之圜也？精气一上一下，圆周复杂，无所稽留，故曰天道圜。何以说地道之方也？万物殊类殊形，皆有分职，不能相为，故曰地道方。主执圜，臣处方，方圜不易，其国乃昌。日夜一周，圜道也。月躔二十八宿，轸与角属，圜道也。精行四时，一上一下，各与遇，圜道也。物动则萌，萌而生，生而长，长而大，大而成，成乃衰，衰乃杀，杀乃藏，圜道也。云气西行，云云然，冬夏不辍；水泉东流，日夜不休；上不竭，下不满，小为大，重为轻，圜道也。黄帝曰："帝无常处也，有处者乃无处也。"以言不刑蹇，圜道也。人之窍九，一有所居则八虚，八虚甚久则身毙。故唯而听，唯止；听而视，听止；以言说一。一不欲留，留运为败，圜道也。一也齐至贵，莫知其原，莫知其端，莫知其始，莫知其终，而万物以为宗。圣王法之，以令其性，以定其正，以出号令。令出于主口，官职受而行之，日夜不休，宣通下究，瀸于民心，遂于四方，还周复归，至于主所，圜道也。令圜，则可不可，善不善，无所壅矣。无所壅者，主道通也。故令者，人主之所以为命也，贤不肖、安危之所定也。人之有形体四枝[②]，其能使之也，为其感而必知也。感而不知，则形体四枝不使矣。人臣亦然。号令不感，则不得而使矣。有之而不使，不若无有。主也者，使非有者也，舜、禹、汤、武皆然。

先王之立高官也，必使之方，方则分定，分定则下不相隐。尧，舜，贤主

也，皆以贤者为后，不肯与其子孙，犹若立官必使之方。今世之人主，皆欲世勿失矣，而与其子孙，立官不能使之方，以私欲乱之也，何哉？其所欲者之远，而所知者之近也。

今五音之无不应也，其分审也。宫、徵、商、羽、角，各处其处，音皆调均，不可以相违，此所以不受也。贤主之立官有似于此。百官各处其职、治其事以待主，主无不安矣，以此治国，国无不利矣；以此备患，患无由至矣。

【注释】

①圜：通"圆"，周而复始环绕运行不穷。
②枝：同"肢"。

【译文】

天道圜，地道方。君主取法天地之道，来定夺君臣上下的职分。为何说天道圜呢？阴阳之气升降自由，循环往复，无所稽留，所以说天道圜。为何说地道方呢？万物种类各异，形体有别，皆有不同的功能，不能替代他物，因此说地道方。所以君主执圜道，臣子处方道，方圜之道不相变易，国家就会昌盛。昼夜循环，是圜道。月亮周行二十八宿，从角宿始而终于轸宿，是圜道。阴阳二气四时运行，上下运行，交合转化，是圜道。物种因精气发动而萌发，生成，壮大，壮大就会有衰弱，就会枯死，精气就会潜隐，是圜道。云气向西移动，四时不住地更替；河水东流，日夜不休；云气在上不会衰竭，江河在下不会盈满；溪流奔流不息汇入大海，湿重之气上升为轻浮之云，也是圜道。黄帝说："天帝没有固定的居处，有固定居处正是无固定居处。"就是说要无所不在，这也是圜道。人体有九窍，一窍闭塞就会八窍生病，长久之后就会毙命。应答着听人谈话时，应答就停止了，倾听别人谈话时四下张望，就已不再是倾听谈话了。用此来形容道，道是不会停滞的，停滞就会一事无成，这也是圜道。道是最珍贵的，没有人知道它的来源和起始，没有人知道它的归宿和终点。可万物都以它为根本。圣王取法道，以保全其生命，考定正曲，发号施令。法令出于君主，大臣遵守执行，日夜不休，广泛深入地下达四方，让百姓顺心称意，然后又把施行的效果汇报给君主，这是圜道。法令周全完善，则事成败得失就会无所阻塞地上达。没有闭塞，君主就会通晓下情，广纳忠言。所以，法令是君主视为生命的东西，它可以鉴别大臣的贤肖、国家的安危。身体四肢能受人的指使，因为身体四肢可以感知事物，若是不能感知，那么身体四肢就不受支配了。大臣也是这样，号令不能被他们所响应，就不能指使他们。有这样不为所用的大臣，不如没有。君主应能指使原非已有的大臣，舜、禹、汤、武就是这样。

古代圣王设置高官，比用方道来指使他们。用方道就会职分明确，这样大臣就不会损公利私。尧、舜是贤君，都选贤士作自己的继承者，而不肯传位给子孙，即好比任官必须靠方道来指使他们一样。当今君主，都想世代为君而不失，就传位给子孙，选官员不用方道，这还是因为私欲在作怪，为何？因为他们奢望达到的太遥远，自己的智识太短浅。

五音无不相互应和，这是因为各自的分工明确，宫商角徵羽各当其位，声音都和谐，互不干扰，这是五音彼此应和的原因。贤明君主设立官制，与此类似。百官各司其职，以侍奉君主，君王无不安宁其身。用这一方法治理国家，国家无不受益；用这一方法防备祸患，祸患无不匿迹。

孟夏纪第四

孟夏

【题解】

　　孟夏为四月份依据五行说，夏属火，是万物成长的季节与此相适应，为君者应该宽厚为主，所施行的政令要应合孟夏时气。

【原文】

一曰：孟夏之月，日在毕①，昏翼中②，旦婺女中③。其日丙丁④，其帝炎帝⑤，其神祝融⑥，其虫羽⑦，其音徵⑧，律中仲吕⑨。其数七⑩，其性礼⑪，其事视⑫，其味苦，其臭焦，其祀灶⑬，祭先肺。蝼蝈鸣⑭，丘蚓出，王菩生[一]⑮，苦菜秀⑯。天子居明堂左个⑰，乘朱辂⑱，驾赤骝⑲，载赤旗，衣赤衣，服赤玉⑳，食菽与鸡㉑，其器高以觕㉒。

是月也，以立夏。先立夏三日㉓，太史谒之天子曰[二]㉔："某日立夏，盛德在火。"天子乃斋。[三]。立夏之日，天子亲率三公九卿大夫，以迎夏于南郊㉕。还，乃行赏、封侯、庆赐㉖，无不欣说㉗。乃命乐师习合礼乐[四]㉘。命太尉赞杰俊㉙，遂贤良㉚，举长大㉛；行爵出禄㉜，必当其位㉝。

是月也，继长增高㉞，无有坏隳㉟。无起土功㊱，无发大众，无伐大树。

是月也，天子始絺㊲。命野虞出行田原㊳，劳农劝民㊴，无或失时㊵；命司徒循行县鄙㊶，命农勉作㊷，无伏于都㊸。

是月也，驱兽无害五谷，无大田猎，农乃升麦[五]㊹。天子乃以彘尝麦㊺，先荐寝庙。

是月也，聚蓄百药，靡草死㊻，麦秋至㊼。断薄刑㊽，决小罪，出轻系㊾。蚕事既毕，后妃献茧㊿，乃收茧税㉑，以桑为均㉒，贵贱少长如一㉓，以给郊庙之祭服㉔。

是月也，天子饮酎㉕，用礼乐。

行之是令㉖，而甘雨至三旬㉗。

孟夏行秋令，则苦雨数来㉘，五谷不滋㉙，四鄙入保㉚；行冬令，则草木早枯，后乃大水，败其城郭㉛；行春令，则虫蝗为败，暴风来格㉜，秀草不实㉝。

【校勘】

[一] 菩，刘本作"瓜"。馀旧本皆作"善"。凌本有旧校云："善或作

瓜"。

［二］太，许本、宋本、刘本、黄本、吴本作"大"。

［三］斋，元本、李本、许本、张本、姜本、宋本、黄本、吴本作"齐"。

［四］师，旧本皆作"司"。

［五］升，旧本皆作"收"。

【注释】

①日在毕：指太阳的位置在毕宿。毕，星宿名，二十八宿之一，在今金牛座。

②翼：星宿名，二十八宿之一，在今巨爵座。中：中星，即晨昏时刻出现在南方中天的星座。

③婺女：星宿名，二十八宿之一，又简称"女"，在今宝瓶座。

④其：指孟夏。丙丁：五行说认为夏季属火，丙丁也属火，所以说"其日丙丁"。下文"其帝炎帝，其神祝融，其虫羽，其音徵，其味苦，其臭焦，其祀灶"等等也都是把五帝等先配五行再配四时的。

⑤炎帝：即神农氏，五帝之一，五行家说他以火德统治天下，被尊为南方火德之帝。

⑥祝融：颛顼氏之后，名吴回，曾作高辛氏火官，死后被尊为火德之神。

⑦羽：五虫之一，指凤鸟之类的羽族。

⑧徵：五音之一。

⑨仲吕：十二律之一，属阴律。

⑩七：阴阳说认为，火生数为二，成数为七，这里指火的成数。参看《孟春》注⑪。

⑪性：情性。礼：五性（仁义礼智信）之一。

⑫事：指修身之事。视：五事（貌言视听思）之一。

⑬灶：五祀之一，指对灶神的祭祀。

⑭蝼蝈：蛤蟆，蛙的一种，似蟾蜍而小，初夏开始鸣叫。

⑮王菩：即栝楼，一种药用植物，根和果实可入药。

⑯苦菜：一种野生草本植物。秀：开花。

⑰明堂左个：南向明堂的左侧室。

⑱朱辂：赤红色的车。辂，车。

⑲骝：黑鬣黑尾的红马。

⑳夏属火，其色赤，所以上述御用器物都顺应此种颜色。

㉑菽：豆类。

㉒觕：大（依高诱说）。器物高而且大是顺应夏季长养之气。

㉓先：动词，在……之前。

㉔谒：禀告。

㉕南郊：邑南七里（"七"取夏之数）。

㉖庆：赐。

㉗欣说：欣喜高兴。说，高兴。这个意义后来写作"悦"。

㉘乐师：即小乐正，乐官之副职。

㉙太尉：官名，秦设置，负责军事。赞杰俊：向上禀告举荐有才能的人。赞，禀告，这里有举荐的意思。

㉚遂：进。贤良：指有德行的人。

㉛举：举荐。长大：指形貌高大的人。

㉜行爵：封爵。出禄：给予俸禄。

㉝当：相当。

㉞继长增高：这句是指草木生长繁茂。

㉟无：通"毋"。不要。隳：毁坏。

㊱土功：指土木建筑。

㊲絺：细葛布。这里用作动词，指穿细葛布做的衣服。

㊳野虞：主管山林的官吏。

㊴劳农：勉励农耕。劝：鼓励。

㊵时：指农时。

㊶司徒：九卿之一，主管教化。循行：巡视。县鄙：二千五百家为县，五百家为鄙。这里泛指天子领地之内。

㊷勉作：努力耕作。

㊸伏：藏。都：指国都。

㊹升：献。

㊺以彘尝麦：就着猪肉品尝麦子。

㊻靡草：即葶苈，一年生草本药用植物。

㊼麦秋：麦子成熟的季节。五谷各以其生为春，以成为秋。

㊽薄刑：轻微的刑罚。

㊾出：指释放。轻系：指不够判刑的犯人。

㊿献茧：指后妃献茧于天子，报告蚕事结束。

51茧税：指蚕民收获蚕茧所应交纳的税。

52以桑为均：这句意思是茧税应按桑的多少来均分，桑多多交税，桑少少交税。

53如一：依照同样的标准。

54给：供给。郊庙：郊指祭天，庙指祭祖。祭服：祭祀时穿的礼服。

55酎：春天酿的醇酒。

56行之是令：实行应在这个月实行的政令。

57至三旬：指十日一次，三旬降三次。

58苦雨：指伤害庄稼的秋雨。数：屡次。

59滋：长。

60鄙：边邑。保：城堡。这个意义后来写作"堡"。五行说认为秋属金而金生水，主杀气，所以苦雨频来，五谷不长，寇贼来侵。

61败：毁坏。城郭：内城叫城，外城叫郭。五行说认为冬属水，气寒，所以草木早枯，大水毁坏城郭。

㉒格：至，到。

㉓秀草：开花的草。实：用作动词，结实。五行说认为春属木，多风，所以暴风到来，草木不结实。

【译文】

孟夏四月，太阳的位置在毕宿，黄昏时刻，翼宿出现在南方中天；拂晓时刻，女宿出现在南方中天。孟夏于天干属丙丁，它的主宰之帝是炎帝，佐帝之神是祝融，应时的动物是凤鸟之类的羽族，相配的声音是徵音，音律与仲吕相应。这个月的数字是七，情性是礼，修养身心所应做的事是视，味道是苦味，气味是焦气，要举行的祭祀是灶祭，祭祀时祭品以肺脏为尊。这个月，蛤蟆开始鸣叫，蚯蚓从土里钻出来，栝楼长出来了，苦菜开花了。天子住在南向明堂的左侧室，乘坐朱红色的车子，车前驾着赤红色的马，车上插着赤色的绘有龙纹的旗帜，天子穿着赤色的衣服，佩戴着赤色的饰玉，吃的食物是豆子和鸡，用的器物高而且大。

这个月有立夏的节气。立夏前三天，太史向天子禀告说："某日立夏，大德在于火。"天子于是斋戒，准备迎夏。立夏那天，天子亲自率领三公九卿大夫到南郊迎接夏的降临。礼毕归来，于是赏赐功臣，分封爵位和土地，群臣无不欣喜快乐。命令乐师练习合演礼、乐。命令太尉向天子禀报才能出众的人，举荐德行超群的人、形体高大的人。封爵位，给予俸禄，一定要与他们的地位相当。

这个月，万物都在生长壮大，不要使它们有所毁坏。不许兴动土木工程，不许征发百姓，不许砍伐大树。

这个月，天子开始穿细葛的衣服。命令主管山林田野的官吏出去视察田地原野，鼓励百姓努力耕作，不要失掉农时。命令主管教化民事的官吏巡视天子领地内的各个县邑，命令农夫努力耕作，不要藏伏在国都之中。

这个月，要驱逐野兽，不要让它们伤害五谷。不要大规模进行狩猎。这个

月，农民献上新麦，天子于是就着猪肉品尝麦子，在品尝之前先进献给祖庙。

这个月，要积聚蓄藏各种草药。葶苈之类的草药枯死了，麦子成熟的季节来到了。对轻刑和罪小的犯人进行判决，释放不够判刑的犯人。蚕桑之事已经结束，后妃向天子献上蚕茧，于是向养蚕的人收取茧税，税按照桑树的多少来均分，贵贱长幼一视同仁，用这些税收来供给祭天祭祖时所用的祭服。

这个月，天子欢宴群臣，饮用酎酒，观看礼乐表演。

实行与这个月的时令相应的政令，及时雨就会十天一至。

孟夏如果实行应在秋天实行的政令，那么，伤害庄稼的苦雨就会频繁降落，各种谷物就不能生长，四处边境的百姓就会因敌寇侵扰而躲进城堡；如果实行应在冬天实行的政令，那么，草木就会过早地干枯，然后就有大水毁坏城郭；如果实行应在春天实行的政令，那么，虫螟就会成灾，疾风就会袭来，草木就会只开花不结实。

劝学

【题解】

本文主要论述的是师道的尊严。作者认为，正是因为人们不学习理义知识，所以导致了道之不行，家国不治。学习的关键在于尊重老师，而老师也应该以理服人，躬行道义，这样才能获得人们的尊敬。

【原文】

先王之教，莫荣于孝，莫显于忠。忠孝，人君人亲之所甚欲也。显荣，人子人臣之所甚愿也。然而人君人亲不得其所欲，人子人臣不得其所愿，此生于不知理义。不知理义，生于不学。学者师达而有材，吾未知其不为圣人。圣人之所在，则天下理焉。在右则右重，在左则左重，是故古之圣王未有不尊师者也。尊师则不论其贵贱贫富矣。若此则名号显矣，德行彰矣。故师之教也，不争轻重尊卑贫富，而争于道。其人苟可，其事无不可，所求尽得，所欲尽成，此生于得圣人。圣人生于疾①学，不疾学而能为魁士名人者，未之尝有也。疾学在于尊师，师尊则言信矣，道论矣，故往教者不化，召师者不化，自卑者不听，卑师者不听。师操不化不听之术而以强教之，欲道之行、身之尊也，不亦远乎？

学者处不化不听之势，而以自行，欲名之显、身之安也，是怀腐而欲香也，是入水而恶濡②也。

凡说者，兑之也，非说之也。今世之说者，多弗能兑，而反说之。夫弗能兑而反说，是拯溺而硾③之以石也，是救病而饮之以堇也，使世益乱；不肖主重惑者，从此生矣。故为师之务，在于胜理，在于行义。理胜义立则位尊矣，王公大人弗敢骄也，上至于天子，朝之而不惭。

凡遇合也，合不可必，遗理释义以要不可必，而欲人之尊之也，不亦难乎？故师必胜理行义然后尊。

曾子曰："君子行于道路。其有父者可知也，其有师者可知也。夫无父而无师者，余若夫何哉？"此言事师之犹事父也。曾点使曾参，过期而不至，人皆见曾点曰："无乃畏邪？"曾点曰："彼虽畏，我存，夫安敢畏？"孔子畏于匡，颜渊后，孔子曰："吾以汝为死矣。"颜渊曰："子在，回何敢死？"颜渊之于孔子也，犹曾参之事父也。古之贤者与，其尊师若此，故师尽智竭道以教。

【注释】

①疾：快，迅速。

②濡：沾湿，润泽。

③硾：古同"缒"，拴上重物往下沉。

【译文】

在古代君王的政教中，最荣耀的是孝顺父母，最显达的是效忠君主。孝子和忠臣是父母和君主都希望看到的。声名远扬，是人子和大臣们所愿意的。可

是君主、父母们遇不到忠臣孝子，人子大臣们不能扬名，这是因为他们不知理义，不知理义，是因为他们不学习。学习的人求教于学识渊博的人，我不相信不能成为圣人。有圣人出现，天下就会安宁。圣人出现在右方，右方的国家就会见重于天下；圣人出现在左方，左方的国家就会见重于天下。因此，古代的圣王都尊敬老师。尊敬老师就不会计较他们的贵贱贫富，这样就会声名远扬，德行显赫。所以老师的教诲，不会在意学生的贵贱尊卑，而只关注传道。如果某个学生能够接受理义知识，那么教授他理义知识就是合适的。学生所需求的就会得到，所想要的就会实现，这是因为得到了圣人的教诲。勤奋学习才成就圣人，不勤奋学习而成为杰出人才的人是从来没有的。发奋学习就要尊敬老师，老师受到尊敬，他的言论就会被人接受，理义就会彰明。所以，老师上门教授的人不可教化，召唤老师前来教授自己的人不可教化，因为这样他们就不会听取老师的教诲。老师用不受感化的理义、不被听取的知识来勉强地教授学生，而希望理义实行，身受尊敬，不是太邈远了吗？

学习的人自己不去受教化，不肯听取教诲，自行其是，这样想要成名、安身，不过是怀揣腐肉却希望芳香，在水中却嫌衣服湿，这是不可能的。

凡是说教的人，在于凭敏捷的言辞说服别人，而不是迎合取悦别人。现在的说教者，多数不能以言服人，反而迎合其意取悦别人。不能以言辞服人却去取悦别人，这就好似想救溺水的人却往他身上压石头，想救治生病的人却给他喝毒药。这种做法只能使世道更加混乱，使不肖的君主更加糊涂。正是由于这个原因，所以当老师的关键就是以理服人，行其道义。理既服人，道义既行，就会地位尊贵，王公贵族不敢轻视他。即使是至尊的天子，也要拜见他而不觉得羞耻。

师徒相遇，未必融洽相处。如果有谁丢弃了道义事理而追求未必可以实现的，想要人们尊重他，不是太难了吗？所以为师者必须以理服人，躬行道义，这样才会得到人们的尊重。

曾参说："君子走在路上，自然有他孝敬的父辈，有他尊敬的老师。如果一个人不孝敬父辈，不尊敬老师，他还有什么可以称道的呢？"这是说尊敬老师如同尊敬自己的父辈。曾点派儿子曾参外出，过了约定的日期，曾参还没有回来，人们看望曾点时说："怕是遇难了吧？"曾点说："他即使是死，我还活着，他怎么敢自己不当心儿遭遇横祸呢？"孔子被困于匡，弟子颜渊来迟。孔子说："我还以为你死了呢。"颜渊说："你还健在，我怎么敢去死呢？"颜渊服侍孔子，就像曾参侍候曾点那样。古代的贤人就是这样尊敬自己的老师，所以老师就会不遗余力地把自己的学问全部传授给他。

【解析】

学所以长智，而疾学可以为圣人。因此，学习是君子修身养性的第一要事，孔子在《论语》的开篇第二句就是要求自己的弟子好好学习。孔子说："学而时习之，不亦说乎？有朋自远方来，不亦乐乎？人不知而不愠，不亦君子乎？"荀子在《劝学》中也说："学，不可以已。"由此可以看出圣人对学习的重视程度。而学习的关键是尊师。作为教师，其首要之务是以理服人和推行仁义。这些看法，到今天，也是有其现实意义的。

【故事】

赵括纸上谈兵失长平

赵括从小学习兵法时，就自以为天下无人能及。

赵括行将出征之际，赵母急忙上书赵王说："赵括不能担此大任，当年我侍奉他父亲，后来他身为大将时，亲自捧着饭碗去服侍的有十多人，所交的朋友有上百人。大王和宗室王族给他的赏赐，

长平之战

《吕氏春秋》原典释译

他全都赏给将士。而且自接受命令之日起，就不再理睬家事。反观赵括，才刚做了大将，就向东高坐，接受拜见，军政官员都不敢抬头看他。大王赏给他的金钱绸缎，他全数拿回家里收存，而且每天忙于察看良田美宅，只要有合适的就买下。大王您以为他像他父亲，其实，父子两人的心性迥异，请大王千万不要派他去！"

赵王不听，一意孤行。

在长平之战中，纸上谈兵的战略不管用了，赵括穷急，便下令进攻秦军营垒，想派出四支队伍，轮番进攻，到第五次，仍无法突围。赵括亲自率领精兵上前肉搏，被秦兵射死。赵军于是全线崩溃，四十万士兵全部投降。白起说："当初秦军已攻克上党，上党百姓却不愿归秦而去投奔赵国。赵国士兵反复无常，不全部杀掉，恐怕会有后乱。"于是使用奸计把赵国降兵全部活埋，只放出二百四十个年岁小的回到赵国，前后共杀死四十五万人，赵国大为震惊。

尊师

【题解】

本篇主要论述的是尊师的重要性。作者通过十圣六贤尊礼老师而成就帝王大业，子张、颜涿聚等六位求学于有道之人而免除责罚、声名远扬的事例来阐释尊师、敬学的重要性。

【原文】

神农师悉诸①，黄帝师大挠②，帝颛顼师伯夷父③，帝喾师伯招④，帝尧师子州支父[一]⑤，帝舜师许由⑥，禹师大成贽⑦，汤师小臣⑧，文王、武王师吕望、周公旦⑨，齐桓公师管夷吾⑩，晋文公师咎犯、随会[二]⑪，秦穆公师百里奚、公孙枝⑫，楚庄王师孙叔敖、沈尹巫⑬，吴王阖闾师伍子胥、文之仪⑭，越王勾践师范蠡、大夫种⑮。此十圣人、六贤者未有不尊师者也⑯。今尊不至于帝，智不至于圣，而欲无尊师[17]，奚由至哉[18]？此五帝之所以绝，三代之所以灭。

且天生人也，而使其耳可以闻，不学，其闻不若聋；使其目可以见，不学，其见不若盲；使其口可以言，不学，其言不若爽[19]；使其心可以知，不学，其知不若狂。故凡学，非能益也[20]，达天性也。能全天之所生而勿败之，是谓善学。

子张，鲁之鄙家也[21]；颜涿聚，梁父之大盗也[22]；学于孔子。段干木，晋国之大驵也[23]，学于子夏[24]。高何、县子石[25]，齐国之暴者也，指于乡曲[26]，学于子墨子。索卢参，东方之巨狡也[27]，学于禽滑黎[28]。此六人者，刑戮死辱之人也。今非徒免于刑戮死辱也[29]，由此为天下名士显人，以终其寿，王公大人从而礼之，此得之于学也。

凡学，必务进业，心则无营[30]。疾讽诵[31]，谨司闻[32]，观驩愉[33]，问书意，顺耳目[34]，不逆志[35]，退思虑，求所谓[36]，时辨说[37]，以论道，不苟辨，必中法，得之无矜[38]，失之无惭，必反其本。

生则谨养，谨养之道，养心为贵[39]；死则敬祭，敬祭之术，时节为务[三][40]。此所以尊师也。治唐圃[41]，疾灌寝[42]，务种树[43]；织葩屦[四][44]，结罝网[45]，捆蒲苇[五][46]；之田野[47]，力耕耘，事五谷；如山林[48]，入川泽，取鱼鳖，求鸟兽。此所以尊师也。视舆马[49]，慎驾御[六]；适衣服[50]，务轻暖；临饮食[51]，必蠲絜[七][52]；善调和[53]，务甘肥；必恭敬，和颜色[54]，审辞令；疾趋翔[55]，必严肃。此所以尊师也。

君子之学也，说义必称师以论道[56]，听从必尽力以光明。听从不尽力，命之曰背；说义不称师，命之曰叛。背叛之人，贤主弗内之于朝[57]，君子不与交友。

故教也者，义之大者也；学也者，知之盛者也[58]。义之大者，莫大于利人，利人莫大于教；知之盛者，莫大于成身，成身莫大于学。身成则为人子弗使而孝矣，为人臣弗令而忠矣，为人君弗强而平矣[59]，有大势可以为天下正矣[60]。故子贡问孔子曰："后世将何以称夫子？[61]"孔子曰："吾何足以称哉？勿已者[62]，则好学而不厌，好教而不倦，其惟此邪！"天子入太学祭先圣[八][63]，则齿尝为师者弗臣[64]，所以见敬学与尊师也。

［一］旧本脱"支"字。

［二］咎，姜本作"舅"。

［三］时，旧校云：一作"崇"。

［四］葩，众本作"葩"，今据毕校改。

［五］捆，旧本作"捆"。

［六］慎，旧校云：一作"顺"。

［七］絮，旧校云：一作"祭"。

［八］学，毕本作"庙"，今据旧本改。

【注释】

①师：用如动词，以……为师。悉诸：姓悉，名诸，传说为神农之师。

②大挠：传说为黄帝史官，始作甲子，创造了以干支相配纪日的方法。

③颛顼：传说中的古帝名，号高阳氏。伯夷父：传说为颛顼之师，又称伯夷。父，古代对男子的敬称、美称。

④喾：传说中的古帝名，号高辛氏。伯招：传说为帝喾之师。他书或作"柏招"。

⑤子州支父：传说中的古代隐士。

⑥许由：传说中的古代隐士。

⑦大成贽：传说为禹的老师。

⑧小臣：指伊尹，商王朝的开国功臣。

⑨文王：指周文王，商末周族领袖，姬姓，名昌，商纣时为西伯，也称伯昌。武王：文王之子，名发，西周王朝的建立者。吕望：西周王朝的开国功臣，封于齐，号太公望。周公旦：文王之子，名旦，辅佐武王灭纣，封于鲁。

⑩管夷吾：字仲，齐桓公相，辅佐桓公称霸诸侯。

⑪咎犯：即狐偃，字子犯，晋文公之臣。随会：即士会，字季，晋大夫，食采邑随及范，所以又称随会、随季或范季，死后称随武子、范武子。

⑫秦穆公：春秋时秦国国君，名任好。公元前 659 年—前 621 年在位，为春秋五霸之一。百里奚：姓百里，名奚，秦大夫。他书或作"百里莶"。公孙枝：姓公孙，名枝，字子桑，秦大夫。

⑬孙叔敖：即蒍敖，字孙叔，楚庄王令尹。沈尹巫：春秋时楚国大夫，又作"沈尹筮"。

⑭阖闾：春秋末年吴国国君，一作"阖庐"。伍子胥：名员，吴大夫。文之仪：吴大夫。

⑮勾践：春秋末年越国国君。范蠡：越大夫。大夫种：即文种，越大夫。

⑯十圣人：指神农、黄帝……武王等十位帝王。六贤者：指齐桓公、晋文公……勾践等六位诸侯。

⑰无：不。

⑱奚：何。

⑲爽：口伤病不能言。

⑳益：增加。

㉑子张：姓颛孙，名师，字子张，孔子的弟子。鄙：鄙陋。

㉒颜涿聚：名庚，字涿聚，春秋齐大夫。他书或作"颜烛邹""颜斫聚"。梁父：泰山下一座小山名，在今山东新泰县西。

㉓段干木：战国初魏国的贤士，隐居不仕。驵：牙侩，古时集市贸易中为买卖双方撮合从中取得佣金的人。

㉔子夏：姓卜，名商，字子夏，孔子的弟子。

㉕高何、县子石：战国时人，墨子的弟子。

㉖指：指斥。乡曲：乡里。

㉗索卢参：复姓索卢，名参，墨家学派禽滑黎的弟子。狡：指狡诈的人。

㉘禽滑黎：墨子的弟子。他书多作"禽滑釐"。

㉙非徒：不仅。

㉚营：通"荧"。惑乱。

㉛疾：努力，尽力。讽：背诵。

㉜司：通"伺"。等候。

㉝驩：同"欢"。

㉞顺：顺适。

㉟志：指老师的心意。

㊱所谓：指老师所言之道。

㊲辨说：指推理。辨，通"辩"。

㊳无：通"毋"。矜：自负贤能。

㊴养心：这里指使老师心情愉快。《礼记·祭统》中说："养则观其顺也"，古人认为奉养尊亲，当以顺其心为贵。

㊵时节：合于四时之节。务：要务。

㊶唐圃：园地。唐，通"场"（依王念孙说）。圃，种植果木瓜菜的园子。

㊷寖：今作"浸"，灌溉。

㊸务：致力。树：种植。

㊹菲屦：即后人所谓麻鞋。

㊺罝：捕兔网。

㊻捆：砸。编织蒲苇要边编边砸，使之牢固。

㊼之：往。

㊽如：往。

㊾舆：车。

㊿适：用如使动。

51临：治，备办。

52蠲：清洁。絜：同"洁"。

53调和：指调和五味。

(54)颜色：脸色。

(55)趋翔：行步有节奏的样子。翔，通“跄”（依毕沅说）。

(56)义：通“议”。论：这里是阐明的意思。

(57)内：接纳。

(58)知：才智。这个意义后来写作“智”。盛：大。

(59)强：勉强。

(60)正：长，主。

(61)称：称道。

(62)勿已者：一定要提的话。已，止。

(63)太学：这里指明堂。明堂，古代帝王宣明政教的地方。凡朝会、祭祀、庆赏、选士、养老、教学等大典均在此举行。关于古代的明堂，历代一些礼家认为，太庙、清庙、太室、太学为一事，似可信。

(64)齿：并列。弗臣：不作为臣子看待。臣，用如动词。

【译文】

神农以悉诸为师，黄帝以大挠为师，帝颛顼以伯夷父为师，帝喾以伯招为师，帝尧以子州支父为师，帝舜以许由为师，禹以大成贽为师，汤以小臣伊尹为师，文王、武王以吕望、周公旦为师，齐桓公以管夷吾为师，晋文公以咎犯、随会为师，秦穆公以百里奚、公孙枝为师，楚庄王以孙叔敖、沈尹巫为师，吴王阖闾以伍子胥、文之仪为师，越王勾践以范蠡、文种为师。这十位圣人、六位贤者没有不尊重老师的。如今，人们地位没有达到帝那样尊贵，才智没有达到圣明的境界，却不想尊奉老师，这怎么能获得尊显、达到圣明的境地呢？这正是五帝之所以废绝、三代之所以不可再现的原因。

况且，上天造就人，使人的耳朵可以听见，如果不学习，耳有所闻反不如耳聋听不见好；使人的眼睛可以看见，如果不学习，目有所见反不如眼瞎看不见好；使人的口可以说话，如果不学习，口有所言反不如口哑说不出话好；使

人的心可以认知事物，如果不学习，心有所知反不如狂乱无知好。因此，凡学习，并不是能给人另增加什么，而是使人通达天性。只要能够保全天赋予人的本性而不使它受到伤害，这就叫作善于学习。

子张本是鲁国的鄙俗小人，颜涿聚本是梁父山上的大盗，他们求学于孔子。段干木本是晋国市场上的大牙侩，求学于子夏。高何、县子石本是齐国凶恶残暴的人，被乡里斥逐，求学于墨子。索卢参本是东方有名的狡诈之人，求学于禽滑黎。这六个人本是该受到刑罚杀戮、蒙受耻辱的人。如今，由于从师学习，他们不仅免于刑罚、杀戮、耻辱，而且成为天下的知名之士、显达之人，得以终其天年，王公大人因而对他们以礼相待，这些都是得力于学习啊。

凡学习，一定务求增进学业，这样心中就没有疑惑了。要努力诵习，小心等候机会聆听教诲，看到老师欢悦的时候，请教书中的意旨，要顺适老师的耳目，不违背老师的心意；回来认真思考，探求老师所说的道理，要时时研讨分析，以求阐明老师所说的道理，不苟且巧辩，一定要合乎法度；有所得不要自夸，有所失不要惭愧，一定要回到自己的本性上来。

老师活着的时候，要小心奉养，小心奉养的方法以使老师欢娱为贵；老师死了要恭敬祭祀，恭敬祭祀的原则以合于四时之节为要。这是尊重老师的做法。为老师修整园地，努力灌溉，积极种植；织麻鞋，结兽网，编蒲苇；到田野上，努力耕耘，种植五谷；走进山林，进入川泽，捕捉鱼鳖，猎取鸟兽。这是尊重老师的做法。为老师察看车马，小心驾驭；使衣服适宜，务求轻暖；备办饮食，一定清洁；好好调和五味，务求甘甜肥美；一定恭恭敬敬，和颜悦色，言辞审慎；力求行步快慢有节，一定恭敬庄重。这是尊重老师的做法。

君子学习，谈论道理一定称引老师的话来阐明道义，听从教诲一定尽心竭力去发扬光大。听从教诲而不尽心竭力去发扬它，这种行为叫作"背"，谈论道理而不称引老师的话去阐明它，这种行为叫作"叛"。有背叛行为的人，贤明的君主不接纳他们在朝为臣，君子不跟他们交往为友。

因此，教育人是一件非常仁义的事，学习是一件非常聪明的事。仁义的事没有比给人带来利益更大的了，而给人带来利益最大的，没有什么能超过教育。聪明的事没有比修养身心更大的了，而修养身心最重要的，没有什么能超过学习。如果自身的修养完成了，那么，做子女的不用支使就孝顺了，做臣下的不用命令就忠诚了，做君主的不用勉强就公正了，其中形势最有利的就可以做天下的君主了。所以，子贡问孔子说："后代将用什么话称道您呢？"孔子说："我哪里值得称道呢？如果一定要说的话，那就是喜好学习而不满足，勤于教诲而不疲倦，大概仅此而已！"天子进入明堂祭祀先代圣人，与曾经做过自己老师的人并排站立，不把他们做臣子看待，这是用以显示敬重学习和尊重老师啊！

【解析】

尊师重学是古今中外的人们都十分重视的问题。俄国著名科学家、教育家罗蒙诺索夫曾说过："现在，我怕的并不是那艰苦严峻的生活，而是不能再学习和认识我迫切想了解的世界。对我来说，不学习，毋宁死。"在罗蒙诺索夫看来，学习对他来说，其重要性甚至超过了自己的生命。我国清代著名诗人郑板桥也曾就此写过一首诗。这首诗名叫《新竹》，诗中是这样写的："新竹高于旧竹枝，全凭老干为扶持。明年再有新生者，十万龙孙绕凤池。"写出了人们都需要接受前人的知识和老师的教育这样的一个哲理。本篇与下一篇《诬徒》，旨在论述善于学习并尊重老师，集中反映了吕不韦关于学习以及教育的思想。

本篇一开头即列举古代十六位圣贤尊师学习的事例，神农氏以悉诸为师，黄帝以大挠为师，颛顼以伯夷父为师，帝喾以伯招为师，帝尧以子州支父为师，帝舜以许由为师，禹以大成贽为师。三皇五帝都尊师重学。汤以小臣为师，周文王以姜太公为师，周武王以周公旦为师。汤、文王、武王等三王也是重学尊师。齐桓公以管夷吾为师，晋文公以咎犯、随会为师，秦穆公以百里奚、公孙枝为师，楚庄王以孙叔敖、沈尹巫为师，吴王阖闾以伍子胥、文之仪为师，越王勾践以范蠡、大夫种为师。这是春秋五霸重学尊师。因为他们都十分重视向自己的臣属学习，所以他们成为圣人，成就了功业。即使是像鲁国的鄙俗小人

颛孙师（子张），梁父山上的大盗颜涿聚，晋国集市上做买卖的段干木，齐国残暴的高何、县子石，狡诈无比的索卢参，他们六个原是"刑戮死辱之人"，因为从贤能之师学习而成为"天下名士显人"。从上面的正反两面的事例中，可以看出，无论是圣贤还是不肖之人，只要尊重老师、努力学习，都能功垂后世，名扬青史。所以说："教也者，义之大者也；学也者，知之盛者也。"

谭嗣同在制定《浏阳算学馆增订章程》中就说："为学莫重于尊师。"学习就必须做到尊重老师。尊重老师，就要做到老师活着的时候，要小心奉养；老师往生了，要恭敬祭祀。尊重老师，就要为老师整修田园，努力灌溉，积极耕种，减轻老师生活上的困难；尊重老师，就要改善老师的生活，帮助老师去编麻鞋，织渔网，走进山林，猎取野兽，备办车马；尊重老师，还要对老师言语恭敬，虚心听从老师的教诲，对老师的主张要发扬光大。所以修养身心，没有什么能比学习接受教育更重要的了。

《吕氏春秋》对学习和教育的重视，还见于另一专篇《劝学》篇。《劝学》篇说："古之圣王未有不尊师者也，尊师则不论其贵贱贫富矣。"这里提出尊敬老师，不论你的身份是高还是低，都要对老师尊敬。又说："圣人生于疾学，不疾学而能为魁士名人者，未之尝有也。疾学在于尊师，师尊则言信矣，道论矣。"提出只有尊师才能言而有信，人们也才能信任你；只有尊师，也才能论道。就在这一篇中还举曾子两例为证。曾子说："君子在道路上行走，其中父亲还在的可以看出来；其中有老师的也可以看出来。对那些父亲、老师都不在的，其他的人又能怎么样呢？"这是说对待老师就像对待自己的父亲一样啊。曾点派他的儿子曾参外出，过了约定的日期还没有回来。人们都来看望曾点说："怕不是遇难了吧？"曾点说："即使他要死，我还活着，他怎么敢去死？"孔子被囚禁在匡，颜渊最后才到。孔子说："我以为你死了。"颜渊说："您还健在，我怎么敢死？"颜回对待孔子，就像曾参之事父也。古代的贤人，其尊师若此。这就把尊师提高到事父的高度。后世有一种说法"一日为师，终身为父"，不能不说没有受到《吕氏春秋》的影响。

《吕氏春秋》中的重学尊师思想主要来源于儒家。《论语·述而》："子曰：三人行，必有我师焉。择其善者而从之，其不善者而改之。"孔子是大教育家，十分重视教育对人的作用。受孔子思想影响，儒家思想都十分重视教育，提倡尊师重教。《礼记·学记》说："玉不琢，不成器；人不学，不知道。"《荀子》也有专篇《劝学》，说"学不可以已"，提出"君子博学而日参省乎己，则知明而行无过矣"等思想。由此可以看出儒家的尊师重教思想对《吕氏春秋》的影响。

本篇还透露出吕不韦的另一番用心。前文已经说到，吕不韦是以师的身份自诩的。吕不韦为相时期，是秦庄襄王。庄襄王是没有多少本领的，其拥有秦国的王位也是依靠吕不韦的策划。所以从本篇所举的"十六位圣贤"所师的对象来看，吕不韦是自比周公和管仲的。即使庄襄王死后，继位的是秦王嬴政，吕不韦也是以长者的口气训诫嬴政的，意思是要秦王嬴政像齐桓公以管仲为师那样对待自己。这一层的意思也是解读此篇不可错过的。

【故事】

程门立雪求贤师

宋代有两位学者，一个叫杨时（1053—1135），一个叫游酢（1053—1123）。这两个人都是当时著名的学者，他们知道程氏兄弟很有学问，为了能更好地学习，他们不远万里从南方北上求师。他们先是拜程颢为师，程颢极其认真地向他们传授知识，两个学生也学得不知疲倦。谁知好景不长，程颢不久就因病与世长辞。两个学生悲痛欲绝，但他们并没有因此而停止学习。他们打算继续拜程颐为师。

那是在一个天寒地冻的季节，一天，他俩来到程颐的门前，刚要敲门，却透过窗户看到程老先生正在打盹。他们知道老先生整日忙着讲学与思考问题，难得会有这片刻的小憩，不忍打扰先生，就轻轻地退到大门外等候。其实呢，程老先生根本就没有睡着，只是刚才一直在思考问题，觉得眼睛有点酸，大脑也有点累了，就暂且在闭目养神而已：事实上他从半睁半闭的眼睛里早看出了是杨、游二人。他以前也听兄长夸过这两位学生，常说这两个学生特别刻苦。知道他俩这是来求学的，想故意考验以下这两位有身份、有地位、年龄也比较大的学生，看他们拜师是否是诚心的。

过了好长时间，老天变了脸，呼啸的北风夹着鹅毛大雪一起袭来。天气瞬间就变得寒冷起来。杨时他们来的时候，没想到会变天，穿的也不多，尤其是双脚，冻得生痛，但他们又不能跺脚，唯恐吵醒老师，所以，就那样一动不动地站在那里，任凭风雪吹打。时间一点点过去了，程颐也觉得时间不短了，就睁开眼睛，把他们请到屋子里，说："天气这么冷，你们还在呀？"他俩连忙说："我们已经在此恭候多时了。"程颐见两位如此有诚意，心里很是过意不去。就亲手帮他们扫掉身上的雪，看到他俩的鞋子已经全湿透了，刚才站过的地方，两对一尺多深的脚印，仍清晰可见。程颐当即收下了这两位学生。

在程颐悉心教育下，两位学生通过发奋苦学，学业进步非常快，成为著名的"程门四大弟子"中的重要人物。

诬徒

【题解】

所谓"诬徒"就是欺骗弟子的意思。

本篇旨在论述教学的道理。文章提出，理想的教学效果应该是"使弟子安焉、乐焉、休焉、游焉、肃焉、严焉"，而要达到理想的教学效果，必须讲求教学方法。作者根据"人之情，不能乐其所不安，不能得于其所不乐"，提出了"视徒如己，反己以教""师徒同体"等教学基本原则，这些都是很重要的。文章以大量篇幅批评了不善于教学的老师"志气不和""喜怒无处""言谈日易""愎过自用"、趋炎附势，嫉妒成性的错误；批评了不善于求学的人"用心则不专""就业则不疾""辩论则不审""羁神于世""矜势好尤"的错误治学态度；从反面论证了教育与治学所应采取的正确的态度与方法。

【原文】

达师之教也，使弟子安焉，乐焉、休焉、游焉、肃焉、严焉。此六者得于学，则邪辟之道塞矣，理义之术胜矣。此六者不得于学，则君不能令于臣，父不能令于子，师不能令于徒。人之情，不能乐其所不安，不能得于其所不乐。为之而乐矣，奚待贤者？虽不肖者犹若劝之。为之而苦矣，奚待不肖者？虽贤者犹不能久。反诸人情，则得所以劝学矣。子华子曰："王者乐其所以王，亡者亦乐其所以亡，故烹兽不足以尽兽，嗜其脯则儿矣。"然则王者有嗜乎理义也，亡者亦有嗜乎暴慢也。所嗜不同，故其祸福亦不同。

不能教者：志气不和，取舍数变，固无恒心，若晏[①]阴喜怒无处；言谈日易，以恣[②]自行，失之在己，不肯自非，愎过自用，不可证移；见权亲势及有富厚者，不论其材，不察其行，驱而教之，阿而诎之，若恐弗及；弟子居处修洁，身状出伦，闻识疏达，就学敏疾，本业几终者，则从而抑之，难而悬之，妒而恶之。弟子去则冀终，居则不安；归则愧于父母兄弟，出则惭于知友邑里。此学者之所悲也，此师徒相与异心也。人之情，恶异于己者，此师徒相与造怨尤也。人之情，不能亲其所怨，不能誉其所恶，学业之败也，道术之废也，从此生矣。善教者则不然，视徒如己。反己以教，则得教之情也。所加于人，必可行于己，若此，则师徒同体。人之情，爱同于己者，誉同于己者，助同于己者，学业之章明也，道术之大行也，从此生矣。

不能学者：从师苦而欲学之功也，从师浅而欲学之深也。草木鸡狗牛马，不可谯诟遇之，谯诟遇之，则亦谯诟报人，又况乎达师与道术之言乎？故不能学者：遇师则不中，用心则不专，好之则不深，就业则不疾，辩论则不审，教人则不精；于师愠，怀于俗，羁神于世；矜势好尤，故湛于巧智，昏于小利，惑于嗜欲；问事则前后相悖，以章则有异心，以简则有相反；离则不能合，合则弗能离，事至则不能受。此不能学者之患也。

【注释】

①晏：天晴无云。

②恣：放纵，无拘束。

【译文】

通达事理的老师，能够使学生安心、快乐、悠闲、自适、庄重、威严。如果教学时实践了这六个方面，邪曲道路就会被阻断，公道正义就会彰显。如果不能实践这六个方面，那么君主就不能命令大臣，父亲就不能指使儿子，老师就不能指使学生。人不能从他所不安心的事中得到快乐，不能从所不喜欢的事中有所得，这是人之常情。如果去做某件事会使人快乐，不必等贤人去做，即使是不肖的人也会积极地去做。如果做某件事使人痛苦，不要说不肖的人，即使是贤人也不会持久。从这些人之常情，就可以得到劝勉人们学习的道理。子华子说："成就王道的人愿意做成就王道的事，国破家亡的人也会做导致他灭亡的事，所以烹煮野兽不能把所有的兽都要吃尽，能吃到自己喜欢吃的肉就可以了。"既然如此，那么建立霸业的人就喜欢道义，而灭国亡身的人就会喜欢暴虐。喜爱不同，各自得到的祸福结果就不同。

不善于教育人的老师，心志不平和，行事无原则，没有坚定的意志，心情就像天气阴晴变化一样，喜怒无常。言语反复，任意而为，做错了事也不肯承认，固执己见、自行其是而不加改正。看到权贵富人，不论有才与否，不考察他的德行，就去教他，奉承取悦，唯恐不及。对操守高洁、品行端正、博闻广识、勤学好问的那些将要完成学业的人，却有意地压制、责难、疏远他们，嫉妒、厌恶他们。这些学生想要离开却又希望能完成学业，在老师身边却又惶恐不安；回家会有愧于父母兄弟，出门会羞于见乡亲朋友。这是求学中的悲哀，也是师生异心的原因。人之常情，讨厌跟自己志趣不合的人，这是师生之间结怨的原因。人之常情，不会亲近所怨恨的人，不会称赞所厌恶的人。学业的衰败，道义的废弛，就是由此产生的。善于教育的人不会是这样的，他们对待学生就像对待自己一样，全心地教导学生，因而能得到教育的道理。善于教育别人的人，教给别人的东西自己首先要乐于接受，这样就会师生同心。人之常情，人都喜欢与自己志趣相投的人，称许与自己志趣相合的人，帮助与自己志趣相合的人，学术的繁荣，理义的畅行，就是由此产生的。

不善于学习的人，跟老师学习态度不认真，却想学得很精；跟老师学习不求甚解，却想学得很深。草木、鸡狗、牛马不能用粗暴的行为对待它们，粗暴地对待它们，它们也会粗暴地报复人，又何况是精通教学的老师和道术的讲授呢？所以，不善于学习的人，对待老师不忠实，用心不专一，爱好不深入，学习不努力，辩论起来分不清是非，教育人不精深。对老师怨恨，安于世俗，在眼前杂事上花费精力；依仗权势为非作歹，因此沉迷于耍弄奸巧计谋，迷恋微小的利益；在嗜欲上惑乱，处理事情前后矛盾；做文章观点杂乱不一致，即使简单也会有相反之处。分散的东西不能综合起来，综合的东西不能分析，重大的事来临却不能承受，这是不善于学习的人的毛病。

【解析】

诬徒，原意是欺骗弟子的意思，这里是说老师如果教不得法，实际等同于陷害学生。上文《尊师》讨论了尊师重教对一国之君主的重要性。既然尊师重教如此重要，那么，作为事关教育的双方教师与学生又如何去做呢？本篇的中心是论述老师如何教育学生以及学生如何向老师学习的原则与方法。

首先，论述教师如何教育学生。教师实施教育的目的就是让学生感到快乐，这是教师必须遵守的一个原则。既要让学生在学习过程中感到快乐，也要使学生因为所学到的知识而使自己的人生更加精彩而感到快乐。文中一开头就说："达师之教也，使弟子安焉，乐焉，休焉，游焉，肃焉，严焉。"通达事理的老师施行教育，能使学生感到安心、快乐、休闲、从容、庄重、严肃。这是站在学生的角度来认识教育问题，实际上含有充分发挥学生的主动性的意义在内。这种思想认识来源于子华子。《子华子·北宫子仕》："夫人之常情，誉同于己者，助同于己者，爱同于己者。爱之反则憎必有所立矣。助之反则挤必有所在矣，誉之反则毁必有所归矣。"因为人之常情，人们一般都不喜欢让自己不安心的事物，总是与称誉自己的人相互亲近，总是与帮助和爱护自己的人亲近；不会和自己所不喜欢的人亲近，而总是憎恨、排挤、诋毁自己不亲近的人，不会从自己所不喜欢的事物中有所获得。一件事，如果做起来感到快乐，不用说是贤人，就是不肖的人也会努力去做。所以子华子说："王者乐其所以王，亡者亦乐其所以亡。"相反，一件事，如果做起来不快乐，那么不用说是不肖的人，即使是贤人也不会努力去做，这就是人之常情。这个道理，作为教师一定要懂得并用之于教育学生。

在上述原则指导下，老师要达到理想的教学效果，还必须坚持另一个原则"视徒如己，反己为教"。把学生当成自己，按照自己喜欢的方式返回去教育学生，"则得教之情矣"。凡施加给学生的，自己一定要先做到，如果这样，就达到了"师徒同体"的境界，这样的老师才是真正的善于进行教育的人。"视徒如己"的教育原则是十分先进的教育思想，即使放在今天也闪耀着思想的光芒。现代著名的教育家陶行知先生说："真教育是心心相印的活动，唯独从心里发出来的，才能打到心的深处。"他还说："我要有一句话奉劝办学同志，这句话就是'待学生如亲子弟'。"这些都是对老师与学生之间建立良好关系的精辟论述。陶行知还对理想的师生关系做出憧憬，说："教师对学生，学生对教师，教师对教师，学生对学生，精神都要融洽，都要知无不言，言无不尽。一校园中，人与人的隔阂完全打通，才算是真正的精神交通，才算是真正的人格教育。"《吕氏春秋》的教育思想与现代教育思想相比也是丝毫不逊色的。

其次，本文用大量的篇幅批评了不善于教学的老师和不善于学习的学生。就老师而言，有的老师心态不平和，把自己日常生活中的不满带给学生，教育学生时情绪变化波动大；有的老师，自己有了过失，却不愿正视错误，作自我批评，不接受他人的批评意见而有所改变；有的老师，对有权的人或者有钱的人，不考察对方的品行，而迎合他们，唯恐奉承不及；有的老师，对学业成就优秀，品德美善的学生，不鼓励表扬，反而压制、疏远，甚至嫉妒、厌恶他们。这些老师犯了志气不和、喜怒无处、言谈日易、愎过自用、趋炎附势、妒忌成性的错误。遇到这样的老师，是求学的人最为悲伤的事。而学业的败坏，道术的废弃，也就由此产生。

就学生而言，也要善于学。"不能学者，从师苦而欲学之功也，从师浅而欲学之深也"，意思是不善于学习的人，跟随老师学习粗心大意，自己却还想学得精通，跟随老师学习浅尝辄止，反而认为自己学得深入。自己用心不专，反而怨恨老师，整天沉溺于巧诈，安心于平庸，迷恋于蝇头小利。怎么可能正确地对待学习呢。"用心则不专""就业则不疾""辩论则不审""羁神于世""矜势好尤"，这些都是错误的学习态度。《礼记·学记》说："不善学者，师勤而功半，又从而怨之。"意思是不善于学习的学生，往往不善于自我谴责，反而埋怨老师教得不好。这样的人怎么可能成为像尧、舜一样的圣贤之人呢，又怎么可能成为春秋时期的霸主呢？这显然是不可能的。

《吕氏春秋》的目的是为了治理国家，《诬徒》等关于教育的论述为秦国统一天下之后实施教育奠定了基础。可惜，《吕氏春秋》的教育思想在秦国直该没有得到实施，只停留在了纸面上。有幸的是，这些思想一直流传了下来，对我们今天的老师和学生来说，也有着很大的借鉴意义。

用众

【题解】

本篇旨在论述为学的道理。文章开始以齐王食鸡为喻，指出："物固莫不有长，莫不有短，人亦然。"因此，"无丑不能，无恶不知"，要善于"假人之长以补其短"。这些看法很有见地。作者把善学同君道联系起来，指出善于博采众

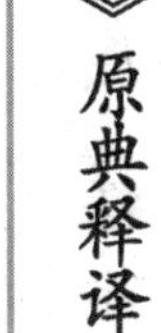

长是立君之本，是三皇五帝之所以大建功名的原因。文章强调了众人的作用，指出："以众勇无畏乎孟贲矣，以众力无畏平乌获矣，以众视无畏乎离娄矣，以众知无畏乎尧、舜矣。"这反映了新兴地主阶级对民心民力的重视。

【原文】

善学者，若齐王之食鸡也，必食其跖数千而后足[1]；虽不足，犹若有跖[2]。物固莫不有长，莫不有短。人亦然。故善学者，假人之长以补其短[3]。故假人者遂有天下。无丑不能[4]，无恶不知[5]。丑不能，恶不知，病矣[6]。不丑不能，不恶不知，尚矣[7]。虽桀、纣犹有可畏可取者[8]，而况于贤者乎？

故学士曰[9]：辩议不可为卜[一][10]。辩议而苟可为[11]，是教也[12]。教，大议也。辩议而不可为，是被褐而出[13]，衣锦而入[14]。

戎人生乎戎、长乎戎而戎言，[15]不知其所受之；楚人生乎楚、长乎楚而楚言，不知其所受之。今使楚人长乎戎，戎人长乎楚，则楚人戎言，戎人楚言矣。由是观之，吾未知亡国之主不可以为贤主也，其所生长者不可耳。故所生长不可不察也。

天下无粹白之狐[16]，而有粹白之裘，取之众白也。夫取于众，此三皇五帝之所以大立功名也。凡君之所以立，出乎众也。立已定而舍其众，是得其末而失其本。得其末而失其本，不闻安居。故以众勇无畏乎孟贲矣[17]，以众力无畏乎乌获矣[18]，以众视无畏乎离娄矣[二][19]，以众知无畏乎尧、舜矣。夫以众者，此君人之大宝也。

田骈谓齐王曰[20]："孟贲庶乎患术[21]，而边境弗患。"楚、魏之王辞言不说[22]，而境内已修备矣，兵士已修用矣，得之众也。

【校勘】

[一] 众本"为"上有"不"字，今据陈昌齐说删。

[二] 视，汪本、朱本、日刊本作"见"。

【注释】

①跖：指鸡爪掌。数千：言其众多，并非实数。

②犹若：犹然，仍然。

③假：凭借，利用。

④无：通"毋"。不可。丑：用如意动，以……为耻。

⑤恶：与"丑"义同，用如意动。

⑥病：困窘。

⑦尚：上。

⑧畏：敬畏。

⑨学士：本指在学的贵族子弟，这里指有学问的人。

⑩辩议：辨析议论。辩，通"辨"。

⑪苟：如果。

⑫是教也：意思是，这是指施教者而言。

⑬被褐：这里比喻没有学问，愚昧无知。被，披。褐，兽毛或粗麻制成的短衣，古时贫贱之人所穿。

⑭衣锦：这里比喻学业已成，贤明通达。锦，锦衣，华美的丝织衣裳，古时富贵之人所穿。

⑮戎：古代泛指我国西部的少数民族。

⑯粹：纯粹。

⑰孟贲：战国时卫国的勇士，据说可以"生拔牛角"。

⑱乌获：战国时秦国的大力士。

⑲离娄：传说为黄帝时视力最好的人，"能见针末于百步之外"。一名"离朱"。

⑳田骈：战国时齐人，道家。《不二》篇作"陈骈"。陈、田古通。

㉑庶乎患术：几乎苦于无法。庶，庶几，几乎。术，策略，办法。

㉒辞言不说：这里是不贵言辞的意思。

【译文】

　　善于学习的人像齐王吃鸡一样，一定要吃上几千鸡跖而后才满足，即使不够，仍然有鸡跖可供取食。事物本来无不有长处，无不有短处。人也是这样。所以，善于学习的人能吸取别人的长处来弥补自己的短处。因此，善于吸取众人长处的人便能占有天下。不要把不能看作羞耻，不要把不知看作耻辱。否则就会陷入困境。不把不能看作羞耻，不把不知看作耻辱，这是最高明的。即使桀、纣那样的暴君尚且有令人敬畏、可取之处，更何况贤人呢？

　　所以有学问的人说：求学者不可使用辨析议论。辨析议论是施教者的事。施教才需要大辨大议。求学者不使用辨析议论，就可以由无知变为贤达，这就像穿着破衣服出门，穿着华丽的衣服归来一样。

　　戎人生在戎地，长在戎地，而说戎人的语言，自己却不知是从谁那里学来的。楚人生在楚地，长在楚地，而说楚人的语言，自己却不知是从谁那里学来的。假如让楚人在戎地生长，让戎人在楚地生长，那么楚人就说戎人的语言，戎人就说楚人的语言了。由此看来，我不相信亡国的君主不可能成为贤明的君主，只不过是他们所生长的环境不允许罢了。因此，对于人们所生长的环境不可不注意考察啊！

　　天下没有纯白的狐狸，却有纯白的狐裘，这是从许多白狐狸的皮中取来制成的。善于吸取众人的长处，这正是三皇五帝大建功名的原因。大凡君主的确立，都是凭借着众人的力量。君位一经确立就舍弃众人，这是得到细枝末节而丧失了根本。凡是得到细枝末节而丧失了根本的君主，从未听说过他的统治会安定稳固。所以，依靠众人的勇敢就不惧怕孟贲了，依靠众人的力气就不惧怕乌获了，依靠众人的眼力就不惧怕离娄了，依靠众人的智慧就不惧怕赶不上尧、舜了。依靠众人，这是统治人民的根本大法。

　　田骈对齐王说："即使孟贲对于众人的力量也感到忧虑，无可奈何，因而齐

国的边境无须担忧。"楚国、魏国的君主不贵言辞，而国内备战的各种设施已经
修整完备了，兵士已经训练有素可以打仗了，这都是得力于众人的力量啊！

【解析】

本篇承接上文谈尊师重教的思路，主旨在讲学习的重要性。主要从三个方
面来论述：

首先，学习的过程是自我完善的过程。《史记·樗里子甘茂列传》记载，
有一次甘茂出使齐国，需要渡过一条大河。船夫说："河水是个小的间隔，你自
己都不能渡过去，还能到君主那里去游说吗？"甘茂回答说："不对。你不了
解，事物各有它的长处。那种谨慎老实、诚恳厚道的臣子可以让他们侍奉君主，
却不可以叫他们带兵打仗。骐骥騄駬这样的好马，能够日行千里，如果把它们
放到屋子里，让它们捕老鼠，还赶不上一只小野猫。干将可算是锋利的宝剑，
天下闻名，可是木匠用它做木工活，还比不上一把普通的斧头。现在用船桨划
船，让船顺着水势起伏漂流，我不如你；然而游说各个小国大国的君主，你就
不如我了。"甘茂这里所说的，就是人都是有长处的，但也都有自己的缺点。爱
国主义诗人屈原在《卜居》中说："夫尺有所短，寸有所长。物有所不足，智
有所不明，数有所不逮，神有所不通。"正因为如此，孔子说："三人行，必有
我师焉；择其善者而从之，其不善者而改之。"（《论语·述而》）这个道理，
《吕氏春秋》是有明确认识的。本篇说："物固莫不有长，莫不有短，人亦然"，
"虽桀、纣犹有可畏可取者"，就是像夏桀和商纣那样使人感到畏惧害怕的国
君，也有他们可取的地方。既然这样，如果你要成为完人，你就必须要"假人
之长以补其短"。这种把学习看成是人格的自我完善的过程是十分精辟的见解，
极具现代意识。

其次，本篇揭示了学习过程是一个不断积累智慧的过程，也就是"集众
智"的过程。《慎子·知忠》说："狐白之裘，盖非一狐之皮也。"用狐狸腋下
的白毛做成的裘衣，并不是一张狐狸皮所能做得成的，必须要用很多的狐狸皮

才能做成。这就是所谓的"集腋成裘"。《庄子·逍遥游》说："且夫水之积也不厚，则其负大舟也无力。覆杯水于坳堂之上，则芥为之舟；置杯焉则胶，水浅而舟大也。风之积也不厚，则其负大翼也无力。"只有大水才能承载得起大船，只有大风才能承载得起大鹏，这是说"积厚"的道理。要想成为圣人，必须要长期而广泛地学习。本篇所说的"天下无粹白之狐，而有粹白之裘，取之众白也"，就是继承了前人的思想。"故以众勇无畏乎孟贲矣，以众力无畏乎乌获矣，以众视无畏乎离娄矣，以众知无畏乎尧、舜矣。"依靠众人的勇敢就不怕孟贲了，依靠众人的力量就不怕乌获了，依靠众人的眼力就不怕离娄了，依靠众人的智慧就不怕赶不上尧舜了。这都是善于借力和借智的结果啊！

　　日常生活中，往往会出现这样的现象，那就是大凡智商一般，情商比较高的政治领袖往往比较容易取得成功；相反，智商高而情商低的人物，纵使英雄盖世，也只能称雄一时，最后往往免不了走上失败身死的下场。究其背后的原因，就是"众力"与"独力"，"众智"与"独智"之间比拼的结果。情商高的人，往往就是善于吸取并使用别人智慧的人。汉高祖刘邦在总结自己成功经验时，说道："夫运筹策帷帐之中，决胜于千里之外，吾不如子房。镇国家，抚百姓，给馈饷，不绝粮道，吾不如萧何。连百万之军，战必胜，攻必取，吾不如韩信。此三者，皆人杰也。吾能用之，此吾所以取天下也。项羽有一范增，不能用，此其所以为我擒也。"刘邦虽然把胜利的原因归结为他能识人用人，但其实质是善于"用众"，讲究团体的智慧。项羽则是不善于使用"众智"，只想凭借自己的"独智"和"独力"，其结果自然只能落得失败的下场。可见对于一国之君而言，善于"用众"是多么的重要。所以说："夫以众者，此君人之大宝也。"

　　最后，本篇还揭示了学习能使平凡的人成为圣人的道理。"圣人"，在战国之前，一般是指历史上英明的君主或大臣的称呼。到了战国时期，圣人成为各家讨论的时代话题，并被人为拔高，带有理想化的色彩。比如儒家的代表人物孟子和荀子把圣人看作是最高的人格标准，但是如何做能成为圣人，主要是看自身修养的程度，一般人是不能够成为圣人的。道家的代表人物庄子，把圣人看作是精神自由的理想人物，现实中的人是无法做得到的。法家以韩非子为代表，把圣人看作是善于处理政事的理想君主，这样的君主现实中也是没有的。就《吕氏春秋》来看，圣人的意思与战国之前相同，主要指历代有成就的君主或大臣，是历史中曾经有过的真实的人，并没有神奇的色彩。这些人都有共同的特点，那就是善于运用众人的智慧。"夫取于众，此三皇、五帝之所以大立功名也。"而作为一国之君，"凡君之所以立，出乎众也"。与同时代其他诸子比较，《吕氏春秋》对圣人的认识带有唯物主义的色彩，显示出进步意义。

《三国志·吴志·孙权传》中记载吴王孙权的话说："天下无粹白之狐，而有粹白之裘，众之所积也。夫能以驳致纯，不惟积乎？故能用众力，则无敌于天下矣；能用众智，则无畏于圣人矣。"孙权的上述感言既来自向前人的学习，也恰恰是他的成功经验。在上任之初，孙权既无战功，也无政绩，且内有山越叛乱，

呆若木鸡（窗花）

外有曹魏虎视眈眈。但孙权能屡创来犯之强敌，并非因其能征善战、谋略出众，而是由于他善用"众力""众智"。曹操感叹"生子当如孙仲谋"，所赞叹的就是他善于依靠集体力量，积聚众人的智慧。

除了强调学习的重要性之外，本篇还说到学习环境的选择问题。"戎人生乎戎，长乎戎，而戎言不知其所受之；楚人生乎楚，长乎楚，而楚言不知其所受之。今使楚人长乎戎，戎人长乎楚，则楚人戎言，戎人楚言矣。由是观之，吾未知亡国之主不可以为贤主也，其所生长者不可耳。故所生长不可不察也。"这段是关于人生长环境的论述，也是十分富有启发意义的。

【故事】

采桑女智穿九曲明珠

孔子带领子贡、子路等弟子来到了陈国。出乎孔子意料的是，陈国国君居然答应接见他们。第二天，孔子一行就在陈国朝廷上拜见了陈国国君。就在孔子刚刚开口要向陈君陈述他的政治主张的时候，陈君打断了孔子的话，说："不慌，不慌，孔老先生，我听说您很有学问，想必您一定也是才智过人的。我现在遇到了一个难题，想麻烦您帮忙解决一下，不知可否?"孔子忙说："大王请讲，我会尽力而为的。""我这里有一颗珠子，一根丝线，想请您想个办法，怎么能让丝线穿过这颗珠子呢?"孔子当下就明白了，这是陈君有意在考验自己。孔子并没有慌张，说："我试试吧。"原来，这是一颗九曲明珠，就是在珠子的中间的小孔弯弯曲曲拐了九道弯。要将这根极其柔软的丝线穿过这颗珠子，谈何容易! 孔子费了很大力气，却怎么也穿不过去。于是对陈君说："请大王给我两天的时间，我会想办法穿上的。""好吧，就两天时间，我们后天见。"回到驿馆后任孔子师徒如何冥想苦思，终究也没有想出什么好办法。忽然孔子说："你们还记得我们前天来的时候，路过一片桑林时遇到的那位采桑姑娘吗?""记得。""当时我看到一片茂密的桑林，就顺口来了一句'南枝窈窕北枝长'。没想到，一个采桑姑娘接着说了一句："夫子行陈必断粮'。"子路说："是啊，可这话是什么意思呢? 当时我们也觉得莫名其妙。"子贡反应比较快，说："下面还有几句，大概是：九曲明珠穿不过，回来问我采桑娘。"子贡飞奔来到前天路过的那片桑林，却找不见采桑姑娘的踪影。

正当子贡一筹莫展的时候，子贡看到在两棵桑树之间有一堆新堆起来的土，在这堆土不远处又有三堆新土。而且这些土堆都是新堆起来的。子贡立刻明白这其中的暗示："桑是木，木旁堆土，木、土不是指杜吗? 也就是说，这个姑娘姓杜。旁边三堆土，说明这个姑娘排行第三，说不定这个姑娘就叫杜三娘。"这时，正好有一位砍柴的人路过，子贡就问他：“附近可有一个叫杜三娘的？”“有。过了小桥往北走，你一问姓杜的就是她家。”子贡按樵夫的指点，来到姑娘家门前。一敲门，出来开门的正是那位姑娘。姑娘一看子贡。就说：“我知道你们一定会来找我的。用丝线穿九明珠的方法，我们这里的大人小孩都会。”“怎么穿呢？”“这其实一点也不难。先把丝线抹上油，这样丝线就光滑了，然后把丝线绑在蚂蚁的腰上，让蚂蚁往小孔里钻，但一定要注意把线绑结实。”

“如果蚂蚁不肯爬呢?”“这也简单。蚂蚁不走，你就用烟熏，这样就能把这根丝线穿过珠子了。”子贡听了姑娘的话，十分高兴，连忙赶回去告诉了孔子。孔子师徒连夜如法炮制，终于使丝线穿过了珠子。

第二天，孔子提前在朝廷上拜见了陈君，向他展示了穿好的珠子。国君很是惊奇，对孔子说：“先生果然是一个学问超人的人啊！”孔子说：“不，大王，应该说你们陈国的百姓才真是有学问的人啊！穿珠子的方法我是从贵国一位采桑姑娘那里学来的。”孔子说完后，和陈君一起会心地笑了。孔子可以说是一个大学问家了，他向一个采桑姑娘学习穿珠子的事情，看来也不是什么了不起的大事，但正是一介农妇，以一点“雕虫小技”，使孔子得以解决了在陈君面前的尴尬局面，并使得孔子在陈国有了一席之地。

仲夏纪第五

仲夏

【题解】

仲夏五月，太阳在东井宿间运行。在这个月中，夏至来到，阴阳争胜，生死交接。

【原文】

仲夏之月：日在东井，昏亢中，旦危中。其日丙丁，其帝炎帝，其神祝融，其虫羽，其音徵，律中蕤宾，其数七，其味苦，其臭焦，其祀灶，祭先肺。小暑至，螳螂生，鵙始鸣，反舌无声。天子居明堂太庙，乘朱辂、驾赤骝，载赤旗，衣朱衣，服赤玉，食菽与鸡，其器高以觕，养壮狡。

是月也，命乐师修鞀鞞鼓，均琴瑟管箫，执干戚戈羽，调竽笙埙篪，饬钟磬柷敔。命有司为民祈祀山川百原，大雩①帝，用盛乐。乃命百县，雩祭祀百辟卿士有益于民者，以祈谷实。农乃登黍。

是月也，天子以雏尝黍，羞以含桃，先荐寝庙。令民无刈②蓝以染，无烧炭，无暴布，门闾无闭，关市无索。挺重囚，益其食，游牝别其群，则絷腾驹，班马正③。

是月也，日长至④。阴阳争，死生分。君子斋戒，处必掩，身欲静无躁，止声色，无或进，薄滋味，无致和，退嗜欲，定心气，百官静，事无刑，以定晏阴之所成。鹿角解，蝉始鸣，半夏生，木堇荣。

是月也，无用火南方，可以居高明，可以远眺望，可以登山陵，可以处台榭。

仲夏行冬令，则雹霰伤谷，道路不通，暴兵来至。行春令，则五谷晚熟，百螣时起，其国乃饥。行秋令，则草木零落，果实早成，民殃于疫。

【注释】

①雩：旱时求雨的祭祀。

②刈：割。

③正：同"政"，政令。

④日长至：即夏至。

【译文】

仲夏五月时分，太阳运行于东井宿。日昏时刻亢宿见于南方中天，而平旦

时刻，危宿见于南方中天。仲夏天干属丙丁，它的主宰之帝是炎帝，佐帝之神是祝融；通过感知当时时气而开始活动的是虫鸟之类的动物；它的声音是五音当中的徵音，音律与蕤宾相互应和。仲夏五月的数字是七，味道苦涩，气味焦苦；仲夏之月要举行灶祭，祭祀时要以肺先荐。在这个时节，小暑到来，螳螂生成，伯劳开始鸣叫，反舌鸟不再出声了。天子居住在南向明堂的中央正室，乘坐着朱红色的车辂，拉车的是赤红色的高头大马，车上插着红色的绘有龙形图纹的旗帜。天子身穿红衣，佩戴红玉，食用的是豆子和鸡肉，使用的是高而粗大的器物。供养着魁梧的壮士。

在这一个月里，天子命令乐师修整鼗鼓、鞞鼓，调节琴瑟管箫，加固干戚戈羽，调和竽笙埙篪，整饬钟磬柷敔，以备在将要来到的雩祭时使用。命令主管官员为百姓祷祀山川水源，然后由天子亲自主持隆重的雩祭，演奏盛大的乐舞，以祭祀天帝，祈求风调雨顺。于是，再下令天子领地内的各县大夫祭祀有功于百姓的前代君主公卿，祈求五谷丰登。

在这一个月里，农民会献上新收的黍。在这一个月里，天子就着鸡肉品尝新的黍，在品尝之前，要连同樱桃一道先荐献于祖庙。命令百姓不要割刈蓝染衣，不要烧制木炭，不要暴晒布匹，不得关闭城闾之门，不得在关卡和集市征税。减轻重刑犯人，增加他们的饭食供养。在这时，要将怀籍的母马和群马分开放养，要拴住公马，以防伤害到母马，并要颁布有关养马的政令。

在这一个月里，夏至来到，阴阳争胜，死生交接。君子斋戒整肃，深居简出，身体宜静忌躁，也应当回避声乐美色，禁止后妃伺候；减少膳食，饮食勿苛求甘美调和；压制欲望，平心静气，保证身体器官静处安宁。慎察而后行事，以确定阴阳的消息。鹿的新角正在长出，蝉开始鸣叫。半夏草长出来了，木槿花开了。

在这一个月里，禁止在南方用火。人们可以居住在楼阁，可以眺望远方，可以登临山陵，可以居住在台榭。

仲夏五月，如果推行本应该在冬天才实施的政令，就会有冰雹降临，毁坏庄稼，导致道路阻塞，敌寇来犯；如果推行本应该在春天才实施的政令，就会使五谷晚熟，虫害时常发生，国家就会出现饥荒；如果推行本应该是在秋天才实施的政令，就会导致草木零落，果实早熟，瘟疫肆虐，百姓受苦。

大乐

【题解】

本篇反映了儒家的音乐思想。文中提出，"世之学者有非乐者矣，安由出哉"，显然是针对墨家"非乐"说而发的，是对墨家"非乐"思想的否定。

本篇的天道观在《吕氏春秋》中是比较完整的。文章说："太一出两仪，两仪出阴阳。"认为宇宙间的一切东西，包括天地，都是由"太一"派生出来的，"太一"是天地万物之本。那么什么是"太一"呢？文章说："道也者，至精也，不可为形，不可为名，强为之，谓之太一。""道"就是"太一"。《圜道》中说："一也齐至贵，莫知其原，莫知其端，莫知其始，莫知其终，而万物以为宗。"可见，在《吕氏春秋》一书中，作为万物本原的"太一""道""一"，三者内涵是相同的。这与老子的"道生一，一生二，二生三，三生万物"有着根本不同。在老子学说中，"道"是"无"，是超乎"一"的虚构的观念。而在《吕氏春秋》中，"道"是"有"，是"太一""一"。因此，《吕氏春秋》中的自然观与宇宙起源说同《淮南子》中的"道始于一"是一致的，具有朴素唯物主义的性质。

关于宇宙变化的规律，本篇描述为"天地车轮，终则复始，极则复反"，陷入了简单的循环论。这种循环论，尽管在现在看来是十分浅陋的，但在当时，比之于那些认为万物永恒不变的观点来说，却已经是进步的了。

【原文】

音乐之所由来者远矣。生于度量①，本于太一②。太一出两仪③，两仪出阴阳。阴阳变化，一上一下，合而成章④。浑浑沌沌⑤，离则复合，合则复离，是谓天常⑥。天地车轮⑦，终则复始，极则复反⑧，莫不咸当⑨。日月星辰，或疾或徐⑩，日月不同，以尽其行⑪。四时代兴，或暑或寒，或短或长，或柔或刚⑫。万物所出，造于太一[一]⑬，化于阴阳。萌芽始震，凝滗以形⑭。形体有处，莫不有声。声出于和，和出于适⑮。先王定乐[二]⑯，由此而生。

天下太平，万物安宁。皆化其上⑰，乐乃可成。成乐有具⑱，必节嗜欲⑲。嗜欲不辟⑳，乐乃可务㉑。务乐有术㉒，必由平出。平出于公，公出于道。故惟得道之人，其可与言乐乎！

亡国戮民㉓，非无乐也，其乐不乐[三]。溺者非不笑也㉔，罪人非不歌也，狂者非不武也㉕，乱世之乐有似于此。君臣失位，父子失处㉖，夫妇失宜，民人呻吟，其以为乐也，若之何哉？

凡乐，天地之和、阴阳之调也。始生人者，天也，人无事焉。天使人有欲，人弗得不求；天使人有恶，人弗得不辟㉗。欲与恶，所受于天也，人不得与焉[四]㉘，不可变，不可易㉙。世之学者，有非乐者矣㉚，安由出哉？

大乐㉛，君臣、父子、长少之所欢欣而说也㉜。欢欣生于平，平生于道。道也者，视之不见，听之不闻，不可为状㉝。有知不见之见㉞、不闻之闻、无状之状者，则几于知之矣。道也者，至精也，不可为形，不可为名，强为之，谓之太一[五]。

故一也者制令㉟，两也者从听㊱。先圣择两法一㊲，是以知万物之情㊳。故能以一听政者，乐君臣，和远近，说黔首㊴，合宗亲㊵；能以一治其身者，免于灾，终其寿，全其天㊶；能以一治其国者，奸邪去，贤者至，成大化㊷；能以一治天下者，寒暑适，风雨时㊸，为圣人。故知一则明，明两则狂㊹。

【校勘】

[一] 造，旧校云：一作"本"。

[二] 众本"先王"之前皆有"和适"二字，今据毕校、《太平御览》五六六删。

[三] 旧本皆作"不乐其乐"。

[四] 与，毕本作"兴"，今据许本、张本、姜本、小宋本、刘本、凌本改。

[五] 一，许本、姜本、宋本、黄本、吴本、王本作"乙"。

【注释】

①度量：指律管的长度、容积等。

②太一："道"的别称。天地万物的本原。

③出：生。两仪：天地。

④章：等于说"形"。

⑤浑浑沌沌：古人想象中世界生成以前的元气状态。

⑥天常：自然的永恒规律。

⑦轮：转动。

⑧极：终极。

⑨当：合宜。

⑩或：无定代词，有的。

⑪行：行度，指运行的轨道。

⑫柔：柔和。这里指万物生发的春夏二季。刚：刚厉。这里指万物肃杀的秋冬二季。

⑬造：开始。

⑭潩：凝冻。

⑮适：合度。

⑯先王：指尧、舜、禹、汤、文王、武王等。

⑰上：当作"正"（依许维通说）。

⑱具：准备。这里是条件的意思。

⑲节：节制。

⑳辟：放纵。

㉑务：专力从事。

㉒术：方法。

㉓戮民：遭受屠戮的人民。

㉔溺者非不笑也：《左传·哀公二十年》有"溺人必笑"句，这大概是当时的谚语。

㉕武：当作"舞"（依刘师培说）。这里是手足舞动的意思。

㉖失处：与"失位"义近，指丧失各自的本分，即父不行父道，子不行子道。

㉗辟：避开。这个意义后来写作"避"。

㉘与：参与。

㉙易：改变。

㉚非乐者：指墨家学派，《墨子》中有《非乐》篇。非，否定。

㉛大乐：盛乐，指完美的音乐。

㉜说：喜悦。

㉝为状：描绘出形状。

㉞不见之见：不见中包含着见。

㉟一：即"太一""道"。

㊱两：指由"一"派生出的、非本原的东西。

㊲择：弃。法：用。

㊳情：实情。

㊴说：悦，用如使动。黔首：战国及秦代对人民的称谓。

㊵宗亲：指同母兄弟。后世也指同宗亲属。

㊶天：指天性。

㊷大化：广远深入的教化。

㊸时：用如动词，适时。

㊹明两：等于说"用两"。明，显扬。狂：惑乱。

【译文】

音乐的由来相当久远了，它产生于度量，本源于太一。太一生天地，天地

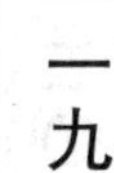

生阴阳。阴阳变化，一上一下，会合而成形体。混混沌沌，离而复合，合而复离，这就叫作自然的永恒规律。天地像车轮一样转动，到尽头又重新开始，到终极又返回，无不恰到好处。日月星辰的运行，有的快，有的慢。日月轨道不同，都周而复始地运行在各自的轨道上。春夏秋冬更迭出现，有的季节炎热，有的季节寒冷；有的季节白天短，有的季节白天长；有的季节属柔，有的季节属刚。万物的产生，从太一开始，由阴阳生成。因阳而萌芽活动，因阴而凝冻成形。万物的形体各占一定的空间，无不发出声音。声音产生于和谐，和谐来源于合度。先王制定音乐，正是从这个原则出发。

天下太平，万物安宁，一切都顺应正道，音乐才可以创作完成。创作音乐有条件，必须节制嗜欲。只有嗜欲不放纵，才可以专心从事音乐。从事音乐有方法，必须从平和出发。平和产生于公正，公正产生于道。所以只有得道的人，大概才可以跟他谈论音乐吧！

被灭亡的国家，遭受屠戮的人民，不是没有音乐，只是他们的音乐并不表达欢乐。即将淹死的人不是不笑，即将处死的罪人不是不唱，精神狂乱的人不是不手舞足蹈，但是他们的笑、他们的唱、他们的舞蹈没有丝毫的欢乐。乱世的音乐与此相似。君臣地位颠倒，父子本分沦丧，夫妇关系失当，人民痛苦呻吟，在这种环境中创作音乐，又会怎样呢？

凡音乐都是天地和谐、阴阳调和的产物。最初生成人的是天，人不得参与其事。天使人有了欲望，人不得不追求；天使人有了憎恶，人不得不躲避。人的欲望和憎恶是从天那里秉承下来的，人不能自己做主，不可改变，不能移易。世上的学者有反对音乐的，他们的主张是根据什么产生的呢？

大乐是君臣、父子、老少欢欣、喜悦的产物。欢欣从平和中产生，平和的境界从道中产生。所谓道，看它，看不见；听它，听不到；也无法描绘出形状。有谁能够懂得在不见中包含着见，在不闻中包含着闻，在无形中包含着形，那他就差不多懂得道了。道这个东西是最精妙的，无法描绘出它的形状，无法给它命名，勉强给它起个名字，就叫它"太一"。

所以"一"处于制约、支配的地位，"两"处于服从、听命的地位。先代圣人弃"两"用"一"，因此知道万物生成的真谛。所以，能够用"一"处理政事的，可以使君臣快乐，远近和睦，人民欢悦，兄弟和谐；能够用"一"修养身心的，可以免于灾害，终其天年，保全天性；能够用"一"治理国家的，可以使奸邪远离，贤人来归，实现大治；能够用"一"治理天下的，可以使寒暑适宜，风雨适时，成为圣人。所以懂得用"一"就聪明，持"两"就惑乱。

【故事】

音乐与人的妙论

子贡见乐师乙问道："我听说不同的歌声适合于不同禀赋的人，像我这样的人适合唱什么歌呢?"师乙说："我不过是个低贱的乐工，不配说谁适宜唱什么歌。只知道为人宽大好静，柔顺而又正派的适合唱《颂》歌；心胸宽广而好静，洒脱、豁达而守信用的人适合唱《大雅》；恭敬、俭朴而又好礼的，适宜唱《小雅》；为人正直、清正廉洁而又谦虚的人，适于唱《风》；恣肆爽直又心慈友爱的，适宜唱《商》；温顺良善而能决断的，适合唱《齐》。"

"歌，是披露自己的心胸，陈述自己品德的；自己动于情感，真情流露，那么天地就会受感应，四时来相和，星辰不逆行，万物得以繁育生长。因此《商》这首歌，虽是五帝留传下来的，但商人记述下来，用以摅己心胸，陈己品德，所以叫作《商》歌；《齐》这首歌，是三代留传下来的，齐人记述下来，所以称为《齐》歌。真正懂得《商》这首诗歌含义的，临事屡屡决断；懂得《齐》这首诗歌含义的，见利能够让人。临事屡断的，表现出了勇气；见利能让人的，表现了义气。有勇有义，除了歌还有什么能使人保持这样的品格？所以歌声高亢处如人扛举而上。音低处如直坠而下，曲屈处如被弯折，静止处如同槁木，小曲如矩，大曲如钩，殷殷然如累珠落盘。歌也是一种语言，是种长声调的语言。有可说的东西了，才言说出来；言语表达得不充分，才用长声的语言表达；仍不充分，才相续相和，反复吟唱；还不充分，就不知不觉地手舞足蹈起来了。"

侈乐

【题解】

本文的主旨在于反对"侈乐"。作者认为音乐的作用在于给人带来快乐，但是"侈乐"非但不能使人快乐，反倒会引起人民的埋怨，使国君的生命受到伤害，这样就丧失了音乐原本的意义了。文章体现了儒家"节乐"的思想。

【原文】

人莫不以其生生，而不知其所以生。人莫不以其知知，而不知其所以知。知其所以知之谓知道，不知其所以知之谓弃宝。弃宝者必离其咎。世之人主，多以珠玉戈剑为宝，愈多而民愈怨，国人愈危，身愈危累，则失宝之情矣。乱世之乐与此同。为木草之声则若雷，为金石之声则若霆①，为丝竹歌舞之声则若噪。以此骇心气、动耳目、摇荡生②则可矣，以此为乐则不乐。故乐愈侈，而民愈郁，国愈乱，主愈卑，则亦失乐之情矣。

凡古圣王之所为贵乐者，为其乐也。夏桀、殷纣作为侈乐，大鼓、钟、磬、管、箫之音，以巨为美，以众为观，俶诡殊瑰③，耳所未尝闻，目所未尝见，务以相过，不用度量。宋之衰也，作为千钟。齐之衰也，作为大吕。楚之衰也，作为巫音。侈则侈矣，自有道者观之，则失乐之情。失乐之情，其乐不乐。乐不乐者，其民必怨，其生必伤。其生之与乐也，若冰之于炎日，反以自兵④。此生乎不知乐之情，而以侈为务故也。

乐之有情，譬之若肌肤形体之有情性也。有情性则必有性养矣。寒、温、劳、逸、饥、饱，此六者非适也。凡养也者，瞻非适而以之适者也。能以久处其适，则生长矣。生也者，其身固静，或而后知，或使之也。遂而不返，制乎嗜欲，制乎嗜欲无穷，则必失其天矣。且夫嗜欲无穷，则必有贪鄙悖乱之心，淫佚奸诈之事矣。故强者劫弱，众者暴寡，勇者凌怯，壮者傲幼，从此生矣。

【注释】

①霆：疾雷。

②生：性情。

③傀诡：奇异。殊瑰：奇伟瑰丽。

④兵：灾，伤害。

【译文】

人没有不依赖自己的生命而存在的，但是却不了解他所依赖的根本所在。人都是依靠自己的智慧认识事物，但是不了解事物的根本。了解了所赖以认识事物的根本，就叫作懂得"道"，不了解所赖以认识事物的根本，就是舍弃了宝物，这样的人就会遭受灾祸。世上的君主，大都把珠宝戈剑作为宝物，这样的宝物越多，人民就越厌恶，国家就越危急，君主就会更加陷于困穷状况。这就失去了宝物本来的意义了。乱世的音乐就像宝物一样。木革类的乐器发出的声音就像雷鸣，金石类的乐器发出的声音就像霹雳，丝竹类的乐器发出的声音就像喧嚷。用这样的音乐来震慑人的心身，扰乱人的耳目，动摇人的性情是可以的，把它当作音乐却不可以。所以，音乐越糜烂，百姓们就越是沉迷，国家就越昏乱，君主就越是卑微，这就失去了音乐本来的意义了。

古代的君主之所以重视音乐，是因为它能使人快乐。夏桀、商纣制作奢侈糜烂的音乐，鼓、磬、管、箫等乐器的合奏，要求场面宏大，人员盛多，认为这样才是壮观。一味地追求不曾看见不曾听见的音乐，并认为这就是好的音乐，任意地违背先王作乐的原则，不考虑度量的标准。千钟的制作导致宋国的衰败，大吕的制作导致齐国的衰败，巫音的制作导致楚国的衰败。这些音乐尽管盛大，但是在有道的人看来，失去了音乐的本意，这样的音乐就不会使人快乐。这样的话，百姓就一定会厌恶他们的君主，君主的天性就会受到伤害。喜欢"侈乐"的君主，这样的音乐对他的天性就像烈日对于冰块一样，成为伤害天性的

罪魁祸首。这就是因为不知音乐的真谛而追求盛大音乐的结果。

音乐是有它的真谛的，就像肌肤形体具有天性一样。有天性就有保养天性的方法。寒冷、温暖、辛劳、安逸、饥饿、撑饱，这六种情况都是不适宜天性的。讲究保养就是考察天性不得其宜的原因并使之合宜。能长时间保持天性的合宜，生命就会得到长久。生命本身是清静无知的，它受到外物的感受而被感知，是因为外物影响的结果。如果一直受到这种影响而不知回返，就会受到欲望的牵制，牵制产生，就必然丧失原本的天性。放纵自己的欲望而不清醒，不知道支配节制自己的欲望，就会产生贪恋、卑劣、悖乱的想法，做出荒唐、糜烂、奸诈的事情来。所以，强者欺凌弱者，多数压制少数，胆大的欺负懦弱的，强壮的轻视年少的，就是因为人的无尽欲望所产生的结果。

【解析】

儒家学派认为音乐是圣人治理天下的手段之一。音乐对于圣明的君主来说可以使人快乐，使社会安定。而对于像夏桀和殷纣一样的昏君来说，音乐则是乱世的侈乐，则傲诡殊瑰，纷乱嘈杂，使人放纵本性、奢靡享乐。这样就会使国家灭亡。从而使人民怨恨，使君主受到伤害，这就失去了音乐的实际意义。这就引起人们对侈乐的批判。这一思想实际上强调了音乐对人的教育影响作用。

【故事】

晋平公侈乐遭祸患

卫灵公在位的时候，有一次他将要去晋国，走到濮水边上，住在一个上等馆舍中。半夜里突然听到抚琴的声音，问左右跟随的人回答说都没有听到。于是，他召见名叫涓的乐师，让他把琴曲记下来，演奏成乐曲。他们这才动身到晋国，见了晋平公。平公在施惠之台摆酒筵招待他们。

饮酒饮到酣畅痛快的时候，卫灵公道："我们这次来时，得了一首新曲子请为您演奏以助酒兴。”平公道：“好极了。”即命师涓在晋国乐师师旷的身边坐下来，取琴弹奏。一曲没完，师旷甩袖制止说：“这是亡国之音，不要再奏了。”平公说：“为什么说出这种话来？”师旷道：“这是师延作的曲子，他为纣王作了这种靡靡之音，武王伐纣后，师延向东逃走，投濮水自杀，所以这首曲子必是得之于濮水之上，先听到此曲的国家就要削弱了。”平公说：“寡人所喜好的，就是听曲子这件事，但愿能够听完它。”这样师涓才把它演奏完毕。

平公道：“这是我听到过的最动人的曲子了，还有比这更动人的吗，”师旷说：“有。”平公说：“能让我们听一听吗？”师旷说：“必须修德行义深厚的才能听此曲，您还不能听。”平公说：“寡人所喜好的，只有听曲子一件事，但愿能听到它。”师旷不得已，取琴弹奏起来，奏第一遍，有千载玄鹤十几只飞集堂下廊门之前；第二遍，这些玄鹤伸长脖子，呦呦鸣叫起来，还舒展翅膀，随琴声跳起舞来。

平公大喜，起身为师旷祝酒。回身落座，问道：“再没有比这更动人的曲子了吗？”师旷道：“有。过去黄帝祭鬼神时奏的曲子比这更动人，只是您德义太薄，不配听罢了，听了将有败亡之祸。”平公说：“寡人这一大把年纪了，还在乎败亡吗？我喜好的只有听曲，但愿能够听到它。”师旷没有办法，取琴弹奏起来。奏了一遍，有白云从西北天际出现；又奏一遍，大风夹着暴雨，铺天盖地而至，直刮得廊瓦横飞，左右人都惊慌奔走。平公害怕起来，伏身躲在廊屋之间。晋国于是大旱三年，寸草不生。

适音

【题解】

本篇旨在论述儒家“和乐”的思想。文章指出，“和乐”必须具备两个前提，一是“心适”，一是“音适”。怎样才算“心适”？文章认为“四欲得，四恶除，则心适矣”。怎样才算“音适”？文章认为，要做到“衷”，即声音大小、

清浊要适中。这样，"以适听适"，即以畅快的心情听适中的乐音，就达到"和"的境界了。文章强调了音乐的作用，指出："凡音乐，通乎政而移风平俗者也"，"故先王之制礼乐也，非特以欢耳目，极口腹之欲也，将教民平好恶、行理义也"。这反映了儒家对于音乐的特殊重视。本篇指出了"欲"与"乐"的区别，这可以说是我国最早提出的美学上的主客观关系的理论。

【原文】

耳之情欲声，心不乐，五音在前弗听①；目之情欲色，心弗乐，五色在前弗视②；鼻之情欲芬香，心弗乐，芬香在前弗嗅；口之情欲滋味，心弗乐，五味在前弗食③。欲之者，耳目鼻口也；乐之弗乐者④，心也。心必和平然后乐。心必乐，然后耳目鼻口有以欲之。故乐之务在于和心，和心在于行适⑤。

夫乐有适[一]，心亦有适[二]。人之情：欲寿而恶夭⑥，欲安而恶危，欲荣而恶辱，欲逸而恶劳。四欲得，四恶除，则心适矣。四欲之得也，在于胜理⑦。胜理以治身，则生全以⑧；生全则寿长矣。胜理以治国，则法立；法立则天下服矣。故适心之务在于胜理。

夫音亦有适：太巨则志荡⑨，以荡听巨则耳不容，不容则横塞[三]⑩，横塞则振；太小则志嫌⑪，以嫌听小则耳不充，不充则不詹⑫，不詹则窕⑬；太清则志危⑭，以危听清则耳谿极⑮，谿极则不鉴⑯，不鉴则竭；太浊则志下，以下听浊则耳不收，不收则不搏[四]⑰，不搏则怒。故太巨、太小、太清、太浊，皆非适也[五]。何谓适？衷⑱，音之适也。何谓衷？大不出钧⑲，重不过石⑳，小大轻重之衷也。黄钟之宫，音之本也㉑，清浊之衷也。衷也者，适也。以适听适则和矣。乐无太㉒，平和者是也。

故治世之音安以乐㉓，其政平也；乱世之音怨以怒，其政乖也㉔；亡国之音悲以哀，其政险也。凡音乐，通乎政而移风平俗者也。俗定而音乐化之矣。故有道之世，观其音而知其俗矣，观其俗而知其政矣[六]，观其政而知其主矣。故先王必托于音乐以论其教㉕。清庙之瑟㉖，朱弦而疏越㉗，一唱而三叹㉘，有进乎音者矣㉙。大飨之礼㉚，上玄尊而俎生鱼㉛，大羹不和㉜，有进乎味者也。故先王之制礼乐也，非特以欢耳目^㉝、极口腹之欲也、将教民平好恶、行理义也^{[七]㉞}。

【校勘】

[一] 旧本"乐"下衍"之"字。

[二] 旧本"亦"误作"非"。

[三] 不，旧本作"弗"。

[四] 搏，旧本作"特"。

[五] 旧本"太小"在"太清"之下。

[六] 众本皆无此句，今据王念孙引《群书治要》补。

[七] 毕本"将"下有"以"字，今据众本删。

【注释】

①五音：宫、商、角、徵、羽。这里泛指音乐。

②五色：青、黄、赤、白、黑。这里泛指各种色彩。

③五味：酸、苦、甘、辛、咸。这里泛指美味。

④之：连词，相当"与"。

⑤行适：行为合宜适中。

⑥夭：少壮而死。

⑦胜理：依循事物的规律。胜，等于说"任"。

⑧以：通"矣"。

⑨太：过分。荡：摇动。

⑩横塞：充溢阻塞。

⑪嫌：通"慊"。不满足。

⑫詹：通"赡"。足。

⑬宛：细而不满。

⑭危：高。

⑮谿极：空虚疲困。

《吕氏春秋》原典释译

⑯鉴：察，鉴别。

⑰搏：专一。

⑱衷：指声音大小清浊适中。

⑲大不出钧：指钟音律度最大不得超过钧所发之音。钧，古代度量钟音律度的器具。

⑳重不过石：指钟的重量最重不得超过一石。石，古代重量单位，一百二十斤为一石。

㉑黄钟之宫，音之本也：古乐中的十二律以黄钟之宫为本，用"三分损益法"（详见《音律》篇）以次相生，所以说"黄钟之宫，音之本也"。黄钟之宫，古乐以律确定五音音高，用黄钟律所定的宫音，叫作黄钟之宫，又称黄钟宫。这是古乐中最基本的乐调之一。

㉒无：通"毋"。太：指上文"太巨""太小""太清""太浊"。

㉓以：连词，相当于"而"。

㉔乖：乖谬。

㉕教：教化。

㉖清庙：宗庙。宗庙肃然清静，所以称为清庙。瑟：古代一种拨弦乐器，形似古琴。

㉗疏越：镂刻的小孔。疏，镂刻。越，穴，瑟底的小孔。

㉘一唱而三叹：宗庙奏乐，一人领唱，三人应和。唱，领唱，也作"倡"。叹，继声和唱。这里是说，宗庙祭祀，奏乐演唱规模很小。

㉙进：这里是超出的意思。

㉚大飨：集合远近祖先神主于太庙合祭。

㉛上：献上。玄尊：盛玄酒的酒器。玄酒，指上古行祭礼时所用的水。水本无色，古人习以为黑色，故称"玄酒"。俎：古代祭祀时用的礼器。这里用如动词，把……盛在俎中。

㉜大羹：古代祭祀时所用的带汁的肉。和：指调和五味。古代大飨祭祀"上玄尊而俎生鱼，大羹不和"，这是表明先王崇尚饮食之本。

㉝特：只，仅仅。

㉞平：端正。

【译文】

　　耳朵的天性想要听乐音，如果心情不愉快，即使音乐在耳边也不听；眼睛的天性想要看彩色，如果心情不愉快，即使彩色在眼前也不看；鼻子的天性想要嗅芳香，如果心情不愉快，即使香气在身边也不嗅；嘴巴的天性想要尝滋味，如果心情不愉快，即使美味在嘴边也不吃。有各种欲望的是耳、目、鼻、口，而决定愉快或不愉快的是心情。心情必须平和然后才能愉快。心情必须愉快，然后耳、目、鼻、口才有各种欲望。所以，愉快的关键在于心情平和，心情平和的关键在于行为合宜适中。

　　愉快有个适中问题，心情也有个适中问题。人的本性希望长寿而厌恶短命，希望安全而厌恶危险，希望荣誉而厌恶耻辱，希望安逸而厌恶烦劳。以上四种愿望得到满足，四种厌恶得以免除，心情就适中了。四种愿望能够获得满足，在于依循事物的情理。依循事物的情理修身养性，天性就保全了；天性得以保全，寿命就长久了。依循事物的情理治理国家，法度就建立了；法度建立起来，天下就服从了。所以，使心情适中的关键在于依循事物的情理。

　　音乐也有个适中问题。声音过大就会使人心志摇荡，以摇荡之心听巨大的声音，耳朵就容纳不了，容纳不了就会充溢阻塞，充溢阻塞，心志就会更加摇荡。声音过小就会使人心志得不到满足，以不满足之心听微小的声音，耳朵就充不满，充不满就感到不够，不够，心志就会更加不满足。声音过清就会使人心志高扬，以高扬之心听轻清之音，耳朵就会空虚疲困，空虚疲困就听不清，听不清，心志就会衰竭。声音过浊就会使人心志低下，以低下之心听重浊之音，耳朵就拢不住音，拢不住音就专一不了，专一不了就会动气。所以，音乐的声音过大、过小、过清、过浊都不合宜。什么叫合宜？声音大小清浊适中就叫合宜。什么叫大小清浊适中？钟音律度最大不超过均的标准，钟的重量最重不超过一石，这就是小大轻重适中。黄钟律的宫音是乐音的根本，是清浊的基准。

合乎基准就是适中。以适中的心情听适中的声音就和谐了。音乐各方面都不要过分，平正和谐才合宜。

所以，太平盛世的音乐安宁而快乐，是由于它的政治安定；动乱时代的音乐怨恨而愤怒，是由于它的政治乖谬；濒临灭亡的国家的音乐悲痛而哀愁，是由于它的政治险恶。大凡音乐，与政治相通，并起着移风易俗的作用。风俗的形成是音乐潜移默化的结果。所以，政治清明的时代，考察它的音乐就可以知道它的风俗了，考察它的风俗就可以知道它的政治了，考察它的政治就可以知道它的君主了。因此，先王一定要通过音乐来宣扬他们的教化。宗庙里演奏的瑟，安着朱红色的弦，底部刻有小孔；宗庙之乐，只由一人领唱，三人应和，其意义已经超出音乐本身了。举行大飨祭礼时，只献上盛水的酒器，俎中盛着生鱼，大羹不调和五味，其意义已经超出滋味本身了。所以，先王制定礼乐的目的，不仅仅是用来使耳目欢愉，尽力满足口腹的欲望，而是要教导人们端正好恶、实施理义啊。

【解析】

本篇是关于音乐理论的专篇，主要论述"和乐"的思想。在中国古代音乐美学思想中，"和"具有非常重要的意义和巨大的影响。"和"本来是一种乐器的名称，是一种把一些高低不同音管组合在一起以发响的乐器，类似于笙，其本身就有把差异统一在一起的意义。在儒家的音乐美学思想中，"和"是评价音乐的一个重要标准。《论语·八佾》："《关雎》，乐而不淫，哀而不伤。"快乐不让人感到过分，悲伤不让人感到伤心过度。这就是"中和"之美。叶朗在《中国美学史大纲》中讲到："孔子的整个美学就是强调'和'。"《吕氏春秋》也是把"和乐"当作最高的追求。《大乐》篇说："形体有处，莫不有声。声出于和，和出于适。和适先王定乐，由此而生。"又说："凡乐，天地之和，阴阳之调也。"音乐是天地间的和声，这与《乐记》"乐者，天地之和也"的说法是一致的。

和乐，必须具备两个前提：一是"心适"，二是"音适"。怎样才算"心适"？"四欲得，四欲除，则心适矣"，寿、安、荣、逸，四种欲望，人们如果能够得到，心就会平静；夭、危、辱、劳，四种情况是人们担心害怕的，如果去掉，心也会安静。就演奏者来说，"心适"，演奏起来的音乐就会感染人；就听众来说，"心适"，就能以无功利的心态欣赏乐曲，得到美的熏陶。所以说"心适"是和乐的一个前提。不仅如此，和乐还要"音适"。何谓"音适?""太巨则志荡，以荡听巨则耳不容"，声音不能过大，过大就会使人心智摇荡；"太小则志嫌，以嫌听小则耳不充"，声音也不能太小，太小就会使人不会满足；"太清则志危，以危听清则耳谿极"，声音也不能太清，太清就会使人困倦；"太浊则志下，以下听浊则耳不收"，声音也不能太浊，太浊使人心烦气躁。所以太巨、太小、太清、太浊，"皆非适也"。怎样才算"音适"? 要做到"衷"，即声音大小，清浊要适中。这样以"心适"听"音适"，即以畅快的心情听取适中的音乐，就达到"和"的境界了。

正如德国音乐家亨策所说的："音乐是政治的一个明确的组成部分。"《吕氏春秋》所论音乐之"和"，其目的最终都是指向政治，达到执政治理之和谐。所以本篇的意图也是"观乐论政"。自西周以来，天子至于诸侯倡导以"礼乐"治天下。所以"乐"在先秦时期是治理国家的一个重要话题，在承担教化民众、维护社会秩序上发挥着重要的作用。《论语·八佾》："人而不仁如礼何，人而不仁如乐何。"孔子认为，"乐"是感染人心、陶冶人性以及培养"仁"的精神的一个重要的行为方式。《乐记》："凡音者，生人心者也。情动于中，故形于声，声成文谓之音。是故治世之音安以乐，其正和；乱世之音怨以怒，其正乖；亡国之音哀以思，其民困。声音之道，与正通矣。"正，即政。音乐是政治的影像，通过音乐可以看出政治的兴衰。又说"是故审声以知音，审音以知乐，审乐以知政，而治道备矣"。这都是把"乐"与政治，乐与国家治理紧密联系起来。但是，随着形势的发展，礼乐文明受到了挑战，社会最终走向了礼崩乐坏的局面。维护社会秩序的"礼"逐渐被"兵"取代，而"乐"也被"法"所替代。如墨子就提出了"非乐"，认为音乐并不能发挥治理国家的作用，反而给了统治者追求享乐的理由。《荀子·乐论》引墨子的话："乐者，圣

王之所非也，而儒者为之，过也。"在战国纷繁的复杂局面下，倡导礼乐确实不能起到立竿见影的效果，因为礼乐教化在治国的过程中，作用的发生是一个缓慢的过程。而"兵"和"法"的效率则要高得多。所以在各国之间存在生死存亡的窘迫局面下，各诸侯国国君只能用"兵"或"法"来解决现实问题。"礼乐"式微是必然的。

但是到了吕不韦时期，情况又不一样了。秦国一家独大，并即将统一天下。面对着空前统一的广大地域和被征服的各诸侯时刻记着复仇与反叛的局势，吕不韦从历史经验出发，认为不能继续实施秦国传统以来的"兵"和"法"策略，还得依靠礼乐制度来教化民众。由于"礼"所代表的制度已经相当落后，而且秦国自穆公任用商鞅变法以来，已经建立起了比较先进的制度，吕不韦对"礼"已经不感兴趣。不过，他认为"乐"的教化作用还是不能忽视的。所以本篇说："凡音乐通乎政，而移风平俗者，俗定而音乐化之矣。故有道之世，观其音而知其俗矣，观其政而知其主矣。故先王必托于音乐以论其教。"这反映了吕不韦治理国家与秦国传统不同的地方，也是他的进步所在。

吕不韦的这种思想，应该是接受了荀子的影响。《荀子·乐论》说："以道制欲，则乐而不乱；以欲忘道，则惑而不乐。"意思就是说，人的审美能力是不同的，道德水准也是有差别的，如果不正确地引导就可能走入歧途。《乐论》还说："乐者，圣人之所乐也，而可以善民心，其感人深，其移风易俗，故先王导之以礼乐而民和睦。"荀子在战国后期倡导以"乐"治国，重视音乐的教化，固然与其秉承儒家自孔子以来的"礼"的传统有关，但也灌注了新的时代内涵。荀子的"礼"已经包涵"法"的内容，体现出与时俱进的思想。即便如此，吕不韦也不是完全接受荀子的思想，而是有所选择。吕不韦高度重视"乐"在治理国家中的作用，但却不像荀子那样强调"礼"，体现出自主性与创新性。有人认为《吕氏春秋》"杂家"之杂是杂纂，明显有失公允，这在《吕氏春秋》的音乐思想中可以看出。

古乐

【题解】

本篇讲述的主要是音乐的起源以及发展的历史。作者通过上古时期的传说以及史实，说明了音乐的起源和发展，并讲述了音乐与时代的关系。最后作者认为，音乐的产生并非是一两代人就能完成的。

【原文】

乐所由来者尚①也，必不可废。有节有侈，有正有淫矣。贤者以昌，不肖者以亡。

昔古朱襄氏之治天下也，多风而阳气畜积，万物散解，果实不成，故士达作为五弦瑟，以来阴气，以定群生。

昔葛天氏之乐，三人操牛尾，投足以歌八阕：一曰《载民》，二曰《玄鸟》。三曰《遂草木》，四曰《奋五谷》，五曰《敬天常》，六曰《达帝功》，七曰《依地德》，八曰《总万物之极》。

昔陶唐氏之始，阴多滞伏而湛积，水道雍塞，不行其原，民气郁阏而滞著，筋骨瑟缩不达，故作为舞以宣导之。

昔黄帝令伶伦作为律。伶伦自大夏之西，乃之阮隃之阴，取竹于嶰豀之谷，以生空窍厚钧者，断两节间——其长三寸九分而吹之，以为黄钟之宫，吹曰"舍少"。次制十二筒，以之阮隃之下，听凤皇之鸣，以别十二律。其雄鸣为六，雌鸣亦六，以比黄钟之宫，适合。黄钟之宫皆可以生之。故曰黄钟之宫，律吕之本。黄帝又命伶伦与荣将铸十二钟，以和五音，以施《英韶》。以仲春之月，乙卯之日，日在奎，始奏之，命之曰《咸池》。

帝颛顼生自若水，实处空桑，乃登为帝。惟天之合，正风乃行，其音若熙熙凄凄锵锵。帝颛顼好其音，乃令飞龙作效八风之音，命之曰《承云》，以祭上帝。乃令鱓先为乐倡。鱓乃偃寝，以其尾鼓其腹，其音英英。

帝喾命咸黑作为《声歌》：《九招》《六列》《六英》。有倕作为鼙、鼓、钟、磬、吹苓、管、埙、篪、鞉、椎、钟。帝喾乃令人抃或鼓鼙，击钟磬，吹苓展管篪。因令凤鸟，天翟舞之。帝喾大喜，乃以康帝德。

帝尧立，乃命质为乐。质乃效山林谿谷之音以歌，乃以麋辂置缶而鼓之，乃拊石击石，以象上帝玉磬之音，以致舞百兽。瞽叟乃拌五弦之瑟，作以为十五弦之瑟。命之曰《大章》，以祭上帝。

舜立，命延乃拌瞽叟之所为瑟，益之八弦，以为二十三弦之瑟。帝舜乃令质修《九招》《六列》《六英》，以明帝德。

禹立，勤劳天下，日夜不懈。通大川，决壅塞，凿龙门，降通漻水以导河，疏三江五湖，注之东海，以利黔首。于是命皋陶作为《夏籥》九成，以昭其功。

殷汤即位，夏为无道，暴虐万民，侵削诸侯，不用轨度，天下患之。汤于是率六州以讨桀罪。功名大成，黔首安宁。汤乃命伊尹作为《大护》，歌《晨露》，修《九招》《六列》，以见其善。

周文王处岐，诸侯去殷三淫而翼文王。散宜生曰："殷可伐也。"文王弗许。周公旦乃作诗曰："文王在上，于昭于天。周虽旧邦，其命维新。"以绳文王之德。武王即位，以六师伐殷。六师未至，以锐兵克之于牧野。归，乃荐俘馘于京太室，乃命周公为作《大武》。成王立，殷民反，王命周公践伐之。商人服象，为虐于东夷。周公遂以师逐之，至于江南。乃为《三象》，以嘉其德。故乐之所由来者尚矣，非独为一世之所造也。

【注释】

①尚：通"上"，久远。

【译文】

音乐的由来是很久远的事情了，不管怎样不能废弃。音乐当中有的适中，有的奢侈，有的纯正，有的淫邪。贤明君主依靠它而发达昌盛，不肖的君主因为它而国破家亡。

古时候，朱襄氏统治天下时，经常刮风使阳气过盛并且逐渐积累，导致万物散落，果实不能成熟，所以，士达制造出五弦瑟，引来阴气安定护养众生。

从前，葛天氏的音乐，是由三个人手持牛尾，一边踏着脚一边歌唱八支舞乐：第一支是《载民》，第二支是《玄鸟》，第三支是《遂草木》，第四支是《奋五谷》，第五支是《敬天常》，第六支是《达帝功》，第七支是《依地德》，第八支是《总万物之极》。

从前，陶康氏最初治理天下的时候，阴气过盛，最后沉积凝聚，以致不能正常行，百姓精神抑郁而不舒畅，筋骨萎缩而不舒展，因此创作舞蹈来进行疏导。

从前，黄帝命令伶伦制作乐律。伶伦从大夏山的西边，到达昆仑山的北面，从山谷中砍伐竹子，选择中空而竹壁厚薄均匀的竹子，截取两个竹节中间的一段，长度为三寸九分，然后吹竹管，把发出的声音定为黄钟律的官音，并命名

得鱼忘筌

为"舍少"。按照这样的方法依次制作了十二根竹管，带到昆仑山下，聆听凤凰的鸣叫，用以区钟律十二乐律。雄凤的叫声被分为六声，雌凤的叫声也被分为六声。这样的乐律同黄钟律的官音正好和谐。黄钟的官音，可以生成所有这十二乐律。所以说黄钟律的宫音是乐律的本源。黄帝又命令伶伦和荣将铸造十二口钟，用以和谐五音。排演《英韶》。在仲春乙卯这天，太阳运行到奎宿的时候，开始演奏它们，并命名奏出的乐曲为《咸池》。

颛顼出生在若水，成长在空桑。后来他做了天子，德行正与天意相配。八方之风于是正常运行，它们发出熙熙凄凄锵锵的声音。颛顼很喜好这些声音，于是就命令飞龙仿效其音制作乐曲，命名为《承云》，用来敬祭上帝。又命鳢

为乐曲演奏，鳣于是仰面躺下，用尾巴敲打腹部，发出有节奏的乐声。

帝喾命咸黑创作《声歌》包括了《九招》《六列》《六英》等乐曲，有倕又制作了鼙、鼓、钟、磬、笙、管、埙、篪、鞀、椎、钟等乐器。帝喾又让人演奏这些乐器，有的击鼓鼙，有的敲钟磬，有的吹笙，有的演奏管、篪。然后让人化装成凤鸟，天翟随乐舞蹈。帝喾非常高兴，就用这乐舞来宣扬天帝的功德。

尧作天子时，就命质制作乐曲。质于是就模仿山林溪谷中的声音创作歌曲，又用土鼓来演奏，并击打石片，模仿天帝玉磬的声音，引来百兽应和声音而舞蹈。瞽叟对五弦瑟做了改进，制成十五弦瑟。用它来演奏叫作《大章》乐曲，用以祭祀天帝。

舜作天子时，命令延对十五弦瑟进行改进，增加了八根弦，制成二十三弦瑟。舜命质演练《九招》《六列》《六英》等乐曲，用以彰明天帝的美德。

禹作天子时，为天下辛勤操劳，日夜不息。疏通大河，浚决塞，开凿龙门，全面疏通渗水把它导入黄河，并疏通三江五湖，使其流入东海，以造福百姓。大功告成后，禹命皋陶创作《夏籥》九章，来为自己歌功颂德。

商汤登上君位后，夏桀胡作非为，暴虐百姓，侵害掠夺诸侯，不守法度而恣意妄为。天下人都痛恨他。汤于是率领六州诸侯讨伐夏桀，成功后百姓安宁。汤于是命令伊尹创作《大护》之乐，《晨露》之歌，并演练《九招》《六列》《六英》，用以表彰自己的美德。

周文王住在岐邑时，诸侯纷纷叛离罪恶乱政的殷纣而拥戴文王。散宜生对文王说："可以讨伐纣了。"文王不赞同。周公旦于是作诗道："文王在上，于昭于天。周虽古国，其命斯新。"以此树立文王的美德。

武王继承文王之位后，率领军队讨伐殷纣。大军还没有到达都城，就以精锐之兵在牧野一举击溃了殷纣。回到京城后，就在大庙中举行祭典，进献俘虏的左耳来祭祖，又命周公创作《大武》之乐。成王即位后，殷的遗民在武庚的带领下叛乱，成王命周公去讨伐他们。商人驱使大象作为辅助，在东夷肆虐为害作乱。周公于是率领军队征伐叛军，一直追到江南。平定叛乱后，周公创作了《三象》之乐，用以赞美自己的功德。所以，音乐的由来是十分久远的，绝不仅仅是一两个时代就能完成的啊。

季夏纪第六

季夏

【题解】

季夏之月，人民应取鼍，献龟，取鼋，纳苇，割草，染织，以供统治者之需。在上者则不许大兴土木，发动战争，以免耽误农事。

【原文】

季夏之月：日在柳，昏心中，旦奎中。其日丙丁，其帝炎帝，其神祝融，其虫羽，其音徵，律中林钟。其数七，其味苦，其臭焦。其祀灶，祭先肺。凉风始至，蟋蟀居宇，鹰乃学习，腐草化为蚈[1]。天子居明堂右个，乘朱辂，驾赤骝，载赤旗，衣朱衣，服赤玉，食菽与鸡，其器高以粗。

赤骝，载赤旗，衣朱衣，服赤玉，食菽与鸡，其器高以粗。

是月也，令渔师伐蛟取鼍[2]，升龟取鼋[3]。乃命虞人入材苇。

是月也，令四监大夫合百县之秩刍[4]，以养牺牲。令民无不成出其力，以供皇天上帝、名山大川、四方之神，以祀宗庙社稷[5]之灵，为民祈福。

是月也，命妇官染采[6]，黼黻文章[7]，必以法故，无或差忒，黄黑苍赤，莫不质良，勿敢伪诈，以给郊庙祭祀之服，以为旗章，以别贵贱等级之度。

是月也，树木方盛，乃命虞人入山行[8]木，无或斩伐。不可以兴土功，不可以合诸侯，不可以起兵动众。无举大事[9]，以摇荡丁气。无发令而干时[10]，以妨神农之事。水潦盛昌，命神农，将巡功，举大事则有天殃。

是月也，土润溽暑[11]，大雨时行，烧薙行水[12]，利以杀草，如以热汤，可以

《吕氏春秋》原典释译

粪田畴，可以美土疆。

行之是令，是月甘雨三至，三旬二日。季复行春令，则谷实解落，国多风咳，人乃迁徙。行秋令，则丘隰水潦，禾稼不熟，乃多女灾。行冬令，则寒气不时，鹰隼早鸷，四鄙入保。

中央土，其日戊己，其帝黄帝，其神后土，其虫倮。其音宫，律中黄钟之宫。其数五，其味甘，其臭香，其祀中霤，祭先心。天子居太庙太室，乘大辂，驾黄骝，载黄旗，衣黄衣，服黄玉，食稷与牛，其器圜以掩。

【注释】

①蚈：萤火虫。

②鼍：动物名，亦称扬子鳄，俗称猪婆龙。

③鼋：动物名，亦称绿团鱼。

④秩：常。刍：喂牲口的草。秩刍：按常规应交纳的刍草。

⑤社稷：古代帝王、诸侯祭祀的土神和谷神。社：土神。稷：谷神。

⑥采：色彩。

⑦黼黻：古代礼服上所绣的花纹。黼：黑白相间。黻：黑青相间。文章：错杂的色彩或花纹。

⑧行：巡行察视。

⑨大事：指土功、合诸侯、起兵动众等事。

⑩干时：干犯时令。

⑪溽暑：指盛夏气候潮湿闷热。

⑫烧薙：一种原始耕作法。芟除田中杂草，待草干枯后，焚烧以为肥料。薙：除草。行水：从事灌溉，此指水把灰烬冲到河中。

【译文】

季夏六月，太阳的位置运行到柳宿。黄昏时刻，心宿出现在南方中天，早晨，奎宿出现在南方中天。季夏在天干上属丙丁，它的主宰之帝是炎帝，佐帝之神是祝融，与当时时气相应而动的动物是虫类和羽族，与之相配的声音是徵音，音律与林钟相应。这个月的数字是七，味道发苦，气味臭焦。这个月要举行灶祭，祭祀时的祭品为肺脏。此时凉风开始吹起，蟋蟀住在屋檐下。鹰忙于学习飞翔，腐草中生出萤火虫。天子住在南向明堂的右侧室，乘坐朱红色的车子，驾着赤红色的马，车上插着赤红色绘有龙纹的旗帜；天子穿着红色的衣服，佩戴红玉，吃豆类和鸡肉，使用的器物高而且粗大。

在这个月，命令渔师进献蛟、龟等水中动物。命令掌管池泽的官吏收纳用来编制器物的芦苇，以备国用。在这个月，命令领地内的各县主管官员监督各自范围内干草的积蓄情况，以备用来饲养牺牲。命令百姓都尽力，以供祭祀皇天上帝、名山大川、四方神祇、宗庙社稷之用，为百姓祈求福祉。

在这个月，命令掌管布帛的女官负责印染彩色，按照法规和习惯搭配各种色彩，不能有一点差错，要保证黑黄苍赤各种颜色都鲜艳良好，不许欺诈。用这些布帛制作祭天祭祖时的礼服，并用它们制作旌旗，用来区分贵贱等级。

在这个月，树木茂盛生长，天子命令掌管山林的官吏到山里去巡视，不许人们乱砍树木。这个月，不可以破土动工，不可会合诸侯，不可以兴师动众；不要有大规模的行动来摇动阴阳之气。不要乱发布侵扰农时的命令而损害农事。在这个月雨水正多，命令农官到各地巡视堤坝修治的情况。这个时候征役或发动战争就会妨碍农时，就会导致天灾人祸。

在这个月，土地水分充足，天气潮热，频降大雨。烧掉晒干的野草，由于雨水浇淋，太阳一晒，就像用开水煮过一样，杂草就会被杀死，这样就使土壤肥沃。

这个月实行应时的政令，适时而有益于农事的甘雨本会三旬三次降落，但本月仅下两次雨。六月如果实行本来应该在春天才实行的政令，谷物的籽粒就会脱落，百姓就会伤风咳嗽，人们就会迁到别处。如果实行本应在秋天才实行的政令，洼地就会出现洪涝灾害，庄稼就不能成熟，妇女就会有不育之病。如果实行本来应该在冬天才能实行的政令，寒冷气就会提前来到，鹰隼就会过早地捕捉飞鸟，边境的百姓就会为躲避敌寇而躲藏在城堡里。

中央在五行中属土，在天干中属戊己，它的主宰之帝是黄帝，佐帝之神是后土。应时而动的动物是麒麟一类的倮虫。与之相配的声音是宫音，音律与黄钟之宫相应。中央土的数字是五，味道甘甜，气味芳香。要举行的祭祀是中霤祭，祭祀时祭品为心脏。天子住在中央明堂的正室，乘坐的是大车，驾着黄色的马，车上插着黄色的旗帜，天子穿着黄色的衣服，佩戴着黄玉，吃的是谷子和牛肉，使用的是中间宽大而紧口的器物。

音律

【题解】

本篇主要论述的是音律相生的道理。作者把十二律以及十二个月份相匹配，并将音律与历法联系起来。同时，作者告诫君主在各个月份应该注意的事项。

【原文】

黄钟生林钟，林钟生太蔟，太蔟生南吕，南吕生姑洗，姑洗生应钟，应钟生蕤宾，蕤宾生大吕，大吕生夷则，夷则生夹钟，夹钟生无射，无射生仲吕①。三分所生，益之一分以上生。三分所生，去其一分以下生②。黄钟、大吕、太蔟、夹钟、姑洗、仲吕、蕤宾为上，林钟、夷则、南吕、无射、应钟为下③。

大圣至理之世④，天地之气，合而生风。日至则月钟其风⑤，以生十二律⑥。仲冬日短至⑦，则生黄钟。季冬生大吕。孟春生太蔟。仲春生夹钟。季春生姑洗。孟夏生仲吕。仲夏日长至，则生蕤宾。季夏生林钟。孟秋生夷则。仲秋生南吕。季秋生无射。孟冬生应钟。天地之风气正，则十二律定矣。

黄钟之月⑧，土事无作⑨，慎无发盖⑩，以固天闭地，阳气且泄。

大吕之月，数将几终⑪，岁且更起⑫，专而农[一]⑬，无有所使。

太蔟之月，阳气始生，草木繁动⑭，令农发土，无或失时。

夹钟之月，宽裕和平⑮，行德去刑，无或作事⑯，以害群生。

姑洗之月，达道通路[17]，沟渎修利[18]，申之此令，嘉气趣至[19]。

仲吕之月，无聚大众，巡劝农事，草木方长，无携民心[20]。

蕤宾之月，阳气在上，安壮养佼[二][21]，本朝不静[22]，草木早槁[23]。

林钟之月，草木盛满，阴将始刑[24]，无发大事，以将阳气[25]。

夷则之月，修法饬刑[26]，选士厉兵[27]，诘诛不义[28]，以怀远方[29]。

南吕之月，蛰虫入穴[30]，趣农收聚[31]，无敢懈怠，以多为务。

无射之月，疾断有罪[32]，当法勿赦，无留狱讼，以亟以故[33]。

应钟之月，阴阳不通[34]，闭而为冬，修别丧纪[三][35]，审民所终[36]。

【校勘】

[一] 众本皆无"专"字，今据毕校引《月令》补。

[二] 佼，众本作"侠"，今据毕校引《月令》改。

[三] 别，旧校云：一作"辨"。

【注释】

①黄钟生林钟……无射生仲吕：这一段讲音律相生的结果。黄钟、林钟、太蔟、南吕、姑洗、应钟、蕤宾、大吕、夷则、夹钟、无射、仲吕为古代音乐的十二调，即十二律。

②三分所生，益之一分以上生。三分所生，去其一分以下生：这两句讲音律相生的方法，即"三分损益法"。所谓"三分所生"，就是把作为基准的音律的度数分为三等分。所谓"益之一分"，就是把已知的音律数（旧说为律管的长度）分为三等分之后，再增其一分，结果在三分之四的已知音律数上产生新的音律，这称为"上生"。所谓"去其一分"，就是把已知的音律数分为三等分之后，减去其一分，结果在三分之二已知音律数上产生新的音律，这称为"下生"。如：黄钟之管长九寸（这是晚周的尺度，一尺长约二十三厘米），将黄钟管长三分，减其一，得六寸，这就是林钟律的律管长度。这是"下生"。林钟管长三分增其一，得八寸，这就是太蔟律的律管长度。这是"上生"。

③黄钟、大吕……应钟为下：所谓某律"为上"，就是说某律是由"上生"而得；所谓某律"为下"，就是说某律是由"下生"而得。十二律上下相生的次序图示如下：

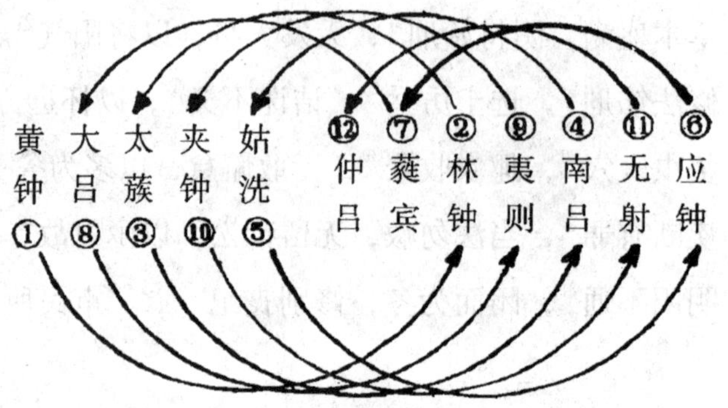

（详见杨荫浏《中国古代音乐史稿》上册）

④至理：等于说"至治"，最完美的政治局面。

⑤日至：指太阳运行到某一度次。如：孟春之月，日在营室；仲春之月，日在奎。钟：聚。

⑥以生十二律：古代把乐律同历法附会在一起，以十二律应十二月，其相配情况参见《孟春》注。

⑦日短至：指冬至。冬至那天白天最短。下文"日长至"指夏至。

⑧黄钟之月：即律中黄钟之月（夏历十一月）。下文"大吕之月""太蔟之月"即律中大吕之月（夏历十二月）律中太蔟之月（夏历正月），其余以此类推。

⑨土事：指需要动土的各项工程：无：通"毋"。

⑩发：揭开。盖：指盖藏之物。

⑪几：近。

⑫更起：重新开始。

⑬而：第二人称代词。

⑭繁动：萌动。

⑮宽裕：宽容。

⑯事：指军事及土木之事。

⑰达：用如使动。

⑱渎：沟渠。

⑲趣：急速。

⑳无携民心：不要使人民对农事三心二意。携，离。

㉑佼：健壮。

㉒本：指君子自身。朝：指朝廷百官。

㉓槁：草木枯干。

㉔始刑：始杀。言秋将至，阴气即将开始刑杀万物。

㉕将：养。

㉖饬：修，整顿。

㉗厉兵：磨砺兵器。

㉘诘：责问。

㉙怀：安抚。

㉚蛰虫：藏在泥土中过冬的虫豸。

㉛趣：催促。

㉜疾断：迅速判决。

㉝以亟以故：意思是，要从速处理，要合于旧典。以，动词。亟，急，迫切。故，成例，旧典。

㉞阴阳不通：古人认为孟冬之月，天气上腾，地气下降，天地不通，所以说阴阳不通。

㉟别：区别。丧纪：丧事的法度，即《孟冬纪》中所说的丧服、棺椁、丘垄等方面贵贱的等级。

㊱审：慎。所终：用以送终的一切事宜。终，死。

【译文】

　　由黄钟律生出林钟律，由林钟律生出太蔟律，由太蔟律生出南吕律，由南吕律生出姑洗律，由姑洗律生出应钟律，由应钟律生出蕤宾律，由蕤宾律生出

《吕氏春秋》原典释译

大吕律，由大吕律生出夷则律，由夷则律生出夹钟律，由夹钟律生出无射律，由无射律生出仲吕律。把作为基准的音律度数分为三等分，再增加其中的一分，由此上生出新律。把作为基准的音律度数分为三等分，再减去其中的一分，由此下生出新律。黄钟、大吕、太蔟、夹钟、姑洗、仲吕、蕤宾等乐律是由上生而得，林钟、夷则、南吕、无射、应钟等乐律是由下生而得。

最圣明最完美的时代，天气与地气会合而产生了风。太阳每运行到一定度次，月亮就聚集该月之风，由此产生了十二乐律。仲冬，白天最短的冬至那天，产生出黄钟。季冬产生出大吕。孟春产生出太蔟。仲春产生出夹钟。季春产生出姑洗。孟夏产生出仲吕。仲夏，白天最长的夏至那天，产生出蕤宾。季夏产生出林钟。孟秋产生出夷则。仲秋产生出南吕。季秋产生出无射。孟冬产生出应钟。天气、地气会合产生的风纯正，十二律就确定了。

律应黄钟的月份，动土建筑的事不要进行，千万不可揭开盖藏之物，以便使天地封闭，否则，阳气将要泄露出去。

律应大吕的月份，一年之数将近终结，新的一年即将重新开始，要让农民心志专一，不可有其他劳役。

律应太蔟的月份，阳气开始生发，草木萌动，命令农民破土耕种，不要错过农时。

律应夹钟的月份，要宽容和顺，施仁德，除刑罚，不可兴师动众，伤害众生。

律应姑洗的月份，要使道路通畅，疏浚沟渠，申明此令，美善之气就会迅速到来。

律应仲吕的月份，不要征集广大民众，要巡视农事，劝勉农民，草木正在生长，不可使人民对农事三心二意。

律应蕤宾的月份，阳气在上，要畜养丁壮，朝政如果不安，草木就会早枯。

律应林钟的月份，草木丰盛，阴气将要开始刑杀万物，不可举行大事，以便将养阳气。

律应夷则的月份，要修明法度，整饬刑罚，简选武士，磨砺兵器，声讨、诛杀不义之人，以安抚远方。

律应南吕的月份，蛰虫钻进洞穴，要催促农民收割聚藏，不可懈怠，务求多收多藏。

律应无射的月份，要迅速判决有罪的人，判罪法办的不要赦免，不要滞留诉讼案件，处理要从速，要合乎旧典。

律应应钟的月份，阴阳不通，天地闭塞而进入冬季，要饬正丧事的规格，按贵贱等级加以区别，要慎重处理百姓用以送终的一切事宜。

音初

【题解】

本篇旨在论述我国古代音乐东西南北诸音调的始创，所以题为"音初"。本篇保留了许多古代传说，有的富于神话色彩，这些对于研究我国古代音乐的发生发展很有参考价值。当然，由于作者的时代与阶级的局限，把音乐的产生归结为个人（主要是帝王）的行为，这种历史唯心主义的观点是难免的。文章提出"凡音者，产乎人心者也"，并攻击作为新声的"郑卫之声""桑间之音"，这些都反映了儒家的音乐思想。

【原文】

夏后氏孔甲田于东阳萯山。天大风，晦盲[1]，孔甲迷惑，入于民室。主人方乳，或曰："后来，是良日也，之子是必大吉。"或曰："不胜也，之子是必有殃。"后乃取其子以归，曰："以为余子，谁敢殃之？"子长成人，幕动坼橑[2]，斧斫[3]斩其足，遂为守门者。孔甲曰："呜呼！有疾，命矣夫！"乃作为《破斧》之歌，实始为东音。禹行功，见涂山之女。禹未之遇而巡省南土。涂山氏之女乃令其妾候禹于涂山之阳。女乃作歌，歌曰："候人兮猗。"实始作为南音。周公及召公取风焉，以为《周南》《召南》。

周昭王亲将征荆。辛余靡长且多力，为王右。还反涉汉，梁败，王及蔡公于云④于汉中。辛余靡振王北济，又反振蔡公。周公乃侯之于西翟，实为长公。殷整甲徙宅西河，犹思故处，实始作为西音。长公继是音以处西山，秦缪公取风焉，实始作为秦音。

有娀氏有二佚⑤女，为之九成之台，饮食必以鼓。帝令燕往视之，鸣若谥隘⑥。女爱而争搏之，覆以玉筐。少选，发而视之，燕遗二卵，北飞，遂不反。二女作歌一终，曰："燕燕往飞"，实始作为北音。凡音者，产乎人心者也。感于心则荡乎音，音成于外而化乎内。是故闻其声而知其风，察其风而知其志，观其志而知其德。盛衰、贤不肖、君子小人皆形于乐，不可隐匿，故曰乐之为观也，深矣。土弊则草木不长，水烦则鱼鳖不大，世浊则礼烦而乐淫。郑卫之声、桑间之音，此乱国之所好，衰德之所说。流辟、诎越、慆滥之音出，则滔荡之气、邪慢之心感矣；感则百奸众辟从此产矣。故君子反道以修德，正德以出乐；和乐以成顺。乐和而民乡方矣。

【注释】

①晦盲：指光线昏暗。

②坼：分裂，裂开。橑：屋椽。

③斫：砍。

④抎：失坠，坠落。

⑤佚：美。

⑥谥隘：象声词，燕鸣声。

【译文】

夏代君主孔甲在东阳萯山打猎，遇上了大风，当时天色已昏暗，孔甲迷失了方向。他走进一户百姓家。这家人正在生孩子。于是就有人说："君主到来，这是好日子啊，这个孩子将来一定吉利。"但是也有人说："国君亲自到来，这怎么能承受得起呢？这个孩子一定会有灾难。"夏君于是把这个孩子带了回去，说："让他做我的儿子，谁敢害他?"这个孩子长大后，有一次，帐幕突然断了，屋椽也裂开，斧子掉下来砍断了他的脚。于是君主就让他作守门之官。孔甲叹息道："哎！他竟然成了残废，是命里注定的吧！"于是创作出《破斧》之歌。这是东方最早的音乐。禹巡视治水情况时，遇到了涂山氏之女。禹还没有与她成婚，就匆忙赶到南方巡视去了。涂山氏之女就叫她的侍女在涂山南坡迎候禹，她自己创作了一首歌。歌中唱："盼望回归的人啊！"这是南方音乐创作的开始。周公和召公曾搜集民间歌谣，把它命名为《周南》《召南》两部分乐曲。

周昭王亲自率军征伐楚国。辛余靡身高力大，坐在昭王的车右。军队撤回时要渡过汉水，这时桥坏了，昭王和蔡公都坠落在水中。辛余靡救起昭王游上北岸，又返回救出蔡公。昭公于是封他为侯，作一方诸侯之长，这就是长公。商王迁都西河后，但还思念故地，便创作了最早的西方音乐。长公继承了这样的音乐，居住在西方山中。秦穆公搜集民间的歌谣，开始创作秦国的音乐。

有娀氏有两个美女，并给她们造起了九层的楼阁让她们居住，饮食时用鼓传信。天帝让燕子去察看她们。燕子去了，鸣叫时发出谥隘的叫声。两个美女很喜欢燕子，争着捕捉燕子，并用玉筐罩住。过了一会儿，揭开筐一看，燕子留下两个蛋，向北飞去，再也没有飞回来。两个美女作了一首歌，歌中唱道："燕子燕子展翅飞。"

这是最早的北方音乐。大凡音乐，是从人的内心产生出来的。心中有所感受，就会在音乐中表现出来，音乐表现于外而化育内。因此，听到某一地区的音乐就可以了解它的风俗，考察它的风俗就可以知道它的志趣，观察它的志趣就可以知道它的德行。兴盛与衰亡、贤明与不肖、君子与小人都会在音乐中表现出来，不可隐藏。所以说：音乐作为一种观察的对象，它所反映的是相当深刻的了。土质恶劣，草木就不能生长；水流浑浊，鱼鳖就不能长大；社会黑暗，礼仪就会混乱，音乐就会糜烂。郑卫之声、桑间之乐，这是政治混乱的国家、道德沦丧的君主所喜爱的。淫邪、放荡的音乐产生出放荡不羁的风气，人的内心就会受到熏染。心受到这种熏染，各种各样的邪念就会产生。所以，君子应

回归道义，进行品德修养，而品德修养需要制作纯正的音乐。合宜的音乐会理顺人心民情，音乐和谐了，百姓就回归道义了。

【解析】

"音初"是指我国音乐的源头。本篇保留了许多古代传说，有的富有神话色彩。例如：东方音乐的开头是夏后氏的《破斧歌》；南音是涂山氏之女的"候人兮猗"；西方音乐的开端是殷整甲思念故居的音乐；北音的开始是有娀氏的两个可爱的女儿召唤燕子的"燕燕往飞"。这些对于研究我国古代音乐的发展都很有价值。文章以"感于心则荡乎音，音成于外而化乎内。"结尾，总结了音乐的产生原因，那就是人的心。了解民声，不妨研究音乐就可得知。但文中将音乐的产生归结于帝王的功劳，这是具有局限性的。

【故事】

欧阳修之《秋声赋》

欧阳修是唐宋八大家之一，文才出众。特别是他写的《秋声赋》，将音乐和自然、人事的关系阐述得清晰明了：

我正在夜间读书，听到有声音从西南方而来，恐惧地侧耳倾听，心想：奇怪啊！初来时淅淅沥沥十分凄凉，忽然间奔腾澎湃非常汹涌，犹如波涛在黑夜里翻滚，狂风暴雨突如其来。它碰在物体上，铮铮作响，发出如同金属的撞击声。又如奔袭敌阵的战士，衔枚急走，听不见号令，只听见人马行走之声。我对书童说："这是什么声音啊，你出去看看吧！"书童回来说："月亮星星晶莹洁白，银河横挂天边，四周寂静人声杳然，奇怪的声音来自树间。"

我说："啊，啊，好悲伤啊！这是秋声，为什么要来呢？要说那秋天所呈现的情状：其色忧郁，烟雾蒙蒙云气聚；其貌清明，天空高洁日色新；其气凛冽，刺透肌肉又入骨；其意萧索，高山冷落水寂寞。因此秋天发出的声音就是凄凄切切，犹如人们在发愤呼叫。茂盛的青草在绿地上媲美，美丽的树木郁郁葱葱惹人喜爱。但是草被秋风一拂，颜色就变；树被秋风一吹，叶子就落。那个摧残树木、零落花草的力量，只是秋气的一点余力罢了。秋天，是掌管刑法的，在季节上属阴；又是象征用兵的，在五行中属金。这就是所谓天地之气，常常以肃杀作为核心。自然对于万物，是春天生长，秋天结果。因此秋天在音乐上属商声，商声就是主管西方的音调，而所谓夷，则是七月的音律。商，就是伤，万物衰老就悲伤。夷，就是戮，万物过盛就杀戮。啊，草木无情，尚且按时凋零；人作为动物，乃是万物之灵，许多忧愁有感于心，许多事情劳其外形，心中有触动，定会动其神。何况还要忧虑那些力不能及、智不能到的事情。这就必然会使红彤彤的脸色变得如同枯木，乌黑的头发变得如同繁星。为什么要用不是金石的身躯，去和草木争奇斗胜？应该想想究竟谁是害我们的贼人，又何必去怨恨那不相关的秋声？"

书童没有回答，垂下头已经熟睡，只听得四周墙壁上虫声唧唧，好像因同情我而叹息。

制乐

【题解】

本篇认为，想要欣赏最好的音乐，就要有清明的政治。政治宽仁，音乐才会完美；世道混乱，音乐就会侈靡。

【原文】

欲观至乐①，必于至治②。其治厚者其乐治厚③，其治薄者其乐治薄，乱世则慢以乐矣。今室闭户牖④，动天地，一室也。故成汤之时，有谷生于庭，昏而生，比旦而大拱⑤。其吏请卜其故。汤退卜者曰："吾闻祥者福之先者也，见祥而为不善，则福不至。妖者祸之先者也，见妖而为善，则祸不至。"于是早朝晏

退，问疾吊丧，务镇抚百姓。三日而谷亡。故祸兮福之所倚，福兮祸之所伏。圣人所独见，众人焉知其极？

周文王立国[6]八年，岁六月，文王寝疾五日而地动[7]，东西南北，不出国郊。百吏皆请曰："臣闻地之动，为人主也。今王寝疾五日而地动，四面不出周郊，群臣皆恐，曰'请移之'。"文王曰："若何其移之也？"对曰："兴事动众，以增国城，其可以移之乎！"文王曰："不可。夫天之见妖也，以罚有罪也。我必有罪，故天以此罚我也。今故兴事动众以增国城，是重吾罪也。不可。"文王曰："昌也请改行重善以移之，其可以免乎。"于是谨其礼秩、皮革[8]，以交诸侯；饬其辞令、币帛，以礼豪士；颁其爵列、等级、田畴，以赏群臣。无几何，疾乃止。文王即位八年而地动，已动之后四十三年，凡文王立国五十一年而终。此文王之所以止殃翦妖也。

宋景公之时，荧惑在心[9]，公惧，召子韦而问焉，曰："荧惑在心，何也？"子韦曰："荧惑者，天罚也；心者，宋之分野也。祸当于君。虽然，可移于宰相。"公曰："宰相，所与治国家也，而移死焉，不祥。"子韦曰："可移于民。"公曰："民死，寡人将谁为君乎？宁独死！"子韦曰："可移于岁。"公曰："岁害则民饥，民饥必死。为人君而杀其民以自活也，其谁以我为君乎？是寡人之命固尽已，子无复言矣。"子韦还走[10]，北面载拜[11]曰："臣敢贺君。天之处高而听卑。君有至德之言三，天必三赏君。今夕荧惑其徙三舍[12]，君延年二十一岁。"公曰："子何以知之？"对曰："有三善言，必有三赏，荧惑有三徙舍。舍行七星，星一徙当一年，三七二十一，臣故曰君延年二十一岁矣。臣请伏于陛下以伺候之。荧惑不徙，臣请死。"公曰："可。"是夕荧惑果徙三舍。

【注释】

①至乐：极美的音乐。

②至治：最完美的政治。

⑥厚：重视。治厚：重视政治，亦即政治受到重视。乐治厚：重视用音乐来治理政治。

④窒：阻塞，不通。牖：窗。

⑤比：及。拱：两手合围。

⑥立国：指即位。立，通"莅"。

⑦寝疾：卧病在床。地动：大地震动。

⑥礼秩：指礼仪等第和爵禄品级。皮革：带毛的兽皮和去毛的兽皮。皮革在古代很贵重，故下句说"以交诸侯"。

⑨荧惑在心：荧惑星出现在心宿的位置。荧惑：即火星，因此星隐现不定，令人迷惑，故名。心：心宿，二十八宿之一。

⑩还走：同"还避"，离其所立之处，逡巡避让，表示恭敬。

⑪北面：古礼，君主的座位设在朝堂北面，君主南面而坐，臣拜君须面向北。载：通"再"。

⑫三舍：二十八宿，一宿为一舍。三舍指三座星宿的位置。

【译文】

想要欣赏最完美的音乐，必定要有国家政治的完美。那些重视政治的国家，就会重视用音乐来治理它，那些不重视政治的国家，就不重视用音乐来治理它。待到乱世，音乐已无节制了。乐于为治的人，即使关闭了门窗，在房间之中也能感动天地。商汤在位的时候，朝廷中长出一棵奇异的谷子，黄昏时生出，到天亮已经有两手合围那么粗了。汤的臣子让卜人占卜出现的原因，商汤却辞退卜人说："我听说，吉祥是福佑的先兆，但是如果遇到吉兆却做不善的事，那么也就不会得到福佑。怪异的现象是灾祸的先兆，但是如果遇到怪异的现象而做好事，灾祸就不会降临。"于是他很早上朝，很晚退朝，勤理政务，慰问病人，抚恤死者家属，安抚百姓。三天之后，谷子就消失了。所以说，祸是福所依存的对象，福又是祸的栖息地。这个道理只有圣人才能认识到，一般人哪里会知道事物变化的最终结果呢？

周文王即位第八年的六月，文王卧病在床已经五天，当时发生地震，震动范围东西南北在国都四郊之内。百官都来请示说："大家都听说，地震出现是因

为君主的缘故。如今大王您卧病五天而发生地震，地震的范围不超出国都四郊，群臣都十分恐惧，都说'请求您转移灾祸'。"文王说："怎么移走它呢？"百官回答说："征调民众，来增筑国都的城墙，也许就可以把灾祸移走吧。"文王说：不行。上天之所以显现怪异，是用来惩罚有罪的人。我必定有罪，所以上天以此来惩罚我。如今为此而征发民众来增筑国都城墙，这是加重我的罪过。这么做万万不可。""我准备改过自新，多做善事，来转移上天的惩罚，或许可以免除灾祸吧。"于是，文王慎重地处理礼仪法度，以交好诸侯；整饬辞令、币帛，用以礼贤下士；颁布爵位、等级、土地，以赏赐群臣。很快，文王的病就痊愈了。文王即位的第八年发生了地震，地震之后又统治了四十三年，一共在位五十一年然后才驾崩，这是文王消灾的方式恰当啊。

宋景公在位时，火星出现在心宿的位置。景公很害怕，就召见子韦询问原因，说："火星出现在心宿，这是什么原因呢？"子韦说："火星是上天对下界惩罚的妖星，心宿是宋国的分野，预示着君您要有祸殃。虽然如此，您可以把灾祸转移给宰相。"景公说："宰相是跟我一起治理国家的人，把灾祸转给他，这不吉利。"子韦说："可以把灾祸转移给百姓。"景公说："百姓死了，我还给谁当国君呢？我宁肯自己去死！"子韦说："可以把灾祸转移给农业收成。"景公说："年成不好，百姓就会挨饿，作为国君却害死百姓以自保，那谁还会把我当作国君呢？这是我的寿命本来已经到头了，你不需要再说了。"子韦离开所站立之处恭敬地避让，面向北再拜说："我祝贺您，天虽然居在高处却可以听到地上的声音。您刚才说出了最美善的三句话，上天一定会奖赏您三次。所以今夜火星一定会后退三舍，您可以延寿二十一年。"景公说："你凭什么知道的呢？"子韦回答说："您有三句美善的话，所以必得三次奖赏，因此火星一定会迁移三舍的。每退一舍要经过七颗星，一颗星代表一年的寿命，三七二十一年，所以为臣说您可以延寿二十一年。臣请求守候在宫殿台阶下观察火星迁移，如果火星不迁移，为臣甘愿受死。"景公说："可以。"当天夜里火星果然后退了三舍。

【解析】

本篇虽名为"制乐"，但实际内容与音乐没有关系，而是说灾异的兴灭在于人事的善恶，是战国时期天人感应思想比较集中的表述。所谓天人感应，意思是天和人同类相通，相互感应，天能干预人事，人亦能感应上天，自然灾害和统治者的错误之间有着因果联系。"凡灾异之本，尽生于国家之失"。天子违背了天意，不仁不义，天就会出现灾异进行谴责和警告；如果政通人和，天就会降下祥瑞作为鼓励。

孟母断织

天人感应之说，源自儒家六经中的《尚书》。其中《洪范》一篇说："曰肃，时雨若；曰乂，时旸若；曰晰，时燠若；曰谋，时寒若；曰圣，时风若。曰咎征：曰狂，恒雨若；曰僭，恒旸若；曰豫，恒燠若；曰急，恒寒若；曰蒙，恒风若。"意思是说君主的施政态度能影响天气的变化。君王行为肃敬，天就及时下雨；君王行为符合道义，天就及时晴朗；君王行为明智，天就及时变暖；君王行为谋划周到，天就及时寒冷。君王行为圣智，天就及时刮风。君王行为可以招致的坏征兆是：行为狂妄，就老是下雨；行为不合常规，就老是天晴；行为贪图安逸，天就老是炎热；行为过急，就老是寒冷；行为昏蒙，就老是刮风。《洪范》一般认为是商代的贤人箕子所作，可见天人感应思想的源远流长。这一思想被孔子所继承。孔子作《春秋》，认为灾异是国君失德而引发的。战国楚竹简《鲁邦大旱》载孔子曾说："邦大旱，毋乃失诸刑与德乎？"又劝国君"正刑与德，以事上天"。《春秋》之所以重灾异，是因为孔子认为天人之间有感应关系，人类的行为会上感于天，天会根据人类行为的善恶邪正下应于人，上天应人的方式即是用灾异来谴告人，使人反省改过。《易·坤文言》："积善之家必有余庆，积不善之家必有余殃。"《礼记·中庸》："国家将兴，必有祯祥；国家将亡，必有妖孽。见乎蓍龟，动乎四体。"不仅儒家持此看法，墨家的代表人物墨子也说："爱人利人者，天必福之，恶人贼人者，天必祸之。"也是把各类自然界的异常现象与人事联系在一起。意思就是说，如果自然界出现了异常现象，一定是君主做错了事。换句话说，如果君主做错了事，上天一定会加以惩罚。惩罚的结果就是以奇异的天象或自然灾害来表示。这也是所谓"天谴"的由来。

本篇继承了天人感应思想，并用三个例子作描述。

成汤在位的时候，庭中长出一颗奇异的谷子，黄昏时发芽，到了天亮，已经有两手合围那么粗了。汤的臣下请求占卜异谷出现的原因。汤辞退占卜的臣子，说："我听说，吉祥的事物是福的先兆，但是如果遇到吉兆，却不做善事，福就不会降临。怪异的事物是灾祸的先兆，但是如果遇到怪异而做善事，灾祸就不会降临。"于是他早上朝，晚退朝，勤于政事，探问病人，吊唁死者，务求安抚百姓。三日之后，庭中的异谷就消失了。

周文王即位第八年的那一年，文王生病了，卧床五天之后，国都周边发生了地震。百官都请求说："请把灾祸移走。"文王说："怎样做才能移走呢？"大臣们都回答说："征发徭役，发动民众，加固国都的城墙。"文王说："不行。上天显现怪异是借以惩罚有罪的人。我必定有罪，所以天借此惩罚我。如果今天专门为此征发徭役，这是加重我的罪过。我愿意改变过去的行为，增加美善的品德，或许可以免除灾祸吧。"于是文王慎重对待礼法，用以结交诸侯；整饬礼品，礼贤下士；颁布政令将田地赏赐给群臣，没过多久，文王的病就好了。

宋景公的时候，火星出现在心宿的位置。景公很害怕，向子韦询问。子韦说："火星代表上天的惩罚，心宿是宋国的分野，灾祸当降临在国君您的身上。"然后子韦建议，景公可以把灾祸转嫁给宰相，景公拒绝了；再建议转嫁给百姓，又被景公拒绝了；最后建议转嫁给农业收成，景公更是不答应。子韦立即向景公道喜，说今夜火星一定后退三舍，这是老天爷对您的奖赏。结果，当天夜里，火星果然就退避三舍。

这里举了成汤对待异谷、文王应付地震、宋景公询问火星三个事例，说明了《吕氏春秋》是承认天人之间是存在相互感应的因果关系的。不过，本篇的目的并不是侧重讲天人之间的相互感应，而是有所侧重，即只要君主行善事，修德爱民，有所作为，异端就会消除，天谴就会终止，其积极意义是显而易见的。不仅如此，《吕氏春秋》"天人感应"思想含有对君主约束的意义在内，而这一点被后世所继承和发扬。

"天人感应"说到了西汉时期，被董仲舒所继承与发扬。董仲舒论证"天人感应"主要有两个意图：一是维护"天子"权威，董仲舒认为论证皇帝是"天子"，代表天来统治下民的，所以君权的至上权威性是不容怀疑的；二是约束以"天谴"，君权也是有约束的，上天会出现灾异来警告皇帝，皇帝不因为至高无上就可以胡来。这两点当中，尤以后者意义更大。

《史记·儒林列传》说董仲舒"以《春秋》灾异之变推阴阳所以错行"，董仲舒继承了《公羊传》中的灾异说。《汉书·董仲舒传》载他应汉武帝之对策云："臣谨案春秋之中，视前世已行之事，以观天人相与之际，甚可畏也。国家将有失道之败，而天乃先出灾害以谴告之，不知自省，又出怪异以警惧之，尚不知变，而伤败乃至。以此见天心之仁爱人君而欲止其乱也。"这才是董仲舒"天人感应"说的真正目的所在。很显然，董氏的思想秉承了《吕氏春秋》"天人感应"说的积极性。

这一点后世的帝王也有着清楚地理解。北魏孝文帝就说，这种理论实际上是"圣人惧人君之放怠，因之以设诫"。也就是说，这套理论就是为了防止皇帝胡来而专门设置的。北宋神宗时，王安石为了变法，提出"天变不足畏"。曾经任宰相的富弼说："人君所畏惟天，若不畏天，何事不可为者？"富弼的意思是说，皇帝的权力很大，在人世间没人可以超越和管束，只有"天"能让皇帝感到害怕。谁都知道天变不足畏，但是问题是，如果皇帝连"天"都不怕，那么还有什么事情做不出来？强调"天谴"不是说神化天，目的其实是为了约束人间的帝王的。富弼说的一段话，充分体现了"天人感应"理论在皇帝制度中存在的本质意义，也由此可见《吕氏春秋》的价值所在。

【故事】

墨子质疑音乐治国论

墨子是墨家学派的创始人，他在音乐方面的主张主要是"非乐"，与以孔

子为代表的儒家学派有所不同。有人问墨子说："先生曾经说过：'圣王不做音乐。'以前的诸侯治国太劳累了，就以听钟鼓之乐的方式进行休息；士大夫工作太累了，就以听竽瑟之乐的方式进行休息；农夫春天耕种、夏天除草、秋天收获、冬天贮藏，也要借听瓦盆土缶之乐的方式休息。现在先生说'圣王不做音乐'，这好比马套上车后就不再卸下，弓拉开后不再放松，这恐怕不是有血气的人所能做到的吧！"

墨子从容地回答："以前尧舜只有茅草盖的屋子，所谓礼乐不过如此。后来汤把桀放逐了，统一天下，自立为王，事成功立，没有大的后患，于是就承袭先王之乐而自作新乐，取名为《護》，又修《九招》之乐。周武王战胜殷朝，杀死纣王，统一天下，自立为王，没有了大的后患，于是袭先王之乐而自作新乐，取名为《驺虞》。周成王治理天下不如武王；周武王治理天下不如成汤；成汤治理天下不如尧舜。所以音乐愈繁杂的国王，他的治绩就愈少。由此看来，音乐不是用来治理天下的。"

那人说："先生说'圣王没有音乐。'但以上这些就是音乐，怎么能说圣王没有音乐呢？"墨子说："圣王的教令，凡是太盛的东西就减损它。饮食于人有利，若因饥饿而吃的就算是智慧，也就无所谓智慧了。现在圣王虽然有乐，但却很少，这也等于没有音乐。"

明理

【题解】

本篇认为，政治混乱的话，就会出现种种自然和人世的妖异现象。这一主旨体现了作者天人感应的思想。

【原文】

五帝三王之于乐尽之矣[1]。乱国之主未尝知乐者，是常主也[2]。夫有天赏得为主，而未尝得主之实，此之谓大悲。是正坐于夕室也③，其所谓正乃不正矣。

凡生，非一气之化也④；长，非一物之任也⑤；成，非一形之功也⑥。故众正之所积，其福无不及也；众邪之所积，其祸无不逮也⑦。其风雨则不适，其甘雨则不降，其霜雪则不时，寒暑则不当，阴阳失次[一]⑧，四时易节[二]⑨，人民淫烁不固⑩，禽兽胎消不殖，草木庳小不滋[三]⑪，五谷萎败不成。其以为乐也，若之何哉？

故至乱之化⑫：君臣相贼⑬，长少相杀，父子相忍⑭，弟兄相诬⑮，知交相倒⑯，夫妻相冒⑰，日以相危，失人之纪⑱，心若禽兽，长邪苟利[四]⑲，不知义理。

其云状有若犬、若马、若白鹄⑳、若众车；有其状若人，苍衣赤首，不动，其名曰天衡㉑；有其状若悬旍而赤[五]㉒，其名曰云旍；有其状若众马以斗，其名曰滑马㉓；有其状若众植雚以长[六]㉔，黄上白下，其名蚩尤之旗[七]㉕。

其日有斗蚀㉖，有倍僪，有晕珥㉗，有不光，有不及景[八]㉘，有众日并出，有昼盲㉙，有霄见㉚。

其月有薄蚀[九]㉛，有晖珥㉜，有偏盲，有四月并出，有二月并见，有小月承大月㉝，有大月承小月，有月蚀星㉞，有出而无光。

其星有荧惑，有彗星，有天棓，有天欃，有大竹，有天英，有天干，有贼星，有斗星，有宾星㉟。

其气有上不属天㊱，下不属地，有丰上杀下㊲，有若水之波，有若山之楫㊳；春则黄，夏则黑，秋则苍，冬则赤㊴。

其妖孽有生如带，有鬼投其陴㊵，有菟生雉㊶，雉亦生鷃㊷，有螟集其国㊸，其音匈匈㊹，国有游虵西东㊺，马牛乃言，犬彘乃连㊻，有狼入于国，有人自天降，市有舞鸱㊼，国有行飞[一〇]㊽，马有生角，雄鸡五足，有豕生而弥。[一一]㊾，鸡卵多毈[一二]㊿，有社迁处(51)，有豕生狗。

国有此物，其主不知惊惶亟革(52)，上帝降祸，凶灾必亟(53)。其残亡死丧[一三]，殄绝无类(54)，流散循饥无日矣(55)。此皆乱国之所生也，不能胜数，尽荆、越之竹，犹不能书。故子华子曰："夫乱世之民，长短颉许百疾(56)，民多疾

疠，道多褓褓[57]，盲秃伛尪[58]，万怪皆生。"故乱世之主，乌闻至乐[一四][59]？不闻至乐，其乐不乐[60]。

【校勘】

[一] 失，旧校云：一作"易"。

[二] 节，旧校云：一作"位"。

[三] 庳，旧本作"痹"。

[四] 苟利，旧校云：一作"苟且"。

[五] 鬻，旧本皆作"釜"。

[六] 藿，众本作"华"，今据孙人和说改。华，旧校云：一作"藿"。

[七] 旗，旧本皆作"旟"。

[八] 及，旧校云：一作"反"。

[九] 月，旧本皆误作"日"。

[一〇]飞，旧校云：一作"鼍"。

[一一]豕，旧校云：一作"豸"。

[一二]瑕，旧本皆误作"假"。

[一三]其，旧校云：一作"有"。

[一四]乌，旧校云：一作"焉"。

【注释】

①尽：极，达到顶点。

②常主：凡庸的君主。

③夕室：这里泛指方位不正之室。夕，偏西。

④一气：单指阴气或阳气。古人认为万物是天地阴阳之气聚合而生，所以单有"一气"不能化育万物。

⑤任：担负。

⑥形：形体，指物。

⑦逮：及，至。

⑧失次：失去常规。

⑨节：季节，节令。

⑩人民淫烁不固：意思是，男女淫乱不能生育。烁，销烁，这里指胎气消散。

⑪庳：矮，短。滋：长。

⑫化：习俗，风气。

⑬贼：残害。

⑭忍：残酷，残忍。

⑮诬：欺骗。

⑯知交：知心朋友。倒：逆，背叛。

⑰冒：犯，冲犯。

⑱人之纪：人伦，阶级社会里人的等级关系、道德关系。

⑲长：长于，擅长。苟利：苟且求利。

⑳鹄：天鹅。

㉑天衡：与"天衝"同。天衝，《隋书·天文志》中说：岁星之精，流为天衡，"状如人，苍衣赤首，不动。主灭位"。

㉒旄：同"旌"。用旄牛尾和彩色鸟羽作竿饰的旗。

㉓滑：不凝滞。

㉔植蘸：属菌类，菌上如盖，下有曲柄，与旗相似，所以比作蚩尤之旗。以：连词，而。

㉕蚩尤之旗：《隋书·天文志》中说：荧惑之精，流为蚩尤旗，"乱国之王，众邪并积，有云若植蘸竹长，黄上白下，名曰蚩尤旗。主诛逆国"。蚩尤，神话中东方九黎族首领，曾与黄帝战于涿鹿（今河北涿鹿东南），失败被杀。

㉖斗蚀：指日蚀。古人认为日蚀现象是两日共斗而相食造成的，所以称斗蚀（依高诱注）。

㉗倍僪、晕珥：太阳周围的光气。高诱说："倍僪，晕珥，皆日旁之危气

也。在两旁反出为倍，在上反出为僑；在上内向为冠，两旁内向为珥。"

㉘景：日影。这个意义后来写作"影"。按：不光、不及影都是由于空中有浓厚的尘雾所致。

㉙盲：冥，昏暗。下文"有偏盲"中的"盲"与此同。

㉚霄：通"宵"。夜。见：显现。

㉛薄蚀：指月蚀。古人认为由于日月迫近相掩，才发生了月亏食现象，所以称薄食。薄，迫近。

㉜晕珥：月亮周围的光气。

㉝小月承大月：一种由于月晕而造成的奇特现象：天空并出两月，一大一小，大月在上，小月在下，叫作"小月承大月"。如果小月在上，大月在下，叫作"大月承小月"。承，捧着。

㉞月蚀星：月光盖住星光，星光看不见了，叫作"月蚀星"。蚀，侵蚀。

㉟荧惑、彗星、天棓、天欃、天竹、天英、天干、贼星、斗星、宾星：都是星名。古人把它们列为妖星，认为它们的出现，预示着人间必将发生灾祸。

㊱属：接连。

㊲杀：少，小。

㊳楫：林木。

㊴春则黄，夏则黑，秋则苍，冬则赤：这四句是说气不和，发生异常。依古人五行说，春气宜苍，夏气宜赤，季夏宜黄，秋气宜白，冬气宜黑。

㊵陴：城墙上的女墙。

㊶菟：通"兔"。

㊷鴂：同"鹦"。小鸟名。

㊸螟：螟蛾的幼虫，一种蛀食稻心的害虫。国：国都。

㊹匈匈：大群螟虫发出的嘈杂之声。

㊺虵：同"蛇"。西东：用如动词。忽西忽东四处乱窜。

㊻豯：猪。连：合，指交配。

㊼鸱：鸱鸮，猫头鹰一类的鸟。

㊽飞：义未详。高亨说：“飞当读为蜚，二字古通用。蜚，怪兽也。”（见陈奇猷《吕氏春秋校释》引）译文姑从高说。

㊾弥：这里指蹄不生甲。

㊿毈：鸡卵孵化不出。

(51)社：古代祭祀土神的场所。

(52)亟：疾，迅速。

(53)亟：到极点。

(54)殄：灭绝。无类：即“无遗类”，无一幸免。

(55)循：这里是大的意思。

(56)长短：无节度（依高诱注）。颉旿：疑与《庄子·徐无鬼》中“颉滑有实”中的“颉滑”义同。颉滑，错乱（依毕沅说）。

(57)褓襁：也作“襁褓”，这里指婴儿。褓，用以裹覆婴儿的被。襁，背负婴儿所用的织缕或布兜。

(58)伛：脊柱弯曲症，即驼背。尪：骨骼弯曲症。胫、背、胸弯曲都叫尪。这里与“伛”相对，特指鸡胸。

(59)乌：何。

(60)乐不乐：前一个“乐”，指音乐；后一个“乐”，快乐。

【译文】

五帝三王在音乐方面已经达到尽善尽美了。而乱国的君主却从来不曾懂得音乐，这是由于他们是凡庸的君主的缘故。获得上天的赏赐，得以成为君主，然而徒有君主之名，却无君主之实，这是最可悲的。这就如同在方位不正的屋子里摆正座位一样，其所谓正，恰恰是不正。

万物的诞生，不是阴、阳二气之中一种气能够化育的；万物的生长，不是一种物能够承担的；万物的形成，不是一种东西的功劳。所以，大量正气积聚的地方，福没有不降临的；大量邪气积聚的地方，祸没有不发生的。邪恶积聚之处，那里的风雨不适，时雨不降，霜雪不合时令，寒暑失当，阴阳失去常规，四季次序颠倒，人民淫乱不能生育，禽兽胚胎消释不能繁殖，草木矮小不能生长，五谷枯萎不能结实。以此为素材创作音乐，会怎么样呢？

所以，极端混乱的社会，它的风气是：君臣互相残害，长少互相杀戮，父子残忍相待，弟兄互相欺骗，挚友互相背叛，夫妻互相冒犯。人们天天相互残害，丧失人伦，心如禽兽，长于邪恶，苟且求利，不懂理义。

它的云气形状有的像狗、像马、像白天鹅，像各种各样的车辆；有的像人，青色的衣服，红色的头，一动不动，它的名字叫"天衝"；有的像悬在空中的旌旗，颜色是红的，它的名字叫"云旌"；有的像许多匹马在争斗，它的名字叫"滑马"；有的像植蘜而稍长，颜色上黄下白，它的名字叫"蚩尤之旗"。

它的太阳有时发生日蚀，有时有倍僑、晕珥之类的光气，有时不发光，有时有光却不产生阴影，有时许多个太阳一齐在空中出现，有时白天昏暗，有时太阳在夜里出现。

它的月亮有时发生月蚀，有时有晖珥之类的光气，有时一侧昏暗，有时四个月亮一起出现，有时两个月亮一起出现，有时一起出现一大一小两个月亮，一上一下，或者小月托着大月，或者大月捧着小月，有时月亮遮住星星，有时月出而无光。

它的妖星有荧惑，有彗星，有天棓，有天欃，有天竹，有天英，有天干，有贼星，有斗星，有宾星。

它的雾气看的上不连天，下不连地，有的上大下小，有的像水的波浪，有的像山的林木。春天是黄色，夏天是黑色，秋天是苍色，冬天是红色。

它的妖孽有的生得像带子，有鬼跳进城上的女墙，有兔子生出野鸡，野鸡又生出鹦雀。有螟虫聚集在国都，发出匈匈的声音使人惊惧。国都内有游蛇忽西忽东四处乱窜，马牛竟开口说话，狗猪竟互相交配，有狼闯入国都，有妖人从天而降，市场上有飞舞的鸥鸦，国都内有横行的怪兽，有马长出犄角，雄鸡五只脚，有猪生下来蹄不生甲，鸡卵多孵化不出，有祭祀土神的场所自己移了地方，有猪生狗。

国家中有了以上这些怪异之物，君主不知惊惶，不知迅速改革，那么上帝降下灾祸，必定凶到极点。其国家灭亡，君主死丧，无一幸免，人民流离失散，遭受饥荒。这些都是混乱的国家发生的怪异现象，多得数也数不清，即使用尽楚、越生长的竹子也写不完。所以，子华子说："乱世的百姓，没有节度，是非错乱，百病俱生。人民多疾病，道路多弃婴，瞎眼、秃头、驼背、鸡胸，各种各样的怪疾都产生了。"因此，乱世的君主怎么能听到最和谐、完美的音乐？听不到最和谐、完美的音乐，它的音乐不会快乐。

【解析】

音乐与国家治理是有关系的。当国家出现的各种混乱的世道习俗时，各种各样的妖异会连连出现，这就需要君主引起重视，并采取变革措施，国家大治，才能产生最美好的音乐。否则就像乱世的君主一样听不到最美的音乐，也感受不到音乐带来的快乐。"明理"的篇题，就是要体现明于治乱的道理。

孟秋纪第七

孟秋

【题解】

秋天是万物成熟的季节，秋收之后应该讲求法制，处罚犯罪，还要预防水灾。秋天是肃杀的季节，也是练兵讲武的季节。

【原文】

孟秋之月，日在翼，昏斗中，旦毕中。其日庚辛，其帝少皞，其神蓐收，其虫毛，其音商，律中夷则，其数九，其味辛，其臭腥，其祀门，祭先肝。凉风至，白露降，寒蝉鸣。鹰乃祭鸟，始用刑戮。天子居总章左个，乘戎路，驾白骆，载白旂，衣白衣，服白玉，食麻与犬，其器廉以深。

是月也，以立秋。先立秋三日，太史谒之天子，曰："某日立秋。盛德在金。"天子乃斋。立秋之日，天子亲率三公、九卿、诸侯、大夫，以迎秋于西郊。还，乃赏军率武人于朝。天子乃命将帅，选士厉兵，简练桀俊，专任有功，以征不义；诘诛暴慢，以明好恶，巡彼远方。

是月也，命有司修法制，缮①囹圄，具②桎梏，禁止奸，慎③罪邪，务搏执；命理瞻伤察创，视折审断；决狱讼，必正平；戮有罪，严断刑。天地始肃，不可以赢。

是月也，农乃升谷，天子尝新，先荐寝庙。命百官，始收敛，完堤防，谨壅塞，以备水潦。修宫室，坿墙垣，补城郭。

是月也，无以封侯、立大官，无割土地、行重币、出大使。

行之是令，而凉风至三旬。

孟秋行冬令，则阴气大胜，介虫败谷，戎兵乃来。行春令，则其国乃旱，阳气复还，五谷不实。行夏令，则多火灾，寒热不节，民多疟疾。

【注释】

①缮：修缮。

②具：具备。

③慎：告诫。

【译文】

孟秋七月，太阳的位置运行到翼宿。黄昏时刻，斗宿出现在南方中天；平旦时分，毕宿出现在南方中天。孟秋在天干中属于庚辛，它的主宰之帝是少皞，佐帝之神是蓐收，顺应此时而动的动物是毛虫族类，相配的声音是五音中的商音，音律与夷则相应。这个月的数字是九，味道辛酸，气味腥臊。在这一个月要举行门祭，祭祀时的祭品是肝脏。在这个月，凉风到了，白露降落，寒蝉在树上鸣叫，鹰开始击杀飞鸟，把捕杀的飞鸟摆放在河边，像摆放祭品一样。这个月开始实施刑罚和杀戮以顺应秋气。天子住在西向明堂的左侧室，乘坐白色的兵车，驾着白色的马，车上插着白色的绘有龙纹的旗帜。天子穿着白色的衣服，佩戴着白玉。吃麻籽和狗肉，使用有棱角而深邃的器物。

在这个月立秋。立秋前三天，太史禀告天子说："某日立秋，盛德在金。"于是天子就斋戒。立秋那天，天子亲率三公、九卿、诸侯、大夫，到西郊去恭候迎接秋的来临。回朝后天子在朝廷赏赐将军和兵士。天子命令将帅挑选兵士和修整兵器，挑选训练勇武强壮的武士，诚心委任战功显赫的将士，征讨邪恶有罪的人，讨伐暴虐的人，以表明爱憎，惩治奸邪，使远方都来归顺。

这个月，命令负责诉讼的官吏整饬刑法，修缮牢狱，预备刑具，禁止奸邪事件发生，告诫有罪恶的人，务必绳之以法。命令负责狱事的官吏察看被伤害者，审定被折断肢体的程度。判决争讼，必须公正，杀戮罪犯，严格执法。天地开始出现肃杀之气，所以不可以有所松懈。

这个月，农夫开始收获最新的五谷。天子尝食新的谷物，在尝之前首先要奉献给祖庙。在这个月，命令百官征收租税，修缮堤坝，检查水道有无堵塞，防备水涝灾害。修整官室墙院，修补城郭。

这个月，不要分封诸侯，不要任命公卿之类的大官，不要赏赐土地，不要馈送重礼，不要委派使节出访国外。

实施推行这些政令，凉风就会到来，每十天一次。

孟秋时节，如果施行本应该是在冬天才推行的政令，阴气就过于旺盛，甲壳动物就会毁坏谷物，敌军就会来侵扰。如果施行本应该在春天才推行的政令，国内就会出现干旱，阳气就会重起，五谷不能结实。如果施行本应该在夏天才推行的政令，火灾就会经常发生，寒热就会失当，百姓多会染上疟疾。

荡兵

【题解】

"荡"是动的意思。本篇旨在阐述战争的缘起，属兵家言论。

吕氏春秋

《吕氏春秋》原典释译

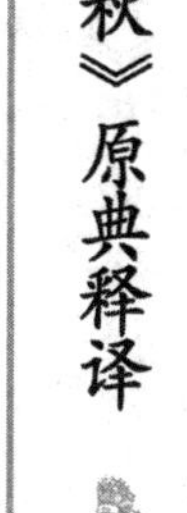

　　文章批判了宋尹学派的"偃兵"之说，主张用"义兵"拯救天下。这在当时仍是具有进步意义的。首先，对"偃兵"说的批判打破了在阶级社会中"偃兵"的幻想；其次，用"义兵"代替"偃兵"是符合时代的潮流和人民的愿望的。孟子也提出过"仁义之师"，说过"仁者无敌"，但他始终幻想着仅用政治影响——"王道"就可以统一中国。在这一点上，《吕氏春秋》的"义兵"说可以说比孟子的"王道"说高了一筹。

【原文】

　　古圣王有义兵而无有偃兵①。兵之所自来者上矣[一]②，与始有民俱。凡兵也者，威也；威也者，力也。民之有威力，性也。性者，所受于天也，非人之所能为也。武者不能革③，而工者不能移④。

　　兵所自来者久矣。黄、炎故用水火矣⑤，共工氏固次作难矣⑥，五帝固相与争矣。递兴废[二]⑦，胜者用事⑧。人曰"蚩尤作兵"[三]⑨，蚩尤非作兵也，利其械矣⑩。未有蚩尤之时，民固剥林木以战矣⑪，胜者为长。长则犹不足治之，故立君。君又不足以治之，故立天子。天子之立也出于君，君之立也出于长，长之立也出于争。争斗之所自来者久矣，不可禁，不可止。故古之贤王有义兵而无有偃兵。

　　家无怒笞[四]⑫，则竖子、婴儿之有过也立见⑬；国无刑罚，则百姓之相侵也立见[五]；天下无诛伐⑭，则诸侯之相暴也立见⑮。故怒笞不可偃于家，刑罚不可偃于国，诛伐不可偃于天下，有巧有拙而已矣。故古之圣王有义兵而无有偃兵。

　　夫有以饐死者⑯，欲禁天下之食，悖⑰；有以乘舟死者，欲禁天下之船，悖；有以用兵丧其国者，欲偃天下之兵，悖。夫兵不可偃也，譬之若水火然，善用之则为福，不能用之则为祸；若用药者然，得良药则活人⑱，得恶药则杀人。义兵之为天下良药也亦大矣。

　　且兵之所自来者远矣，未尝少选不用⑲。贵贱、长少、贤不肖者相与同[六]，有巨有微而已矣。察兵之微⑳：在心而未发，兵也；疾视㉑，兵也；作色㉒，兵也；傲言㉓，兵也；援推㉔，兵也；连反㉕，兵也；侈斗㉖，兵也；三军攻战，兵也。此八者皆兵也，微巨之争也[27]。今世之以偃兵疾说者[28]，终身用兵而不自知悖，故说虽强，谈虽辨[七][29]，文学虽博[30]，犹不见听[31]。故古之圣王有义兵而无有偃兵。

兵诚义，以诛暴君而振苦民[八][32]，民之说也[33]，若孝子之见慈亲也，若饥者之见美食也；民之号呼而走之[34]，若强弩之射于深谿也[35]，若积大水而失其壅堤也[36]。中主犹若不能有其民[37]，而况于暴君乎？

【校勘】

[一] 上，旧校云：一作"久"。

[二] 兴，旧校云：一作"与"。

[三] 人，旧本作"又"。

[四] 答，旧校云：一作"忿"。

[五] 毕本"之"下有"悟"字，今据小宋本、汪本、凌本、朱本、日刊本删。

[六] 众本"者"在"贤"字之下，今据陶鸿庆说改。

[七] 辨，元本、李本、张本、汪本、凌本、朱本作"辩"。

[八] 苦，旧校云：一作"弱"。

【注释】

①偃：止息。

②上：久。

③革：改变。

④工者：有才能的人。

⑤黄、炎：指黄帝、炎帝。炎帝，传说中的古帝，姜姓，因以火德称王，故称炎帝，号神农氏。故：已经。用水火：传说炎帝与黄帝争战，炎帝燃起大火，黄帝用水灭之。

⑥共工氏：传说中古代的部族首领，与颛顼争为帝，失败被杀。固：已经。

《吕氏春秋》原典释译

次：通"恣"。恣意。作难：发难。

⑦递：更迭，替代。

⑧用事：指治理天下。

⑨蚩尤：传说中东方九黎族的首领。作兵：始制造兵器。

⑩械：兵器。

⑪剥：砍削。

⑫怒：斥责。笞：用鞭、杖、竹板抽打。

⑬竖子：僮仆。婴儿：儿童。见：出现。

⑭诛：讨伐。

⑮暴：侵侮。

⑯饐：通"噎"。

⑰悖：惑，荒谬。

⑱活：用如使动，救活。

⑲少选：须臾，一会儿。

⑳兵：战争。这里是个含义很广的概念，既指争斗之心，又指争斗行为，也指狭义的战争。

㉑疾视：怒目而视。

㉒作色：指因生气而脸变颜色。

㉓傲言：言辞傲慢。

㉔援推：推挽。这里指以手相搏。援，拉。

㉕连反：当是以足相搏之义（依马叙伦说）。

㉖侈斗：这里是群斗的意思。侈，恣意放纵。

㉗争：等于说"差"，差异。

㉘疾说：极力游说。

㉙辨：通"辩"。

㉚文学：指文献经典。

㉛见：表示被动。

《吕氏春秋》原典释译

㉜振：拯救。

㉝说：喜悦。

㉞走：奔向。

㉟谿：山谷。

㊱壅：堵塞。这里指堤坝。

㊲中主：一般的君主。犹若：犹然，尚且。

【译文】

古代的圣王主张正义的战争，从未废止战争。战争的由来相当久远了，它是和人类一起产生的。大凡战争，靠的是威势，而威势是力量的体现。具有威势和力量是人的天性。人的天性是从上天那里秉承下来的，不是人力所能造成的。勇武的人不能使它改变，机巧的人不能使它移易。

战争的由来相当久远了。黄帝、炎帝已经用水火争战了，共工氏已经恣意发难了，五帝之间已经互相争斗了。他们一个接一个地兴起、灭亡，胜利者统治天下。人们说"蚩尤开始制造了兵器"，其实，兵器并非蚩尤创造的，他只不过是把兵器改造得更锋利罢了。在蚩尤之前，人类已经砍削林木作为武器进行战争了。胜利者做首领，只有首领还不足以治理好百姓，所以设置君主。君主仍不足以治理好百姓，所以设置天子。天子的设置是在有君主的基础上产生的，君主的设置是在有首领的基础上产生的，首领的设置是在有争斗的基础上产生的。争斗的由来相当久远了，不可禁止，不可平息。所以，古代的贤王主张正义的战争，从未废止战争。

家中如果没有责打，僮仆、小儿犯过错的事就会立刻出现；国中如果没有刑罚，百姓互相侵夺的事就会立刻出现；天下如果没有征伐，诸侯互相侵犯的事就会立刻出现。所以，家中责打不可废止，国中刑罚不可废止，天下征伐不可废止，只不过在使用上有的高明、有的笨拙罢了。所以，古代的圣王主张正义的战争，从未废止战争。

如果因为发生了吃饭噎死的事，就要废止天下的一切食物，这是荒谬的；

如果因为发生了乘船淹死的事，就要废止天下的一切船只，这是荒谬的；如果因为发生了进行战争而亡国的事，就要废止天下的一切战争，这同样是荒谬的。战争是不可废止的。战争就像水和火一样，善于利用它就会造福于人，不善于利用它就会造成灾祸；还像用药给人治病一样，用良药就能把人救活，用毒药就能把人杀死。正义的战争正是治理天下的一副良药啊！

再说，战争的由来相当久远了，没有一刻不用。人们无论贵贱、长少、贤与不肖在这一点上是相同的，只是在使用上有大有小罢了。考察战争的细微之处：争斗之意隐藏在心中，尚未表露出来，这就是战争；怒目相视是战争；面有怒色是战争；言辞傲慢是战争；推拉相搏是战争；踢踹相斗是战争；聚众殴斗是战争，三军攻战是战争。以上这八种情况都是战争，只不过是规模有小大之差罢了。如今世上极力鼓吹废止战争的人，他们终身用兵，却不知道自己言行相背，因此，他们的游说虽然有力，言谈虽然雄辩，引用文献典籍虽然广博，仍然不被人听取采用。所以，古代的圣王主张正义的战争，从未废止战争。

如果战争确实符合正义，用以诛杀暴君，拯救苦难的人民，那么人民对它的喜悦，就像孝子见到了慈爱的父母，像饥饿的人见到了甘美的食物；人民呼喊着奔向它，像强弩射向深谷，像蓄积的大水冲垮堤坝。在这种情况下，一般的君主尚且不能保有他的人民，更何况暴君呢？

【解析】

本篇是一篇关于是否废止战争的专篇。偃兵，即废止战争。战国时期，随着形势的发展，秦国谋求统一六国，不断发动战争，山东六国为了各自的利益，彼此之间也经常混战，造成生灵涂炭，民不聊生。于是一些思想家提出了制止战争的主张，他们的想法有两种：一种是"偃兵"，一种是"救守"。偃兵是企图用政治外交的办法制止战争。在春秋末期，宋国的向成，主张"弭兵"，"弭兵"就是偃兵。本篇就涉及其中著名的"偃兵说"。

战国时期，持"偃兵说"比较坚定的有两家：一家是以宋钘、尹文为代表的道家学派的一个分支，另一家是名家。

　　《庄子·天下》篇在评论宋钘、尹文学派时说："以禁攻寝兵为外，以情欲寡浅为内。"指出宋钘、尹文学派对外主张禁攻寝兵，也就是废止战争。"见侮不辱，救民之斗；禁攻寝兵，救世之战。以此周行天下，上说下教。虽天下不取，强聒而不舍者也"，他们主张，受到欺侮不以为耻辱，以此来解救人民的争斗；禁止攻打，放下兵器，以这种方式来解救世间的战争。本着这种意旨周行天下，对上游说诸侯停止战争，对下教育百姓，不要争斗。虽然天下的人并不接受，但依然劝说不停。从《庄子》的记载中，可见宋钘、尹文学派是力主偃兵的。

　　名家也是积极宣传鼓吹"偃兵说"的。《吕氏春秋·应言》中记载了一个公孙龙"偃兵"的故事：大约在公元前279年至公元前248年间，公孙龙从赵国带领弟子到燕国去说服燕王"偃兵"。公孙龙用如何消除战争的话劝说燕昭王，昭王说："很好。我愿意跟宾客们商议这件事。"公孙龙说："我私下里估计大王您不会消除战争的。"昭王说："为什么？"公孙龙说："从前，大王您想打败齐国，天下杰出的人士中那些想打败齐国的人，大王您全都收养了他们；那些了解齐国的险阻要塞和君臣之间关系的人，大王您全都收养了他们；那些虽然了解这些情况但却不想打败齐国的人，您还是不肯收养他们。最后果然打败了齐国，并以此为功劳。如今大王您说：我很赞成消除战争。可是在您的朝廷里都是善于用兵的人，所以我知道，您是不会消除战争的。"燕昭王无话可说。在这里虽然公孙龙是反驳燕昭王，但是也不难看出以公孙龙为代表的名家，在政治上是主张"偃兵说"的。

　　名家的另一位代表人物惠施也主张偃兵，反对用暴力统一天下。《韩非子·内储说上》："张仪欲以秦、韩与魏之势伐齐、荆，而惠施欲以齐、荆偃兵。"《吕氏春秋·爱类》：惠施为了偃兵而不惜"王齐王"，公元前334年，魏惠王与齐威王会于徐州并互尊对方为王，打破了周天子独尊的局面。按说，"王齐王"与惠施去尊的主张背道而驰，但惠施认为，齐王连年征战的目的就是称王称霸，为了消弭征战，减轻老百姓的痛苦，唯有尊齐威王为王，"今可以王齐王而寿黔首之命，免民之死，是以石代爱子头也，何为不为？"由此可见，惠施的目的主要还是在于制止战争。

　　与上述学派不同，《吕氏春秋》是反对"偃兵说"的。因为，"兵之所自来者上矣，与始有民俱。凡兵也者，威也，威也者，力也。民之有威力，性也。性者所受于天也，非人之所能为也，武者不能革，而工者不能移。"从战争的起源来说，"兵"出于人性，是人"天性"的产物。争夺资源让自己生存是人的本能，所以战争是人的本性所决定的，是不可避免的。这在公孙龙的话中也可看出来。《吕氏春秋》中《审应览》载，公孙龙曾与赵惠文王论偃兵。赵王问公孙龙说："寡人事偃兵十余年矣，而不成，兵不可偃乎？"公孙龙回答说："赵国的蔺、离石两地被秦侵占，王就穿上丧国的服装，布冠而束发；东攻齐得城，而王加膳置酒，以示庆祝。这怎能会偃兵？"对此，《庄子·徐无鬼》一针见血地指出："爱民，害民之始也；为义偃兵，造兵之本也。"那些国君，为了笼络人心，故意打着爱民的幌子，"偃兵"只是为了更好地发动战争，吞并他人的土地，实则是"害民之始"。所以本篇说："兵不可偃也。"

　　在反驳了"偃兵"说之后，再从历史的角度，回顾了自黄帝、炎帝以来，战争一直是解决纠纷的手段。"兵所自来者久矣，黄、炎故用水火矣，共工氏固次作难矣，五帝固相与争矣。"人类社会自祖先炎黄开始，就有了争斗与战争，一直延续到今天。所以在战国时代，要求偃兵是不可能实现的空想。这里的论述十分精辟，作者从人类历史发展的客观实际出发，从社会进化过程中存在的内在矛盾与斗争关系出发，认为在人类以往的历史上，战争作为一种客观存在物，它的发生发展是不以个人意志为转移的。这种观点其实是一种具有历史唯物论成分的进步观点。不仅如此，本篇指出，一国之君的废立，必定依赖于军队。"天子之立也出于君，君之立也出于长，长之立也出于争。争斗之所自来者久矣，不可禁，不可止"。这种思想是"枪杆子里面出政权"的先声。

　　既然自古以来，"兵不可偃"，那么就要正确对待用兵的问题。本篇认为："夫兵不可偃也，譬之若水火然，善用之则为福，不能用之则为祸。"那么什么样的用兵才称得上是"善用之"？只有"义兵"才是根本的用兵之道。"兵诚义，以诛暴君而振苦民，民之说也，若孝子之见慈亲也，若饥者之见美食也，民之号呼而走之，若强弩之射于深谿也，若积大水而失其雍堤也。"最后得出结论"有义兵而无有偃兵"。

本篇关于战争的观点在当时具有进步意义。第一，揭示了在战国纷争的时局中，战争是不可避免的，没有军队的保护与防御，必然会国破家亡，为了生存，只有打破"偃兵"说的幻想；第二，提出用"义兵"代替"偃兵"是符合时代潮流的。虽然战争是不可避免的，但是也不能滥用武力，不能杀伐过度。"义兵"说给战争划出了一条底线，即战争始终是为了人民的利益，符合人民的愿望。这样的战争才是"正义之师"。孟子提出过"仁义之师"，幻想用"王道"来统一天下，而不是用战争来统一天下。由此可见，《吕氏春秋》的"正义之师"说比孟子的"仁义之师"说还要高出一等。

【故事】

墨子劝阻造云梯制止楚宋之战

公输般就是我们所熟悉的鲁班，他曾经为楚国造了云梯那类器械，造成后，楚王将用它攻打宋国。墨子听说了，就从齐国起身，行走了十天十夜才到楚国国都郢，会见公输般，劝说他不要造云梯。公输般却说："不能。我已经对楚王说了。"墨子说："你为什么不向楚王引见我呢？"公输般说："行。"

墨子见了楚王，开口说："楚国的地方，方圆五千里；宋国的地方，方圆五百里，这就像彩车与破车相比。楚国有云梦大泽，犀、兕、麋鹿充满其中，长江、汉水中的鱼、鳖、鼋、鼍富甲天下；宋国却连野鸡、兔子、狐狸都没有，这就像美食佳肴与糟糠相比。楚国有巨松、梓树、楠、樟等名贵木材；宋国连棵大树都没有，这就像华丽的丝织品与粗布短衣相比。从这三方面的情况看，我认为楚国进攻宋国，与去偷初病的人同一种类型。我认为大王您如果这样做，一定会伤害了道义，却不能据有宋国。"

楚王说："但公输般已经给我造了云梯，一定要攻取宋国。"于是又叫来公

输般见面。墨子解下腰带，围成一座城的样子，用小木片作为守备的器械。公输般九次陈设攻城用的机巧多变的器械，墨子九次抵挡了他的进攻。公输般攻战的器械用尽了，墨子的守御战术还有余。公输般受挫了，却说："我知道用什么办法对付你了，但我不说。"楚王问原因。墨子回答说："公输般的意思，不过是杀了我。杀了我，宋国没有人能防守了，就可以进攻。但是，我的弟子禽滑釐等三百人，已经手持我守御用的器械，在宋国的都城上等待楚国大军。即使杀了我，守御的人却是杀不尽的。"楚王说："好吧！我不攻打宋国了。"

振乱

【题解】

"振乱"就是救治乱世的意思。本篇主要论述的是发动战争拯救百姓与水火之中的正义性。作者认为，讨伐无道、惩罚不义，国君就可以获得最大的福祉，百姓也可以得到最多的益处。

【原文】

当今之世，浊甚矣，黔首之苦，不可以加矣。天子既绝①，贤者废伏②，世主恣行，与民相离，黔首无所告诉。世有贤主秀士，宜察此论也，则其兵为义矣。天下之民，且死者也而生，且辱者也而荣，且苦者也而逸。世主恣行，则中人将逃其君，去其亲，又况于不肖者乎？故义兵至，则世主不能有其民矣，人亲不能禁其子矣。

凡为天下之民长也，虑莫如长有道而息无道，赏有义而罚不义。今之世，学者多非乎攻伐。非攻伐而取救守，取救守，则乡之所谓长有道而息无道、赏有义而罚不义之术不行矣。天下之长民，其利害在察此论也。攻伐之与救守一实也，而取舍人异。以辨说去之，终无所定论。固不知，悖也；知而欺心，诬也。诬悖之上，虽辨无用矣。是非其所取而取其所非也，是利之而反害之也，安之而反危之也。为天下之长患、致黔首之大害者，若说为深。夫以利天下之民为心者，不可以不熟察此论也。

夫攻伐之事，未有不攻无道而罚不义也。攻无道而伐不义，则福莫大焉，黔首利莫厚焉。禁之者，是息有道而伐有义也，是穷汤、武之事，而遂桀、纣之过也。凡人之所以恶为无道、不义者，为其罚也；所以蕲有道，行有义者，为其赏也。今无道不义存，存者赏之也；而有道行义穷，穷者罚之也。赏不善而罚善，欲民之治也，不亦难乎？故乱天下、害黔首者，若论为大。

【注释】

①天子既绝：指周朝已经灭亡而秦未称帝之时。
②废：废弃不用。伏：隐匿。

【译文】

当今社会，混乱之极，人民的苦难到了无以复加的程度了。周王朝已经灭绝，贤能之士不受重用而隐匿，昏君恣意胡为，背弃人民，人民无处申诉自己的苦难。如果有贤明的君主、德才兼备的人，应该观察到这种状况，那么他们就应该发动正义之师，进行正义的讨伐战争。那么天下百姓，濒临死亡的使得以生存，要蒙受侮辱的就会因而得以摆脱，将要苦难的会得以安逸。昏君恣意胡为，那么一般的人都将逃离这样的国君，而不能顾及他们的父母，更何况是那些品行不端的人呢？因此，正义之师一旦出现，昏君就不能保有他的百姓了，做父母的也无法阻止自己子女离开了。

凡作为天下君主的，所考虑的事莫过于维护公理、消除邪恶、奖赏正义、惩罚不义了。当今世上有很多的学者反对攻伐，反对攻伐就必然选取救守；如果选取救守，那么过去曾经有的维护公理、消除邪恶、奖赏正义、惩罚不义的主张就无法达到了。天下的君主，其利害就在于明察这一道理。攻伐与救守，其实质一样、但取舍因人而异。如今世上的有些学者却反对攻伐主张救守，这是自相矛盾的宣扬"非攻"，最终也不会有结果的。本来就不明白自己的主张

是矛盾的，那是糊涂；如果明白自己的主张却违背本意，那是欺诈。糊涂、欺诈的人，即使辩说有力也没有什么用处。在是否进行攻伐问题上采取反对攻伐的主张，虽想给人民带来好处，但结果却害了人民；虽想使人民安定，结果却使人民处于危险的境地。因此，给天下带来灾难、使人民遭受危害的主张就数这种主张危害最深了。那些关注天下百姓利益的人，不能不仔细地思考这种主张。

攻伐的事，从来都是攻击无道、惩罚不义的。攻击无道、讨伐不义，君主就可以得到最大的福祉，人民就可以得到最多的好处。禁止攻伐，就是废除公道而惩罚正义，这是毁掉商汤、周武王的惩恶义举而助长夏桀、商纣的罪恶啊！人们之所以厌恶无道、不义的事，是因为害怕遭到惩罚；人之所以向往公道、推行正义的事，是因为要求得奖赏。如今施行无道、不义的人安然存在，安然存在就等于奖赏他们。而主持公道正义的人却陷入穷困，陷入穷困就等于惩罚他们。赏恶惩善，却想把人民治理好，不也太难了吗？所以扰乱天下、危害人民的主张中，危害最深的就要数"非攻"了。

【解析】

振乱即救世之乱。在国家混乱，百姓无法安居乐业的时候，贤明的君主和有才干的人士应该举兵讨伐，消灭无道的昏君，救百姓于水火之中，达到救世乱的目的。这体现的是墨家学派非攻和救守的主张。墨家主张虽出自对人民的爱护，把非议战争看成是黎民百姓的要求，这在现实生活中是有一定的局限性的。

【故事】

牧野之战

公元前 1066 年正月，周武王认为时机成熟，遂率"戎车三百乘，虎贲三千人，甲士四万五千人”的军队，联合各诸侯部落的军队，大举伐纣。

周师出潼关后，经过几天的行程，来到距朝歌近七十里的牧野。周武王陈师牧野，首先进行了庄严的誓师，史称“牧誓”。声讨纣王听信宠姬妲己谗言、不祭祀祖宗、招引四方的罪人和逃亡的奴隶、杀戮大臣、残害百姓等罪，以激

牧野之战

发从征诸侯的同仇敌忾之志，使士卒感到“殷有重罪，不可不伐”，武王还宣布了作战的要求和纪律，要求将士奋勇杀敌。

牧野之战打响以后，周军始终保持着严整的队形，不给敌人以可乘之机。武王命令太公望所率的战斗力最强的先锋部队从正面冲击，商军中的奴隶和战俘纷纷倒戈起义。武王见此情景，便指挥周军全军出击，十几万商军于当天就“瓦解而走，遂土崩而下”。纣王见大势已去，便带领一些残兵败将逃回朝歌，登上鹿台，自焚身亡。

禁塞

【题解】

“禁塞”就是禁止、杜绝救守主张的意思。作者认为，救守的主张和行为会阻挡正义之师替天行道、惩恶扬善，这样就会导致暴君继续实施暴政，民众就会遭受更大的灾难。因此。本篇的主旨就是反驳救守的主张。

【原文】

夫救守之心，未有不守无道而救不义也。守无道而救不义，则祸莫大焉，为天下之民害莫深焉。

凡救守者，太上以说[1]。其次以兵。以说则承从多群，日夜思之，事心任

精，起则诵之，卧则梦之，自今单唇干肺[2]，费神伤魂，上称三皇五帝之业以愉其意，下称五伯名士之谋以信其事，早朝晏罢。以告制兵者，行说语众，以明其道。道毕说单而不行，则必反之兵矣。反之于兵，则必斗争之情，必且杀人，是杀无罪之民以兴无道与不义者也。无道与不义者存，是长天下之害。而止天下之利，虽欲幸而胜，祸且始长。先壬之法曰："为善者赏，为不善者罚。"古之道也，不可易。今不别其义与不义，而疾取救守。不义莫大焉，害天下之民者莫甚焉。故取攻伐者不可，非攻伐不可；取救守不可，非救守不可，取惟义兵为可。兵苟义，攻伐亦可，救守亦可。兵不义，攻伐不可，救守不可。使夏桀、殷纣无道至于此者，幸也；使吴夫差、智伯瑶侵夺至于此者，幸也；使晋厉、陈灵、宋康不善至于此者，幸也。若令桀、纣知必国亡身死，殄无后类，吾未知其厉为无道之至于此也；吴王夫差、智伯瑶知必国为丘墟，身为刑戮，吾未知其为侵夺之至于此也；晋厉知必死于匠丽氏，陈灵知必死于夏徵舒，宋康知必死于温，吾未知其为不善之至于此也。此七君者，大为无道不义：所残杀无罪之民者，不可为万数；壮佼、老幼、胎膜之死者，大实平原；广堙深谿大谷，赴巨水，积灰；填沟洫险阻，犯流矢，蹈白刃；加之以冻饿饥寒之患。以至于今之世，为之愈甚。故暴骸骨无量数，为京丘若山陵。世有兴主仁士，深意念此，亦可以痛心矣，亦可以悲哀矣。察此其所自生，生于有道者之废，而无道者之恣行。夫无道者之恣行，幸矣。故世之患，不在救守，而在于不肖者之幸也。救守之说出，则不肖者益幸也，贤者益疑矣。故大乱天下者，在于不论其义而疾取救守。

【注释】

①太上：最上。说：言说。

②单唇干肺：形容说话过多。单唇：费尽唇舌。单：尽。干：竭，也是尽之意。

【译文】

凡是主张救守的人，他的本意没有不是守护无道之君，救助不义之主的。

守护无道之君、救助不义之主，祸害没有比这更大的了，对天下的百姓为害罪深的就是这了。

凡主张救守的人，首先是用言辞劝说放弃攻伐，其次使用兵力御敌。用言辞劝说，就聚集徒众，日夜思虑，费心劳神，醒来后就开始陈述它，睡觉时还梦着它，使自己唇焦肺干，神损魂伤。远的用三皇五帝丰功伟业的例子来取悦用兵的人，近的列举春秋五霸、知名人士的谋略来证明自己的主张。从早上朝会一直到晚上退朝，都在劝说用兵的人退兵。可是讲了很多证明自己主张的道理和事实，话都说尽了，但是自己的主张依然不被采用，这样就必然转而诉诸武力了。采取武力解决，势必就引起战争。战争爆发就必然会有人员伤亡。这是伤害无辜的人民来助长无道之君和不义之主。无道之君和不义之主的存在，就是增加天下的祸害，阻止天下的好事。这些国君虽然想侥幸取胜，祸患却开始滋长。先王的法典规定："奖赏行善的人，惩罚作恶的人。"这是自古至今的原则，不能改变。如今不区分正义与非正义，只主张救守排斥攻战，没有比这更不义的事了，没有比这更危害天下百姓的了。因此，不能一概主张使用攻伐，也不能一概反对攻伐，不能一概采用救守，也不能一概反对救守，只有师出正义才是可取的。如果是正义的，那么既可以攻伐，也可以救守。如果是不义的，那么攻伐不行，救守也不行。致使夏桀、商纣如此荒淫暴虐的是侥幸之心，致使吴王夫差、智伯瑶如此掠夺的是侥幸之心，致使晋厉公、陈灵公、宋康王如此作恶的也是侥幸之心。假如桀、纣知道暴虐无道的下场是国亡身死，子孙断绝，我不相信他们会荒淫无道到如此程度。假如吴王夫差、智伯瑶知道热衷侵略的后果是国家变成废墟，自身被杀戮，我不相信他们会掠夺到如此的程度。假如晋厉公知道他会死在匠丽氏之手，陈灵公知道他会死于夏徵舒之手，宋康王知道他会死在温地，我不相信他们会做出那么多的坏事。这七个国君犯下了滔天罪恶，残杀了无数的无辜百姓。死去的青壮年、老人、儿童以及母腹中的胎儿遍布原野，堵塞了深谷，流入大河，堆积的尸体填平了沟渠。百姓冒着飞箭，踩着利刃，还要承受冻饿饥寒的痛苦。到现在，这样的局面每况愈下，无数尸骨暴露在野外，埋葬尸体的高坟像山陵一样。现在的明圣之君、仁义之士，深切地忧虑这样的事，感到很是痛心和悲哀。考察这些悲剧产生的根源，就在于主持公道的人被摒弃不用，而恣行不善的人却在胡作非为。他们之所以能够胡作非为，就是由于心存侥幸。所以，当今世上的祸患，不在于救守，而在于那些恣行不善的人心存侥幸。自从救守的主张提出后，那些无道不义的人更加怀有侥幸之心了，有道正义的人更加疑惑了。所以严重祸乱天下的根源，就在于那些不区分正义与否，而一概主张救守的人的存在。

【解析】

本篇是承接上篇而来的，上篇是批驳"偃兵"，本篇批驳"救守"。"救守"就是反对侵略战争，主张援助被侵略的诸侯国，帮助其防守城市，认为这样可以使侵略的国家不能得逞。如果各诸侯国都知道侵略是不能得逞的，自然不发动战争了。本篇不赞成"救守"，从以下几个方面加以反驳：

首先，"救守"不仅不能造福百姓，反而是"为天下之民害莫深焉"。因为"未有不守无道而救不义"的，原来打着"救守"旗号的，没有不是护卫无道之君，救援不义之战的。所以，"救守"并不能从根本上维护正义。这是救守的危害性所在。这主要是因为"救守"方法所导致的。

"凡救守者，太上以说，其次以兵"，主张救守的，一般只有两种方法，游说和用兵。"道毕说单而不行，则必反之兵矣。反之于兵，则必斗争，之情，必且杀人，是杀无罪之民以兴无道与不义者也。"游说即使费尽九牛二虎之力也不会有人去听，道理讲完了，还是兵戎相见，诉诸武力。一旦打起来，就必然会杀人。无辜的平民就会遭殃，所以倡导"救守"的人实际是维护了无道的君主，反而使天下的百姓深受其害。

这里说到的"救守"方法，"太上以说，其次以兵"，主要是墨家的主张。有一个成语叫"墨守成规"，说的就是墨家重视"救守"。"墨守"实际上是一种后发制人的战略战术，其基本内容包括两个方面：一是外交，二是战备。外交，就是游说，希望通过外交谈判来阻止战争。墨子为了阻止战争，曾多次四处游说。《墨子·公输第五十》记述，墨子"行十日十夜"面见战争的教唆者公输盘，对于公输盘在"义"上的糊涂，墨子以"杀所不足，而争所有余，不可谓智；宋无罪而攻之，不可谓仁；知而不争，不可谓忠；争而不得，不可谓强"的"四不"论让公输盘哑口无言；又以"臣见大王之必伤义而不得"说服了准备讨伐宋国的楚王。墨家的主张反映了人民希望在和平环境中发展生产的愿望，揭露和斥责战争的不义，这在当时是有进步意义的。但是在天下分裂，诸侯争霸的情况下，靠游说止战，恐怕只是一种幻想。《左传·桓公二年》载，"宋殇公立，十年十一战，民不堪命。"孟子说："春秋无义战。"在这种情况下，真正迫使战争狂人们老老实实的只有实实在在的实力。所以，墨子亲自参与弱国的防守，设计发明攻城或防守城机械，帮助被侵略国家守城，达到以兵止兵的目的。这是另外一种"救守"的方式。墨子和公输盘的实力较量是这样的："公输盘九设攻城之机变。子墨子九距之。公输盘之攻械尽。子墨子之守国有余。"通过对战争的模拟来告诉公输盘，所谓的新式武器"云梯之械"是不足恃的。但是正如司马迁所说"诸侯恣行，政由强国"，弱国终究难以抵挡强国的攻杀，最终被更强大的秦统一了。可见墨家所说的"救守"是失败的。

对于救守的主张，《吕氏春秋》认为是错误的。《振乱》说："凡为天下之民长也，虑莫如长有道而息无道，赏有义而罚不义。今之世，学者多非乎攻伐，非攻伐而取救守。取救守则乡之所谓长有道而息无道，赏有义而罚不义之术不行矣。"意思就是说，现在学者有许多反对攻伐，主张救守。如果被攻伐的国君是个暴君，是个无道之君，救守实际上是帮助了无道之君。这样，无道的人受不了罚，有道的人也得不了赏。这是违反老百姓的愿望的。不仅如此，更因为"救守"没有区分战争的"正义"与"非正义"性质，直接阻挡秦国统一的进程，实际上给老百姓带来的是更深重的灾难。

本篇说："先王之法曰：'为善者赏，为不善者罚。'古之道也，不可易。今不别其义与不义，而疾取救守，不义莫大焉，害天下之民者莫甚焉。故取攻伐者不可，非攻伐不可，取救守不可，非救守不可，取惟义兵为可。兵苟义，攻伐亦可，救守亦可。兵不义，攻伐不可，救守不可。"先王的法典说："对行善的人给予奖赏，对作恶的人给予惩罚。"这是自古以来的原则，不可更改。如今不区分正义与不正义，却力主救守，没有比这更不义的事了，给天下百姓带来的危害没有比这更严重的了。因此，一概采用攻伐不可，一概反对攻伐也不可；一概采用救守不可，一概反对救守也不可。唯有兴正义之师才可以实施攻伐与救守。如果军队不是正义之师，那么就既谈不上攻伐，也谈不上救守。只有依靠"义兵"攻伐无道，才能救民于水火。《振乱》篇说："今之世，学者多非乎攻伐。非攻伐而取救守，取救守则乡之所谓长有道而息无道，赏有义而罚不义之术不行矣。"又说："夫攻伐之事，未有不攻无道而罚不义也。攻无道而伐不义，则福莫大焉，黔首利莫厚焉。禁之者，是息有道而伐有义也。"

《吕氏春秋·振乱》还说："是非其所取而取其所非也，是利之而反害之也，安之而反危之也。为天下之长患、致黔首之大害者，若说为深。夫以利天下之民为心者，不可以不熟察此论也。"意思就是说，救守的主张同老百姓的取舍是相反的。表面上看起来，是对老百姓有利，实际上是对老百姓有害。表面上是叫老百姓安，实际上是叫老百姓危。所以这种主张不合乎天下的长远利益，实际上是老百姓的大害。真正为老百姓谋利益的人，对于救守的主张应该仔细研究，仔细考察。

本篇得出结论说：对于战争，只应该问它是义或不义。"兵苟义，攻伐亦可，救守亦可。兵不义，攻伐不可，救守不可。"就是说，如果是义兵，救守是对的，攻守也是对的；如果是不义之兵，攻伐是错误的，救守也是错的。本篇说："夫救守之心，未有不守无道而救不义也。守无道而救不义，则祸莫大焉，为天下之民害莫深焉。"这里把战争中的"义"或"不义"作为衡量战争是"取"或"非"的标准，充分肯定"正义"之战的必要性，反映了人们战争观的历史进步性。因为在战国时期的历史环境中，战争是不可避免的，既然不可避免，就要弘扬正义之战，反对不义之战。事实上，自从吕不韦在秦当政以来，一直在实践着《吕氏春秋》的"义兵"思想。据杨宽先生《战国史》的考证，战国晚期以后，秦在进行兼并战争中不再以大量杀戮士兵及人民群众的生命为目的，这同昭襄王时期秦每战动辄斩首数十万是有明显区别的。这种思想一直延续到现在，对指导今天的战争也是有意义的。